朱子學文獻大系　歷代朱子學著述叢刊

嚴佐之　戴揚本　劉永翔　主編

近思録專輯

第一册　泳齋近思録衍註　近思録集解

華東師範大學出版社

圖書在版編目（CIP）數據

泳齋近思録衍註　近思録集解/[宋]楊伯喦　[宋]葉采著；程水龍校點. —上海：華東師範大學出版社，2014

朱子學文獻大系・歷代朱子學著述叢刊・近思録專輯/嚴佐之　戴揚本　劉永翔主編

ISBN 978-7-5675-1820-9

Ⅰ.①泳…　②近…　Ⅱ.①楊…　②葉…　③程…　Ⅲ.①理學—中國—南宋　②《近思録》—注釋　Ⅳ.B244.72

中國版本圖書館CIP數據核字（2014）第036234號

泳齋近思録衍註　近思録集解

（朱子學文獻大系・歷代朱子學著述叢刊・近思録專輯　第一册）

著　者　楊伯喦　葉　采
校 點 者　程水龍
項目編輯　呂振宇
審讀編輯　李劍雄　但　誠
裝幀設計　高　山

出版發行　華東師範大學出版社
社　址　上海市中山北路3663號　郵編　200062
電　話　021-60821666　行政傳真　021-62572105　客服電話　021-62865537
網　址　www.ecnupress.com.cn
門市地址　上海市中山北路3663號華東師範大學校内先鋒路口　郵編　200062
門市（郵購）電話　021-62869887
網　店　http://hdsdcbs.tmall.com/

印 刷 者　上海中華商務聯合印刷有限公司
開　本　890×1240　32開
印　張　15.25
字　數　284千字
版　次　2014年12月第1版
印　次　2014年12月第1次
書　號　ISBN 978-7-5675-1820-9/B・838
定　價　45.00元

出 版 人　王　焰

本書爲
二〇一一年度國家社科基金重大項目
二〇一三年度國家古籍整理出版資助項目

朱子學文獻大系總序

從一九九三年起，至二〇〇七年止，我們先後策畫，相繼完成了朱子全書、朱子全書外編的編纂和出版，把朱子本人的撰述、編著與注釋之作，及其指導或授意門人弟子的撰著、纂述，作了一次元元本本的文獻清理和集成。而除此之外，這整整十五年來的收穫，還有我們對朱子學說及其歷史意義認識的不斷更新和逐步深刻。

朱子是繼孔子之後，儒家思想文化史上成就最卓越的學者和思想家。近半個世紀前，錢穆先生在朱子學提綱中提出：「在中國歷史上，前古有孔子，近古有朱子，此兩人，皆在中國學術思想史及中國文化史上發出莫大聲光，留下莫大影響。曠觀全史，恐無第三人堪與倫比。」朱子建構的理學思想體系，博大精深，不僅在儒學發展史上具有劃時代意義，而且對其身後長達七百餘年的中國，乃至日本、朝鮮等東亞諸國的思想、學術、社會、政治，都產生了深刻、巨大、恒久的影響。而此影響在思想學術史上留下的顯著印跡，就是後世學者鮮能繞開朱子說事，要麼尊朱、宗朱，要麼反朱、批朱，「與時俱進」的朱子思想研究，成爲貫穿數百年學術史無時不在的主題和主軸。於是，有學者甚至認爲，「在朱熹以後，理學就成了『朱子學』」，朱子就是「理學傳統中的孔子」。這樣的評價，雖然未必「真是」，卻亦庶幾「真事」。推而論之，則所謂「朱子學」，固然是指朱子本人的思想學術，卻又不止是其本人的思想學術。按照陳來先生的説法，朱子留下的豐厚著述與精緻學説，以及七百餘年來，他的同道學友、門人弟子與後世尊朱、宗朱學者，對朱子著述、學説的闡發與研究，即「整體地構成了現如今我們所研究的『朱子學』」。作爲整體、通貫的朱子學，其學術範疇不僅涵蓋易、詩、禮、四書等傳統經學領域，更涉及哲學、史學、文學、政治學、教育學、社會學、文獻學等諸多學科，既是一座内容廣闊、内涵精深的傳統思想寶庫，一份極富開掘意義和傳承價值的文化遺産，也是一門具有多學科交叉特色的名副其實的綜合性專學。

自上世紀八十年代以來，海内外學術界對朱子學研究表現出前所未有的興趣和關切，發展迄今三十餘載，已獲長足進步。但綜觀現狀，反思自省，我們的研究及取得的學術成果，與朱子學本身所應該享有的研究規模和研究程度，還很不相稱，若衡之以「整體、通貫」的要求，則該研究領域中的很大一部分，甚至還未曾涉及過。近年來，關於推進整體、通貫的朱子學研究的想法，逐漸成爲學界的一個共識。如以朱子學爲主題的國際學術研討會在大陸、臺灣、韓國等地數度舉辦，如朱子學通論等朱子學研究專著相繼問世。而「中華朱子學會」、「朱子學學會」等全國性學術團體的成立，則意味著一個「學術共同圈」的初步形成，以及作爲一門獨立學科的朱子學研究已進入一個新的歷史階段。學者們指出，新時期朱子學研究的任務，就是要規劃對宋、元、明、清各個朝代的朱子學，以及每位朱子學家的重要的見解進行分析，把他們流傳下來的書籍、文獻進行整理、研究。而後者，即對歷代朱子學文獻的整理與研究，無疑是前者的先行和基奠。

認識漸趨深刻，遂生自覺擔當。在完成朱子本人撰述的文獻集成之後，我們有意再接再厲，把歷代朱子學文獻整理研究工作繼續下去。先是在朱子全書外編書稿殺青之際，我們就曾醖釀用傳統的「學案體」來編纂歷代朱子學者的相關學術文獻。後來朱傑人教授主編影印朱子著述宋刻集成，又提出編纂出版「朱子學文獻大系」的構想。不過那幾年忙於編纂整理顧炎武全集，既分身無術，也分心不得，只能把研究計劃暫擱心頭。故而，當顧炎武全集一旦脱稿，此事也就順理成章地提上了議事日程。二〇一〇年末，我們開始循著「朱子學文獻大系」的思路策劃課題；翌年初春，確定以華東師大古籍研究所爲主體，組建科研團隊，以「朱子學文獻整理與研究」爲課題，擬訂科研規劃。是年初夏，課題被納入當年國家社科基金重大項目第二批招標目録；秋十月，經過競標面試，以嚴佐之教授爲首席專家的「朱子學文獻整理與研究」課題正式獲批立項；冬十二月，課題論證會在華東師大召開，經專家組評議審定，規劃通過論證，項目正式啓動。按照課題規劃，「朱子學文獻整理與研究」課題，凸顯文獻整理與研究並重的特色，旨在從理論和實踐二個方面，構建一個符合整體、通貫的「朱子學」學科內涵和特點的「朱子學文獻」分類體系，並從浩若煙海的歷代典籍文獻中，梳理出屬於「朱子學」學科範疇的基本文獻資料，打造一個集「朱子學文獻」大成的信息大平臺。爲此，課題設計了「歷代朱子著述珍本集成影印」、「歷代朱子學研究文類輯録校點」、「歷代朱子學研究著述集萃校點」、「朱子學專科目録編撰」和「朱子學文獻專題研究撰著」等項子課題。各項研究的最終成果，則將結集爲一部開放性的大型叢書朱子學文獻大系。

朱子學文獻大系下轄歷代朱子學著述叢刊、歷代朱子學研究文類叢編、歷代朱子著述珍本叢刊、朱子學文獻研究學術文庫四部不同類型的叢書，故稱之「大系」。其中歷代朱子學著述叢刊，擬按學科、著述或學術議題分編專輯，如「朱子經學專輯」、「朱子四書學專輯」、「朱子近思録專輯」、「朱陸異同專輯」等，以集中提供經過精選精校的歷代朱子學重要研究著述的閱讀文本。歷代朱子學研究文類叢編，擬按專題分類輯集散見於各種典籍的朱子學研究篇章，如序跋、劄記、語録、書信等，以集中提供經過遴選類編的歷代朱子學研究文獻散篇的閱讀文本。歷代朱子著述珍本叢刊，擬按時代分編朱子著述宋刻集成、元明刻本朱子著述集成等，以集中提供高仿真影印的朱子著述歷代各色珍稀版本。朱子學文獻研究學術文庫，擬收入具有文獻學研究屬性的各種撰述、編著，如朱子學古籍總目、朱子學史籍考、朱子與弟子友朋往來書信編年等。朱子學文獻大系下轄各叢書都已制訂基本收書書目，但不預設收書總數上限，倘日後發現宜收之書，則可隨時補編增入，故謂之「開放性」大型叢書。各叢書均自有編例，我們但在其下屬專輯或所收撰著前撰寫序言，以交代編纂宗旨與體例，如歷代朱子學著述叢刊之近思録專輯序，歷代朱子著述珍本叢刊之朱子著述宋刻集成序言，朱子學文獻研究學術文庫之朱子與弟子友朋往來書信編年序等，各叢書前則不再撰寫總序。至於歷代朱子學著述叢刊各書的校點體例，如底本、校本的遴選標準，專名號、書名號的使用規範，異體字、版別字的處理方法，舛誤衍闕的改字原則，以及校勘記的書寫格式等，皆一併延循朱子全書編纂陳例，在此不再贅述，若遇特殊需作變通，則在各書校點説明中予以交代。

朱子學文獻大系是我們按自己對整體、通貫的朱子學的認識，而爲之「量身定制」的一個朱子學文獻庫，囿於識見，必欠周詳而不能盡如人意。好在大系是「開放」的，可以隨時吸納同道高明之見，不斷補充，漸臻完善。朱子學文獻大系的規模、體量和難度，都超出朱子全書與外編許多，這樣的設計或許有些「自不量力」。編纂朱子全書、外編用了整整十五年，況且那時我們纔年過「不惑」，而今則已年届「耳順」、「從心」之間，十年再磨一劍，能否一如既往，勝任始終，尚難卜知。好在整理與研究朱子學文獻並非心血來潮之念，更非趨時應景之計，而是建設與發展整體、通貫的朱子學的真切需要，是必須要做的學術事業，也好在我們有一個同心同德的學術團隊相依託，還有華東師大出版社的精誠合作。所以，朱子學文獻大系成果的不斷推出和最終成功，是必然可以期待的。

二〇一四年五月　嚴佐之

歷代朱子學著述叢刊・近思録專輯序

一　近思録的「被經典」與近思録後續著述

編纂於公元一一七四年的近思録，在經過七八百年傳播的層層累積之後，最終成爲最能代表中國古代主流學術思想的經典之一。這樣一個結果，應該是主編朱子及其合作者吕祖謙始料未及的。因爲朱子當時邀約吕祖謙在武夷山寒泉精舍「留止旬日」編纂此書的初衷，不過是想替那些僻居窮鄉而不能遍觀周、張、二程諸先生之書的讀書人，提供一部能比較準確、全面、系統概括四子思想，且又切近日用、便宜遵行的理學入門讀本。雖説書稿初成之後，他倆仍不斷書信往返，商榷編例，其取去不可謂之不審，互議不可謂之不勤，但近思録畢竟是「十日談」出來的「速成品」。雖説朱子也自以爲近思録詳於「義理精微」，堪稱「四子之階梯」，但畢竟還算不上他用力最勤最深的撰著，至少不能與其臨終仍念念不忘的四書章句集注相提並論。然而，就是這麼一部原初設定的學術思想普及讀本，卻在朱、吕身後，被後世學者一步步發掘出潛藏的巨大學術價值，一步步提升到顯要的理學經典地位。這樣的結果確實很有意思，而更有意思的還有那個漫漫長長的累積過程。

回溯歷史，早在朱子生前，就已有他的講友劉清之，取程門諸公之説，爲之續録。及其身後，近思録注解、續補之作更是紛至競出，弟子輩中有陳埴雜問、李季札續録、蔡模續録、别録和楊伯嵒衍註，再傳弟子有葉采集解、熊剛大集解、何基發揮、饒魯注、黄績義類，以及三傳弟子程若庸注等。而由建安書塾刊行的無名氏文場資用分門近思録，則表明近思録已進入當時科舉讀物的榜單，讀者受衆勢必益多。是以近思録在南宋後期，就已被學者視爲「我宋之一經，將與四子並列，詔後學而垂無窮者」。繼之元世，又有趙順孫爲之精義，戴亨爲之補注，柳貫爲之廣輯，黄溍爲之廣輯，學者們注解、續補的熱情有增無減，皆並尊「近思録乃近世一經」。明初，永樂詔修性理大全，「其録諸儒之語，皆因近思録而廣之」，是知此書已對國家意識形態産生不小影響。只是明人注近思録者鮮少，明世盛行的讀本，大多是周公恕據葉采集解擅改的分類經進近思録集解。不過這樣的情勢，也多少能反映出王學時代朱子近思録的「社會生態環境」。明季清初，學風蜕變。於是，先有高攀龍朱子節要、江起鵬近思録補、錢士升五子近思録等陸續問世，其性質多屬續補仿編一類。易代之後，則有王夫之著近思録釋、張習孔作近思録傳、丘鍾仁撰近思録微旨等，内容更多反思和發揮。洎此以降，終清一代，近思録愈發大行於世，研讀成果更是層出不窮。據學者調查統計，清代近思録研究著述多達四十餘種。其中屬注解詮釋一類的，有張伯行集解、李文炤集解、茅星來集註、江永集註、陳沆補注、劉之珩增注、車鼎賁注析微、郭嵩燾注、張紹价解義等；屬續補仿編一類的，有朱顯祖朱子近思録、張伯行續録、廣録、汪佑五子近思録、施璜五子近思録發明、劉源淥續録、鄭光羲續録、嚴鴻逵朱子文語纂編、黄叔璥集朱、黄奭集説、管贊程集説、姚璉輯義、吕永輝國朝近思録等；屬隨筆札記一類的，則有汪紱讀近思録、李元綑隨筆、秦士顯案注、徐學熙小箋、陳階劄記、厲時中按語等。與此相應，是清人對近思録評價的一路抬升，稱此書「直亞於論、孟、學、庸」，以爲「救正之道必從朱子求，朱子之學必於近思録始」。如上所述，林林總總，蔚然大觀，爲便宜敘述起見，且以「近思録後續著述」概稱之。

據學者調查，歷代近思録後續著述總數多達百種以上。然竊以爲仍有佚著尚未計入，總量還有提升的可能。不僅如此，近思録還流布域外，在古代東亞的朝鮮、日本也得到廣泛傳播，非但屢屢重刻傳抄，爲之注釋者亦絡繹不絶。一部古代學術典籍，竟然獲得後世如此恒久的關注和衆多密集的研究！這樣的故事，自然只有儒、釋、道學的「核心」經典才會發生。無怪乎梁啓超、錢穆先生，皆奉近思録爲宋代理學經典之首選，以爲「後人治宋代理學，無不首讀近思録」。既爲古代學術思想之經典，近思録固然有其可以古今轉换、歷久彌新的思想意義和學術價值。然而，有意義、有價值的還遠不止於近思録本身，七八百年來廣泛流布於中土、東亞的衆多近思録後續著述，同樣是一大筆值得後世珍視的思想學術史寶貴資源。

二　近思「續録」彌補了近思録無朱子思想資料的缺憾

近思録是朱子的編著而非撰著，它與朱子學術思想的關係，主要在其爲近思録篇章分卷的結構設計，及其對四子語録的遴選審訂，體現了朱子對理學早期思想體系的宏大思考和縝密建構。至於近思録的内容，並不能真正、完全反映朱子本人的思想，因爲書中並無朱子思想資料的記録。陳來先生説「錢穆先生推薦的國學書目，近思録下面就接著王陽明的傳習録，跳過了朱子，這是我不以爲然的」，因爲「近思録所載的是理學奠基和建立時期的四先生思想資料，其中並没有理學集大成人物朱子的思想資料」。其實，錢穆先生並非不知此情，在復興中華文化人人必讀的幾部書一文中，他是這樣説的：「這書把北宋理學家周濂溪、程明道、程伊川、張横渠四位的話分類編集，到清朝江永，把朱子講的話逐條注在近思録之下，於是近思録就等於是五個人講話的一個選本。這樣一來，宋朝理學大體也就在這裏了」。雖然，但陳先生指出近思録無朱子思想資料的意思没錯，而僅靠江永集註，也未能完全解決近思録無朱子思想資料的問題。

近思録無朱子思想資料的缺憾，其實是朱子後學早就深切關注的問題。清初朱顯祖就曾爲此大發感慨：「因思自孔、孟以後，歷漢、唐來千有餘載，始得有宋周、張、二程諸大儒，直追堯、舜相傳之意，其間精微廣大，賴先生近思一録爲之階梯，俾後學得以入門，而先生在宋儒中更稱集大成者，乃其生平格言實行，反未載於録内，豈非讀近思録者之大憾也乎！」可以説，在朱子近思録構建的理學框架中添置朱子語録，接續朱子思想資源，一直是近思録後續著述的「重頭戲」。我們看清張伯行續近思録序説：「自朱子與吕成公采摭周、程、張四子書十四卷，名近思録，嗣是而考亭門人蔡氏有近思續録，勿軒熊氏有文公要語，瓊山丘氏有朱子學的，梁溪高氏有朱子節要，江都朱氏有朱子近思録，星溪汪氏又有五子近思録，雖分輯合編，條語微各不同，要皆仿朱子纂集四子之意，用以匯訂朱子之書者。」幾乎就是對近思録「集朱續録」的「學術史回顧」了。只是嚴格來説，其中元熊禾文公要語、明丘濬朱子學的，並非「仍近思録篇目，分次其言」者，而名實相符的「集朱續録」，還另有元趙順孫近思録精義、明劉維深續近思録、錢士升五子近思録、清劉源淥近思續録、張伯行續近思録、孫嘉淦五子近思録輯要、黄叔璥近思録集朱等多種。不僅如此，近思録的注解也多以「集朱」爲旨。如宋楊伯嵒衍註、葉采集解，清李文炤集解、陳沆補注等，都大量采集朱子文獻爲四子注解，而江永集註更是「取朱子之語以注朱子之書」的典型。

對於後世朱子學者在「集朱續録」這個學術議題上的執著追求，四庫館臣似乎有些不以爲然。他們認爲張伯行續近思録「因近思録門目，采朱子之語分隸之，而各爲之注」，實不足爲重，説「自宋以來，如近思續録、文公要語、朱子學的、朱子節要、朱子近思録之書，指不勝屈，幾於人著一編，核其所載，實無大同異也」。職是之故，像劉源淥近思續録、張伯行續近思録等，只能被打入存目。按説後世纂輯朱子思想資料，無非是從傳世的文集、語類、或問等著述中遴選摘取，各家續録内容有所重複，似亦在所難免，若就此而言，四庫館臣的訾議也不無道理。但若謂之「指不勝屈，幾於人著一編」，則似屬誇大之詞；而謂之「核其所載，實無大同異」，更有以偏概全之嫌。

其實，「集朱續録」在輯録條目總數、選録文獻内容、徵引文獻書目和輯録編纂體例等方面，是很有些差異的。例如最早編纂於南宋寶慶三年的蔡模近思續録，共選輯朱子語録四百三十八條。到清初汪佑編五子近思録，據明高攀龍朱子節要采録朱子語録五百四十八條，較蔡録多一百十條。至清康熙二十三年朱顯祖纂朱子近思録，又增至七百八十五條，多出蔡録三百四十七條、汪録二百三十七條。繼而康熙四十年劉源淥纂輯續近思録，更多至八百五十三條，庶幾最初蔡録之翻倍。可見「集朱續録」的規模體量，直是一路「水漲船高」。再如專論「性理」、「道氣」等形上議題的卷一道體篇，蔡録凡二十三條、汪録五十一條、朱録一百十四條、劉録三十五條、張録七十四條。專談「治具」、「治功」等形下議題的卷九治法篇，蔡録凡五十五條、汪録十六條、朱録一百十條、劉録一百條、張録二十四條。可見「集朱續録」的選項各有側重。張伯行尤喜高談性理學説，對治政實務反倒興趣不大。劉源淥恰好相反，論性理不及汪録之多，談實務卻是汪録六倍。朱顯祖則性理、治政二者並重，均采輯百條之多。究其原因，自當與續録者的治學趨向和學術水平相關。再説徵引文獻範圍之異。蔡録所用朱子文獻，有文集、語録、易本義、書傳、大學或問、論語或問、太極圖、四書章句集注、西銘解、易學啓蒙、經説、手帖、詩傳等。而朱録所取，既有「專刻」之朱子文集、朱子奏議與經濟文衡、年譜、語録諸書，還有「滙刻」之性理大全、儒宗理要、聖學宗傳與世憲編、證心録等書。再如編纂體例之異。如蔡録、汪録、朱録都是單純的「集朱」，而張録則「采朱子之語分隸之而各爲之注」。蔡録、朱録、張録等都是單一的「集朱」，汪録卻是朱子與四子的合一。一隅之證，雖不足窺其全，但已可知四庫館臣「核其所載，實無大同異」的訾議，有失武斷，不足爲訓。

近思録「集朱續録」之所以會不斷「再生産」，或有以下幾個原因可以考慮。首先，固然是朱子思想在理學傳承中不可或缺的重要性，使人不約而同地想到且做到一塊去。其次，是否還應考慮到當時圖書流通、信息傳播的局限問題。如高攀龍、錢士升、朱顯祖、汪佑、劉源渌等，他們在編纂續録時都没有提到蔡模近思續録，説明此書在明末清初並未通行。又如籍貫山東青州府安丘縣的劉源渌，「瀝盡心血二十餘年」編纂續録，卻不知十多年前江都朱顯祖就已編成朱子近思録行世。這都説明那個時代的學術信息不够靈通，以致造成研究課題的撞車。再者就是對既有「集朱續録」不稱意，自以爲需要重起爐灶。如清乾隆間孫嘉淦重纂五子近思録輯要，就是因其不滿汪佑五子近思録有「抑揚近似」之嫌。他説：汪録雖使「濂洛關閩之微言燦然備矣，然而張子之言間有出入，二程之語多出於門人所記，朱子之學與年俱進，其早年所著，有晚而更之者矣。後之學者，目不睹五子大全，又恐泥其抑揚近似之辭，或有毫釐千里之謬。蓋非前人之書尚有未善，而吾所以憂後學之心至無已也。書有以多爲富，亦有以簡爲明，有語之而欲詳，有擇焉而欲精。因不揣固陋，即舊編而更審擇之。」可見孫氏之所以重整輯要，就是要表達自己對朱子思想的不同理解。

總而言之,「集朱續録」之所以長盛不衰、層出不窮,主要還在於傳世的朱子文獻承載著廣大精微的朱子學説,其數量和範圍,都遠遠超出朱、吕編纂近思録時所面對的北宋四子文獻,而後世「續録」者更無一能如朱子這般「一錘定音」者,於是就給後人騰出了盡己之見而去取編纂的發揮空間。這也恰好證明,歷代朱子學者接連不斷編纂出面目各異的近思録「集朱續録」,正是他們對朱子理學思想的認知差異和詮釋演化的一個絶佳縮影。而這樣的「縮影」效應,還存在於其他非純粹「集朱」的近思録後續著述中。

三 近思「補録」構築起宋元明清程朱理學史基本框架

近思録後續著述的另一類型,是在朱子近思録構建的理學框架中添置歷代程朱學者的思想資料。因其書名多用「别録」、「後録」、「補録」、「廣録」等,爲了與純粹「集朱」的「續録」相區别,且用「補録」概稱之。

最早編纂「補録」的是朱子講友劉清之。據朱子語類記載:「劉子澄編續近思録,取程門諸公之説。某看來其間好處固多,但終不及程子,難於附入。」「程門諸先生親從二程子,何故看他不透。子澄編近思續録,某勸他不必作,蓋接續二程意思不得。」是知劉清之續近思録是一部專「取程門諸公之説」的「補録」。不過劉清之的編纂熱情被朱子澆了一頭冷水，因爲朱子一向認爲程門弟子未能盡得乃師真傳，用「程門諸公之説」解釋近思録，很有可能與程子原意發生偏差，故「勸他不必作」。至於劉清之是否聽從朱子之勸而中輟編纂，確實是個問題，因爲宋史本傳所載劉清之著述，並無名「續近思録」或「近思續録」者，歷代公私藏目、史志補志也一無著録。不過巧合的是，在傳世的近思「補録」中，倒是有一部南宋末佚名編近思後録，專取「吕侍講」、「范内翰」、「吕正字」、「謝上蔡」、「游察院」、「楊龜山」、「尹和靖」、「侯仲良」、「朱給事」、「胡文定」等「程門諸公之説」。這部宋建安刻本近思後録未題編撰者姓名，但從其引録文獻的範圍和内容來看，似乎還是存在著與劉清之續近思録相關聯的想像空間。此外，編纂過近思續録的蔡模還編纂了一部近思別録。與佚名近思後録專「取程門諸公之説」不同，別録只取朱子道友張栻、吕祖謙二先生之語。這或許是因爲蔡模身受朱子親炙，比較領會乃師對程門後學的態度，也或許是因爲他知曉已有專「取程門諸公之説」的劉氏「補録」，故不事重複。但不管怎樣，別録的編纂，切實爲近思録補上了南宋理學思想資料的重要環節。

明萬曆間，江起鵬纂近思録補，首次汲取明四大朱子學者薛瑄、胡居仁、蔡清、羅欽順的言論，使近思「補録」的歷史延伸到了明代。江起鵬字羽健，萬曆二十三年進士，生於朱子闕里婺源，也是一位理學思想的信奉者。他自述「年十齡，先大夫授以近思録、薛文清公讀書録」，「年十三，授以程明道先生語略、王陽明先生則言」，「既而得胡敬齋先生居業録，益用嚮往」，復「亟求羅整庵先生困知記、蔡虚齋先生密箴二書讀之，實有啓發」。而這樣的知識背景，確實也在他的補録裏有所反映。江氏近思録補共涉及二程、朱子、張栻、吕祖謙、黄榦、李方子、真德秀、薛瑄、蔡清、胡居仁、羅欽順十二家之言，較之蔡氏别録、佚名後録，更構築起了自宋及明的近思録閱讀、詮釋史框架。

清人近思「補録」，有施璜五子近思録發明、張伯行近思廣録、吕永輝國朝近思録等數家。施璜是汪佑五子近思録的「合編參較」者，所謂「發明」，就是在汪氏五子録的基础上再添補薛敬軒、胡敬齋、羅整庵、高景軒四位明代最重要朱子學者的思想資源。施璜認爲明四子乃宋五子之「羽翼」，「匯萃其精要者，以附於各卷之末」，就是「以四先生之言，發明五先生之旨」。張伯行廣録精萃張栻、吕祖謙、黄榦、許衡、薛瑄、胡居仁、羅欽順等宋元明七位大儒的語録，他説：「余於近思録所爲，既詮釋之，而又續之，而又廣之，冀有以章明義藴，引進後人，而且儒書於不墮也。」可知寓朱子「詮釋」於近思「補録」，乃其有意識的「預謀」。此後，又有無錫鄭光羲編集續近思録，據四庫提要介紹：「是編前集十四卷，采薛瑄、胡居仁、陳獻章、高攀龍四人之説。後集十四卷，采王守仁、顧憲成、錢一本、吴桂森、華貞元及其父儀曾六人之説。」顯然，那是一部專收明儒語録，並輯録最多的近思「補録」，而其將陳白沙、王陽明這二位心學先進，以及東林諸儒也補録於中，更是「別具一格」，而大可深究。可惜鄭録今已難覓蹤跡。清光緒二十六年，吕祖謙裔孫吕永輝，精選清初陸桴亭、張楊園、陸稼書、張敬庵四位朱子學者的語録，編成國朝近思録一書，彌補了近思「補録」不及清人的缺檔，雖然收録有限，但畢竟在時間跨度上完成了近思録詮釋史清代部分的接續。在自序中，吕永輝説了這麽一番話：「竊思一代則必有一代之聖賢，以綿道統於不墜。上古之世，堯、舜、禹、湯，爲開天明道之聖人。中古之世，孔、顏、曾、孟，爲繼世立極之聖人。宋之世，有周、程、張、朱五子，爲繼往開來之聖人。其後接其傳者，元有趙江漢、劉靜修、許魯齋，明有薛敬軒、胡敬齋、羅整庵、先司寇。當末世絶續之交、天地閉塞之時，則有陸桴亭、張楊園，養晦深山，獨延道統于一綫。逮我國朝，則陸清獻公、張清恪公出焉，恪守程朱，以開文明之運。嗚呼，尚矣！是近世之儒近思而有得之者，推二陸、二張四先生爲最純，悉具内聖外王之學，誠正齊治之略，得周、程、張、朱之的派，爲千古道統之正傳。因取四先生之書，讀而校之，擇其尤切近者若干條輯之，庶天下國家身心誠正之隆軌在是焉。學者近思而力行之，則入聖階梯不遠矣。」可見，對於近思録「續録」「補録」的思想學術史意義，清代學者已具有相當深切的認識。

四　近思録注解、札記及其思想學術史文獻價值

近思録後續著述的再一大宗，就是歷代學人對近思録的注解詮釋和閲讀札記。鑒於「續録」「補録」的思想資源多非直接應對近思録而言的文獻，相比之下，歷代注解、札記應該是與近思録關係更爲密切的學術文獻，理應更能體現近思録傳播、閲讀、接受史的意義。

近思録歷代注釋，今存宋楊伯嵒、葉采、清張習孔、李文炤、張伯行、茅星來、江永、陳沆、郭嵩燾、張紹價等十餘家。亡佚未見者，則有元何基發揮、明程時登贅述、程若庸注、清王夫之釋、劉之珩增注、車鼎賁注析微、秦士顯案注、陳大鈞集解等。近思録歷代札記，現有宋陳埴雜問、清汪紱讀近思録、李元湘隨筆、令狐亦岱摘讀、黑葛次佩氏復隅、陳階札記、厲時中按語、張楚鍾理話等。亡佚未見者，則有清丘鍾仁微旨、徐學熙小箋等。不難看出，近思録注釋者和札記撰者的學術地位和影響力，與「續録」「補録」收録的人物，總體上存在較大「級差」。就是説，被「續録」「補録」收入的人物，幾乎全是歷代程朱學派的領袖、主將，或宗朱一派學者的代表人物。從二程先生及其高弟吕希哲、范祖禹、吕大臨、謝良佐、游酢、楊時、尹焞、侯仲良、朱光庭、胡安國，到朱子及其道友張栻、吕祖謙，門人黄榦、

李方子，從元、明朱子學「大佬」許衡、薛瑄、蔡清、胡居仁、羅欽順、高攀龍，到清初名臣陸世儀、張履祥、陸隴其、張伯行等，無一不是在中國儒學史、理學史上數得著的重要人物。就此而言，由歷代「續録」「補録」貫串起來的，或可看做一部展現朱子學者「精英」學術思想的近思録詮釋史。這固然很有意義，但近思録本質上是一部普及性的理學初級讀本，它在一般讀者中如何傳播，又曾激起怎樣的思想反響，諸如此類的問題，其實也很有探究的意義，而這卻不是「續録」「補録」所能提供的。反觀歷代近思録注解、札記的作者，似乎僅有朱子高弟陳埴，清初名儒張伯行、乾嘉學者汪紱，堪稱朱子學名家。當然王夫之、江永、魏源、郭嵩燾等也聲名卓著，但王船山繼承的主要是張横渠一脈，江慎齋擅名經史考據而非義理發揮，魏默深、郭伯琛二人的思想影響力也不在其宗朱一面。至於宋葉采、楊伯嵒，清張習孔、茅星來、李文炤、陳沆、李元湘、陳階、徐學熙等，似乎都算不上伊、洛、閩學源流脈絡中的頂尖學者、代表人物。然而，恰是這些非一流學者的詮釋意見和閱讀心得，使我們能瞭解近思録在一般宗朱學者中的閱讀狀況和思想反饋，從而與「續録」「補録」互爲補充，體現出面向更爲寬闊的近思録思想學術史意義。

爲近思録作注釋、寫札記最多的，無疑是清代朱子學者。鑒於「續録」「補録」中清代思想資源的相對欠缺，存世的諸多清人近思録注釋、札記，無疑是研究清代近思録詮釋史的寶貴文獻。這裏且舉三個比較有意思的例證：汪紱讀近思録、陳沆近思録補注和郭嵩燾近思録注。

汪紱字燦人，號雙池，徽州婺源人，著有理學逢源等。傳稱汪紱治學，「研經則參考衆説，而一衷于朱子」，「述作博及兩漢、六代諸儒疏義，元元本本，而一以宋五子之學爲歸」。在新編中國儒學史中，汪紱與謝濟世、尹會一、陳宏謀、雷鋐、朱珪等，一道被列爲乾嘉時期宗程朱之學的理學代表人物。有意思的是，六人中的四位，尹會一、陳宏謀、朱珪、汪紱，都曾注釋或刊刻過近思録。汪紱讀近思録約撰於乾隆十九年，在此之前，他的同鄉江永已推出新注本近思録集註。汪紱與江永同爲宗朱一派，但兩人「只有書牘往來，而未嘗相見」，關係並不密切。從書信來看，汪紱對江永治學頗多異議，江永則覺得汪紱的意見「與鄙衷殊不相入」。江、汪都對近思録抱有濃厚興趣，只是江永集註多「采朱子之言爲注釋」，而汪紱讀近思録則盡是自己的解讀。倆人在問學路徑上的不同，及其學術觀點的碰撞，在汪紱讀近思録中多有展現。如近思録卷九收入程子論「井田制」二則，江永集註引用朱子之語，明確表示井田今不可行，汪紱讀近思録則針鋒相對，以爲「井田亦可因而行」。衆所周知，「井田」、「封建」、「郡縣」等問題，是清初顧炎武、黄宗羲、陸隴其等十分關心、經常討論的一個涉及當下土地制度乃至政治制度的議題。今從汪紱讀近思録可知，這個議題直至乾嘉時期還在繼續爭議之中。

陳沆字太初，號秋舫，湖北蘄水人，嘉慶朝狀元，「以詩文雄海内」，世稱「一代文宗」。陳沆補注的一個重要看點，就是其中收入了好友魏源的注釋，並在全書編例、材料取捨上，都很大程度地聽取、采納了魏源的意見。如修訂稿卷首原抄録孫承澤一段話：「孫北海曰：學有原委，原云端正則委自分明，如大學之『明德』，中庸之『天命』，論語之『務本』，孟子之『仁義』，皆自原頭説起，使學者有所從入。不然，原本不識，用力雖勤，而誤墮旁蹊者不少矣。故近思録首卷宜細爲體認，朱子『識個頭腦』四字，良非易事。」但這段孫北海語録，被魏源審稿時一筆勾删，並在欄上眉間批字曰：「孫氏姓名有玷此書，且其語亦支離之甚。今學者第從第二、三卷『存養』、『致知之方』作工夫，有誤落旁蹊者耶？且空識名目，亦未必遂能通道不惑也。」孫承澤是明末清初由王學轉向朱學的代表人物，他仿近思録例，輯周、程、張、朱之言爲學約一書，復以明薛瑄、胡居仁、羅欽順、高攀龍四家之語編撰學約續編，還撰寫考正晚年定論，逐條批駁陽明朱子晚年定論，這些都是朱子學史上有代表性的文獻。然其一味尊朱，乃至「字字阿附」，處處回護，幾乎到了「佞朱」的地步。以致後來遭四庫館臣詬病，譏評他「末年講學，惟假借朱子以爲重」。物極必反，「佞朱」實則「誤朱」，這就引起宗朱陣營反思，「痛聖人之道不晦于畔朱之人，而即毀于從朱之人」。所以，孫北海條目的收入和删去，都反映了清代朱子學者在如何傳承朱子學説問題上所持的不同態度。魏源注近思録在陳沆補注中雖僅十一條，卻是其傳世詩文著述之外的佚文。而讀者也可由此知曉，這位近代「睜眼看世界」的先行者，在接受西方新事物、新思想的同時，依然保持對程朱理學的傳統情懷。

無獨有偶，郭嵩燾這位清廷首任駐英、法使節、近代「洋務運動」幹將，在寫下使西紀程的同時，還留下一部他多年閱讀近思録的學術札記。根據郭嵩燾題識，知道他於近思録曾「瀏覽所及四十餘年」，更在同治七年至光緒十年的十多年裏，「前後四次加注」。就是説，在郭嵩燾罷官歸隱、出使英法、海外召回、二度貶黜的那段跌宕起伏的仕宦歲月裏，其案頭書架，一直都有近思録的存在。這就不免讓人想到一個問題，一般總説理學家守舊，是政治改良、社會革命的思想阻礙。按此推論，思想「與時俱進」、政治理念「開放」的郭嵩燾，如此熱衷近思録這部理學入門讀物，似乎有悖常理，那些唾他唾沫的守舊儒臣，才該是近思録的「粉絲」。其實，讀不讀近思録與一個人的政治理念没有太多關係。清初，無論是「明遺」王夫之、張履祥、吕留良，還是「儒臣」孫承澤、張習孔、張伯行，都曾注釋、仿編或刊刻過近思録，但「明遺」與「儒臣」對滿清新政權的政治態度是截然不同的。郭嵩燾爲什麽要長年閱讀、「四次加注」近思録？據其自述：「深味近思録所以分章之義，盡看得大，所録四子之言，亦多是從大處説，而於一言一動之微，依然條理完密，無稍寬假。是以流行七八百年，奉此書爲入德之門，而體例之博大，記録之精審，尚亦非淺學者所能窺見也。」由此看來，他是把近思録作爲自我修養的經典來反復奉讀的，而郭注正是他多年來研讀近思録的心得手札。郭注重在義理思辨，尤多獨特見解，對周、程、張四子思想，既有發明，亦有持疑；對朱子及張栻、黄榦、葉采、江永等人的詮釋，則頗多異議辨正。且其闡發議論，多聯繫世事，切近日常，時而感慨時政之患，時而抨擊世風之弊，讀來耳目一新。故此，郭注的發現和整理，無論對近思録在清代的傳播研究，還是對清代思想家郭嵩燾的研究，都有相當重要的參考價值。

總之，與近思録這部理學入門讀物「被經典」的歷史進程同步，産生了一大批續補仿編、注釋集解、閲讀札記等近思録後續著述；這批理學文獻的編者撰者，無不遵循朱子爲近思録架構的理學體系，針對近思録提出的理學話語、議題和思想，「與時俱進」地闡發各自的理解和見解，從而映畫出一幅七百年理學思想史的學術長卷。

五　近思録專輯的收書與版本

對近思録後續著述及其思想學術史意義的認識，是在執行「朱子學文獻整理與研究」

課題的過程中不斷深化的。從規劃初選七種近思録後續著述整理校點，到最終擴充爲二十一種，并獨立成歷代朱子學著述叢刊的一個專輯，就是爲了充分傳達我們的這一認識，並使之成爲有益於學者展閲、研讀這幅思想學術史長卷的基本參考文獻。

近思録專輯收入近思録後續著述凡二十一種，依次爲：宋楊伯嵒泳齋近思録衍註、宋葉采近思録集解、宋陳埴近思雜問、宋蔡模近思續録、宋蔡模近思別録、宋佚名近思後録、明江起鵬近思録補、清張習孔近思録傳、清李文炤近思録集解、清張伯行近思録集解、清張伯行續近思録、清張伯行廣近思録、清黄叔璥近思録集朱、清茅星來近思録集註、清施璜五子近思録發明、清江永近思録集註、清汪紱讀近思録、清劉源淥近思續録、清陳沆近思録補注、清郭嵩燾近思録注、清吕永輝國朝近思録。其中宋人著述六種、明人著述一種、清人著述十四種；若按著述類型計，則有註釋集解九種、研讀札記二種、續編補編十種。專輯的收書理念，是兼顧文獻的發展階段性和學術典型性，儘可能把握主脈，真切反映近思録後續著述及其學術演變的歷史面貌。譬如，出自宋元著述遺逸多、流存少的考慮，專輯把僅存的宋人二種注解、三種續補和一種札記「一網打盡」，悉數收輯。明人著述也不多，傳世更少，但專輯只收江起鵬近思録補一種，那是考慮到周公恕分類經進近思録集解，不過是改編葉采集解而成，錢士升五子近思録，不過是合刻高攀龍朱子節要與近思録而已，都缺乏獨自的思想學術價值，故寧缺而毋濫。清代著述最多，遴選最費思量，大致是循清學之變，分前、中、後三個時期，擇優取精。前期跨康、雍二朝，斯時朱子學最盛，共收書八種。其中四家注釋，張習孔是今存最早的近思録注家，李文炤是湖湘學派的領軍人物，張伯行是向康熙力推程朱學説的理學名臣，茅星來集註「於名物訓詁考證尤詳」，各具典型意義。「續録」「補録」四種，收施璜五子近思録發明，而不收汪佑五子近思録，是因爲前者可以兼容後者；收劉源渌續近思録而不收朱顯祖朱子近思録、嚴鴻逵朱子文語纂編，是因爲朱録、嚴編不如劉録精要而有影響；收張伯行續録、廣録，是因爲能與其集解合觀，完整反映他的近思録詮釋思想。乾嘉之世，理學式微，考據風行，相傳書坊中已難見程朱之書，但今觀其時近思録著述仍不絶如縷。專輯收江永集註、黄叔璥集朱、汪紱讀近思録三種，注釋、續録、札記各占其一，數量雖少，庶幾尚能對清中期之概貌，獲一管窺。至於前述孫嘉淦五子近思録輯要，雖亦不無存留意義，但畢竟囿於汪氏五子録的格局，學術價值稍遜，故而割捨不取。晚清同、光時期的近思録著述之多，出乎意外。作爲後期典型，專輯選取陳沆補注、郭嵩燾注、吕永輝國朝近思録三種，其文獻價值、學術意義已在前文交代，茲不贅述。至於未收的黄奭近思録集説、李元緗五子近思録隨筆、黑葛次佩氏近思録復隅、張楚鍾小學近思理話、管贊程近思録集説等，則因其學術性稍差，或尚欠細究而不敢卒定。

近思録專輯收書在版本遴選上也力求精善，且有重大收穫。所收二十一種書籍，有四庫全書、四庫存目叢書、四庫禁燬書叢刊、續修四庫全書影印本的十一種。而其他十種中，屬海内孤本的就占六種，分别是北京大學圖書館藏日本寬文年間刻本宋蔡模近思別録、臺北「中央圖書館」藏南宋末建安曾氏刻本宋佚名近思後録、無錫市圖書館藏明萬曆三十二年自刻本江起鵬近思録補、上海圖書館藏清康熙十七年飲醇閣刻本清張習孔近思録傳、國家圖書館藏稿本清黄叔璥近思録集朱、遼寧圖書館藏清抄本清郭嵩燾近思録注。需要指出的是，宋刊近思後録曾收入臺灣四庫善本叢書初編影印出版，但此叢書本今已難以尋覓。國圖藏黄叔璥近思録集朱稿本，在校點告竣後獲知又被新編子海（珍本編）收入影印，但那是一部修訂待定稿本，書葉行間塗抹勾畫，粘有許多浮簽，整理本根據原稿提示，對浮簽及其覆蓋的文字，都一一加以校理，是未作技術處理的影印本無法取代的。至於宋刊近思別録、明刊近思録補、清刊近思録傳和清抄本近思録注，都是別無他見的唯一遺存。此外，像清光緒刻本吕永輝國朝近思録，也僅有國家圖書館、新鄉市圖書館二處收藏，但二館藏本各有破損，整理本合而校之，始臻完善。至於有四庫系列叢書收入影印的十一種典籍，雖然較爲通行易見，但專輯整理本通過精校，也多有勝出之處。如四庫存目叢書本清李文炤近思録集解，是根據華東師範大學圖書館藏殘本影印，僅存三卷，整理本別據湖南省圖書館藏殘本校補，遂成全帙。又如續修四庫全書影印本清陳沆近思録補注，係出湖北省圖書館藏清陳氏白石山館稿本，但那也是一部修訂稿，增補删改，塗抹勾畫，閲讀極爲不便，整理本另取清華大學圖書館藏清道光間刻本爲底本，以稿本校之，更稱精善。再如收入四庫禁燬書叢刊的清張伯行近思録集解，是據乾隆元年尹會一揚州安定書院刻本影印，然而經過版本調研，發現該本與今存極少的康熙間正誼堂原刻本，竟有多處重要文字異同，爲後人重刻時故意删改，整理本遂以原刻爲底本，以重刻本對校，既保存原始真意，又可在先後改易之間，探其隱情。再如宋葉采近思録集解、清江永近思録集註，是二種最常用的近思録注本，但無論是四庫全書影印本，還是新版校點本，所用底本都不盡如人意，比如現存最早的元刻明修本葉解、清嘉慶婺源李氏刻本江註，就不及清康熙邵仁泓刻本、清同治江蘇書局刻本後出轉精。凡此，整理時都秉持精益求精的理念，實事求是地作了底本更换。

遵循歷代朱子學著述叢刊規定，近思録專輯各書大體遵照中華書局擬訂的校點體例，從嚴從難執行，個别處如專名號的使用等，則根據近思録後續著述的特點，稍作更趨細化的改動。作爲歷代朱子學著述叢刊這部開放性學術史叢書的第一種子叢書，近思録專輯的編纂整理具有一定的試驗性。雖然明知「盡善盡美」是爲不能，但我與我的同仁，仍願持守「爲所不能爲」的精神，勉力而爲。我們期盼對近思録後續著述的思想學術史意義的認識能得到學界同道的認同，也期待近思録專輯的整理出版能對推進朱子學史研究有切實的助益，更渴求賜讀此專輯的高明之士能糾其不逮，不吝賜教。

二〇一四年三月　嚴佐之

泳齋近思録衍註

［宋］楊伯嵒　撰
程水龍　校點

目録

校點説明

泳齋近思録衍註十四卷，宋楊伯嵒撰。伯嵒，字彦瞻，號泳齋。生年不詳，卒於寶祐二年（一二五四）。淳祐間曾任吏部郎官、樞密院檢詳諸房文字，以工部郎守衢州。著有六帖補、九經補韻行于世。據文獻記載，楊伯嵒爲「楊和王諸孫，錢唐薛尚功之外孫，弁陽周公謹之外舅」（參見清厲鶚宋詩紀事）。楊和王即南宋中興名將楊存中。史傳稱其本名沂中，字正甫，代州崞縣人，南渡後居臨安，卒封和王。伯嵒是楊和王曾孫，故以郡望「代郡」自署。其外祖薛尚功，字用敏，錢塘人，官至僉書定江軍節度判官廳事，善古篆，尤好鐘鼎書，著鐘鼎彝器款識、鐘鼎韻行世。弁陽周公謹，即撰著雲煙過眼録、癸巳雜識之周密，字公謹，號草窗，又因家居湖州弁山別號弁陽。伯嵒出身世家，「刻志好學，多見異書，下筆皆驚人語」，乃「朱子門人」（參見清茅星來近思録集註附説、宋竹坡吕午六帖補原序）。然今人考訂朱子門人，如陳榮捷，如方彦壽之著作，皆無楊伯嵒之名。但即使果非朱子門人，楊伯嵒註釋朱子近思録，當亦算得朱學一脈之學者。

據陳榮捷説，泳齋近思録衍註的撰作時間約在淳祐六年（一二四六）。若是，則衍註較宋葉采近思録集解成書更早，是現存最早的近思録註本。唯此書流傳稀少，罕見著録。但清康熙中嘗見宋刻傳世，而「藏書家僅有存者」（參見茅星來近思録集註附説）。留存至今，則僅剩北京大學圖書館藏宋刻本泳齋近思録衍註十四卷一部八册。此本每半葉九行十八字，註文小字雙行十七字，左右雙欄，白口，雙魚尾。框高二四・一〇釐米，寬一五・八〇釐米。版心上刻大小字數，中刻書名、卷次，版心下刻頁碼，並記刻工姓名，計有潘永年、金通、夏順、張侁、孫琢、尤貴、張佺、尤逵、田原等。正文卷端頂格題書名、卷次、語録條數，次行低六格題「代郡楊伯嵒彦瞻」，三行低三格題篇名。避宋帝名諱至寧宗，如「玄」作「元」、「貞」作「正」，「恒」、「貞」、「徵」、「讓」、「完」、「慎」、「敦」、「焞」、「擴」、「廓」等字缺末筆。衍註各卷篇名，與朱子自題及其他註本稍異，分别爲「道體」、「論學」、「窮理」、「存養」、「省察」、「處家」、「處己」、「君道」、「治法」、「臣道」、「教人」、「警戒」、「辨異端」、「聖賢氣象」。其收録條目總計六百二十四條，似較通行之近思録及其註本多出二條。實則其卷三「義理有疑」條與同卷第二十一條、卷十二「世學不講」條與卷五第四十一條，文字有所重合，若除去重出語録，仍是六百二十二條。衍註之註釋，大體分引録衆説和闡述已見二類，前者多用「伯嵒據」標示，後者則以「伯嵒曰」或「伯嵒謂」標示。「伯嵒據」者，或經史典籍，或儒先語録。語録以晦庵居多，另有二程、張載、謝良佐、吕祖謙等多家；典籍則如周易、禮記、春秋左傳、四書章句集註、漢書、新唐書、資治通鑑、西山讀書記等。惟其編例未能嚴謹整飭，若「伯嵒曰」下卻是他人之語。清代學者對衍註評價不高，以爲其「註甚約，而精要亦少」，「其中多載章句集註語，蓋此時章句集註未行世，而門人只以師説示學者故也」。「粗率膚淺，於是書了無發明，又都解所不必解，其有稍費擬議處則闕焉」（參見清茅星來近思録集註自序）。雖然，但作爲最早的近思録註本，泳齋衍註的學術史文獻價值仍屬毋庸多疑。

本次校點整理即以北大圖書館藏宋本爲底本。因無他本對校，故只能采用本校和他校。所用者，如國家圖書館藏元刻明修本葉采近思録集解（簡稱葉解）、影印文淵閣四庫全書本清茅星來近思録集註（簡稱茅註）等，並適當吸收清咸豐湛貽堂刻近思録附馮景琦校刻劄記（簡稱馮記）的部分校勘成果。校勘記之撰寫，則悉從本叢刊規定，凡原本訛脱衍倒者，均出校記予以説明；原本避諱改字不再回改，但出校説明，缺筆則補足筆畫不出校；

原刻異體字、俗字、古今字，一般不作改動。原刻「舊註」文字比正文小一號字體單行刻印，今仍其舊，與伯嵒註文一併單行小字排印。因伯嵒註本體例尚不成熟，本次校點在「伯嵒曰」、「伯嵒謂」、「伯嵒」後標冒號，在「伯嵒據」後不標號，下文緊隨其後。校點不當之處，謹請專家指正。

二〇一二年八月　程水龍

泳齋近思録衍註卷一

凡五十一條

道體　造化性命

濂溪先生曰：無極而太極。伯嵒據晦翁曰：「上天之載，無聲無臭」，而實造化之樞紐、品彙之根柢也。故曰「無極而太極」，非太極之外復有無極也。太極動而生陽，動極而靜，靜而生陰，靜極復動。一動一靜，互爲其根，分陰分陽，兩儀立焉。陽變陰合，而生水火木金土。五氣順布，四時行焉。五行，一陰陽也；陰陽，一太極也；太極，本無極也。五行之生也，各一其性。無極之真，二五之精，妙合而凝。伯嵒曰：無極曰「真」，以理言也；二五曰「精」，以氣言也。二者未嘗相離也，非「無極之真」爲一物，「二五之精」又爲一物，始離爲二，而今合爲一也。「乾道成男，坤道成女」。二氣交感，化生萬物。萬物生生，而變化無窮焉。伯嵒曰：「乾道成男，坤道成女」，非特以人言也。凡物之雌雄牝牡，皆乾坤之道，男女之象也。氣聚成形，形交氣感，而生生變化無窮矣。唯人也，得其秀而最靈。形既生矣，神發知矣，五性感動，而善惡分，萬事出矣。聖人定之以中正仁義，【舊註】聖人之道，仁義中正而已矣。而主靜，【舊註】無欲故靜。伯嵒據南軒先生太極圖解義云：人而不能反其初，則人極不立，而去庶物無幾矣。故「定之以中正仁義，而主靜」，聖人所以立人極也。動爲誠之通，靜爲誠之復。中也仁也，動而通也，始而亨者也；正也義也，靜而復也，利以貞者也。中也仁也，本爲體而周子則明其用；正也義也，本爲用而周子則明其體。蓋道莫不有體有用，有體則有用，而用之中有體存焉。此正乾始「元」而終「貞」之意。動則用行，靜則體立，故聖人主靜而動者行焉，動者行而不失其靜之妙。此太極之道，聖人所以爲全盡之也。然則曰「定」云者，非指定之定。有動靜之根，未有動靜之分，一爲物慾所撓，則定者亂而靜者無所主矣。聖人全體太極，則靜者立而動者行焉。立人極焉。故聖人與天地合其德，日月合其明，四時合其序，鬼神合其吉凶。君子修之吉，小人悖之凶。故曰：「立天之道，曰陰與陽；立地之道，曰柔與剛；立人之道，曰仁與義。」又曰：「原始反終，故知死生之説。」大哉易也，斯其至矣！太極圖。伯嵒據晦翁曰：「太極」只是極至〔一〕，更無去處了。至高至妙，至精至神，更没去處。濂溪恐人道太極有形，故曰「無極而太極」，是無之中有个至極之理。如「皇極」亦是中天下而立，四方輻湊，更没去處，移過這邊也不是，移過那邊也不是，只在中央，四畔合湊到這裏。又屋極曰極〔二〕，那裏更没去處了。又曰：理與氣本無先後之可言，但推上去時，却如理在先、氣在後相似。理非别爲一物，即存乎是氣之中，無是氣則是理亦無掛搭處。氣則爲金木水火，理則爲仁義禮智。又曰：如「太極動而生陽，動極而靜，靜而生陰」，不成動已前便無静。程子言「動静無端，陰陽無始」，蓋此亦且從那動處説起。若論著動以前又有静，静以前又有動。如云「一陰一陽之謂道，繼之者善也」。這「繼」字便是動之頭，若只一闔一闢而無繼，便是合殺了。

誠，無爲；伯峕曰：實德自然，何爲之有？幾，善惡。德：愛曰仁，宜曰義，理曰禮，通曰智，守曰信。性焉安焉之謂聖，復焉執焉之謂賢，發微不可見、充周不可窮之謂神。

伊川先生曰：「喜怒哀樂之未發謂之中」，伯峕曰：「喜怒哀樂，情也。其未發，則性也。」中也者，言「寂然不動」者也，故曰「天下之大本」。伯峕曰：「大本者，天下之理皆由此出，道之體也。」「發而皆中節謂之和」，伯峕曰：「發皆中節，情之正也。」和也者，言「感而遂通」者也，故曰「天下之達道」。文集。下同。伯峕曰：「達道者，天下古今之所共由，道之用也。」

心一也，有指體而言者，【舊註】「寂然不動」是也。有指用而言者，【舊註】「感而遂通天下之故」是也。惟觀其所見何如耳。

乾，天也。天者，天之形體；乾者，天之性情。乾，健也，健而無息之謂乾。夫天，專言之則道也，「天且弗違」是也。分而言之，則以形體謂之天，以主宰謂之帝，以功用謂之鬼神，以妙用謂之神，以性情謂之乾。易傳。下同。伯峕據晦翁曰：公且説天是如何獨高〔三〕？蓋天只是氣，非獨是高，人在地上只見如此高。要之連那地下亦是天。天只管轉來旋去，旋得許多查滓在中間。世間無一个物事恁地大，且如地恁地大，他只是氣之查滓。董銖問晦翁曰：「天行健」如何？曰：胡安定説得好，曰「天者乾之形，乾者天之用」。天形蒼然，南極入地下三十六度，北極去地上三十六度，狀如倚杵。其用則一晝一夜行九十餘萬里。人一呼一吸爲一息，一息之間天行已八十餘里，人一晝一夜有一萬三千六百餘息，故天行九十餘萬里，則天之行健可知。因言天之氣運轉不息，故閣得地在中央，正如弄椀珠底上，恁運轉不住，故在空中不墜，少息則墜矣。晦翁一日論璣衡及黄赤道、日月躔度。潘子善言：嵩山本不當天之中，爲是天形欹側，遂當其中耳。先生曰：嵩山不是天之中，乃是地之中，黄道赤道皆在嵩山之北。南極北極〔四〕，天之樞紐，只有此處不動，如磨臍然，此却是天之中。陳安卿問北辰，晦翁曰：北辰是那中間無星處，這些子不動〔五〕，是天之樞紐。北辰無星，緣人要取此爲極，不可無箇記認，所以就其旁取一小星，謂之極星。天之樞紐，如門簨子相似，又似箇輪藏心，藏在外面動，這裏面心都不動。黄義剛問：極星動不動？晦翁曰：極星也動，只是近那辰後，雖動而不覺。如那射糖盤子樣，那北辰便是中心樁子，極星便是近樁底點子，雖也隨那盤轉，緣近樁子便轉得不覺。今人以管窺極星，見其動來動去，只在管裏面不動出去。向來人説北極便是北辰，又只説北極不動。至本朝人方去推得北極只在北辰邊頭，而極星依舊動。又曰：辰是星之界分。邵康節説辰是那「天上分爲十二段底，即十二辰」。

四德之元，猶五常之仁。偏言則一事，專言則包四者。

天所賦爲命，物所受爲性。

鬼神者，造化之迹也。伯峕曰：「至之謂神，以其伸也，反之謂鬼，以其歸也」，則鬼神者皆二氣之屈伸往來耳，非迹而何！伯峕據晦翁曰：氣之屈者謂之鬼，氣之只管恁地來者謂之神，洋洋然如在其上，「君蒿悽愴，此百物之精也，神之著也」，這便是那發生之精神。神者是生底，以至長大，故見其顯，便是氣之伸者。今人謂人之死爲鬼，是死後收斂，無形無迹不可理會，便是那氣之屈底。鍾唐傑問晦翁曰：近思録既載「鬼神者造化之迹」，又載「鬼神者二氣之良能」，似乎不同？晦翁曰：「造化之迹」，是日月星辰風雨之屬；「二氣良能」，是屈伸往來之理。陽魂爲神，陰魄爲鬼，鬼陰之靈，神陽之靈。此以二氣言也。然二氣之分，實一氣之運。故凡氣之來而方伸者爲神，氣之往而既屈者爲鬼，陽主伸，陰主屈。此以一氣言也。董銖問：陽魂爲神，陰魄爲鬼。祭義曰：「氣也者，神之盛也；魄也者，鬼之盛也。」而鄭氏曰：「氣，噓吸出入者也。耳目之聰明爲魄。」然則陰陽未可言鬼神，陰陽之靈乃鬼神也，如何？曰：魄者形之神，魂者氣之神，魂魄是形氣之精英，謂之靈。故張子曰「二氣之良能」，二氣即陰陽也，良能是其靈處。林夔孫問：在天地爲鬼神，在人爲魂魄否？曰：死則謂之魂魄，生則謂之精氣，天地公共底謂之鬼神。晦翁曰：口鼻之噓吸是以氣言也，耳目之精明是以血言也。氣爲魂，血爲魄。或問晦翁曰：眼，體也，眼之光爲魄。耳，體也，何以爲耳之魄？先生曰：能聽者便是魄。如鼻之知臭，舌之知味皆是。但不可以知爲魄。才説知便主於心，心但能知，若甘苦鹹淡，要從舌上過。如老人耳重目昏，便是魄漸要散。

剥之爲卦，諸陽消剥已盡，獨有上九一爻尚存，如碩大之果不見食，將有復生之理。上九亦變則純陰矣，然陽無可盡之理，變於上則生於下，無間可容息也。聖人發明此理，以見陽與君子之道不可亡也。伯嵒據剝之上九曰：「碩果不食，君子得輿，小人剝廬。」象曰：「君子得輿，民所載也。小人剝廬，終不可用也。」或曰：剝盡則爲純坤，豈復有陽乎？曰：以卦配月，則坤當十月。以氣消息言，則陽剝爲坤，陽來爲復，陽未嘗盡也。剝盡於上，則復生於下矣。故十月謂之陽月，恐疑其無陽也。陰亦然，聖人不言耳。伯嵒據晦翁曰：雖是十月爲坤，十一月爲復，然自小雪以後，其下面一畫便有三十分之一分陽生，至冬至方足得一爻成耳。故十月謂之陽月，蓋嫌於無陽也。或問晦翁曰：變於上則生於下，乃剝、復相因之理，畢竟須經由坤，坤卦純陰無陽，如此則陽有斷滅也，何以能生於後？曰：凡陰陽之生，一爻當一月，須是滿三十日，方滿得那腔子，做得一畫成。今坤卦非是無陽，陽始生甚微，未滿那腔子，做一畫未成。非是坤卦純陰便無陽也。此亦非有深奥，但伊川當時解，不曾分明道與人也。

一陽復於下，乃天地生物之心也。先儒皆以靜爲見天地之心，蓋不知動之端乃天地之心也。非知道者，孰能識之？

仁者，天下之公，善之本也。

有感必有應。凡有動皆爲感，感則必有應，所應復爲感，所感復有應，所以不已也。感通之理，知道者默而觀之可也。

天下之理，終而復始，所以恒而不窮。恒非一定之謂也，一定則不能恒矣。唯隨時變易，乃常道也。天地常久之道，天下常久之理，非知道者，孰能識之？伯嵒曰：天地生物之心，天下感通之理，天地常久之道，觀而識之。伊川必歸之知道者，此豈耳聞目見之知哉？

人性本善，有不可革者。何也？曰：語其性則皆善也，語其才則有下愚之不移。所謂下愚有二焉：自暴也，自棄也。人苟以善自治，則無不可移者，雖昏愚之至，皆可漸磨而進。唯自暴者拒之以不信，自棄者絶之以不爲，雖聖人與居，不能化而入也。仲尼之所謂「下愚」也。然天下自棄自暴者，非必皆昏愚也，往往强戾而才力有過人者，商辛是也。聖人以其自絶於善，謂之「下愚」，然考其歸，則誠愚也。既曰「下愚」，其能革面，何也？曰：心雖絶於善道，其畏威而寡罪，則與人同也。唯其有與人同，所以知其非性之罪也。伯嵒曰：革之上六：「君子豹變，小人革面。」革面者未能心化，特革其面以從上之教令耳。書之「象恭滔天」，魯論之「色取仁而行違」，均是人也。雖然，聖賢豈特爲小人慮而已。「汝無面從」，事君容悦；朋不心，爲面朋：情疏而貌親，所以爲臣下慮，爲交際慮，皆恐失之面而不本於心也。學者必若易之「美在其中而暢於四支」，孟子「仁義禮智根於心，其生色也，睟然見於面」，夫然後可。

在物爲理，處物爲義。以上並易傳。

動靜無端，陰陽無始。非知道者，孰能識之？經説。下同。

仁者，天下之正理，失正理則無序而不和。伯豐曰：無序則非禮，不和則非樂。仁者，其禮樂之本歟！

明道先生曰：天地生物，各無不足之理。常思天下君臣、父子、兄弟、夫婦，有多少不盡分處。遺書。下同。伯豐曰：君臣、父子、兄弟、夫婦並朋友，謂之五常。故君使臣以禮，臣事君以忠；父待子以慈，子事父以孝；兄友於弟，弟恭厥兄；夫刑於婦，婦承於夫。此之謂盡其分。盡其分乃蹈其常，常者即天地生物之理各無不足處。有一不然，是謂不盡其分。不盡其分，乃謂之變。變者，人失厥初，豈天地付與有不足者乎！雖然，聖賢安行於性分之中，「仰不愧於天，俯不怍於人」，內不慚於心，堂陛正，上下序，閨門睦，固有不可及者。其或君不仁，臣則不可不忠；父不慈，子則不可不孝；兄不友，弟則不可不恭；夫不良，婦則不可不順。此比干之於紂，大舜之於瞽瞍，周公之於管、蔡，申后之於幽王，各求自盡其分而已。伯豐據伊川曰：只爲人不能盡分。尹和靖先生曰：看盡分字是多少氣象。

「忠信所以進德」，「終日乾乾」，君子當終日對越在天也。蓋上天之載，無聲無臭，其體則謂之易，其理則謂之道，其用則謂之神。其命於人則謂之性。率性則謂之道，脩道則謂之教。孟子去其中又發揮出浩然之氣，可謂盡矣。故説神「如在其上，如在其左右」，大小大事，而只曰「誠之不可揜如此夫」。徹上徹下，不過如此。形而上爲道，形而下爲器，須著如此說，器亦道，道亦器，但得道在，不繫今與後，己與人。

醫書言手足痿痺爲不仁，此言最善名狀。仁者，以天地萬物爲一體，莫非己也。認得爲己，何所不至？若不有諸己，自不與己相干。如手足不仁，氣已不貫，皆不屬己。故博施濟衆，乃聖之功用。仁至難言，故止曰：「己欲立而立人，己欲達而達人，能近取譬，可謂仁之方也已。」欲令如是觀仁，可以得仁之體。伯嵒據上蔡先生曰：活者爲仁，死者爲不仁。今人身體麻痺，不知痛癢爲不仁。桃杏之核可種而生者，謂之桃仁杏仁，言有生之意，推此仁可見矣。或問晦翁曰：上蔡以覺言仁，如何？曰：覺者是要覺得這道理，須是分毫不差，方能全得此心之德，這便是仁。但知得箇痛癢，則凡人皆覺得，豈盡是仁者耶？醫家以頑痺爲不仁，以其不覺，故以不仁言之。不覺固是不仁，然便謂覺是仁則不可。伯嵒曰：「己欲立而立人，己欲達而達人」，恕之事也，故聖人不直以爲仁，而必曰「仁之方也」。

「生之謂性」，性即氣，氣即性，生之謂也。伯嵒據告子言「生之謂性」，其所謂「生」者，指知覺運動而言。晦翁曰：性者人之所得於天之理也，生者人之所得於天之氣也。性，形而上者也；氣，形而下者也。人物之生，莫不有是性，亦莫不有是氣。然以氣言之，則知覺運動，人與物若不異也；以理言之，則仁義禮智之稟，豈物之所得全哉？人生氣稟，理有善惡，然不是性中元有此兩物相對而生也。有自幼而善，有自幼而惡，【舊註】后稷之「克岐克嶷」。伯嵒據詩生民章曰：「誕實匍匐，克岐克嶷。」毛氏曰：「岐，知意也；嶷，識也。」説文「嶷」作「嶷」，曰「小兒有知」。【舊註】子越椒始生，人知其必滅若敖氏之類。伯嚭據左傳宣四年：初，楚司馬子良生子越椒。子文曰：「必殺之！是子也，熊虎之狀而豺狼之聲，弗殺，必滅若敖氏矣。諺曰『狼子野心』，是乃狼也，其可畜乎？」子良不可，子文以爲大慼。及將亡，聚其族曰：「椒也知政，乃速行矣。無及於難。」且泣曰：「鬼猶求食，若敖氏之鬼不其餒而。」後椒爲令尹，惡蔿賈，以其族殺之，攻楚王，楚子與之戰，遂滅若敖氏。是氣禀有然也。善固性也，然惡亦不可不謂之性也。蓋「生之謂性」，「人生而静」以上不容説，才説性時便已不是性也。凡人説性，只是説「繼之者善」也，孟子言人性善是也。夫所謂「繼之者善也」者，猶水流而就下也。皆水也，有流而至海，終無所污，此何煩人力之爲也？有流而未遠，固已漸濁；有出而甚遠，方有所濁。有濁之多者，有濁之少者。清濁雖不同，然不可以濁者不爲水也。如此，則人不可以不加澄治之功。故用力敏勇則疾清，用力緩怠則遲清。及其清也，則却只是元初水也。亦不是將清來换却濁，亦不是取出濁來置在一隅也。水之清，則性善之謂也。故不是善與惡在性中爲兩物相對，各自出來。此理，天命也。順而循之，則道也。循此而脩之，各得其分，則教也。伯嚭曰：天之賦予萬物則謂之命，萬物禀而受之則謂之性，其目不越乎仁義禮智而已。凡君臣、父子、兄弟、夫婦、朋友，日用常行不可須臾離也。循性之仁而行，則父慈子孝以至於仁民愛物者，道也；循性之義而行，則君敬臣忠以至於敬長尊賢者，道也；循其禮則恭敬辭遜之節文，循其智則是非邪正之分別者，亦道也。聖人因其道之自然，立法垂訓，爲之品節防範，脩父子之道而仁之教立，脩君臣之道而義之教行。謹其節文而脩之，則禮之教也；審其是非而脩之，則智之教也。自天命以至於教，我無加損焉，此舜「有天下而不與焉」者也。

觀天地生物氣象。【舊註】周茂叔看。

萬物之生意最可觀，此「元者，善之長也」，斯所謂仁也。

滿腔子是惻隱之心。伯嵒曰：指微搔而知癢，針微刺而知痛，豈非「滿腔子是惻隱之心」乎！潘時舉問晦翁曰：仁包義禮智，元包亨利正〔六〕，春包夏秋冬。以五行言之，不知木如何包得火金水？先生曰：木乃生氣，有生氣然後物可得而生。若無生氣，則火金水皆無自而能生矣，故木能包此三者。

天地萬物之理，無獨必有對，皆自然而然，非有安排也。每中夜以思，不知手之舞之，足之蹈之也。

中者，天下之大本，天地之間，亭亭當當，直上直下之正理。出則不是，唯「敬而無失」最盡。

伊川先生曰：公則一，私則萬殊。人心不同如面，只是私心。

凡物有本末，不可分本末爲兩段事。灑掃應對是其然，必有所以然。伯嵒曰：灑掃應對與精義入神非兩途，格物致知與治國平天下同一貫。伯豈據晦翁曰：非謂末即是本，但學其末而本便在此也。

楊子拔一毛不爲，墨子又摩頂放踵爲之，此皆是不得中。至如「子莫執中」，欲執此二者之中，不知怎麼執得？識得則事事物物上，皆天然有箇中在那上，不待人安排也，安排著則不中矣。

問：時中如何？曰：中字最難識，須是默識心通。且試言一廳則中央爲中，一家則廳中非中而堂爲中，言一國則堂非中而國之中爲中。推此類可見矣。如三過其門不入，在禹稷之世爲中，若居陋巷，則非中也。居陋巷，在顏子之時爲中，若三過其門不入，則非中也。

无妄之謂誠，不欺其次矣。【舊註】一本云：李邦直云「不欺之謂誠」，便以不欺爲誠。徐仲車云「不息之謂誠」。中庸言「至誠無息」，非以無息解誠也。或以問先生，先生曰云云。伯豈曰：无妄，天也；不欺，人也。

冲漠無朕，萬象森然已具，未應不是先，已應不是後。如百尺之木，自根本至枝葉皆是一貫，不可道上面一段事無形無兆，却待人旋安排引入來教入塗轍。既是塗轍，却只是一箇塗轍。

近取諸身，百理皆具。屈伸往來之義，只於鼻息之間見之。屈伸往來只是理，不必將既屈之氣復爲方伸之氣。生生之理，自然不息。如復卦言「七日來復」，其間元不斷續。陽已復生，物極必返，其理須如此。有生便有死，有始便有終。伯嵒據晦翁曰：人呼氣時腹却脹，吸氣時腹却厭。論來呼而厭、吸而脹方是。今乃若此者，蓋噓時此一口氣雖出，第二口氣復生，故其腹脹；及吸時其所生之氣又從裏趕出，故其腹厭。大凡人生至死，其氣只管出，出盡便死。如吸氣非是吸外氣而入，止是住得一霎時，第二口氣又出，若無得出便死。老子曰「天地之間其橐籥乎！虛而不屈，動而愈出〔七〕」。又曰：人所以生，精氣聚也。人止有許多氣，須有箇盡時，魂氣盡則歸於天，形魄降於地而死矣。人將死時，熱氣上出，所謂魂升也，下體漸冷，所謂魄降也。此所以有生必有死，有始必有終。夫聚散者，氣也。若理，則止泊在氣上，初不是凝結自爲一物，但人分上合當恁地處便是，理不可以聚散言也。然人死氣雖終於散，亦未便散盡，故祭祀有感格之理。先祖世次遠者，氣之有無不可知，然奉祭祀者既是他子孫，畢竟止是一氣，所以有感通之理。然已散者不復聚，釋氏却謂「人死爲鬼，鬼復爲人」。如此則天地間常有許多人來來去去，更不由他造化生生，必無是理也。至於伯有爲厲，伊川云「別是一般道理」。蓋其人氣未盡而强死，自是能爲厲，如子産爲伯有立後便有所歸，遂不爲厲，亦可謂知鬼神之情狀矣。

明道先生曰：天地之間，只有一箇感與應而已，更有甚事？

問仁，伊川先生曰：此在諸公自思之，將聖賢所言仁處類聚觀之，體認出來。孟子曰：「惻隱之心，仁也。」後人遂以愛爲仁。愛自是情，仁自是性，豈可專以愛爲仁？孟子言：「惻隱之心，仁之端也。」伯嵒曰：端，緒也，猶繭之有緒，抽之則成絲。既曰仁之端，則不可便謂之仁。退之言「博愛之謂仁」，非也。仁者固博愛，然便以博愛爲仁則不可。

問：仁與心何異？曰：心譬如穀種，生之性便是仁，陽氣發處乃情也。伯嵒據晦翁曰：仁者，心之德，愛之理也。又曰：「愛非仁，愛之理是仁；心非仁，心之德是仁。」「耳之德聰，目之德明，心之德仁，且將此意去思量體認。」「仁之愛猶糖之甜，醋之酸，愛是那滋味。」「愛之理即是心之德，不是心之德了，又別有箇愛之理。」「愛是惻隱。惻隱是情，其理則謂之仁。心之德又只是愛，謂之心之德，却是愛之本柄。」

義訓宜，禮訓別，智訓知，仁當何訓？說者謂訓覺、訓人，皆非也。當合孔孟言仁處，大概研窮之，二三歲得之，未晚也。

性即理也。天下之理，原其所自，未有不善。喜怒哀樂未發，何嘗不善？發而中節，則無往而不善。凡言善惡，皆先善而後惡；言吉凶，皆先吉而後凶；言是非，皆先是而後非。

【舊註】易傳曰：「成而後有敗，敗非先成者也。得而後有失，非得何以有失也？」伯嵒據晦翁曰：四端是理之發，七情是氣之發。甘節問：何以驗得性中有仁義禮知？晦翁曰：欲要見得性中有仁義禮知，無故不解發得惻隱之類出來。有仁義禮知，故有惻隱之類。

問：心有善惡否？曰：在天爲命，在義爲理，在人爲性，主於身爲心，其實一也。心本善，發於思慮，則有善有不善。若既發，則可謂之情，不可謂之心。譬如水，只可謂之水。至如流而爲派，或行於東，或行於西，却謂之流也。

性出於天，才出於氣。氣清則才清，氣濁則才濁。才則有善有不善，性則無不善。性者自然完具，信只是有此者也。故「四端」不言信。伯峕曰：五常之信，猶五行之土。「土無定位，無專氣，水火金木無不待是以生。故土於四行無不在，於四時則寄王焉。」信亦猶是也。實有是「四端」，則信在其中矣。

心，生道也。有是心，斯具是形以生。惻隱之心，人之生道也。

横渠先生曰：氣坱然太虛，升降飛揚，未嘗止息。此虛實、動靜之機，陰陽剛柔之始。浮而上者陽之清，降而下者陰之濁。其感遇聚結，爲風雨，爲霜雪，萬品之流形，山川之融結。糟粕煨燼，無非教也。正蒙。下同。伯峕據楊道夫問晦翁曰：「氣坱然太虛，升降飛揚，未嘗止息」。曰：「此張子所謂『虛空即氣』也。蓋天在四畔，地居其中，減得一尺地，遂有一尺氣，但人不見耳。此是未成形者。」「及至『浮而上、降而下』，則已成形者，若所謂『山川之融結，糟粕煨燼』，即是氣之查滓。」「惟天運轉之急，故凝結得許多查滓在中間。地者，氣之查滓也。」「天運不息，晝夜運轉，故地閣在中間，天有一息之停，則地須陷下。」又晦翁曰：「霜止是露結成，雪只是雨結成。古人說露是星月之氣，不然，今高山頂上雖晴亦無露。露只是自下蒸上。或言極西高山亦無雨雪。」又孔子閒居曰：「天有四時，春秋冬夏，風雨霜露，無非教也。地載神氣，神氣風霆，風霆流形，庶物露生，無非教也。」伯峕謂：教者，所以成物者也。禮無端倪之可窺，教則顯設而可見。

游氣紛擾，合而成質者，生人物之萬殊。其陰陽兩端循環不已者，立天地之大義。伯峕據晦翁曰：陰陽兩端如磨，游氣紛擾如磨中出者。

天體物不遺，伯峕據晦翁曰：體物者，爲物之體，而物無不待是而有者也。猶仁體事而無不在也。「禮儀三百，威儀三千」，無一物而非仁也。「昊天曰明，及爾出王。昊天曰旦，及爾游衍」，無一物之不體也。伯峕曰：出王者，出入往來也。旦，明也。游衍者，游行衍溢也。言天之體著萬物，而鑒察之者，無往而不在也。

鬼神者，二氣之良能也。伯峕據孟子曰：「人之所不學而能者，其良能也。」晦翁曰：「良者，本然之善也。」則所謂「良能」者乃出於天，不係於人。

物之初生，氣日至而滋息；物生既盈，氣日反而遊散。至之謂神，以其申也；反之謂鬼，以其歸也。伯峕據或問死生之説於上蔡謝先生。謝子曰：人死時氣盡也。曰：有鬼神否？謝子曰：余當時亦曾問明道先生，明道曰「待向你道無來，你怎生信得？及待向你道有來，你但去尋討看」。謝曰：此便是答底語。又曰：橫渠説得來別，這箇便是天地間妙用，須是將來做箇題目入思議始得，講説不濟事。曰：沉魂滯魄影響底事如何？曰：須是自家看得破始得。張亢郡君化去，常來附語，亢所知事皆能言之。亢一日方與道士圍碁，又自外來，亢欲接之，道士封碁子，令將去問之。張不知數，便道不得。乃曰許多時共你做夫婦，今日却信一道士胡説，我今後更不來。又如紫姑神，不識字底把著寫不得，不信底把著寫不得，推此可以見矣。曰：先生祭享鬼神則甚？曰：是他意思别，三日齋五日戒，求諸陰陽四方上下，蓋是要集自家精神，所以「格有廟」必於萃與涣言之。如武王伐商，所過名山大川致禱，山川何知？武王禱之者以此。雖然如是，以爲有亦不可，以爲無亦不可，這裏有妙理於若有若無之間，須斷制得去始得〔八〕。曰：如此却是鶻突也。謝子曰：不是鶻突，自家要有便有，自家要無便無，始得。鬼神在虚空中辟塞滿，觸目皆是，爲他是天地間妙用，祖考精神，便是自家精神。

性者，萬物之一源，非有我之得私也。惟大人爲能盡其道，是故立必俱立，知必周知，愛必兼愛，成不獨成。彼自蔽塞而不知順吾理者，則亦末如之何矣。以上並正蒙。

一故神。譬之人身，四體皆一物，故觸之而無不覺，不待心使至此而後覺也。此所謂「感而遂通」，「不行而至，不疾而速」也。横渠易説。

心，統性情者也。横渠語録。下同。

凡物莫不有是性。由通蔽開塞，所以有人物之别；由蔽有厚薄，故有知愚之别。塞者牢不可開，厚者可以開，而開之也難，薄者開之也易，開則達於天道，與聖人一。伯喦據中庸曰：「或生而知之，或學而知之，或困而知之，及其知之一也。或安而行之，或利而行之，或勉强而行之，及其成功一也。」又曰：「人一能之己百之，人十能之己千之。雖愚必明，雖柔必强。」伯嵒謂：人之氣禀有不同，故覺有先後，知有難易耳。人患不專心致志，苟能自强不息，則氣質之不美者，可變而爲美矣。不然鹵莽滅裂之學，或作或輟，一暴十寒，而曰「天質不美，非學所能變」，是自暴自棄者也。又徐子融，名昭點，鉛山人，以書問晦翁先生云：「枯槁之中有性有氣〔九〕，故附子熱，大黄寒」，子融謂「此性是氣質之性」。陳才卿亦鉛山人，謂「即是本然之性」。晦翁謂：「子融認知覺爲性，故以此爲氣質之性，性即是理，有性即有氣。是他禀得許多氣，故亦只有許多理。」才卿謂「有性無仁」。先生云：「此説亦是，是他元不曾禀得此道理，惟人得其全。如動物則又近人之性，然動物雖有知覺，才死則形骸便腐壞。植物雖無知覺，然其質却堅久難壞。」晦翁曰：性是太極渾然之體〔一〇〕，本不可以名字言，但其中含具萬理而綱理之大者有四，故命之曰仁、義、禮、智。孔門未嘗備言，至孟子時往往以性爲不善。孟子思有以明之，苟但曰渾然全體，則恐其如無星之秤，無寸之尺，終不足以曉天下，於是别而爲「四端」之説。蓋四端之未發也，性雖寂然不動，而其中自有條理，自有間架，不是儱侗都無一物，所以外邊纔感，中間便應。如赤子入井之事，感則仁之理便應，而惻隱之心於是乎形；如過廟朝之事，感則禮之理便應，而恭敬之心於是乎形。蓋由其中間衆理渾具，各各分明，故外邊所遇隨感而應，所以「四端」之發各有面貌之不同。是以孟子析而爲四，以示學者便知渾然全體之中而粲然有條若此。夫渾然全體無形象之可見，何以見其粲然有條如此？蓋是理之可驗，乃依然就他發處驗得。凡物必有本根，性之理雖無形，而端緒之發最可驗。故由其惻隱，所以必知其有仁；由其羞惡，所以必知其有義；由其恭敬，所以必知其有禮；由其是非，所以必知其有智。使本無是理於內，則何以有是端於外，惟其有是端於外，所以必知有是理於內，而不可誣也。仁義禮智既知得界限分曉，又須知四者之中，仁義是箇對立底關鍵。蓋仁，仁也，而禮則仁之著。義，義也，而智則義之藏。猶春夏秋冬雖爲四時，然春夏陽之屬也，秋冬陰之屬也。故曰「立天之道曰陰與陽，立地之道曰柔與剛，立人之道曰仁與義」。是知天地之道不兩則不能以立，故端雖有四，而立之者則兩耳。仁義雖對立而成兩，然仁實貫通乎四者之中。故仁者仁之本體，禮者仁之節文，義者仁之斷制，知者仁之分別。猶春夏秋冬雖不同，而同出乎春：春則春之生也，夏則春之長也，秋則春之成也，冬則春之藏也。自四而兩，自兩而一，則統之有宗，會之有元矣。故曰「五行一陰陽，陰陽一太極也」。仁包「四端」，而智居「四端」之末。蓋冬者藏也，所以始萬物而終萬物者也。惻隱、羞惡、恭敬，是三者有可爲之事，而智則無事可爲，但分別其爲是爲非耳，是以謂之藏。又惻隱、羞惡、恭敬皆是一面底道理，而是非則有兩面，既別其所是，又別其所非，是終始萬物之象。

校勘記

〔一〕太極只是極至　「太」，朱子語類卷九十四作「無」。

〔二〕又屋極曰極　此五字，朱子語類卷九十四作「又指屋極曰」。

〔三〕公且説天是如何獨高　「公」原無，據朱子語類卷十八補；「獨」原作「後」，據朱子語類卷十八改。

〔四〕南極北極　「北」原作「非」，據朱子語類卷二改。

〔五〕這些子不動　「這」字原無，據朱子語類卷二十三補。

〔六〕元包亨利正　「貞」，宋避諱字，此「正」當據朱子語類卷六改作「貞」。以下同此，不再出校。

〔七〕虚而不屈動而愈出　「虚」，朱子語類卷一作「動」；「動」，朱子語類卷一作「虚」。

〔八〕須斷制得去始得　「制」，上蔡語録卷一作「置」。

〔九〕枯槁之中有性有氣　前一「有」字原無，據朱子語類卷四補。

〔一〇〕性是太極渾然之體　「太」原作「大」，據晦庵集卷五十八答陳器之改。

泳齋近思録衍註卷二

論學　凡一百一十一條

濂溪先生曰：聖希天，賢希聖，士希賢。伊尹、顔淵，大賢也。伊尹恥其君不爲堯舜，一夫不得其所，若撻於市；顔淵「不遷怒，不貳過」、「三月不違仁」。志伊尹之所志，學顔淵之所學，伯喦曰：伊尹之志，視人猶視己。顔子之學，爲己不爲人。過則聖，及則賢，不及則亦不失於令名。通書。

聖人之道，入乎耳，存乎心，蘊之爲德行，行之爲事業。彼以文辭而已者，陋矣。

或問：聖人之門，其徒三千，獨稱顔子爲好學。夫詩、書、六藝，三千子非不習而通也，然則顔子所獨好者何學也？伊川先生曰：學以至聖人之道也。聖人可學而至歟？曰：然。學之道如何？曰：天地儲精，得五行之秀者爲人。其本也真而靜，其未發也五性具焉，曰仁、義、禮、智、信。形既生矣，外物觸其形而動於中矣。其中動而七情出焉，曰喜、怒、哀、樂、愛、惡、欲。情既熾而益蕩，其性鑿矣。是故覺者約其情使合於中，正其心，養其性；愚者則不知制之，縱其情而至於邪僻，梏其性而亡之。然學之道，必先明諸心，知所養，然後力行以求至，所謂「自明而誠」也。伯嵒曰：「有不善未嘗不知」，則顔子之明諸心也。「不改其樂」，顔子之知所養也。「三月不違」，顔子之力行以求至也。誠之之道，在乎信道篤，信道篤則行之果，行之果則守之固。仁義忠信不離乎心，造次必於是，顛沛必於是，出處語默必於是。久而弗失，則居之安，「動容周旋中禮」，而邪僻之心無自生矣。故顔子所事，則曰：「非禮勿視，非禮勿聽，非禮勿言，非禮勿動。」仲尼稱之，則曰：「得一善，則拳拳服膺而弗失之矣。」又曰：「不遷怒，不貳過。」「有不善未嘗不知，知之未嘗復行也。」此其好之篤學之道也。然聖人則不思而得，不勉而中；顔子則必思而後得，必勉而後中。其與聖人相去一息，所未至者，守之也，非化之也。以其好學之心，假之以年，則不日而化矣。後人不達，以謂聖本生知，非學可至，而爲學之道遂失。不求諸己而求諸外，以博聞强記、巧文麗辭爲工，榮華其言，鮮有至於道者。則今之學與顔子所學異矣。文集。下同。

橫渠先生問於明道先生曰：定性未能不動，猶累於外物，何如？明道先生曰：所謂定者，動亦定，靜亦定，伯嵒曰：心齋坐忘，百念俱泯者，定也。酬酢萬變，方寸不擾者，亦定也。人知

「動亦定，靜亦定」之理，則死生禍福，窮達榮辱，豈足爲此性之累哉！無將迎，無内外。苟以外物爲外，牽己而從之，是以己性爲有内外也。且以性爲隨物於外，則當其在外時，何者爲在内？是有意於絶外誘，而不知性之無内外也。既以内外爲二本，則又烏可遽語定哉？夫天地之常，以其心普萬物而無心；聖人之常，以其情順萬事而無情。故君子之學，莫若擴然而大公，物來而順應。易曰：「貞吉悔亡。憧憧往來，朋從爾思。」苟規規於外誘之除，將見滅於東而生於西也。非惟日之不足，顧其端無窮，不可得而除也。人之情各有所蔽，故不能適道，大率患在於自私而用智。自私則不能以有爲爲應迹，伯旹曰：應迹者，應世之迹也。因物之來而應之，非有心也。用智則不能以明覺爲自然。今以惡外物之心，而求照無物之地，是反鑑而索照也。易曰：「艮其背，不獲其身；行其庭，不見其人。」伯旹曰：背者，人之所不見也。庭者，接物之地也。「艮其背，不獲其身」，則内觀無我；「行其庭，不見其人」，則外觀無物。豈非「動亦定，靜亦定」者乎？孟氏亦曰：「所惡於智者，爲其鑿也。」伯旹據孟子曰：「所惡於智者，爲其鑿也。如智者若禹之行水也，則無惡於智矣。禹之行水也，行其所無事也。」伯旹謂：天下事物之理無非自然，小智之人務爲穿鑿，所以失之。禹之行水，非以鄰國爲溝壑也，非以堤堰而壅遏之也，亦因水勢之自然而導之耳。與其非外而是内，不若内外之兩忘也。兩忘則澄然無事矣，無事則定，定則明，明則尚何應物之爲累哉？聖人之喜，以物之當喜；聖人之怒，以物之當怒。是聖人之喜怒，不繫於心而繫於物也。是則聖人豈不應於物哉？烏得以從外者爲非，而更求在内者爲是也？今以自私用智之喜怒，而視聖人喜怒之正爲如何哉？夫人之情，易發而難制者，惟怒爲甚。第能於怒時遽忘其怒，而觀理之是非，亦可見外誘之不足惡，而於道亦思過半矣。文集。

伯喦據楊道夫問晦翁曰：向者先生教思量天地有心與無心，近思之，切謂天地無心。若使有心，必有思慮，有營爲。天地曷嘗有思慮來？曰：如此，則易所謂「見天地之心」，「正大而天地之情可見」，又如何？如公所説，只説得他無心處耳。程子曰「以主宰謂之帝，以性情謂之乾」，心便是他主宰處，所以謂「天地以生物爲心」。蓋天地別無勾當，只是以生物爲心耳。又問：程子謂「天地無心而成化，聖人有心而無爲」。曰：這是説天地無心處。且如「四時行，百物生」，天地何所容心？所以明道云「天地之常，以其心普萬物而無心；聖人之常，以其情順萬事而無情」。天地以此心普萬物，人得之遂爲人之心，物得之遂爲物之心，草木禽獸接著遂爲草木禽獸之心，只是一箇天地之心耳。今須要知他有心處，又要見得他無心處。

伊川先生答朱長文書曰：聖賢之言，不得已也。蓋有是言，則是理明；無是言，則天下之理有闕焉。如彼耒耜陶冶之器，一不制則生人之道有不足矣。聖賢之言雖欲已，得乎？然其包涵盡天下之理，亦甚約也。後之人始執卷，則以文章爲先，平生所爲，動多於聖人。然有之無所補，無之靡所闕，乃無用之贅言也。不止贅而已，既不得其要，則離真失正，反害於道必矣。來書所謂欲使後人見其不忘乎善，此乃世人之私心也。夫子「疾没世而名不稱焉」者，疾没身無善可稱云爾，非謂疾無名也。名者可以厲中人，君子所存，非所汲汲。伯峕曰：有是實則有是名，名者實之賓也。君子之學爲己，本不求名於人也，然没世而名不稱，則終其身無可紀之實矣。此君子之所疾也。

内積忠信，「所以進德也」；擇言篤志，「所以居業也」。「知至至之」，致知也。求知所至而後至之，知之在先，故「可與幾」，所謂「始條理者，知之事也」。「知終終之」，「力行」也。既知所終，則力進而終之，守之在後，故「可與存義」，所謂「終條理者，聖之事也」。此學之始終也。易傳。下同。伯峕據晦翁曰：條理，猶言脉絡也。智者知之所及，聖者德之所就。又曰：發己自盡，是之謂忠。且如某今病得七分，對人説只道得三兩分，這便是發於己者不能盡。循物無違，是之謂信。正如恰方説病相似，他本只是七分，或添作十分，或减作五分，這便不是循物，便是有違。要之，兩箇只是一理，忠是存諸内，信是形諸外，一事有兩端之義也。

君子主敬以直其内，守義以方其外。敬立而内直，義形而外方。義形於外，非在外也。敬義既立，其德盛矣，不期大而大矣，「德不孤」也。無所用而不周，無所施而不利，孰爲疑乎？

動以天爲无妄，動以人欲則妄矣。无妄之義大矣哉！

雖無邪心，苟不合正理，則妄也，乃邪心也。既已无妄，不宜有往，往則妄也。故无妄之象曰：「其匪正有眚，不利有攸往。〔一〕」

人之蘊畜，由學而大，在多聞前古聖賢之言與行。考跡以觀其用，察言以求其心，識而得之，以畜成其德。

咸之象曰：「君子以虛受人。」傳曰：中無私主，則無感不通。以量而容之，擇合而受之，非聖人有感必通之道也。其九四曰：「貞吉，悔亡。憧憧往來，朋從爾思。」傳曰：感者，人之動也，故咸皆就人身取象。四當心位而不言「咸其心」，感乃心也。感之道無所不通，有所私係則害於感通，所謂悔也。聖人感天下之心，如寒暑往來雨暘，無不通、無不應者，亦貞而已矣。貞者，虛中無我之謂也。若往來憧憧然，用其私心以感物，則思之所及者有能感而動，所不及者不能感也。以有係之私心，既主於一隅一事，豈能廓然無所不通乎？伯嵒據荀子曰：「心臥則夢，偷則自行，使之則謀。」晦翁曰：某自十六七讀時，便曉得此意。蓋偷心是不知不覺自走去底，不由自家使底，倒要自家去捉他。「使之則謀」，這却是好底心，由自家使底。佛家又有所謂「流注想」，他最怕這箇。所以潙山禪師云：「某參禪幾年了，至今不曾斷得這流注想。」此即荀子所謂「偷則自行」之心也〔二〕。

君子之遇艱阻，必自省於身，有失而致之乎？有所未善則改之，無歉於心則加勉，乃自脩其德也。伯喦據蹇之象曰：「山上有水，蹇。君子以反身脩德。」

非明則動無所之，非動則明無所用。已上並易傳。伯喦據豐之象曰：「明以動，故豐。」

習，重習也。時復思繹，浹洽於中，則説也。以善及人，而信從者衆，可樂也。雖樂於及人，不見是而無悶，乃所謂君子。經説。下同。

「古之學者爲己」，欲得之於己也；「今之學者爲人」，欲見知於人也。

伊川先生謂方道輔曰：聖人之道，坦如大路，學者病不得其門耳，得其門，無遠之不到也。求入其門，不由於經乎？今之治經者亦衆矣，然而買櫝還珠之蔽，人人皆是。經所以載道也，誦其言辭，解其訓詁，而不及道，乃無用之糟粕耳。覬足下由經以求道，勉之又勉，異日見卓爾有立於前，後不知手之舞、足之蹈，不加勉而不能自止矣。手帖。

明道先生曰：「修辭立其誠」，不可不子細理會。言能修省言辭，便是要立誠。若只是修飾言辭爲心，只是爲僞也。若修其言辭，正爲立己之誠意，乃是體當自家「敬以直内、義以方外」之實事。道之浩浩，何處下手？惟立誠才有可居之處。有可居之處，則可以修業也。「終日乾乾」，大小大事，却只是「忠信所以進德」爲實下手處，「修辭立其誠」爲實修業處。遺書。下同。伯喦據晦翁問輔廣曰：「誠敬」二字如何看？廣云：先敬，然後誠。曰：且莫理會先後，敬是如何？誠是如何？廣曰：敬是把捉工夫，誠則到自然處。曰：敬也有把捉時，也有自然時。

誠也有勉爲誠時，亦有自然誠時。且説此二字義，敬只是箇收斂畏懼不縱放，誠只是箇朴直愨實不欺誑。初時須著如此不縱放，不欺誑，到得工夫到時，則自然不縱放，不欺誑矣。

伊川先生曰：志道懇切，固是誠意。若迫切不中理，則反爲不誠。蓋實理中自有緩急，不容如是之迫，觀天地之化乃可知。伯皆曰：一氣不頓進，一形不頓虧，天地之化也。

孟子才高，學之無可依據。學者當學顏子，入聖人爲近，有用力處。又曰：學者要學得不錯，須是學顏子。【舊註】有準的。

明道先生曰：且省外事，但明乎善，惟進誠心，其文章雖不中不遠矣。所守不約，泛濫無功。

學者識得仁體，實有諸己，只要義理栽培。如求經義，皆栽培之意。

昔受學於周茂叔，每令尋顏子、仲尼樂處，所樂何事。伯皆據伊川問學者：顏子所樂何事？或曰：樂道。伊川曰：若能説顏子樂道，孤負顏子。鄒志完曰：吾雖未識先生面，已識先生心，何其所造之深也。周憲問：著作王先生曰「顏子非樂道」，果何所樂？先生曰：心上一毫不留，若有心樂道，則有倚著。功名富貴，固無足樂；道德性命，亦無可樂。莊子所謂「至樂無樂」。問：夫子何以言「不改其樂」？曰：自「人不堪其憂」而言，故曰「不改其樂」。伯皆曰：飯疏食飲水，曲肱而枕之，樂亦在其中。夫子何爲而樂哉？「發憤忘食，樂以忘憂，不知老之將至」。夫子之樂意者，其在此也。「一簞食，一瓢飲，人不堪其憂，回不改其樂」。顔子何爲而樂哉？「博我以文，約我以禮」，欲罷不能。顔子之樂意者，其在此也。

所見所期不可不遠且大，然行之亦須量力有漸。志大心勞，力小任重，恐終敗事。朋友講習，更莫如「相觀而善」工夫多。

須是大其心使開闊。譬如爲九層之臺，須大做脚須得。

明道先生曰：自「舜發於畎畝之中」，至「百里奚舉於市」〔三〕，若要熟，也須從這裏過。伯喦據尹氏曰：困窮拂鬱，能堅人之志而熟人之仁，以安樂失之者多矣。

參也，竟以魯得之。

明道先生以記誦博識爲玩物喪志。【舊註】時以經語録作一册。鄭轂云：嘗見顯道先生云「某從洛中學時，録古人善行，别作一册。明道見之，曰『是玩物喪志』。蓋言心中不宜容絲髮事。」胡安國云：謝先生初以記問爲學，自負該博，對明道舉史書，成篇不遺一字。明道曰「賢却記得許多，可謂玩物喪志」。謝聞此語，汗流浹背，面發赤。及看明道讀史，又却逐行看過，不蹉一字，謝甚不服。後來省悟，却將此事做話頭，接引博學之士。

禮樂只在進反之間，便得性情之正。以上明道語。伯喦曰：禮尚嚴，常使人有畏心；樂尚和，常使人有喜心。故禮主其減，樂主其盈。然減而不進則銷，盈而不反則放，欲養其性而制其情也，難矣。故禮樂之並行者，凡以節適乎性情之正也。

父子君臣，天下之定理，無所逃於天地之間。安得天分，不有私心，則行一不義，殺一不辜，有所不爲。有分毫私，便不是王者事。

論性不論氣，不備；論氣不論性，不明。二之則不是。伯嵒曰：自昔言性者多矣，惟二程子謂「性即理」也，其論深切著明。此一段又於本性之外發明氣稟而言。蓋有性則有氣，有氣則有性，與生俱生，氣未嘗不備也。然性之有明蔽，由其氣之有清濁，惟能養其性以勝其氣，性未嘗不明也。所以不可歧而二之者，此也。嘗觀舜之命禹，先論人心道心，而終歸於精一執中。孟子「存其心，養其性」，「持其志，無暴其氣」，其旨皆是也。合體用，抽關鑰，百世以俟聖人而不惑，其在兹乎！

論學便要明理，論治便須識體。

曾點、漆雕已見大意〔四〕，故聖人與之。伯嵒據「子使漆雕開仕。對曰：『吾斯之未能信。』子説。」斯，指此理而言。信，謂真知其如此而無毫髮之疑也。「子路、曾皙、冉有、公西華侍坐。子曰：『以吾一日長乎爾，毋吾以也。居則曰：不吾知也！如或知爾，則何以哉？』子路率爾而對曰：『千乘之國，攝乎大國之間，加之以師旅，因之以饑饉；由也爲之，比及三年，可使有勇，且知方也。』『求，爾何如？』對曰：『方六七十，如五六十，求也爲之，比及三年，可使足民。如其禮樂，以俟君子。』『赤，爾何如？』對曰：『非曰能之，願學焉。宗廟之事，如會同，端章甫，願爲小相焉。』點曰：『莫春者，春服既成，冠者五六人，童子六七人，浴乎沂，風乎舞雩，詠而歸。』夫子喟然歎曰：『吾與點也。』」伯峕曰：人方汲汲於仕進，而開獨揆諸心，而有未能自信之言。三子者，皆有志於諸侯大夫之事，而點獨安其分，而有優游自得之適，能重內而輕外，不舍己以爲人，所以見聖人大意。

根本須是先培壅，然後可立趨向也。趨向既正，所造淺深則由勉與不勉也。

敬義夾持，直上達天德自此。伯峕據晦翁曰：上蔡説敬者「常惺惺法」也。此説極精切，不如程子整齊嚴肅之説爲好。未有外面整齊嚴肅而內不惺惺者。曾祖道曰：此箇氣象，須是氣清明時便整齊嚴肅，昏時便放過了，如何捉得定？晦翁曰：志者「氣之帥也」，此只當責志。孟子曰「持其志，無暴其氣」，若能持其志，則氣自清明。或曰：程子曰「學者爲習所奪，氣所勝，只可責志」，又曰「只這箇也是私，學者不恁地不得」。此説如何？晦翁曰：涉於人爲便是私。但學者不如此，如何著力？此程子所以下面便救一句云「不如此不得」也。

懈意一生，便是自棄自暴。

不學便老而衰。

人之學不進，只是不勇。

學者爲氣所勝，習所奪，只可責志。伯峕曰：「志，氣之帥也。」能持其志，則氣習不能移矣。

內重則可以勝外之輕，得深則可以見誘之小。

董仲舒謂：「正其義，不謀其利；明其道，不計其功。」孫思邈曰：「膽欲大而心欲小，智欲圓而行欲方。」可以爲法矣。伯峕曰：「如臨深淵，如履薄冰」，謂小心也。「赳赳武夫，公侯干城」，謂大膽也。「不爲利回，不爲義疚」，行之方也。「見幾而作，不俟終日」，知之圓也。

大抵學不言而自得者，乃自得也。有安排布置者，皆非自得也。

視聽、思慮、動作，皆天也，人但於其中要識得真與妄爾。

明道先生曰：學只要鞭辟近裏，著己而已。故「切問而近思」，則「仁在其中矣」。「言忠信，行篤敬，雖蠻貊之邦行矣。言不忠信，行不篤敬，雖州里行乎哉？立則見其參於前也，在輿則見其倚於衡也。夫然後行。」只此是學。質美者明得盡，查滓便渾化，却與天地同體。其次惟莊敬持養，及其至則一也。

「忠信所以進德」，「修辭立其誠，所以居業」者，乾道也。「敬以直内，義以方外」者，坤道也。

凡人才學，便須知著力處；既學，便須知得力處。

有人治園圃，役知力甚勞。先生曰：蠱之象「君子以振民育德」，君子之事，惟有此二者，餘無他焉。二者，爲己、爲人之道也。伯峕據伊川易傳曰：君子觀有事之象，以振濟其民，養育其德也。在己則養德，於天下則養民，君子之所事，無大於此二者。

「博學而篤志，切問而近思」，何以言「仁在其中矣」？學者要思得之，了此便是徹上徹下之道。伯嵒據晦翁曰：四者皆學問思辨之事耳，未及乎力行而爲仁也。然從事於此，則心不外馳，而所存自熟，故曰「仁在其中矣」。伯嵒謂：務真實而不務高遠，仁者之事也。

弘而不毅，則難立；毅而不弘，則無以居之。【舊註】西銘言弘之道。伯嵒據晦翁曰：弘，寬廣也；毅，强忍也。

伊川先生曰：古之學者，優柔厭飫，有先後次序。今之學者，却只做一場話説，務高而已。常愛杜元凱語：「若江海之浸，膏澤之潤，涣然冰釋，怡然理順，然後爲得也。」今之學者，往往以游夏爲小，不足學。然游夏一言一事，却總是實。後之學者好高，如人游心於千里之外，然自身却只在此。

修養之所以引年，國祚之所以祈天永命，常人之至於聖賢，皆工夫到這裏，則有此應。

忠恕所以公平。造德則自忠恕，其致則公平。伯嵒曰：能盡己之有則公矣，能推己及人則平矣，故曰「中心爲忠，如心爲恕」。

仁之道，要之只消道一「公」字。公只是仁之理，不可將公便喚做仁。公而以人體之，故爲仁。只爲公則物我兼照，故仁，所以能恕，所以能愛。恕則仁之施，愛則仁之用也。

今之爲學者，如登山麓。方其迤邐，莫不闊步，及到峻處便止。須是要剛決果敢以進。

伯峕曰：人之爲學不進則退，譬如登山，中間非駐足之地，兼亦無不進不退之理。古人謂「百尺竿頭進一步」是也。

人謂要力行，亦只是淺近語。人既能知見一切事皆所當爲，不必待著意，纔著意便是有箇私心。這一點意氣，能得幾時子？伯峕曰：於所當爲，如飢食渴飲可也。纔著意爲之，則其進鋭者，其退速。

知之必好之，好之必求之，求之必得之。古人此箇學是終身事。果能顛沛造次必於是，豈有不得道理？

古之學者一，今之學者三，異端不與焉。一曰文章之學，二曰訓詁之學，三曰儒者之學。欲趨道，舍儒者之學不可。

問：作文害道否？曰：害也。凡爲文不專意則不工，若專意則志局於此，又安能與天地同其大也？書曰「玩物喪志」，爲文亦玩物也。呂與叔詩云：「學如元凱方成癖，文似相如始類俳。獨立孔門無一事，只輸顏氏得心齋。」此詩甚好！昔之學者，惟務養情性，其他則不學。今爲文者，專務章句，悦人耳目。既務悦人，非俳優而何？曰：古者學爲文否？曰：人見六經，便以謂聖人亦作文，不知聖人亦攄發胸中所藴，自成文耳。所謂「有德者必有言」也。曰：游夏稱文學，何也？曰：游夏亦何嘗秉筆學爲詞章也？且如「觀乎天文以察時變，觀乎人文以化成天下」，此豈詞章之文也？

涵養須用敬，進學則在致知。伯喦據晦翁曰：「如他人不讀書，是不肯去窮理。今要窮理，又無持敬功夫。從陸子靜學，如楊敬仲輩，持守得亦好，若肯去窮理，須窮得分明。然他不肯去讀書，只任一己私見，有似箇荑稗。今若不做培養工夫，便是五穀不熟，又不如荑稗也。」次日又言：「陸子靜、楊敬仲有爲己工夫，若肯窮理，當甚有可觀，惜其不改也！」「伊川云『主一之謂敬，無適之謂一』。又曰『人心常要活，活則周流無窮而不滯於一隅』。或者疑主一則滯，滯則不能周流無窮。」晦翁曰：「所謂主一者，何嘗滯於一隅？不主一，則方理會此事，而心留於彼，這却是滯於一隅。」楊道夫問：「方應此事未了，而復有一事至，則當何如？」晦翁曰：「也須是做這一件了，又理會一件，亦無雜然而應之理，甚不得已，則權其輕重可也。」

莫説道將第一等讓與別人，且做第二等。才如此説，便是自棄。雖與「不能居仁由義」者差等不同，其自小一也。言學便以道爲志，言人便以聖爲志。伯喦曰：「舜何人也？予何人也？有爲者亦若是。」人之立志當如此。

問：「必有事焉」，當用敬否？曰：敬是涵養一事。「必有事焉」，須用集義。只知用敬，不知集義，却是都無事也。又問：義莫是中理否？曰：中理在事，義在心。問：敬義何別？曰：敬只是持己之道，義便知有是有非。順理而行，是爲義也。若只守一箇敬，不知集義，却是都無事也。且如欲爲孝，不成只守著一箇孝字。須是知所以爲孝之道，所以侍奉當如何，温清當如何，然後能盡孝道也〔五〕。伯畾據晦翁曰：「敬字程子説得如此親切了，近世程沙隨猶非之，以爲聖賢無單獨説『敬』字時，只是敬親敬君敬長，方著箇『敬』字，全不成説話。聖人説『修己以敬』，曰『敬而無失』，曰『聖敬日躋』，何嘗不單獨説來？若説有親有君有長時用敬，則無親無君無長之時，將不敬乎？都不思量，只是信口胡説。」「諸先生説『敬』各不同，其實只一般。程子曰『主一無適』，又曰『整齊嚴肅』，也便是敬。謝顯道曰『常惺惺』，也便是敬。尹和靖曰『收斂此心，不容一物』，也便是敬。」「瑞巖和尚每日常問『主人翁惺惺否』？又自答曰『惺惺』。或問：與謝氏『惺惺』之説如何？晦翁曰：其喚醒此心則同，而其爲道則異。吾儒喚醒此心，欲他照管許多道理。佛氏則空喚醒在此，無所作爲，其異處在此。」「向日曾覽四家録，有些説話極好笑，亦可駭。大率是説若父母爲人所殺，無一舉心動念，方始爲『初發心菩薩』。他所以叫『主人翁惺惺著』，正要如此。『惺惺』字則同，所作工夫則異，豈可同日而語哉！」

學者須要務實，不要近名方是。有意近名，則是僞也。大本已失，更學何事？爲名與爲利，清濁雖不同，然其利心則一也。

「回也，其心三月不違仁」，只是無纖毫私意。有少私意，便是不仁。「仁者先難而後獲」，有爲而作，皆先獲也。古人惟知爲仁而已，今人皆先獲也。伯畾曰：有心於盡道，無心於計效，非仁者孰能之！

有求爲聖人之志，然後可與共學；學而善思，然後可與適道；思而有所得，則可與立；立而化之，則可與權。

「古之學者爲己」，其終至於成物；今之學者爲物，其終至於喪己。

君子之學必日新。日新者，日進也。不日新者必日退，未有不進而不退者。唯聖人之道無所進退，以其所造者極也。以上並遺書。

明道先生曰：性靜者可以爲學。外書。下同。

弘而不毅，則無規矩；毅而不弘，則隘陋。

知性善以忠信爲本，此先立其大者。

伊川先生曰：人安重則學堅固。

「博學之，審問之，慎思之，明辨之，篤行之」，五者廢其一，非學也。伯峕曰：學而博矣，然博之中不能無是非焉，故必審問之，問而人告之矣。然雖得於人而非自得於心者也，故必謹思之，思而得之矣。然所思或與所問者殊，則又不知孰爲是孰爲非，故當明辨之。辨之明，則是者真是，非者真非，於是擇其是者而篤行之。此五者君子之所以學，廢一不可也。

張思叔請問，其論或太高，伊川不答，良久曰：「累高必自下。」

明道先生曰：人之爲學，忌先立標準。若循循不已，自有所至矣。

尹彦明見伊川後，半年，方得大學、西銘看。

有人説無心。伊川曰：無心便不是，只當云無私心。

謝顯道見伊川，一本作「伯淳」。伊川曰：「近日事如何？」對曰：「天下何思何慮？」伊川曰：「是則是有此理，賢却發得太早在。」伊川直是會鍛煉得人，説了又道：「恰好著工夫也。」伯嵒據或問上蔡先生曰：「太虚無盡，心有止，安得合一？」曰：「心有止，只爲用，他不用，則何止？」「吾丈莫已不用否？」曰：「未到此地。除是聖人便不用。當初曾發此口，被伊川一句壞了二十年。」問：「聞此語後如何？」曰：「至此未敢道到何思何慮地位。始初進時速，後來遲。」問：「何故却遲？」曰：「如射弓，到滿時便難開。此二十年，聞見知識却煞長。」

謝顯道云：昔伯淳教誨，只管著他言語。伯淳曰：「與賢説話，却似扶醉漢，救得一邊，倒了一邊。」只怕人執著一邊。以上外書。

横渠先生曰：「精義入神」，事豫吾内，求利吾外也。「利用安身」，素利吾外，致養吾内也。「窮神知化」，乃養盛自至，非思勉之能强。故崇德而外，君子未或致知也。正蒙。下同。伯嵒據横渠曰：「精義入神」，豫而已。學者求聖人之學，以備所行之事。今日先撰次來日所行必要作事〔六〕，若事在一月前，則自一月前栽培安排，則至是時爲有備。言前定，道前定，事前定，皆如此。又曰：「精義入神以致用」，謂貫穿天下義理，有以待之，故可致用〔七〕。窮神是窮盡其神也，入神是僅能入於神也。言入如自外而入，義固自有淺深。

形而後有氣質之性，善反之則天地之性存焉。故氣質之性，君子有弗性者焉。

德不勝氣，性命於氣；德勝其氣，性命於德。窮理盡性，則性天德，命天理。氣之不可變者，獨死生脩夭而已。

莫非天也，陽明勝則德性用，陰濁勝則物欲行。「領惡而全好」者，其必由學乎？

大其心則能體天下之物。物有未體，則心爲有外。世人之心，止於見聞之狹。聖人盡性，不以見聞梏其心，其視天下無一物非我。孟子謂盡心則知性知天，以此。天大無外，故有外之心，不足以合天心。

仲尼絶四，自始學至成德，竭兩端之教也。意，有思也；必，有待也；固，不化也；我，有方也。四者有一焉，則與天地爲不相似。

上達反天理，下達徇人欲者歟！

知崇，天也，形而上也。通晝夜而知，其知崇矣。知及之，而不以禮性之，非己有也。故知禮成性而道義出，如天地位而易行。

困之進人也，爲德辨、爲感速。孟子謂「人有德慧術智者，常存乎疢疾」，以此。

言有教，動有法。晝有爲，宵有得。息有養，瞬有存。

横渠先生作訂頑曰：乾稱父，坤稱母。予兹藐焉，乃混然中處。故天地之塞，吾其體；天地之帥，吾其性。民吾同胞，物吾與也。大君者，吾父母宗子；其大臣，宗子之家相也。尊高年，所以長其長；慈孤弱，所以幼其幼。聖其合德，賢其秀也。凡天下疲癃殘疾、惸獨鰥寡，皆吾兄弟之顛連而無告者也。于時保之，子之翼也；樂且不憂，純乎孝者也。違曰悖德，害仁曰賊，濟惡者不才，其踐形惟肖者也。伯嵒曰：盡人之性而有以充人之形，則與天地相似而不違，故謂之肖。知化則善述其事，窮神則善繼其志。不愧屋漏爲「無忝」，存心養性爲「匪懈」。惡旨酒，崇伯子之顧養；育英才，潁封人之錫類。伯嵒曰：好飲酒而不顧父母之養者，不孝也。故遏人欲如禹之惡旨酒，則所以事天者至矣。人與我同出於天地，我能盡孝，亦欲人之盡孝，故樂得英才而教育之，如潁考叔之及莊公，則其錫類者廣矣。不弛勞而底豫，舜其功也；無所逃而待烹，申生其恭也。伯嵒曰：爲其所當爲而天祐之，「不弛勞而底豫」者也。處其所難處而心安之，「無所逃而待烹」者也。體其受而歸全者，參乎？勇於從而順令者，伯奇也。伯嵒曰：伯奇，尹吉甫子，爲後母譖而見逐，作履霜操。「子於父母，東西南北，惟令所從。若伯奇之履霜中野，則勇於從而順令也。況天之所以命我者」。非人之能爲，豈可不素其位而行，而以順受之乎？富貴福澤，將厚吾之生也；貧賤憂戚，庸玉女於成也。存，吾順事；没，吾寧也。【舊註】明道先生曰：訂頑之言，極醇無雜，秦漢以來學者所未到。又曰：訂頑一篇，意極完備，乃仁之體也。學者其體此意，令有諸己，其地位已高。到此地位，自别有見處，不可窮高極遠，恐於道無補也。又曰：訂頑立心，便達得天德。又曰：游酢得西銘讀之，即涣然不逆於心，曰「此中庸之理也」，能求於語言之外者也。楊中立問曰：西銘言體而不及用，恐其流遂至於兼愛，何如？伊川先生曰：横渠立言誠有過者，乃在正蒙。西銘之書，推理以存義，擴前聖所未發，與孟子性善、養氣之論同功，豈墨氏之比哉！西銘明理一而分殊，墨氏則二本而無分。分殊之蔽，私勝而失仁；無分之罪，兼愛而無義。分立而推理一，以止私勝之流，仁之方也。無别而迷兼愛，以至於無父之極，義之賊也。子比而同之，過矣。且彼欲使人推而行之，本爲用也，反謂不及，不亦異乎？伯峕據張無垢曰：余觀西銘大意，以謂人梏於形體而不知我乃天地之子，下與動植同生，上與聖賢同氣。要當窮神知化，不愧屋漏，存心養性，以盡爲子之道；又當惡旨酒、育英才，以爲持己接物之方，以合天地之心。而遇困苦遭患難，當如舜、如申生、如曾參、如伯奇，以聽天地之命。而富貴福澤爲天地之厚我，貧賤憂戚爲天地之成我，存則順天地，没則安天地，乃爲大孝之子爾。嗚呼，豈淺學小識所能見此哉？學者當自重焉！又作砭愚曰：戲言出於思也，戲動作於謀也。發於聲，見乎四支，謂非己心，不明也。欲人無己疑，不能也。過言非心也，過動非誠也。失於聲，謬迷其四體，謂己當然，自誣也。欲他人己從，誣人也。或者謂出於心者，歸咎爲己戲；失於思者，自誣爲己誠。不知戒其出汝者，歸咎其不出汝者。長傲且遂非，不智孰甚焉？【舊註】横渠學堂雙牖，右書訂頑，左書砭愚。伊川曰：「是起爭端。」改訂頑曰西銘，砭愚曰東銘。已上並正蒙。伯嵒曰：戲生於有意，過出於無心。能敬焉則何戲之有？能悔焉則何過之有？狎戲以爲常，文過以爲事，烏在其爲智哉！

將修己，必先厚重以自持。厚重知學，德乃進而不固矣。伯嵒曰：固，陋也。忠信進德，惟尚友而急賢。欲勝己者親，無如改過之不吝。文集。下同。

横渠先生謂范巽之曰：吾輩不及古人，病源何在？巽之請問。先生曰：此非難悟。設此語者，蓋欲學者存意之不忘，庶游心浸熟，有一日脱然如大寐之得醒耳。

未知立心，惡思多之致疑；既知所立，惡講治之不精。講治之思，莫非術内，雖勤而何厭？所以急於可欲者，求立吾心於不疑之地，然後若決江河以利吾往。遜此志，務時敏，厥修乃來。故雖仲尼之才之美，然且敏以求之。今持不逮之資，而欲徐徐以聽其自適，非所聞也。伯嵒據「惟學遜志，務時敏，厥修乃來。」東萊先生曰：此是傅説告高宗以本末源流處。爲學之初先要虚心下氣，方能受天下之善，既能遜志，又必孜孜不怠，自朝至夕，出入起居，夢覺動静，無非天命之流行。苟一時不修，則天命已不流行。既遜志，又時敏，則己之所修，進進日益。如井之泉愈汲愈生，以至於日新又新之地，觀「來」之一字，有源源自生底意思。

明善爲本，固執之乃立，擴充之則大，易視之則小，在人能弘之而已。

今且只將「尊德性而道問學」爲心，伯喦據晦翁曰：尊者，恭敬奉持之意；德性者，吾所受於天之正理；道，由也。尊德性，所以存心而極乎道體之大也；道問學，所以致知而盡乎道體之細也。日自求於問學者有所背否，於德性有所懈否。此義亦是博文約禮，下學上達。以此警策一年，安得不長？每日須求多少爲益。知所亡，改得少不善，此德性上之益；讀書求義理，編書須理會有所歸著，勿徒寫過，又多識前言往行，此問學上益也。勿使有俄頃閑度，逐日似此，三年庶幾有進。

爲天地立心，爲生民立道，爲去聖繼絶學，爲萬世開太平。載所以使學者先學禮者，只爲學禮，則便除去了世俗一副當習熟纏繞。譬之延蔓之物，解纏繞即上去。苟能除去了一副當世習，便自然脱灑也。又學禮，則可以守得定。已上並橫渠文集。

須放心寬快公平以求之，乃可見道。況德性自廣大。易曰「窮神知化，德之盛也」，豈淺心可得？橫渠易説。

人多以老成則不肯下問，故終身不知。又爲人以道義先覺處之，不可復謂有所不知，故亦不肯下問。從不肯問，遂生百端，欺妄人我，寧終身不知。橫渠論語説。伯喦曰：年有老穉，覺無先後。

多聞不足以盡天下之故。苟以多聞而待天下之變，則道足以酬其所嘗知。若劫之不測，則遂窮矣。横渠孟子説。下同。

爲學大益，在自求變化氣質。不爾，皆爲人之弊，卒無所發明，不得見聖人之奥。

文要密察，伯嵒據晦翁曰：密，詳細也。察，明辨也。心要洪放。語録。下同。

不知疑者，只是不便實作。既實作，則須有疑。有不行處，是疑也。

心大則百物皆通，心小則百物皆病。

人雖有功，不及於學，心亦不宜忘。伯嵒曰：「心誠，求之雖不中，不遠矣」。「一心以爲有鴻鵠將至」，以之學奕猶不可，而况學道者乎？心苟不忘，則雖接人事，即是實行，莫非道也。心若忘之，則終身由之，只是俗事。

合内外，平物我，此見道之大端。

既學而先有以功業爲意者，於學便相害。既有意，必穿鑿創意，作起事也。德未成而先以功業爲事，是代大匠斲，希不傷手也。

竊嘗病孔孟既没，諸儒囂然，不知反約窮源，勇於苟作，持不逮之資，而急知後世。明者一覽，如見肝肺然，多見其不知量也。方且創艾其弊，默養吾誠。顧所患日力不足，而未果他爲也。

學未至而好語變者，必知終有患。蓋變不可輕議，若驟然語變，則知操術已不正。伯嵒曰：「可與共學，未可與適道；可與適道，未可與立；可與立，未可與權。」學之未至，其可驟然而語變哉！

凡事蔽蓋不見底，只是不求益。有人不肯言其道義所得所至，不得見底，又非於吾言無所不說。

耳目役於外，攬外事者，其實是自墮，不肯自治，只言短長，不能反躬者也。

學者大不宜志小氣輕。志小則易足，易足則無由進；氣輕則以未知爲已知、未學爲已學。伯嵒曰：學如不及，猶恐失之易足，則所有必不大。「知之爲知之，不知爲不知，是知也。」如以未知爲已知，則終身不知矣。

校勘記

〔一〕自「雖無」至「有攸往」　此段文字，葉解接續上文，未別列一條。

〔二〕此即荀子所謂偷則自行之心也　「則」原作「即」，據朱子語類卷十六改。

〔三〕至百里奚舉於市　此句葉解作「孫叔敖舉於海」。

〔四〕曾點漆雕已見大意　「漆雕」下，葉解、茅註、江註等近思録註本均有「開」字。按，程氏遺書卷六無，故仍其舊。

〔五〕自「問敬義何別」至「盡孝道也」　此段文字，葉解別列一條。

〔六〕今日先撰次來日所行必要作事　「必要作事」四字原無，據張載集横渠易説補。

〔七〕故可致用　此四字原無，據張載集横渠易説補。

泳齋近思録衍註卷三

窮理 經史

凡七十九條[一]

伊川先生答朱長文書曰：心通乎道，然後能辨是非，如持權衡以較輕重，孟子所謂「知言」是也。伯嵒據晦翁曰：「知言者，盡心知性。凡天下之言，無不有以究極其理，而識其是非得失之所以然也。」伊川曰：「孟子『知言』，正如人在堂上，方能辨堂下人曲直。」若猶未免雜於堂下衆人之中，則不能辨決矣。心不通於道，而較古人之是非，猶不持權衡而酌輕重，竭其目力，勞其心智，雖使時中，亦古人所謂「億則屢中」，君子不貴也。文集。下同。

伊川先生答門人曰：孔孟之門，豈皆賢哲？固多衆人。以衆人觀聖賢，弗識者多矣。惟其不敢信己而信其師，是故求而後得。今諸君於某言，纔不合則置不復思，所以終異也。不可便放下，更且思之，致知之方也。

伊川先生答横渠先生曰：所論大概，有苦心極力之象，而無寬裕温厚之氣。非明睿所照，而考索至此，故意屢偏而言多窒，小出入時有之。【舊註】明所照者，如目所覩，纖微盡識之矣。考索至者，如揣料於物，約見髣髴爾，能無差乎？更願完養思慮，涵泳義理，他日自當條暢。

欲知得與不得，於心氣上驗之。思慮有得，中心悅豫，沛然有裕者，實得也。伯嵒據杜元凱之序春秋曰：「將令學者原始要終，尋其枝葉，究其所窮。優而柔之，使自求之；饜而飫之，使自趨之。若江海之浸，膏澤之潤，渙然冰釋，怡然理順，然後爲得也。」遺書此言與杜氏互相發明。思慮有得，心氣勞耗者，實未得也，强揣度耳。嘗有人言比因學道，思慮心虚。曰：人之血氣固有虛實。疾病之來，聖賢所不免，然未聞自古聖賢因學而致心疾者。遺書。下同。

今日雜信鬼怪異説者，只是不先燭理。若於事上一一理會，則有甚盡期？須只於學上理會。

學原於思。伯嵒據孟子曰：「思則得之，不思則不得也。」

所謂「日月至焉」與久而「不息」者，所見規模雖略相似，其意味氣象迥别。須心潛默識，玩索久之，庶幾自得。學者不學聖人則已，欲學之，須熟玩味聖人之氣象，不可只於名上理會，如此只是講論文字。

問：忠信進德之事，固可勉强，然致知甚難。伯嵒曰：致其知者，推致吾之所知，以及其所不知。伯嵒據晦翁曰：如「喪致乎哀」之致。伊川先生曰：學者固當勉强，然須是知了方行得。若不知，只是覷却堯，學他行事。無堯許多聰明睿智，怎生得如他「動容周旋中禮」？如子所言，是篤信而固守之，非固有之也。未致知，便欲誠意，是躐等也。勉强行者，安能持久？除非燭理明，自然樂循理。性本善，循理而行，是順理事。本亦不難，但爲人不知，旋安排著，便道難也。知有多少般數，煞有深淺。學者須是真知，纔知得是，便泰然行將去也。某年二十時，解釋經義與今無異。然思今日，覺得意味與少時自别。

凡一物上有一理，須是窮致其理。窮理亦多端：或讀書，講明義理；或論古今人物，别其是非；或應接事物，而處其當。皆窮理也。或問：格物須物物格之，還只格一物而萬理皆知？曰：怎得便會貫通？若只格一物便通衆理，雖顔子亦不敢如此道。須是今日格一件，明日又格一件，積習既多，然後脱然自有貫通處。【舊註】又曰：所務於窮理者，非道盡窮了天下萬物之理，又不道是窮得一理便到。只要積累多後，自然見去。伯嵒據晦翁曰：致其知者，推致吾之所知以及其所不知，如「喪致乎哀」之致，窮到極處謂之致。又曰：致知、誠意是學者兩箇關，致知乃夢與覺之關，誠意乃惡與善之關。透得致知之關則覺，不然則夢；透得誠意之關則善，不然則惡。致知、誠意以上工夫較省。伯嵒曰：「惟天地萬物父母，惟人萬物之靈」，散於動植者物之微，見於日用者物之寓，無非物也，無非理也。其隱顯精粗，動静出入，升降聚散，往來屈伸，莫不有自然之理存乎其間。

苟日與之接而不盡其理，則識有所不精矣。或格其一而不及其餘，則知有所不遍矣。故大學曰「致知在格物」，格，至也，即物而窮至其理也。雖然，此格物之理也，若其貫通之妙，則晦翁之言盡之矣。伯嵒併述其後，欲致知者當自誠意始，夫如是則融而會之，一而二，二而一也。

「思曰睿」，思慮久後，睿自然生。若於一事上思未得，且別換一事思之，不可專守著這一事。蓋人之知識於這裏蔽著，雖强思亦不通也。

問：人有志於學，然知識蔽固，力量不至，則如之何？曰：只是致知。若智識明，則力量自進。伯嵒據晦翁曰：知者心之神明，妙衆理而宰萬物者也。神是恁地精彩，明是恁地光明。或問：知與思如何分別？晦翁曰：二者只是一事，知如手，思是使那手去做事，思所以用夫知也。

問：觀物察己，還因見物反求諸身否？曰：不必如此說。物我一理，纔明彼即曉此，此合内外之道也。又問：致知先求之四端如何？曰：求之情性，固是切於身。然一草一木皆有理，須是察。【舊註】又曰：自一身之中至萬物之理，但理會得多，相次自然豁然，有覺處。伯嵒據徐寓問於晦翁曰：大學或問「觀物察己，還因見物反求諸己」，此說亦是，程子非之何也？曰：這理是天下公共之理，人人都一般，初無物我之分。不可道我是一般道理，人又是一般道理，將來比並看。如赤子入井，皆有怵惕，知得人有這箇，便知自家亦有這箇，更不消比並自知。

「思曰睿」，「睿作聖」。致思如掘井，初有渾水，久後稍引動得清者出來。人思慮始皆溷濁，久自明快。

問：如何是「近思」？曰：以類而推。

學者先要會疑。以上並遺書。

横渠先生答范巽之曰：所訪物怪神姦，此非難語，顧語未必信耳。孟子所謂知性、知天，學至於知天，則物所從出當源源自見。知所從出，則物之當有當無，莫不心諭，亦不待語而後知。諸公所論，但守之不失，不爲異端所劫，進進不已，則物怪不須辯，異端不必攻，不逾朞年，吾道勝矣。若欲委之無窮，付之以不可知，則學爲疑撓，智爲物昏，交來無間，卒無以自存，而溺於怪妄必矣。文集。下同。伯崙據葉賀孫問晦翁曰：「萇弘死，藏其血於地，三年化爲碧。」曰：「此如虎威之類。」問：「應人物之死，其魄降於地皆如此。但或散或微，不似此等之精悍，所謂『伯有用物精多而魂魄强』是也。」因言鬼火皆是未散之物，有人夜行淮甸間，忽見明滅之火當其路頭。其人衝過，見皆人形，如廟社泥塑未裝飾者，亦未散之氣，不足畏。晦翁曰：「若論正理，則如樹上忽然生花，空中忽然有雷霆風雨，此乃造化之迹，人所常見，故不之怪，忽聞鬼叫則以爲怪。」曰：「不知此亦造化之迹，但不是正理，故爲怪異。如家語云『山之怪曰夔魍魎，水之怪曰龍罔象，土之怪曰羵羊』，皆是氣之雜糅乖亂所生，亦非理之無也，必以爲無則不可。如冬寒夏熱，此理之正也。有時忽然夏寒冬熱，豈可謂無是理？既非理之常，便謂之怪。孔子所以不語，非學者所當先也。」

子貢謂：「夫子之言性與天道，不可得而聞。」既言「夫子之言」，則是居常語之矣。聖門學者以仁爲己任，不以苟知爲得，必以了悟爲聞，因有是説。伯嵒曰：夫聞也者，非耳剽壁聽之謂也，必有豁然開、怡然順者，是聞也，其「朝聞道」之「聞」乎！

義理之學，亦須深沉方有造，非淺易輕浮之可得也。伯嵒據晦翁曰：明道先生詩云：「道通天地有形外，思入風雲變態中。」觀他此語，須知有極至之理，非册子上所能載者。人須是自向裏入深去理會此箇道理。纔理到深處，又易得似禪。須是理會到深處，又却不與禪相似方是。今之不爲禪學者，只是未曾到那深處，纔到那深處，定走入禪去也。譬如人在淮河上立，不知不覺走入番界去定也。只如程門高弟游氏，則分明是投番了。雖上蔡、龜山也只在淮河上游游漾漾，終看他未破，時時去他那下探頭探腦，心下也須疑他那下有箇好處在。大凡爲學，須是四方八面都理會交通曉，仍更理會向裏來。譬如喫果子一般，先去其皮殼，然後食其肉，又更和那中間核子咬破始得。若不咬破，又恐裏頭别更有滋味在。若是不去其皮殼，固不可，若只去其皮殼了，不管裏面核子，亦不可，恁地則無緣到得極去處。

學不能推究事理，只是心麄。至如顔子未至於聖人處，猶是心麄。「博學於文」者，只要得「習坎」「心亨」。蓋人經歷險阻艱難，然後其心亨通。義理有疑，則濯去舊見，以來新意〔二〕。以上並文集。

凡致思到説不得處，始復審思明辨，乃爲善學也。若告子則到説不得處遂已，更不復求。橫渠孟子説。伯喦曰：告子曰「不得於言，勿求於心」，謂於言有所不達，則當舍置其言，而不必反求其理於心。蓋告子但欲固守其心而不動，而不知審思明辨之不可廢，此所以不能無蔽而有義外之説也。

伊川先生曰：凡看文字，先須曉其文義，然後可求其意。未有文義不曉而見意者也。遺書。下同。

學者要自得。六經浩渺，乍來難盡曉，且見得路逕後，各自立得一箇門庭，歸而求之可矣。

凡解文字，但易其心，自見理。理只是人理甚分明，如一條平坦底道路。詩曰：「周道如砥，其直如矢。」此之謂也。或曰：聖人之言，恐不可以淺近看他。曰：聖人之言，自有近處，自有深遠處。如近處怎生强要鑿教深遠得？揚子曰：「聖人之言遠如天，賢人之言近如地。」頤與改之曰：「聖人之言，其遠如天，其近如地。」伯喦曰：夫婦之愚可以與知，及其至也，雖聖人亦有所不知。道非一於深遠也，亦非一於淺近也。聖人之言亦然。

學者不泥文義者，又全背却遠去；理會文義者，又滯泥不通。如子濯孺子爲將之事，孟子只取其不背師之意，人須就上面理會事君之道如何也。又萬章問舜完廩浚井事，孟子只答他大意，人須要理會浚井如何出得來，完廩又怎生下得來。若此之學，徒費心力。

凡觀書不可以相類泥其義，不爾，則字字相梗。當觀其文勢上下之意，如「充實之謂美」與詩之美不同。

問：瑩中嘗愛文中子：「或問學易，子曰：終日乾乾可也。」此語最盡。文王所以聖，亦只是箇不已。先生曰：凡説經義，如只管節節推上去，可知是盡。夫「終日乾乾」，未盡得易，據此一句，只做得九三使。若謂乾乾是不已，不已又是道，漸漸推去，則自然是盡，只是理不如此。

「子在川上曰：逝者如斯夫！」言道之體如此，這裏須是自見得。張繹曰：此便是無窮。先生曰：固是道無窮，然怎生一箇「無窮」便道了得他？伯喦據晦翁曰：天地之化，往者過，來者續，無一息之停，乃道體之本然也。然而可指而易見者，莫如川流。故於此發之以示人，欲學者時時省察，而無毫髮之間斷也。

今人不會讀書。如「誦詩三百，授之以政不達，使於四方不能專對，雖多亦奚以爲？」須是未讀詩時，不達於政，不能專對；既讀詩後，便達於政，能專對四方，始是讀詩。「人而不爲周南、召南，其猶正墻面。」須是未讀詩時如面墻，到讀了後便不面墻，方是有驗。大抵讀書只此便是法。如讀論語，舊時未讀是這個人，及讀了，後來又只是這個人，便是不曾讀也。

凡看文字，如七年、一世、百年之事，皆當思其如何作爲，乃有益。以上並遺書。

凡解經不同無害，但緊要處不可不同爾。外書。伯嵒曰：程子於語、孟有先儒錯會處必與整理，正以「緊要處不可不同爾」。

焞初到，問爲學之方。先生曰：公要知爲學，須是讀書。書不必多看，要知其約，多看而不知其約，書肆耳。頤緣少時讀書貪多，如今多忘了。須是將聖人言語玩味，入心記著，然後力去行之，自有所得。

初學入德之門，無如大學，其他莫如語、孟。遺書。下同。

學者先須讀論、孟。窮得語、孟，自有要約處，以此觀他經甚省力。論、孟如丈尺權衡相似，以此去量度事物，自然見得長短輕重。

讀論語者，但將諸弟子問處便作己問，將聖人答處便作今日耳聞，自然有得。若能於論、孟中深求玩味，將來涵養成，甚生氣質！

凡看語、孟，且須熟玩味，將聖人之言語切己，不可只作一場話説。人只看得此二書切己，終身儘多也。

論語，有讀了後全無事者，有讀了後其中得一兩句喜者，有讀了後知好之者，有讀了後不知手之舞之、足之蹈之者。

學者當以論語、孟子爲本。論語、孟子既治，則六經可不治而明矣。讀書者當觀聖人所以作經之意，與聖人所以用心，與聖人所以至聖人，而吾之所以未至者，所以未得者。句句而求之，晝誦而味之，中夜而思之，平其心，易其氣，闕其疑，則聖人之意見矣。

讀論語、孟子而不知道，所謂「雖多，亦奚以爲」。以上並遺書。

論語、孟子只剩讀著，便自意足，學者須是玩味。若以語言解著，意便不足。某始作此二書文字，既而思之又似剩。只有些先儒錯會處，却待與整理過。外書。下同。

問：且將語、孟緊要處看，如何？伊川曰：固是好。然若有得，終不浹洽。蓋吾道非如釋氏，一見了便從空寂去。

「興於詩」者，吟詠情性，涵暢道德之中而歆動之，有「吾與點」之氣象。【舊註】又云：「興於詩」，是興起人善意，汪洋浩大，皆是此意。伯喦據晦翁曰：興，起也。詩本性情，有邪有正，其爲言既易知，而吟詠之間抑揚反復，其感人又易入。故學者之初，所以興起其好善惡惡之心，而不能自己者，必於是而得之。

謝顯道云：明道先生善言詩，他又渾不曾章解句釋，但優游玩味，吟哦上下，便使人有得處。「瞻彼日月，悠悠我思。道之云遠，曷云能來？」思之切矣。終曰：「百爾君子，不知德行。不忮不求，何用不臧！」歸於正也。外書。下同。

又云：伯淳常談詩，並不下一字訓詁，有時只轉却一兩字，點平聲。掇地念過，便教人省悟。又曰〔三〕：古人所以貴親炙之也〔四〕。

明道先生曰：學者不可以不看詩，看詩便使人長一格價。

「不以文害辭」。文，文字之文，舉一字則是文，成句是辭。詩爲解一字不行，却遷就他說，如「有周不顯」，自是作文當如此。以上並外書。

看書須要見二帝三王之道。如二典，即求堯所以治民、舜所以事君。遺書。

中庸之書，是孔門傳授，成於子思、孟子。其書雖是雜記，更不分精粗，一衮說了。今人語道，多說高便遺却卑，說本便遺却末。遺書。

伊川先生易傳序曰：易，變易也，隨時變易以從道也。其爲書也，廣大悉備，將以順性命之理，通幽明之故，盡事物之情，而示開物成務之道也。聖人之憂患後世，可謂至矣。去古雖遠，遺經尚存。然而前儒失意以傳言，後學誦言而忘味。自秦而下，蓋無傳矣。予生千載之後，悼斯文之湮晦，將俾後人沿流而求源，此傳所以作也。「易有聖人之道四焉：以言者尚其辭，以動者尚其變，以制器者尚其象，以卜筮者尚其占。」吉凶消長之理、進退存亡之道備於辭。推辭考卦，可以知變，象與占在其中矣。「君子居則觀其象而玩其辭，動則觀其變而玩其占。」得於辭不達其意者有矣，未有不得於辭而能通其意者也。至微者理也，至著者象也，體用一源，顯微無間。「觀會通以行其典禮」，則辭無所不備。故善學者求言必自近，易於近者，非知言者也。予所傳者辭也，由辭以得意，則在乎人焉。文集。下同。

伊川先生答張閎中書曰：易傳未傳，自量精力未衰，尚覬有少進爾。來書云「易之義，本起於數」，謂義起於數，則非也。有理而後有象，有象而後有數。易因象以明理，由象而知數。得其義，則象數在其中矣。【舊註】理無形也，故因象以明理。理既見乎辭矣，則可由辭以觀象，故曰「得其義則象數在其中矣」。必欲窮象之隱微，盡數之毫忽，乃尋流逐末，術家之所尚，非儒者之所務也。伯喦據晦翁曰：大凡易數皆六十：三十六對二十四，三十二對二十八，皆六十也。以十甲十二辰亦湊到六十也。鍾律以五聲十二律，亦積爲六十也。以此知天地之數，皆以六十爲節。

知時識勢，學易之大方也。易傳。下同。伯喦曰：忠質文之異尚，貢助徹之異法，與賢與子不同其迹，揖遜征伐不襲其軌，污樽抔飲不用於鼎俎籩豆八珍畢陳之日，蕢桴土鼓不用於金石絲竹八音克諧之世，巢居穴處不用於上棟下宇層臺累榭之際。以至禹之過門不入，顔子之簞瓢陋巷，「曾子之去，子思之守」，時也，亦勢也，無非易也。

大畜初、二，乾體剛健而不足以進，四、五陰柔而能止。時之盛衰，勢之强弱，學易者所宜深識也。伯喦據大畜之初九曰：「有厲，利己。」九二曰：「輿説輹。」

諸卦二、五，雖不當位，多以中爲美；三、四雖當位，或以不中爲過。中常重於正也。蓋中則不違於正，正不必中也。天下之理莫善於中，於九二、六五可見。伯嵒曰：二爲下卦之中，五爲上卦之中，以九居二，以六居五，雖非正也，而各得其中，則爲剛柔之相濟，故多得其吉焉。然又不可以概論也，訟之九二而「患至掇」，井之九二而「甕敝漏」，豫之六五而「貞疾」，離之六五而「出涕」，是又當以其時而論之。

問：胡先生解九四作太子，恐不是卦義？先生云：亦不妨，只看如何用。當儲貳，則做儲貳使。九四近君，便作儲貳亦不害。但不要拘一，若執一事，則三百八十四爻，只作得三百八十四件事便休也。遺書。下同。

看易且要知時。凡六爻，人人有用。聖人自有聖人用，賢人自有賢人用，衆人自有衆人用，學者自有學者用，君有君用，臣有臣用，無所不通。因問：坤卦是臣之事，人君有用處否？先生曰：是何無用？如「厚德載物」，人君安可不用？

易中只是言反復往來上下。

作易，自天地幽明，至於昆蟲草木微物，無不合。外書。下同。

今時人看易，皆不識得易是何物，只就上穿鑿。若念得不熟，與就上添一德亦不覺多，就上減一德亦不覺少。譬如不識此兀子，若減一隻脚，亦不知是少；若添一隻，亦不知是多。若識，則自添減不得也。

游定夫問伊川「陰陽不測之謂神」，伊川曰：賢是疑了問，是揀難底問？

伊川以易傳示門人，曰：只説得七分，後人更須自體究。

伊川先生春秋傳序曰：天之生民，必有出類之才起而君長之。治之而爭奪息，導之而生養遂，教之而倫理明，然後人道立，天道成，地道平。二帝而上，聖賢世出，隨時有作，順乎風氣之宜，不先天以開人，各因時而立政。暨乎三王迭興，三重既備，子丑寅之建正，忠質文之更尚，人道備矣，天運周矣。聖人既不復作，有天下者，雖欲倣古之跡，亦私意妄爲而已。事之謬，秦至以建亥爲正；道之悖，漢專以智力持世。豈復知先王之道也？伯喦據中庸曰：「非天子不議禮、不制度、不考文。」又曰：「王天下有三重焉，其寡過矣乎！」晦翁中庸或問曰：三重之説，唯吕氏爲得之。吕氏曰：「三重謂議禮、制度、考文，惟天子得以行之，則國不異政，家不殊俗，而寡過矣。」或問：天開於子，地闢於丑，人生於寅，是如何？晦翁曰：此是邵子皇極經世中説，今不可知。他只以數推得是如此。他説寅上生物，是到寅上方有人物也。有三元、十二會、三十運、十二世。十二萬九千六百年爲一元〔五〕，歲月日時，元會運世，皆以十二而三十，自三十而十二。至堯時會在巳午之間，今則及未矣。至戌上説閉物，到那裏則不復有人物矣。問：不知人物消靡盡時，天地壞也不壞？曰：也須一場鶻突。既有形氣，如何得不壞？但一箇壞了，又有一箇萬八百年爲一會。夫子當周之末，以聖人不復作也，順天應時之治不復有也，於是作春秋，爲百王不易之大法，所謂「考諸三王而不謬，建諸天地而不悖，質諸鬼神而無疑，百世以俟聖人而不惑」者也。先儒之傳曰：「游、夏不能贊一辭。」辭不待贊也，言不能與斯耳。斯道也，惟顔子嘗聞之矣：「行夏之時，乘殷之輅，服周之冕，樂則韶舞。」此其準的也。後世以史視春秋，謂褒善貶惡而已，至於經世之大法，則不知也。春秋大義數十。其義雖大，炳如日星，乃易見也；惟其微辭隱義，時措從宜者，爲難知也。或抑或縱，或與或奪，或進或退，或微或顯，而得乎義理之安，文質之中，寬猛之宜，是非之公，乃制事之權衡、揆道之模範也。

伯嵒曰：春秋所書凡例，或抑或縱，或與或奪，或進或退，或微或顯。姑以隱公十有一年之事明之。國公改元必書「即位」，而隱公闕焉。蓋「内不承國於先君，上不禀命於天子，諸大夫扳己以立而遂立焉」，故不書「即位」者，抑之也。「叔段繕甲兵，具卒乘，將襲鄭」，以弟簒兄，以臣伐君，必誅之罪也，乃書曰「鄭伯克段於鄢」。克者，力勝之辭，於鄢「操之爲已蹙矣」，曷不罪叔段而罪莊公耶？蓋姜氏以國君嫡母主乎内，叔段以寵弟多才居乎外，國人又悦而歸之。莊公恐其終將軋己，必爲後患，故縱使失道，不爲之所，然後以叛逆討之。則姜氏不敢主，國人不敢從，是稔其惡者莊公也，曰「克段」，縱之也。天子八佾，魯僭天子之禮樂舊矣。今考仲子之宫而六羽是用，書曰「初獻六羽」，而與之之辭可見矣。王朝公卿書官，大夫書字，上士中士書名。咺位六卿之長，爲天子之冢宰，而乃名之。蓋以天王之尊，下賵諸侯之妾，人道之大經拂矣。夫天王，紀法之宗也；六卿，紀法之守也。承命賵妾，恬不知耻，以見宰之非宰也。書曰「天王使宰咺來歸惠公仲子之賵」，則奪之之辭可見矣。「公將如棠觀魚」，臧僖伯諫而不聽，則稱疾不從，可謂忠臣矣。及其卒也，隱公不忘其忠，曰「叔父有憾於寡人，葬之加一等」。故書曰「冬十有二月辛巳，公子彄卒」。必書日者，以見恩禮之厚，所以進之也。古者諸侯大夫皆命於天子，公子公孫有登名於史册者，貴戚之卿也。益師以公子故而自爲卿，非天子之命也，故書曰「公子益師卒」。不書官、不書日者，所以退之也。隱公見弒而曰「公薨」，蓋不書弒，示臣子於君父有隱諱其惡之禮，不書地者，示臣子於君父有不没其實之忠。非所謂微者乎！使民以時，謂農隙也。時方盛夏，農務正興，中丘與郎，當夏築城，興土功而妨農事。於是直書曰「夏，城中丘」、「夏，城郎」，而不愛民力之意，顯然可見矣。故以一公之事考之，則十二公之行事皆可見。以一年之事考之，則二百四十二年之行事皆可見。春秋爲經世之典，百王不易之大法，豈不信夫！夫觀百物然後識化工之神，聚衆材然後知作室之用。於一事一義而欲窺聖人之用心，非上智不能也。故學春秋者，必優游涵泳，默識心通，然後能造其微也。後王知春秋之義，則雖德非禹湯，尚可以法三代之治。自秦而下，其學不傳。予悼夫聖人之志不明於後世也，故作傳以明之，俾後之人通其文而求其義，得其意而法其用，則三代可復也。是傳也，雖未能極聖人之藴奧，庶幾學者得其門而入矣。文集。

詩、書載道之文，春秋聖人之用。詩、書如藥方，春秋如用藥治病。聖人之用，全在此書，所謂「不如載之行事深切著明」者也。有重疊言者，如征伐、盟會之類。蓋欲成書，勢須如此，不可事事各求異義。但一字有異，或上下文異，則義須別。伯喦聞之驪塘危先生曰：春秋之作，托始於隱，而非專爲隱作也。春秋既衰，幽王嬖褒姒而廢申后，愛伯服而黜宜臼。申侯怒，與繒、西夷、犬戎共攻幽王，殺之於驪山之下。諸侯乃即申侯而立宜臼，是爲平王。夫復讎討賊，春秋之大義，中國之所以爲中國也。使平王有不共戴天之心，合諸侯之力以討天下之賊，則周氏中興之業可成，而五伯不興，四夷不撫，春秋不作矣。方其遭褒姒之難，而作小弁之詩，其怨慕哀痛之情，至今猶可識也。東遷之後，苟能充是心焉，則其怨慕哀痛，當有大於小弁之事，而不可一朝居者。獨奈何知有母而不知有父，貪其立己之小惠，而忘其不與共天之大耻。內無所承，上不受命，其援而立之者，乃王室之賊、天下之讎也。君臣、父子之大倫，於是幾絶，方且不撫其民，而遠戍母家，遂以復讎討賊之師，反爲施恩報德之舉。其悖天理咈人心甚矣！昔晉大夫弒厲公而立悼公。悼公曰：「孤始願不及此，雖及此，豈非天乎！抑人之求君，使出命也，立而不從，將安用君？二三子用我今日，否亦今日。」對曰：「群臣之願也，敢不唯命是聽。」辛巳朝於武宮，逐不臣者五人〔六〕。叔孫之家臣豎牛，殺穆子而立昭子。昭子即位，朝其家衆，數豎牛之罪而誅之。仲尼曰：「叔孫昭子之不勞不可能也。」悼公、昭子不以立己爲恩，必正其罪而逐之誅之者，蓋爲萬世綱常計也。今考隱公之元年，乃平王之四十九年也，老將至而耄及之，復讎討賊之事終無聞焉。夫義莫大於復君父之讎，而失於討賊，則篡殺之禍相仍於世，而司馬無以正邦國矣。體莫重乎繼先王之世，而受國於仇，則攘奪之爭無國不有，而王命無以宗諸侯矣。爲此二者，聖人所以作春秋也。然則春秋之始於隱公者，其有感於平王之末年而周之終於東也歟！

五經之有春秋，猶法律之有斷例也。律令唯言其法，至於斷例，則始見其法之用也。

伯嵒據胡氏春秋傳序曰：春秋見諸行事，非空言比也。公好惡則發乎詩之情，酌古今則貫乎書之事，興常典則體乎禮之經，本忠恕則導乎樂之和，著權制則盡乎易之變。百王之法度，萬世之繩準，皆在此書。故君子以謂「五經之有春秋，猶法律之有斷例也」。

學春秋亦善，一句是一事，是非便見於此，此亦窮理之要。然他經豈不可以窮？但他經論其義，春秋因其行事，是非較著，故窮理爲要。嘗語學者，且先讀論語、孟子，更讀一經，然後看春秋。先識得箇義理，方可看春秋。春秋以何爲準？無如中庸。欲知中庸，無如權。須是時而爲中。若以手足胼胝、閉户不出二者之間取中，便不是中。若當手足胼胝，則於此爲中；當閉户不出，則於此爲中。權之爲言，秤錘之義也。何物爲權？義也，時也。只是説得到義，義以上更難説，在人自看如何。

春秋傳爲按，經爲斷。【舊註】又云：某年二十時看春秋，黄聱隅問某如何看。某答曰：「以傳考經之事迹，以經别傳之真僞。」

凡讀史，不徒要記事跡，須要識治亂安危興廢存亡之理。且如讀高帝一紀，便須識得漢家四百年終始治亂當如何。是亦學也。

先生每讀史到一半，便掩卷思量，料其成敗，然後却看。有不合處，又更精思，其間多有幸而成，不幸而敗。今人只見成者便以爲是，敗者便以爲非，不知成者煞有不是，敗者煞有是底。

讀史須見聖賢所存治亂之機，賢人君子出處進退，便是格物。

元祐中，客有見伊川者，几案間無他書，惟印行唐鑑一部。先生曰：近方見此書。三代以後，無此議論。外書。

横渠先生曰：序卦不可謂非聖人之緼。今欲安置一物，猶求審處，况聖人之於易？其間雖無極至精義，大概皆有意思。觀聖人之書，須布遍細密如是。大匠豈以一斧可知哉？横渠易説。

天官之職，須襟懷洪大方看得。蓋其規模至大，若不得此心，欲事事上致曲窮究，湊合此心，如是之大，必不能得也。伯嵒曰：天官之職無所不統，如外廷群有司之宿衛，則屬官宮正宮伯掌之；王宮之宿衛，則屬官内宰掌之。財賦之出入，醯醢酒漿之微物，灑掃縫染之賤職，幄帟次舍之細事，又皆冢宰屬官掌之，甚至膳夫司醫官寺嬪御，冢宰無所不統。蓋冢宰權尊，足以節制之故爾。釋氏錙銖天地，可謂至大，然不嘗爲大，則爲事不得。若畀之一錢，則必亂矣。又曰：太宰之職難看，蓋無許大心胸包羅，記得此，復忘彼。其混混天下之事，當如捕龍蛇、搏虎豹，用心力看方可。其他五官便易看，止一職也。語録。下同。

古人能知詩者唯孟子，爲其「以意逆志」也。夫詩人之志至平易，不必爲艱嶮求之。今以艱嶮求詩，則已喪其本心，何由見詩人之志？【舊註】詩人之情性温厚平易老成，本平地上道著言語。今須以崎嶇求之，先其心已狹隘了，則無由見得。詩人之情本樂易，只爲時事拂著他樂易之性，故以詩道其志。伯嵒據咸丘蒙曰：「舜之不臣堯，則吾既得聞命矣。詩云：『普天之下，莫非王土；率土之濱，莫非王臣。』而舜既爲天子矣，敢問瞽瞍之非臣，如何？」曰：「是詩也，非是之謂也。勞於王事，而不得養父母也。曰此莫非王事，我獨賢勞也。故説詩者，不以文害辭，不以辭害志，以意逆志，是爲得之。如以辭而已矣，雲漢之詩曰：『周餘黎民，靡有孑遺。』信斯言也，是周無遺民也。」

尚書難看，蓋難得胸臆如此之大。只欲解義，則無難也。

讀書少，則無由考校得義精。蓋書以維持此心，一時放下，則一時德性有懈。讀書則此心常在，不讀書則終看義理不見。書須成誦，精思多在夜中，或靜坐得之。不記則思不起，但通貫得大原後，書亦易記。所以觀書者，釋己之疑，明己之未達，每見每知新益，則學進矣。於不疑處有疑，方是進矣〔七〕。

六經須循環理會，義理儘無窮。待自家長得一格，則又見得別。

如中庸文字輩，直須句句理會過，使其言互相發明。以上並語録。

春秋之書，在古無有，乃仲尼所自作，惟孟子能知之。非理明義精，殆未可學。先儒未及此而治之，故其説多鑿。

義理有疑，則濯去舊見，以來新意。心中苟有所開，即便劄記，不思則還塞之矣。更須得朋友之助，一日間朋友論著，則一日間意思差別。須日日如此講論，久則自覺進也〔八〕。

校勘記

〔一〕凡七十九條　按，近思録各本及葉解等各家註本卷三並爲「凡七十八條」。

〔二〕自「義理」至「新意」　此句重見本卷末條。又，葉解、茅註、江註等句下均有「心中有所開，即便劄記，不思則還塞之矣。更須得朋友之助，一日間朋友論著，則一日間意思差別，須日日如此講論，久則自覺進也」一段文字，與本卷末條悉同。

〔三〕又曰　「又」原作「石」，據程氏外書卷第十二改。按，茅註云：「末句『又曰』之『又』，諸本及外書並作『石』，今據上蔡語録改正。然按謝録中曾怙天隱所記，有『石問孟子盡心知性』一條，疑『石』系人名，不書姓，或即謝氏之子歟？而游定夫撰謝氏墓誌已亡，不可考矣。」

〔四〕自「又云」至「親炙之也」　按，此段文字，葉解、茅註、江註等均與上條接續。茅註云：「此條宋本及楊本與上分爲二。但按此以『又云』字起，恐不得另作一條，今姑從近本並之。」

〔五〕十二萬九千六百年爲一元　「九千六百」原作「六百九十」，據朱子語類卷四十五改。

〔六〕逐不臣者五人　「五」，春秋左傳正義（上海古籍出版社出版十三經注疏）卷二十八作「七」。

〔七〕自「書須」至「進矣」　按，此段文字，葉解別爲一條。茅註云：「葉、吕本自『書須成誦』以下別爲一條。今據原書及宋本並之。」

〔八〕自「義理」至「進也」　按，葉解、茅註、江註等第二十一條與此條同。

泳齋近思録衍註卷四

凡七十條

存養

或問：聖可學乎？濂溪先生曰：可。有要乎？曰：有。請問焉。曰：一爲要。一者無欲也。無欲則靜虛動直。靜虛則明，明則通；動直則公，公則溥。明通公溥，庶矣乎！通書。

伊川先生曰：陽始生甚微，安靜而後能長。故復之象曰：「先王以至日閉關。」易傳。下同。

動息節宣，以養生也；飲食衣服，以養形也；威儀行義，以養德也；推己及物，以養人也。

「慎言語」以養其德，「節飲食」以養其體。事之至近而所繫至大者，莫過於言語飲食也。伯喦據頤之象曰：「山下有雷，頤。君子以慎言語，節飲食。」

「震驚百里，不喪匕鬯。」臨大震懼，能安而不自失者，唯誠敬而已。此處震之道也。

人之所以不能安其止者，動於欲也。欲牽於前而求其止，不可得也。故艮之道，當「艮其背」。所見者在前，而背乃背之，是所不見也。止於所不見，則無欲以亂其心，而止乃安。「不獲其身」，不見其身也，謂忘我也。無我則止矣。不能無我，無可止之道。「行其庭，不見其人」，庭除之間至近也，在背則雖至近不見，謂不交於物也。外物不接，内欲不萌，如是而止，乃得止之道，於止爲无咎也。已上易傳。

明道先生曰：若不能存養，只是説話。遺書。下同。

聖賢千言萬語，只是欲人將已放之心約之，使反復入身來，自能尋向上去，「下學而上達」也。伯嵒據孟子曰：「學問之道無他，求其放心而已矣。」人能求其放心，則志氣清明，義理昭著，而可以上達。否則紛擾昏昧，雖從事於學，而安能有所發明哉！

李籲問：每常遇事，即能知操存之意。無事時如何存養得熟？曰：古之人，耳之於樂，目之於禮，左右起居，盤盂几杖，有銘有戒，動息皆有所養。今皆廢此，獨有理義之養心耳。但存此涵養意，久則自熟矣。「敬以直内」，是涵養意。

吕與叔諱大臨。嘗言患思慮多，不能驅除。曰：此正如破屋中禦寇，東面一人來未逐得，西面又一人至矣。左右前後，驅逐不暇。蓋其四面空疏，盜固易入，無緣作得主定。又如虚器入水，水自然入。若以一器實之以水，置之水中，水何能入來？蓋中有主則實，實則外患不能入，自然無事。

邢和叔言：吾曹常須愛養精力，精力稍不足則倦，所臨事皆勉强而無誠意。接賓客語言尚可見，况臨大事乎？

明道先生曰：學者全體此心。學雖未盡，若事物之來，不可不應。但隨分限應之，雖不中，不遠矣。伯喦據襲蓋卿問晦翁曰：致知、格物工夫既到，然後應事接物始得其宜。若工夫未到，雖應事接物之際未盡合宜，亦只得隨時爲應事接物之計也。先生曰：固是如此。若學力未到時，不成不去應事接物得。且如某在長沙時，處之固有一箇道理，今在路途，道理又别。人若學力未到，其於應事接物之間，且隨吾學力所至而處之。善乎明道之言曰：「學者全體此心。學雖未盡，若事物之來，不可不應。但隨分限應，雖不中不遠矣。」

「居處恭，執事敬，與人忠」，此是徹上徹下語，聖人元無二語。

伊川先生曰：學者須敬守此心，不可急迫，當栽培深厚，涵泳於其間，然後可以自得。但急迫求之，只是私己，終不足以達道。

明道先生曰：「思無邪」，「毋不敬」，只此二句，循而行之，安得有差？有差者，皆由不敬不正也。伯喦曰：「詩三百，一言以蔽之，曰『思無邪』。」「經禮三百，曲禮三千，一言以蔽之，曰『毋不敬』。」

今學者敬而不見得，又不安者，只是心生，亦是太以敬來做事得重，此「恭而無禮則勞」

也。恭者，私爲恭之恭也。禮者，非體之禮，是自然底道理也。只恭而不爲自然底道理，故不自在也，須是「恭而安」。今容貌必端，言語必正者，非是道獨善其身，要人道如何，只是天理合如此，本無私意，只是箇循理而已。

今志於義理而心不安樂者，何也？此則正是剩一箇「助之長」。雖則心「操之則存，捨之則亡」，然而持之太甚，便是「必有事焉」而正之也。亦須且恁去，如此者只是德孤。「德不孤，必有鄰」，到德盛後，自無窒礙，左右逢其原也。

敬而無失，便是「喜怒哀樂未發謂之中」。敬不可謂中，但敬而無失，即所以中也。

司馬子微嘗作坐忘論，是所謂「坐馳」也。

伯淳昔在長安倉中閑坐，見長廊柱，以意數之，已尚不疑。再數之不合，不免令人一一聲言數之，乃與初數者無差。則知越著心把捉，越不定。

人心作主不定，正如一箇翻車，流轉動摇，無須臾停，所感萬端。若不做一箇主，怎生奈何？張天祺昔嘗言：自約數年，自上著牀，便不得思量事。不思量事後，須强把他這心來制縛，亦須寄寓在一箇形象，皆非自然。君實自謂：吾得術矣，只管念箇「中」字。此又爲中所繫縛，且中字亦何形象？有人胸中常若有兩人焉：欲爲善，如有惡以爲之間；欲爲不善，又若有羞惡之心者。本無二人，此正交戰之驗也。持其志，使氣不能亂，此大可驗。

要之，聖賢必不害心疾。

明道先生曰：某寫字時甚敬，非是要字好，只此是學。

伊川先生曰：聖人不記事，所以常記得；今人忘事，以其記事。不能記事，處事不精，皆出於養之不完固。

明道先生在澶州日，修橋少一長梁，曾博求之民間。後因出入，見林木之佳者，必起計度之心。因語以戒學者：心不可有一事。

伊川先生曰：入道莫如敬，未有能致知而不在敬者。今人主心不定，視心如寇賊而不可制，不是事累心，乃是心累事。當知天下無一物是合少得者，不可惡也。

人只有一箇天理，却不能存得，更做甚人也！

人多思慮，不能自寧，只是做他心主不定。要作得心主定，惟是止於事，「爲人君止於仁」之類。如舜之誅四凶，四凶已作惡，舜從而誅之，舜何與焉？人不止於事，只是攬他事，不能使物各付物。物各付物，則是役物；爲物所役，則是役於物。「有物必有則」，須是止於事。已上伊川語。

不能動人，只是誠不至。於事厭倦，皆是無誠處。

靜後，見萬物自然皆有春意。

孔子言仁，只説「出門如見大賓，使民如承大祭」。看其氣象，便須「心廣體胖」，「動容周旋中禮」自然。惟慎獨便是守之之法。聖人「修己以敬」，「以安百姓」，「篤恭而天下平」。惟上下一於恭敬，則天地自位，萬物自育，氣無不和，四靈何有不至？此「體信」「達順」之道。聰明睿智皆由是出，以此事天饗帝。

存養熟後，泰然行將去，便有進。

不愧屋漏，則心安而體舒。

心要在腔子裏。伯噩據太元以養準頤，初一曰：「藏心於淵，美厥靈根。」測曰：「藏心於淵，神不外也。」

只外面有些隙罅，便走了。

人心常要活，則周流無窮，而不滯於一隅。

明道先生曰：「天地設位，而易行乎其中」，只是敬也。敬則無間斷。

「毋不敬」，可以對越上帝。

敬勝百邪。

「敬以直內，義以方外」，仁也。若以敬直內，則便不直矣。「必有事焉，而勿正」，則直也。

涵養吾一。

「子在川上曰：『逝者如斯夫！不舍晝夜。』」自漢以來，儒者皆不識此義。此見聖人之心「純亦不已」也。「純亦不已」，天德也。有天德便可語王道，其要只在慎獨。伯喦據張思叔誦「逝者如斯夫」。范元長曰：此只是道體無窮。思叔曰：只如此説便不好。陳齊之自言，初疑「逝者如斯夫」，每見先達必問，人皆有説以告。及問著作王先生，則曰「若説與公，只説得我底，公却自無所得」。齊之心服。其後有詩云：「閒花亂蘂競紅青〔一〕，誰信風光不暫停。向此果能知逝者，便須觸處盡相應。」

「不有躬，无攸利。」不立己，後雖向好事，猶爲化物。不得以天下萬物撓己，己立後，自能了當得天下萬物。伯喦據蒙之六三曰：「勿用取女，見金夫，不有躬，無攸利。」

伊川先生曰：學者患心慮紛亂，不能寧靜，此則天下公病。學者只要立箇心，此上頭儘有商量。

閑邪則誠自存，不是外面捉一箇誠將來存著。今人外面役役於不善，於不善中尋箇善來存著。如此，則豈有入善之理？只是閑邪則誠自存。故孟子言性善皆由内出，只爲誠便存。閑邪更著甚工夫？但惟是動容貌、整思慮，則自然生敬。敬只是主一也。主一則既不之東，又不之西，如是則只是中；既不之此，又不之彼，如是則只是内。存此則自然天理明。學者須是將「敬以直内」涵養此意，直内是本。【舊註】尹彥明曰：敬有甚形影？只收斂身心，便是主一。且如人到神祠中致敬時，其心收斂，更著不得毫髮事，非主一而何？

閑邪則固一矣，然主一則不消言閑邪。有以一爲難見，不可下工夫，如何？一者無他，只是整齊嚴肅，則心便一。一則自是無非僻之奸〔二〕。此意但涵養久之，則天理自然明。

有言：未感時，知何所寓？曰：「操則存，舍則亡，出入無時，莫知其鄉」，更怎生尋所寓？只是有操而已。操之之道，「敬以直内」也。

敬則自虛靜，不可把虛靜喚做敬。

學者先務，固在心志。然有謂欲屏去聞見知思，則是「絶聖棄智」。有欲屏去思慮，患其紛亂，則須坐禪入定。如明鑑在上，萬物畢照，是鑑之常，難爲使之不照。人心不能不交感萬物，難爲使之不思慮。若欲免此，惟是心有主。如何爲主？敬而已矣。有主則虛，虛謂邪不能入；無主則實，實謂物來奪之。大凡人心不可二用，用於一事，則他事更不能入者，事爲之主也。事爲之主，尚無思慮紛擾之患，若主於敬，又焉有此患乎？所謂敬者，主一之謂敬；所謂一者，無適之謂一。且欲涵泳主一之義，不一則二三矣。至於不敢欺，不敢慢，「尚不愧於屋漏」，皆是敬之事也。

嚴威儼恪，非敬之道，但致敬須自此入。

「舜孳孳爲善」，若未接物，如何爲善？只是主於敬，便是爲善也。以此觀之，聖人之道，不是但嘿然無言。

問：人之燕居，形體怠惰，心不慢，可否？曰：安有箕踞而心不慢者？昔呂與叔六月中來緱氏，閒居中，某嘗窺之，必見其儼然危坐，可謂敦矣。學者須恭敬，但不可令拘迫，拘迫則難久也。

思慮雖多，果出於正，亦無害否？曰：且如在宗廟則主敬，朝廷主莊，軍旅主嚴，此是也。如發不以時，紛然無度，雖正亦邪。

蘇季明問：喜怒哀樂未發之前求中，可否？曰：不可。既思於喜怒哀樂未發之前求之，又却是思也。既思即是已發，【舊註】思與喜怒哀樂一般。纔發便謂之和，不可謂之中也。又問：呂學士言當求於喜怒哀樂未發之前，如何？曰：若言存養於喜怒哀樂未發之前，則可；若言求中於喜怒哀樂未發之前，則不可。又問：學者於喜怒哀樂發時，固當勉强裁抑，於未發之前，當如何用功？曰：於喜怒哀樂未發之前，更怎生求？只平日涵養便是。涵養久，則喜怒哀樂發自中節。伯嵒曰：「喜怒哀樂未發謂之中，發而皆中節謂之和。」當其未發之時不可思也，不可求也。儻可得而思，則已有端緒矣，不得爲未發也。儻可得而求，則已有形迹矣，亦不得爲未發也。獨可於平日存養加功耳。存養之要在乎敬，敬在乎主一，主一亦在乎習而已。曰：當中之時，耳無聞，目無見否？曰：雖耳無聞，目無見，然見聞之理在始得。賢且説靜時如何？曰：謂之無物則不可，然自有知覺處。曰：既有知覺，却是動也，怎生言靜？人説「復其見天地之心」，皆以謂至靜能見天地之心，非也。復之卦下面一畫便是動也，安得謂之靜？或曰：莫是於動上求靜否？曰：固是，然最難。釋氏多言定，聖人便言止，所謂止，如「爲人君止於仁，爲人臣止於敬」之類是也。易之艮言止之義曰：「艮其止，止其所也。」人多不能止，蓋人萬物皆備，遇事時各因其心之所重者更互而出。纔見得這事重，便有這事出。若能物各付物，便自不出來也。或曰：先生於喜怒哀樂未發之前，下動字？下靜字？曰：謂之靜則可，然靜中須有物始得。這裏便是難處。學者莫若且先理會得敬，能敬則知此矣。或曰：敬何以用功？曰：莫若主一。季明曰：昞嘗患思慮不定，或思一事未了，他事如麻又生，如何？曰：不可。此不誠之本也。須是習，習能專一時便好。不拘思慮與應事，皆要求一。

人於夢寐間，亦可以卜自家所學之淺深。如夢寐顛倒，即是心志不定、操存不固。

問：人心所繫著之事果善，夜夢見之，莫不害否？曰：雖是善事，心亦是動。凡事有朕兆入夢者却無害，捨此皆是妄動。伯峕曰：「清明在躬，志氣如神」。有如商之高宗，恭默思道。此心之誠，純一無間，故見之於夢，無非兆朕之先見。故既「夢得説」，則自信而不疑，「營求於野」而果得之。常人心志不定，雖有夢而不敢自信也。高宗之夢，其周禮之所謂「正夢」歟！伯峕據劉彦冲曰：莫大於生死，莫小於違順，莫重於生死，莫輕於夢寐。違順之來，怵然驚怖。夢寐之間，紛然錯亂，莫知所主，況死生之變耶？學者未須論此，但當晝驗之違順，夜察之夢寐。若湛然如一，無少動摇，則生死去來，直猶晝夜。人心須要定，使他思時方思乃是。今人都由心。曰：心誰使之？曰：以心使心則可。人心自由，便放去也。

「持其志，無暴其氣」，内外交相養也。伯峕據孟子曰「持其志，無暴其氣」者，何也？曰：「志壹則動氣，氣壹則動志也。今夫蹶者趨者，是氣也，而反動其心。」則人固當敬守其志，而亦不可不致養其氣也。

問：「出辭氣」，莫是於言語上用工夫否？曰：須是養乎中，自然言語順理。伯峕據上蔡先生曰：「出辭氣」，猶所謂從此心中流出。若是慎言語，不妄發，此却可著力。

先生謂繹曰：吾受氣甚薄，三十而浸盛，四十、五十而後完。今生七十二年矣，校其筋骨，於盛年無損也。繹曰：先生豈以受氣之薄，而厚爲保生邪？夫子默然，曰：吾以忘生徇欲爲深耻。以上並遺書。

大率把捉不定，皆是不仁。外書。下同。伯峕曰：「仁，人心也」。把捉不定，則心非我有矣。此何異於醫家言手足痿痺爲不仁者乎！

伊川先生曰：致知在所養，養知莫過於「寡欲」二字。心定者其言重以舒，不定者其言輕以疾。

明道先生曰：人有四百四病，皆不由自家，則是心須教由自家。

謝顯道從明道先生於扶溝。明道一日謂之曰：爾輩在此相從，只是學顥言語，故其學心口不相應，盍若行之？請問焉。曰：且靜坐。伊川每見人靜坐，便嘆其善學。以上並外書。

橫渠先生曰：始學之要，當知「三月不違」與「日月至焉」内外賓主之辨，使心意勉勉循循而不能已，過此幾非在我者。文集。

心清時少，亂時常多。其清時，視明聽聰，四體不待羈束，而自然恭謹。其亂時反是。如此何也？蓋用心未熟，客慮多而常心少也，習俗之心未去，而實心未完也。人又要得剛，太柔則入於不立。亦有人生無喜怒者，則又要得剛，剛則守得定不回，進道勇敢。載則比他人自是勇處多。語録。下同。

戲謔不惟害事，志亦爲氣所流。不戲謔亦是持氣之一端。

正心之始，當以己心爲嚴師。凡所動作，則知所懼。如此一二年間，守得牢固，則自然心正矣。

定，然後始有光明。若常移易不定，何求光明？易大抵以艮爲止，止乃光明。伯嵒曰：

心猶水也，鼓之以風，投之以物，則混爲昏濁。風不動而物不撓，則其明可以燭毫髮。艮之「其道光明」，於此觀之可也。故大學「定」而至於「能慮」，人心多則無由光明。易說。下同。

「動静不失其時，其道光明。」學者必時其動静，則其道乃不蔽昧而明白。今人從學之久，不見進長，正以莫識動静。見他人擾擾，非關己事，而所修亦廢。由聖學觀之，冥冥悠悠，以是終身，謂之「光明」可乎？

敦篤虚静者，仁之本。不輕妄，則是敦厚也；無所繫閡「閡」與「礙」同。昏塞，則是虚静也。此難以頓悟，苟知之，須久於道實體之，方知其味。夫仁亦在乎熟之而已。孟子說。

校勘記

〔一〕閒花亂蘂競紅青　「閒」原作「蘭」，據王著作集卷八改。

〔二〕一則自是無非僻之奸　「奸」，葉解本作「干」，江註作「幹」。按，茅註云：「『奸』，近本作『幹』，古字通用。」

泳齋近思録衍註卷五　凡四十一條

省察　損人欲　復天理

濂溪先生曰：君子乾乾不息於誠，然必懲忿窒欲，遷善改過而後至。乾之用，其善是，損益之大莫是過，聖人之旨深哉！吉凶悔吝生乎動。噫！吉一而已，動可不慎乎？通書。伯嵒據晦翁曰：此以乾卦爻辭，損、益大象發明思誠之方。蓋乾乾不息者，體也。去惡進善者，用也。無體則用無以行，無用則體無所措，故以三卦合而言之。或曰「其」字亦是「莫」字。

濂溪先生曰：孟子曰：「養心莫善於寡欲。」予謂養心不止於寡而存耳。蓋寡焉以至於無，無則誠立明通。誠立，賢也；明通，聖也。遺文。伯嵒據晦翁曰：誠立，謂實體安固；明通，則實用流行。立，如「三十而立」之「立」。通則不惑，知命而鄉乎耳順矣。

伊川先生曰：顏淵問克己復禮之目，夫子曰：「非禮勿視，非禮勿聽，非禮勿言，非禮勿動。」四者身之用也，由乎中而應乎外，制於外所以養其中也。顏淵「事斯語」〔一〕，所以進於聖人。後之學聖人者，宜服膺而勿失也。因箴以自警。視箴曰：「心兮本虛，應物無迹。操之有要，視爲之則。蔽交於前，其中則遷。制之於外，以安其內。克己復禮，久而誠矣。」聽箴曰：「人有秉彝，本乎天性。知誘物化，遂亡其正。卓彼先覺，知止有定。閑邪存誠，非禮勿聽。」言箴曰：「人心之動，因言以宣。發禁躁妄，内斯靜專。矧是樞機，興戎出好。吉凶榮辱，惟其所召。傷易則誕，傷煩則支。己肆物忤，出悖來違。非法不道，欽哉訓辭。」動箴曰：「哲人知幾，誠之於思。志士厲行，守之於爲。順理則裕，從欲惟危。造次克念，戰兢自持。習與性成，聖賢同歸。」文集。伯嵒據或問：夫子何不言「非禮勿思」？曰：動即思也。如情動於中，豈不是思？伊川作動箴曰：「哲人知幾，誠之於思；志士厲行，守之於爲。」曰思曰爲，蓋兼言之矣。

復之初九曰：「不遠復，无祇悔，元吉。」傳曰：陽，君子之道，故復爲反善之義。初，復之最先者也，是不遠而復也。失而後有復，不失則何復之有？唯失之不遠而復，則不至於悔，大善而吉也。顏子無形顯之過，夫子謂其庶幾，乃「无祇悔」也。過既未形而改，何悔之有？既未能不勉而中，所欲不踰矩，是有過也。然其明而剛，故一有不善，未嘗不知；既知，未嘗不遽改，故不至於悔，乃「不遠復」也。學問之道無他也，唯其知不善，則速改以從善而已。易傳。下同。

晉之上九：「晉其角，維用伐邑，厲吉，无咎，貞吝。」傳曰：人之自治，剛極則守道愈固，進極則遷善愈速。如上九者，以之自治，則雖傷於厲，而吉且无咎也。嚴厲非安和之道，而於自治則有功也。雖自治有功，然非中和之德，所以貞正之道爲可吝。

損者，損過而就中，損浮末而就本實也。天下之害，無不由末之勝也。峻宇雕墻，本於宫室；酒池肉林，本於飲食；淫酷殘忍，本於刑罰；窮兵黷武，本於征討。凡人欲之過者，皆本於奉養，其流之遠，則爲害矣。先王制其本者，天理也；後人流於末者，人欲也。損之義，損人欲以復天理而已。

夫人心正意誠，乃能極中正之道，而充實光輝。若心有所比，以義之不可而决之，雖行於外，不失其中正之義，可以无咎，然於中道未得爲光大也。蓋人心一有所欲，則離道矣。故夬之九五曰：「莧陸夬夬，中行无咎。」而象曰：「中行无咎，中未光也。」夫子於此，示人之意深矣。

方説而止，節之義也。

節之九二，不正之節也。以剛中正爲節，如懲忿窒欲，損過抑有餘是也。不正之節，如嗇節於用，懦節於行是也。以上並易傳。　伯喦據「九二：『不出門庭，凶。』象曰：『不出門庭，失時極也。』二雖剛中之質，然處陰居説而承柔。處陰，不正也。居説，失剛也。承柔，近邪也。」失其剛中之德，所以爲不正之節也。

人而無克、伐、怨、欲，惟仁者能之。有之而能制其情不行焉，斯亦難能也，謂之仁則未可也。此原憲之問，夫子答以知其爲難，而不知其爲仁也。此聖人開示之深也。經説。伯喦曰：「克，好勝。伐，自矜。怨，忿恨。欲，貪欲。」「仁則天理渾然，自無四者之累，不行不足以言之也。」

明道先生曰：義理與客氣常相勝，只看消長分數多少，爲君子小人之别。義理所得漸多，則自然知得客氣消散得漸少，消盡者是大賢。遺書。下同。

或謂人莫不知和柔寬緩，然臨事則反至於暴厲。曰：只是志不勝氣，氣反動其心也。

人不能祛思慮，只是吝，吝故無浩然之氣。

治怒爲難，治懼亦難。克己可以治怒，明理可以治懼。

堯夫解「他山之石，可以攻玉」：玉者溫潤之物，若將兩塊玉來相磨，必磨不成，須是得他箇麁礪底物，方磨得出。譬如君子與小人處，爲小人侵淩，則修省畏避，動心忍性，增益預防，如此便道理出來。

目畏尖物，此事不得放過，便與克下。室中率置尖物，須以理勝他，尖必不刺人也，何畏之有？

明道先生曰：責上責下，而中自恕己，豈可任職分？

「舍己從人」最爲難事。己者我之所有，雖痛舍之，猶懼守己者固，而從人者輕也。

「九德」最好。伯恭據皋陶曰：「寬而栗，柔而立，愿而恭，亂而敬，擾而毅，直而温，簡而廉，剛而塞，彊而義。」此所謂九德也。東萊曰：大率人寬則多失之闊略，須是寬中又自有整齊處。人柔多失之委靡，須是柔中又自有卓立處。人愿則做事謹慤，耻言人過，與人交多不盡情。凡人有不是處便不敢説，彼必自以爲恭。殊不知責難於君，謂之恭；待人不以誠，實乃爲不恭之大者。亂者能治亂之人，必恃才作爲，大則爲鯀，小則爲盆成括，須是加之以敬，則處事必當。擾者能慣熟其事，才恃其能，慣熟其事，便把事做慢看了，反失之猶豫不決，當加果毅之工夫。直者多失於訐，須是養之以温。簡者多失之鹵莽，須是有圭角廉隅。剛者多不充實其内，便是血氣之剛，如「棖也慾，焉得剛」，則不可謂之剛。惟剛而能塞，如孟子至大至剛，浩然之氣塞乎天地。彊者多失於勇而無義，以爲亂，惟有義，如孟子之勇於義。

飢食渴飲，冬裘夏葛，若致些私吝心在，便是廢天職。

獵，自謂今無此好。周茂叔曰：「何言之易也？但此心潛隱未發，一日萌動，復如前矣。」後十二年因見，果知未也。【舊註】一本註云：明道先生年十六七時好田獵，十二年暮歸。在田野間見田獵者，不覺有喜心。

伊川先生曰：大抵人有身，便有自私之理，宜其與道難一。

罪己責躬不可無，然亦不當長留在心胸爲悔〔二〕。

所欲不必沉溺，只有所向便是欲。

明道先生曰：子路亦百世之師。人告之以有過則喜〔三〕。

人語言緊急，莫是氣不定否？曰：此亦當習。習到自然緩時便是氣質變〔四〕，方是有功。

問：「不遷怒，不貳過」，何也？語録有怒甲不遷乙之説，是否？伊川先生曰：是。曰：若此則甚易，何待顔子而後能？曰：只被説得粗了，諸君便道易，此莫是最難，須是理會得因何不遷怒。如舜之誅四凶，怒在四凶，舜何與焉？蓋因是人有可怒之事而怒之，聖人之心本無怒也。譬如明鏡，好物來時便見是好，惡物來時便見是惡，鏡何嘗有好惡也？伯峕：聖人因事當怒而怒之，是怒因物而生，又豈有之於己耶？譬明鏡照物，妍媸在物，非鏡先有妍媸也。世之人固有怒於室而色於市，且如怒一人，對那人説話能無怒色否？有能怒一人而不怒別人者，能忍得如此，已是煞知義理。若聖人因物而未嘗有怒，此莫是甚難。君子役物，小人役於物。今見可喜可怒之事，自家著一分陪奉他，此亦勞矣。聖人之心如止水。以上並遺書。

人之視最先，非禮而視，則所謂開目便錯了。次聽次言次動，有先後之序。人能克己，則心廣體胖；仰不愧，俯不怍，其樂可知。有息則餒矣。外書。下同。

聖人責己感也處多，責人應也處少。

謝子與伊川先生別一年，往見之，伊川曰：「相別又一年，做得甚工夫？」謝曰：「也只去箇矜字。」曰：「何故？」曰：「子細點檢得來，病痛盡在這裏。若按伏得這箇罪過，方有向進處。」伊川點頭，因語在坐同志者曰：「此人爲學，切問近思者也。」

思叔詬罵僕夫〔五〕，伊川曰：「何不『動心忍性』？」思叔慚謝。

「見賢」便「思齊」，有爲者若是。「見不賢而内自省」，蓋莫不在己。以上並外書。

横渠先生曰：湛一，氣之本；攻取，氣之欲。口腹於飲食，鼻口於臭味，皆攻取之性也。知德者屬厭而已，不以嗜欲累其心，不以小害大、末喪本焉爾。正蒙。下同。

纖惡必除，善斯成性矣；察惡未盡，雖善必粗矣。伯品曰：「少成若天性，習慣如自然」，故曰「纖惡必除，善斯成性矣」。「善惡不兩立」，出彼則入此，故曰「察惡未盡，雖善必粗矣」。

惡不仁，故不善未嘗不知。徒好仁而不惡不仁，則習不察、行不著。是故徒善未必盡義，徒是未必盡仁。好仁而惡不仁，然後盡仁義之道。

責己者，當知無天下國家皆非之理，故學至於「不尤人」，學之至也。以上並正蒙。

有潛心於道，忽忽爲他慮引去者，此氣也。舊習纏繞，未能脱灑，畢竟無益，但樂於舊習耳。是故古人欲得朋友與琴瑟簡編，常使心在於此。惟聖人知朋友之取益爲多，故樂得朋友之來。横渠論語説。

矯輕警惰。語録。下同。

「仁之難成久矣！人人失其所好。」蓋人人有利欲之心，與學正相背馳，故學者要寡欲。君子不必避他人之言，以爲太柔太弱，至於瞻視亦有節。視有上下，視高則氣高，視下則心柔，故視國君者，不離紳帶之中。學者先須去其客氣。其爲人剛行，終不肯進。「堂堂乎張也，難與並爲仁矣。」蓋目者人之所常用，且心常託之，視之上下，且試之，己之敬傲，必見於視。所以欲下其視者，欲柔其心也。柔其心，則聽言敬且信。人之有朋友，不爲燕安，所以輔佐其仁。今之朋友，擇其善柔以相與，拍肩執袂以爲氣合，一言不合，怒氣相加。朋友之際，欲其相下不倦，故於朋友之間主其敬者，日相親與，得效最速。仲尼嘗曰：「吾見其居於位也，與先生並行也，非求益者，欲速成者。」則學者先須温柔，温柔則可以進學。詩曰：「温温恭人，惟德之基。」蓋其所益之多。

世學不講，男女從幼便驕惰壞了，到長益凶狠〔六〕。只爲未嘗爲子弟之事，則於其親，已有物我，不肯屈下。病根常在，又隨所居而長，至死只依舊。爲子弟，則不能安灑掃應對；在朋友，則不能下朋友；有官長，則不能下官長；爲宰相，不能下天下之賢。甚則至於徇私意，義理都喪，也只爲病根不去，隨所居所接而長。人須一事事消了病，則義理常勝。伯喦曰：後世小學既廢，父母愛踰於禮，恣之驕惰而莫爲禁止，病根既立，隨寓隨長，卒至盡失其良心，蓋有自來。學者所當察其病源，力加克治，則舊習日消，而道心日長矣。

校勘記

〔一〕顔淵事斯語　「事」上，葉解、江註等近思録註本均有「請」字。按，小學集註、大學衍義、西山讀書記引此語均無，故仍其舊。

〔二〕自「罪己」至「爲悔」　此條原未單列，遂致與卷首所列「四十一條」之數不合。今據葉解、江註等改。

〔三〕人告之以有過則喜　「人」上，葉解有「本註云」，江註有「舊註」。據此則句前當有「舊註」二字。

〔四〕習到自然緩時便是氣質變　按，程氏遺書及葉解「習到」下有「言語」二字，「變」下有「也學至氣質變」六字。

〔五〕思叔詬駡僕夫　「駡」，按，程氏外書及葉解、江註等作「詈」。

〔六〕到長益凶狠　「狠」原作「狼」，按，張子全書及葉解、江註等均作「狠」，今據改。

泳齋近思録衍註卷六

凡二十二條

處家

伊川先生曰：弟子之職，力有餘則學文，不修其職而學，非爲己之學也。經解。

孟子曰：「事親若曾子可也」，未嘗以曾子之孝爲有餘也。蓋子之身所能爲者，皆所當爲也。易傳。下同。

「幹母之蠱，不可貞。」子之於母，當以柔巽輔導之，使得於義。不順而致敗蠱，則子之罪也。從容將順，豈無道乎？若伸己剛陽之道，遽然矯拂則傷恩，所害大矣，亦安能入乎？在乎屈己下意，巽順相承，使之身正事治而已。剛陽之臣事柔弱之君，義亦相近。伯嵒據蠱之九二曰：「幹母之蠱，不可貞。」象曰：「幹母之蠱，得中道也。」

蠱之九三，以陽處剛而不中，剛之過也，故「小有悔」。然在巽體，不爲無順。順，事親之本也，又居得正，故「无大咎」。然有小悔，已非善事親也。伯嵒據蠱之九三曰：「幹父之蠱，小有悔，无大咎。」象曰：「幹父之蠱，終无咎也。」

正倫理，篤恩義，家人之道也。

人之處家，在骨肉父子之間，大率以情勝禮，以恩奪義。惟剛立之人，則能不以私愛失其正理，故家人卦大要以剛爲善。

家人上九爻辭，謂治家當有威嚴，而夫子又復戒云，當先嚴其身也。威嚴不先行於己，則人怨而不服。伯呰據家人之上九曰：「有孚，威如，終吉。」象曰：「威如之吉，反身之謂也。」

歸妹九二，守其幽貞，未失夫婦常正之道。世人以媟狎爲常，故以貞靜爲變常，不知乃常久之道也。伯呰據歸妹之九二曰：「眇能視，利幽人之貞。」象曰：「利幽人之貞，未變常也。」

世人多慎於擇婿，而忽於擇婦。其實壻易見，婦難知，所繫甚重，豈可忽哉？遺書。下同。伯呰據誠齋曰：正莫易於天下，而莫難於一家。莫易一家之父子兄弟，而莫難於一婦。一婦正，一家正。

人無父母，生日當倍悲痛，更安忍置酒張樂以爲樂？若具慶者，可矣。

問：行狀云：「盡性至命，必本於孝弟。」不識孝弟何以能盡性至命也？曰：後人便將性命別作一般事說了。性命、孝弟，只是一統底事，就孝弟中便可盡性至命。如灑掃應對與盡性至命，亦是一統底事，無有本末，無有精粗，却被後來人言性命者，別作一般高遠說。故舉孝弟，是於人切近者言之。然今時非無孝弟之人，而不能盡性至命者，由之而不知也。

問：第五倫視其子之疾與兄子之疾不同，自謂之私，如何？曰：不待安寢與不安寢，只不起與十起，便是私也。父子之愛本是公，才著些心做，便是私也。又問：視己子與兄子有間否？曰：聖人立法，曰「兄弟之子猶子也」，是欲視之猶子也。又問：天性自有輕重，疑若有間然。曰：只爲今人以私心看了。孔子曰：「父子之道，天性也。」此只就孝上說，故言父子天性。若君臣、兄弟、賓主、朋友之類，亦豈不是天性？只爲今人小看却，不推其本所由來故爾。己之子與兄之子，所爭幾何，是同出於父者也。只爲兄弟異形，故以兄弟爲手足。人多以異形故，親己之子異於兄弟之子，甚不是也。伯邕據老泉族譜引曰：吾父之子，今爲吾兄。吾疾在身，兄呻不寧。數世之後，不知何人。彼死而生，不爲戚欣。兄弟之親，如足于手，其能幾何？彼不相能，必獨何心！又問：孔子以公冶長不及南容，故以兄之子妻南容，以己之子妻公冶長。何也？曰：此亦以己之私心看聖人也。凡人避嫌者，皆內不足也。聖人自至公，何更避嫌？凡嫁女，各量其才而求配。或兄之子不甚美，必擇其相稱者爲之配；己之子美，必擇其才美者爲之配。豈更避嫌邪？若孔子事，或是年不相若，或時有先後，皆不可知。以孔子爲避嫌，則大不是。如避嫌事，賢者且不爲，況聖人乎？

問：孀婦，於理似不可取，如何？曰：然。凡取以配身也。若取失節者以配身，是己失節也。又問：或有孤孀貧窮無託者，可再嫁否？曰：只是後世怕寒餓死，故有是說。然餓死事極小，失節事極大。

病卧於牀，委之庸醫，比之不慈不孝。事親者亦不可不知醫。外書。下同。

程子葬父，使周恭叔主客。客飲酒〔一〕，恭叔以告。先生曰：勿陷人於惡。

買乳婢，多不得已。或不能自乳，必使人。然食己子而殺人之子，非道。必不得已，用二乳食三子〔二〕，足備他虞。或乳母病且死，則不爲害，又不爲己子殺人之子，但有所費。若不幸致誤其子，害孰大焉？

先公太中諱珦，字伯温。前後五得任子，以均諸父子孫。嫁遺孤女，必盡其力，所得俸錢，分贍親戚之貧者。伯母劉氏寡居，公奉養甚至。其女之夫死，公迎從女兄以歸，教養其子，均於子姪。既而女兄之女又寡，公懼女兄之悲思，又取甥女以歸，嫁之。時小官禄薄，克己爲義，人以爲難。公慈恕而剛斷，平居與幼賤處，惟恐有傷其意，至於犯義理，則不假也。左右使令之人，無日不察其飢飽寒燠。娶侯氏。侯夫人事舅姑以孝謹稱，與先公相待如賓客。先公賴其内助，禮敬尤至。而夫人謙順自牧，雖小事未嘗專，必禀而後行。仁恕寬厚，撫愛諸庶，不異己出。從叔幼姑，夫人存視，常均己子。治家有法，不嚴而整。不喜笞扑奴婢，視小臧獲如兒女，諸子或加呵責，必戒之曰：「貴賤雖殊，人則一也。汝如是大時，能爲此事否？」先公凡有所怒，必爲之寬解，唯諸兒有過，則不掩也。常曰：「子之所以不肖者，由母蔽其過而父不知也。」夫人男子六人，所存惟二，其愛慈可謂至矣，然於教之之道，不少假也。纔數歲，行而或踣，家人走前扶抱，恐其驚啼，夫人未嘗不呵責曰：「汝若安徐，寧至踣乎？」飲食常置之坐側。常食絮羹，伯喦據曲禮註云：「絮猶調也。爲其詳於味也。」即叱止之，曰：「幼求稱欲，長當何如？」雖使令輩，不得以惡言罵之。故頤兄弟平生於飲食衣服無所擇，不能惡言罵人，非性然也，教之使然也。與人爭忿，雖直不右，曰：「患其不能屈，不患其不能伸。」及稍長，常使從善師友游，雖居貧，或欲延客，則喜而爲之具。夫人七八歲時，誦古詩曰：「女子不夜出，夜出秉明燭。」自是日暮則不復出房閤。既長，好文而不爲辭章，見世之婦女以文章筆札傳於人者，則深以爲非。文集。

橫渠先生嘗曰：事親奉祭，豈可使人爲之？行狀。

舜之事親，有不悦者，爲父頑母嚚，不近人情。若中人之性，其愛惡略無害理，姑必順之。親之故舊所喜者，當極力招致，以悦其親。凡於父母賓客之奉，必極力營辦，亦不計家之有無。然爲養，又須使不知其勉强勞苦，苟使見其爲而不易，則亦不安矣。横渠記説。

斯干詩言：「兄及弟矣，式相好矣，無相猶矣。」言兄弟宜相好，不要厮學。猶，似也。

人情大抵患在施之不見報則輟，故恩不能終。不要相學，己施之而已。詩說。下同。

「人不爲周南、召南，其猶正牆面而立。」常深思此言，誠是。不從此行，甚隔著事，向前推不去。蓋至親至近，莫甚於此，故須從此始。伯弫據子謂伯魚曰：「女爲周南、召南矣乎？人而不爲周南、召南，其猶正墻面而立也歟？」「儀禮燕禮有房中之樂。」鄭氏註：「弦歌周南、召南之詩，而不用鐘磬之節也。謂之房中者，后夫人之所諷誦，以事其君子。」詩大序：「關雎、麟趾之化，王者之風。故繫之周公，『南』言化自北而南也。鵲巢、騶虞之德，諸侯之風也。先王之所以教，故繫之召公。」「周南、召南，正始之道，王化之基。」鄭氏曰：「自，從也。從北而南，謂其化從岐周被江漢之域也。」朱氏曰：「周公制禮作樂，於是取文王時詩分爲二篇。其言文王之化者，繫之周公，以周公主内治故也。其言諸侯之國被文王之化以成德者，繫之召公，以召公長諸侯故也。」程氏曰：「天下之治，正家爲先。天下之家正，則天下治矣。二南，正家之道也。陳后妃夫人、大夫妻之德，推之士庶人之家一也。故使邦國至於鄉黨皆用之，自朝廷至於委巷莫不謳吟諷誦，所以風天下。爲此詩者，其周公乎！古之人由是道者，文王也。故以當時之詩繫其後，其化之行，俗之成，至如麟趾、騶虞，乃其應也。」

婢僕始至者，本懷勉勉敬心，若到所提掇更謹則加謹，慢則棄其本心，便習以性成。故仕者入治朝則德日進，入亂朝則德日退，只觀在上者有可學無可學爾。語録。

校勘記

〔一〕客飲酒　「飲」，程氏外書卷七及葉解、江註等作「欲」。

〔二〕用二乳食三子　「二」下，葉解有「子」字。

泳齋近思録衍註卷七

凡三十九條

處己　出處

伊川先生曰：賢者在下，豈可自進以求於君？苟自求之，必無能信用之理。古人之所以必待人君致敬盡禮而後往者，非欲自爲尊大，蓋其尊德樂道之心不如是，不足與有爲也。易傳。下同。

君子之需時也，安靜自守。志雖有須，而恬然若將終身焉，乃能用常也。雖不進而志動者，不能安其常也。伯嵒據需之初九曰：「需于郊，利用恒，无咎。」象曰：「需于郊，不犯難行也；利用恒，无咎，未失常也。」

比：「吉，原筮，元永貞，无咎。」傳曰：人相親比，必有其道，苟非其道，則有悔咎。故必推原占，決其可比者而比之，所比得元永貞，則无咎。元，謂有君長之道；永，謂可以常久；貞，謂得正道。上之比下，必有此三者，下之從上，必求此三者，則无咎也。

履之初九曰：「素履，往无咎。」傳曰：夫人不能自安於貧賤之素，則其進也，乃貪躁而動，求去乎貧賤耳，非欲有爲也。既得其進，驕溢必矣，故往則有咎。賢者則安履其素，其處也樂，其進也將有爲也，故得其進則有爲而無不善。若欲貴之心與行道之心交戰於中，豈能安履其素乎？

大人於否之時，守其正節，不雜亂於小人之群類，身雖否而道之亨也。故曰：「大人否亨。」不以道而身亨，乃道否也。

人之所隨，得正則遠邪，從非則失是，無兩從之理。隨之六二，苟係初則失五矣，故象曰：「弗兼與也」，所以戒人從正當專一也。伯呰據隨之六二曰：「係小子，失丈夫。」象曰：「係小子，弗兼與也。」

君子所貴，世俗所羞；世俗所貴，君子所賤。故曰：「賁其趾，舍車而徒。」伯呰據賁之初九曰：「賁其趾，舍車而徒。」象曰：「舍車而徒，義弗乘也。」

蠱之上九曰：「不事王侯，高尚其事。」象曰：「不事王侯，志可則也。」傳曰：士之自高尚，亦非一道。有懷抱道德，不偶於時，而高潔自守者；有知止足之道，退而自保者；有量能度分，安於不求知者；有清介自守，不屑天下之事，獨潔其身者。所處雖有得失小大之殊，皆自高尚其事者也。象所謂「志可則」者，進退合道者也。

遯者，陰之始長，君子知微，故當深戒。而聖人之意，未便遽已也，故有「與時行」、「小利貞」之教。伯峕據遯之象曰：「遯亨，遯而亨也。剛當位而應，與時行也。小利貞，浸而長也。」謂雖遯之時，尚當隨時消息，苟可以致其力，猶當盡力以扶持，不可決意遯藏縮手而不之教也。陰浸而長，亦必以漸，尚可以其道而小正之。聖賢之於天下，雖知道之將廢，豈肯坐視其亂而不救？必區區致力於未極之間，强此之衰，艱彼之進，圖其暫安。苟得爲之，孔孟之所屑爲也，王允、謝安之於漢、晉是也。

明夷初九，事未顯而處甚艱，非見幾之明不能也。如是，則世俗孰不疑怪？然君子不以世俗之見怪，而遲疑其行也。若俟衆人盡識，則傷已及而不能去矣。伯峕據明夷之初九曰：「明夷于飛，垂其翼；君子于行，三日不食。有攸往，主人有言。」象曰：「君子于行，義不食也。」垂翼，謂害其所以行者。君子知幾，故亟去之。

晉之初六，在下而始進，豈遽能深見信於上？苟上未見信，則當安中自守，雍容寬裕，無急於求上之信也。苟欲信之心切，非汲汲以失其守，則悻悻以傷於義矣。故曰：「晉如摧如，貞吉。罔孚，裕无咎。」然聖人又恐後之人不達寬裕之義，居位者廢職失守以爲裕，故特云「初六裕則无咎」者，始進未受命當職任故也。若有官守，不信於上而失其職，一日不可居也。然事非一概，久速唯時，亦容有爲之兆者。伯峕據晉之初六曰：「晉如摧如，貞吉。罔孚，裕无咎。」象曰：「晉如摧如，獨行正也。裕无咎，未受命也。」初以陰居下，應九四又不中正，欲晉而見摧者也，惟守正則吉。罔孚者，謂「設不爲人所信，亦當處以寬裕，則无咎」。

不正而合，未有久而不離者也。合以正道，自無終睽之理。故賢者順理而安行，智者知幾而固守。

君子當困窮之時，既盡其防慮之道而不得免，則命也，當推致其命以遂其志。知命之當然也，則窮塞禍患不以動其心，行吾義而已。苟不知命，則恐懼於險難，隕穫於窮戹，所守亡矣，安能遂其爲善之志乎？伯嵒據困之象曰：「澤无水，困。君子以致命遂志。」

寒士之妻，弱國之臣，各安其正而已。苟擇勢而從，則惡之大者，不容於世矣。

井之九三，渫治而不見食，乃人有才智而不見用，以不得行爲憂惻也。蓋剛而不中，故切於施爲，異乎「用之則行，舍之則藏」者矣。伯嵒據井之九三曰：「井渫不食，爲我心惻。可用汲。王明，並受其福。」象曰：「井渫不食，行惻也；求王明，受福也。」

革之六二，中正則無偏蔽，文明則盡事理，應上則得權勢，體順則無違悖。時可矣，位得矣，才足矣，處革之至善者也。必待上下之信，故「巳日乃革之」也。如二之才德，當進行其道，則吉而无咎也；不進，則失可爲之時，爲有咎也。伯嵒據革之六二曰：「巳日乃革之，征吉，无咎。」象曰：「巳日革之，行有嘉也。」

鼎之「有實」，乃人之有才業也。當慎所趨向，不慎所往，則亦蹈於非義〔一〕。故曰：「鼎有實，慎所之也。」伯喦據鼎之九二曰：「鼎有實，我仇有疾，不我能即，吉。」象曰：「鼎有實，慎所之也。我仇有疾，終无尤也。」

士之處高位，則有拯而無隨。在下位，則有當拯，有當隨，有拯之不得而後隨。伯喦據艮之六二曰：「艮其腓，不拯其隨，其心不快。」象曰：「不拯其隨，未退聽也。」「六二居中得正，上无應援，不獲其君矣。三居下之上，爲止之主，主乎止者也。二之行止，係乎所主，非得自由，故爲腓之象。股動則腓隨，止在股而不在腓也。二既不得以中正之道拯救三之不中，則必勉而隨之，不能拯而唯隨焉。言不聽，道不行，故其心不快」。「退聽，下從也。」今以在上者未能下從，所以不拯而唯從也。

「君子思不出其位」。位者，所處之分也。伯喦據艮之象曰：「兼山，艮。君子以思不出其位。」萬事各有其所，得其所則止而安。若當行而止，當速而久，或過或不及，皆出其位也，況踰分非據乎？伯喦據明道先生見寺墻上書「要不悶，守本分」，云「此是好語」。

人之止，難於久終，故節或移於晚，守或失於終，事或廢於久，人之所同患也。艮之上九，敦厚於終，止道之至善也，故曰：「敦艮吉。」伯喦據艮之上九曰：「敦艮，吉。」象曰：「敦艮之吉，以厚終也。」

中孚之初九曰：「虞吉。」象曰：「志未變也。」傳曰：當信之始，志未有所從，而虞度所信，則得其正，是以吉也。志有所從，則是變動，虞之不得其正矣。

賢者惟知義而已，命在其中。中人以下，乃以命處義。如言「求之有道，得之有命，是求無益於得」。知命之不可求，故自處以不求。若賢者則求之以道，得之以義，不必言命。遺書。下同。

人之於患難，只有一箇處置，盡人謀之後，却須泰然處之。有人遇一事，則心心念念不肯捨，畢竟何益？若不會處置了，放下便是，無義無命也。

門人有居太學而欲歸應鄉舉者。問其故，曰：蔡人尠習戴記，決科之利也。先生曰：汝之是心，已不可入於堯舜之道矣。夫子貢之高識，曷嘗規規於貨利哉？特於豐約之間，不能無留情耳。且貧富有命，彼乃留情於其間，多見其不信道也。故聖人謂之「不受命」。有志於道者，要當去此心而後可語也。

人苟有「朝聞道，夕死可矣」之志，則不肯一日安於所不安也。伯峕曰：聞，學妙矣。子貢游夫子之門，蓋日聞所不聞矣，乃曰「性與天道，不可得而聞」。蓋不以口傳耳授爲聞，而以了悟爲聞也。夫子恐學者守易曉之空言，而不聞至精至賾之道也，故曰「朝聞道，夕死可矣」。何止一日，須臾不能。如曾子易簀，須要如此乃安。人不能若此者，只爲不見實理。實理者，實見得是，實見得非。凡實理得之於心自別，若耳聞口道者，心實不見。若見得，必不肯安於所不安。人之一身，儘有所不肯爲，及至他事又不然。若士者，雖殺之使爲穿窬，必不爲，其他事未必然。至如執卷者，莫不知說禮義。又如王公大人，皆能言軒冕外物，及其臨利害，則不知就義理，却就富貴。如此者只是說得，不實見。及其蹈水火，則人皆避之，是實見得。須是有「見不善如探湯」之心，則自然別。昔曾經傷於虎者，他人語虎，則雖三尺童子，皆知虎之可畏，終不似曾經傷者，神色懾懼，至誠畏之，是實見得也。得之於心，是謂有得，不待勉强。然學者則須勉强。古人有捐軀殞命者，若不實見得，則烏能如此？須是實見得，生不重於義，生不安於死也。故有「殺身成仁」，只是成就一箇是而已。

孟子辨舜、跖之分，只在義利之間。言間者，謂相去不甚遠，所爭毫末爾。伯喦曰：「惟聖罔念作狂，惟狂克念作聖。」聖狂相去何啻霄壤，而特在一念之間。然則一念在義則爲舜，一念在利爲跖，舜、跖之分不待見諸行事也，顧所念慮者如何耳。義與利，只是箇公與私也。纔出義，便以利言也。只那計較，便是爲有利害。若無利害，何用計較？利害者，天下之常情也。人皆知趨利而避害，聖人則更不論利害，惟看義當爲不當爲，便是命在其中也。

大凡儒者，未敢望深造於道，且只得所存正，分別善惡，識廉恥。如此等人多，亦須漸好。

趙景平問：「子罕言利」，所謂利者，何利？曰：不獨財利之利，凡有利心便不可。如作一事，須尋自家穩便處，皆利心也。聖人以義爲利，義安處便爲利。如釋氏之學，皆本於利，故便不是。

問：邢七久從先生，想都無知識，後來極狼狽。先生曰：謂之全無知則不可，只是義理不能勝利欲之心，便至如此也。

謝湜自蜀之京師，過洛而見程子。子曰：「爾將何之？」曰：「將試教官。」子弗答。湜曰：「如何？」子曰：「吾嘗買婢，欲試之，其母怒而弗許，曰：『吾女非可試者也。』今爾求爲人師而試之，必爲此媼笑也。」湜遂不行。

先生在講筵，不曾請俸。諸公遂牒户部，問不支俸錢。户部索前任曆子，先生云：「某起自草萊，無前任曆子。」【舊註】舊例，初入京官時，用下狀，出給料錢曆。先生不請，其意謂朝廷起我，便當「廩人繼粟、庖人繼肉」也。遂令户部自爲出券曆。又不爲妻求封，范純甫問其故。先生曰：「某當時起自草萊，三辭然後受命，豈有今日乃爲妻求封之理？」問：「今人陳乞恩例，義當然否？人皆以爲本分，不爲害。」先生曰：「只爲而今士大夫道得箇乞字慣，却動不動又是乞也。」因問：「陳乞封父祖，如何？」先生曰：「此事體又別。」再三請益，但云：「其說甚長，待別時說。」

漢策賢良，猶是人舉之。如公孫弘者，猶强起之乃就對。至如後世賢良，乃自求舉爾。若果有曰「我心只望廷對，欲直言天下事」，則亦可尚已。若志富貴，則得志便驕縱，失志則便放曠與悲愁而已。

伊川先生曰：人多說某不教人習舉業，某何嘗不教人習舉業也！人若不習舉業而望及第，却是責天理而不修人事。但舉業既可以及第即已，若更去上面盡力求必得之道，是惑也。

問：家貧親老，應舉求仕，不免有得失之累，何修可以免此？伊川先生曰：此只是志不勝氣，若志勝，自無此累。家貧親老須用祿仕，然「得之不得爲有命」。曰：在己固可，爲親奈何？曰：爲己爲親，也只是一事。若不得，其如命何？孔子曰：「不知命，無以爲君子。」人苟不知命，見患難必避，遇得喪必動，見利必趨，其何以爲君子？以上並遺書。伯嵒據上蔡先生曰：知命雖淺近，也要信得及，將來做田地，就上面下工夫。余初及第年，歲前夢入內庭，不見神宗，而太子涕泫，及釋褐時，神宗晏駕，哲廟嗣位。如此事直不把來草草看却，萬事真實有命，人力計較不得。吾平生未嘗干人，在書局亦不謁執政。或勸之，余對曰：「他安能陶鑄我，自有命在！」若信不及，風吹草動便生恐懼憂喜，枉做却閑工夫，枉費却閑心力。若信得及，便養得氣不折挫。

或謂科舉事業奪人之功，是不然。且一月之中，十日爲舉業，餘日足可爲學。然人不志此，必志於彼。故科舉之事，不患妨功，惟患奪志。外書。

横渠先生曰：世禄之榮，王者所以録有功，尊有德，愛之厚之，示恩遇之不窮也。爲人後者，所宜樂職勸功，以服勤事任，長廉遠利，以似述世風。而近代公卿子孫，方且下比布衣，工聲病，售有司。不知求仕非義，而反羞循理爲不能；不知蔭襲爲榮，而反以虚名爲善繼。誠何心哉！文集。伯峕聞之誠齋先生曰：「始仕之法大概有六：一曰廉，二曰惠，三曰明，四曰勤。非惠不能愛民，非明不能燭物，非勤不能舉職。三者具矣，非根之以廉，則惠一變至於虐，明一變至於昏，勤以汲汲於其私而悠悠於其民，故舉一而三自應。此外有餘力則以讀書學文，如不讀書終爲凡民，如不學文終爲俗吏。」誠齋之言，其後進之藥石歟！故周官小宰「弊群吏之治」，而「六計」皆以廉爲首。使居官皆廉吏，而天下不治者未之有也。

不資其力而利其有，則能忘人之勢。孟子説。

人多言安於貧賤，其實只是計窮力屈才短，不能營畫耳。若稍動得，恐未肯安之。須是誠知義理之樂於利欲也，乃能。語録。下同。

天下事，大患只是畏人非笑。不養車馬，食麄衣惡，居貧賤，皆恐人非笑。不知當生則生，當死則死，今日萬鍾，明日棄之，今日富貴，明日飢餓亦不卹，惟義所在。

校勘記

〔一〕則亦蹈於非義　「蹈」，伊川易傳及葉解作「陷」。

泳齋近思録衍註卷八

君道

凡二十五條

濂溪先生曰：治天下有本，身之謂也；治天下有則，家之謂也。本必端，端本，誠心而已矣。則必善，善則，和親而已矣。家難而天下易，家親而天下疏也。伯凿曰：「親者難處，疏者易裁。」家人離，必起於婦人，故睽次家人，以「二女同居」，而其「志不同行」。伯凿曰：睽次家人，復次无妄，皆卦之序也。「則謂物之可視以爲則者，猶俗言準則與則例也。」睽象「二女」，謂「兑下離上，兑少女、離中女也。陰柔之性，外和説而内猜嫌，故同居而異志」。堯所以釐降二女於媯汭，伯凿曰：「釐，理也。降，下也。媯，水名。汭，水北，舜所居也。」舜可禪乎？吾兹試矣。是治天下觀於家，治家觀身而已矣。身端，心誠之謂也；誠心，復其不善之動而已矣。不善之動，妄也；妄復則无妄矣，无妄則誠焉。故无妄次復，而曰「先王以茂對時，育萬物」。深哉！通書。

明道先生言於神宗曰：得天理之正，極人倫之至者，堯舜之道也；用其私心，依仁義之偏者，霸者之事也。王道如砥，本乎人情，出乎禮義，若履大路而行，無復回曲。霸者崎嶇反側於由逕之中，而卒不可與入堯舜之道。故誠心而王，則王矣；假之而霸，則霸矣。二者其道不同，在審其初而已。易所謂「差若毫釐，繆以千里」者，其初不可不審也。惟陛下稽先聖之言，察人事之理，知堯舜之道備於己，反身而誠之，推之以及四海，則萬世幸甚。文集。下同。伯喦曰：衛鞅見秦孝公，説以帝道，不悟也；説以王道，未入也；説以霸道，不自知膝之前於席。秦雖富强，而秦之本撥矣。太子見漢宣帝以刑繩下，勸以「宜用儒生」。帝作色曰：「漢家自有制度，本以霸王道雜之，奈何純任德教？」漢雖號爲中興，而漢之脉微矣。

伊川先生曰：當世之務，所尤先者有三：一曰立志，二曰責任，三曰求賢。今雖納嘉謀，陳善筭，非君志先立，其能聽而用之乎？君欲用之，非責任宰輔，其孰承而行之乎？君相協心，非賢者任職，其能施於天下乎？此三者，本也；制於事者，用也。三者之中，復以立志爲本。所謂立志者，至誠一心，以道自任，以聖人之訓爲可必信，先王之治爲可必行，不狃滯於近規，不遷惑於衆口，必期致天下如三代之世也。

比之九五曰：「顯比，王用三驅，失前禽。」傳曰：人君比天下之道，當顯明其比道而已。如誠意以待物，恕己以及人，發政施仁，使天下蒙其惠澤，是人君親比天下之道也。如是，天下孰不親比於上？若乃暴其小仁，違道干譽，欲以求下之比，其道亦已狹矣，其能得天下之比乎？王者顯明其比道，天下自然來比。來者撫之，固不煦煦然求比於物。若田之三驅，禽之去者，從而不追，來者則取之也。此王道之大，所以其民皞皞而莫知爲之者也。非唯人君比天下之道如此，大率人之相比莫不然。以臣於君言之，竭其忠誠，致其才力，乃顯其比君之道也。用之與否，在君而已，不可阿諛逢迎，求其比己也。在朋友亦然，修身誠意以待之，親己與否，在人而已，不可巧言令色，曲從苟合，以求人之比己也。於鄉黨親戚、於衆人莫不皆然，「三驅，失前禽」之義也。易傳。下同。

古之時，公卿大夫而下，位各稱其德，終身居之，得其分也。位未稱德，則君舉而進之。士修其學，學至而君求之。皆非有預於己也。農工商賈勤其事，而所享有限。故皆有定志，而天下之心可一。伯喦據履之象曰：「上天下澤，履。君子以辨上下，定民志。」後世自庶士至於公卿，日志於尊榮；農工商賈，日志於富侈。億兆之心，交騖於利，天下紛然，如之何其可一也？欲其不亂，難矣！

泰之九二曰：「包荒，用馮河。」傳曰：人情安肆，則政舒緩，而法度廢弛，庶事無節。治之之道，必有包含荒穢之量，則其施爲寬裕詳密，弊革事理，而人安之。若無含弘之度，有忿疾之心，則無深遠之慮，有暴擾之患，深弊未去，而近患已生矣，故在「包荒」也。自古泰治之世，必漸至於衰替，蓋由狃習安逸，因循而然。自非剛斷之君、英烈之輔，不能挺特奮發以革其弊也，故曰「用馮河」。或疑上云「包荒」，則是包含寬容，此云「用馮河」，則是奮發改革，似相反也。不知以含容之量，施剛果之用，乃聖賢之爲也。

觀：「盥而不薦，有孚顒若。」傳曰：君子居上，爲天下之表儀，必極其莊敬。如始盥之初，勿使誠意少散。如既薦之後，則天下莫不盡其孚誠，顒然瞻仰之矣。

凡天下至於一國一家，至於萬事，所以不和合者，皆由有間也，無間則合矣。以至天地之生，萬物之成，皆合而後能遂，凡未合者，皆爲間也。若君臣、父子、親戚、朋友之間，有離貳怨隙者，蓋讒邪間於其間也。去其間隔而合之，則無不和且治矣。噬嗑者，治天下之大用也。伯啚據噬嗑：「亨，利用獄。」彖曰：「頤中有物，曰噬嗑。噬嗑而亨。」

大畜之六五曰：「豶豕之牙，吉。」傳曰：物有總攝，事有機會，聖人操得其要，則視億兆之心猶一心。道之斯行，止之則戢，故不勞而治，其用若「豶豕之牙」也。豕，剛躁之物。若强制其牙，則用力勞而不能止；若豶去其勢，則牙雖存，而剛躁自止。君子法「豶豕」之義，知天下之惡不可以力制也。則察其機，持其要，塞絶其本源，故不假刑法嚴峻，而惡自止也。且如止盜，民有欲心，見利則動，苟不知教，而迫於飢寒，雖刑殺日施，其能勝億兆利欲之心乎？聖人則知所以止之之道，不尚威刑而修政教，使之有農桑之業，知廉耻之道，雖

「賞之不竊」矣。

解：「利西南。無所往，其來復吉。有攸往，夙吉。」傳曰：西南坤方，坤之體廣大平易。當天下之難方解，人始離艱苦，不可復以煩苛嚴急治之，當濟以寬大簡易，乃其宜也。既解其難而安平無事矣，是「無所往」也。則當修復治道，正紀綱，明法度，進復先代明王之治，是「來復」也，謂反正理也。自古聖王救難定亂，其始未暇遽爲也；既安定，則爲可久可繼之治。自漢以下，亂既除，則不復有爲，姑隨時維持而已，故不能成善治，蓋不知「來復」之義也。「有攸往，夙吉」，謂尚有當解之事，則早爲之乃吉也。當解而未盡者，不早去則將復盛；事之復生者，不早爲則將漸大，故夙則吉也。

夫有物必有則。父止於慈，子止於孝，君止於仁，臣止於敬，萬物庶事，莫不各有其所。得其所則安，失其所則悖。聖人所以能使天下順治，非能爲物作則也，唯止之各於其所而已。伯嵒據「艮其止，止其所也。」

兑，説而能貞，是以上順天理，下應人心，説道之至正至善者也。若夫「違道以干百姓之譽」者，苟説之道。違道不順天，干譽非應人，苟取一時之説耳，非君子之正道。君子之道，其説於民，如天地之施，感之於心而説服無斁。伯嵒據兑之彖曰：「兑，説也。剛中而柔外，説以利貞，是以順乎天而應乎人。」

天下之事，不進則退，無一定之理。濟之終，不進而止矣，無常止也。衰亂至矣，蓋其道已窮極也。聖人至此奈何？曰唯聖人爲能通其變於未窮，不使至於極也，堯舜是也，故有終而無亂。伯嵒據既濟之繇曰：「既濟：亨小，利貞。初吉，終亂。」

爲民立君，所以養之也。養民之道，在愛其力。民力足則生養遂，生養遂則教化行而風俗美，故爲政以民力爲重也。春秋凡用民力必書，其所興作不時害義，固爲罪也，雖時且義必書，見勞民爲重事也。後之人君知此義，則知慎重於用民力矣。伯嵒曰：春夏秋當農之時，不可以用民力，故左氏例以爲「不時」；至冬則農工既畢，無妨民事，故左氏例以爲「得時」。若隱七年夏城中丘，桓五年夏城祝丘，是以「不時」而書也。若宣八年冬城平陽，定六年冬城中城，是雖「得時」而亦書也。伯嵒據左傳曰：「凡土功龍見而畢務戒事。」謂周十一月，三務始畢，戒民以土功之事也。「火見而致用，水昏正而栽，日至而畢。」周十一月即今九月。「龍星角亢，晨見東方。火見者，大火心星次角亢見者。詩曰：「定之方中，作于楚宮。」爾雅曰：「營室謂之定。」鄭氏曰：「定星昏中而正，於是可以營制宮室，故謂之營室，謂小雪時。」長樂劉氏曰：「建亥之月，定星方中。致用者，致築作之物。水昏正，即今十月定星昏而中也。栽者，樹板幹而興作。日至，日南至微陽始動，故土功息。」然有用民力之大而不書者，爲教之意深矣。僖公修泮宮、復閟宮，非不用民力也，然而不書。二者，復古興廢之大事，爲國之先務，如是而用民力，乃所當用也。人君知此義，知爲政之先後輕重矣。經說。下同。

治身齊家以至平天下者，治之道也。建立治綱，分正百職，順天時以制事，至於創制立度，盡天下之事者，治之法也。聖人治天下之道，唯此二端而已。

明道先生曰：先王之世以道治天下，後世只是以法把持天下。遺書。下同。

爲政須要有紀綱文章，先有司，鄉官讀法、平價、謹權量，皆不可闕也。人各親其親，然後能不獨親其親。仲弓曰：「焉知賢才而舉之？」子曰：「舉爾所知。爾所不知，人其舍諸？」便見仲弓與聖人用心之大小。推此義，則一心可以喪邦，一心可以興邦，只在公私之間爾。

治道亦有從本而言，亦有從事而言。從本而言，惟從「格君心之非」，「正心以正朝廷，正朝廷以正百官」。若從事而言，不救則已，若須救之，必須變，大變則大益，小變則小益。

唐有天下，雖號治平，然亦有夷狄之風。三綱不正，無君臣父子夫婦，其原始於太宗也。故其後世子弟皆不可使，君不君，臣不臣。故藩鎮不賓，權臣跋扈，陵夷有五代之亂。伯喦曰：太宗初欲起義兵，高祖未從。裴寂私以晉陽宫人侍高祖，因從容言曰：「二郎陰養士馬，欲舉大事。正爲寂以宫人侍公，恐事覺并誅，爲此急計耳。」殺建成、元吉，廢太子承乾，寵魏王泰，立皇子明爲曹王。明母楊氏，巢剌王之妃也，有寵於帝。太宗手殺元吉，曾不愧耻，復納其妃，惡莫大焉！以明繼元吉後，是章其母之爲弟婦也。三代之君，莫不修身齊家以正天下。而唐之人主，起兵而誅其親者，謂之定内難；偪父而奪其位者，謂之受内禪。閨門無法，不足以正天下，亂之大者也。漢之治過於唐，漢大綱正，唐萬目舉。本朝大綱正，萬目亦未盡舉。

教人者，養其善心而惡自消；治民者，導之敬讓而爭自息。外書。下同。

明道先生曰：必有關雎、麟趾之意，然後可行周官之法度。

「君仁莫不仁，君義莫不義」，天下之治亂，繫乎人君仁不仁耳。離是而非，則「生於其心」，必「害於其政」，豈待乎作之於外哉？昔者孟子三見齊王而不言事，門人疑之，孟子曰：「我先攻其邪心。」心既正，然後天下之事可從而理也。夫政事之失，用人之非，知者能更之，直者能諫之。然非心存焉，則一事之失，救而正之，後之失者，將不勝救矣。「格其非心」，使無不正，非大臣其孰能之？

横渠先生曰：道千乘之國，不及禮樂刑政，而云「節用而愛人，使民以時」。言能如是則法行，不能如是則法不徒行。禮樂刑政，亦制數而已耳。正蒙。下同。

法立而能守，則德可久、業可大。鄭聲、佞人，能使爲邦者喪所以守，故放遠之。

横渠先生答范巽之書曰：朝廷以道學、政術爲二事，此正自古之可憂者。巽之謂孔孟可作，將推其所得而施諸天下邪？將以其所不爲而强施之於天下歟？大都君相以父母天下爲王道，不能推父母之心於百姓，謂之王道可乎？所謂父母之心，非徒見於言，必須視四海之民如己之子。設使四海之内皆爲己之子，則講治之術，必不爲秦漢之少恩，必不爲五伯之假名。巽之爲朝廷言，「人不足與適，政不足與間」，能使吾君愛天下之人如赤子，則治德必日新，人之進者必良士，帝王之道不必改途而成，學與政不殊心而得矣。文集。伯嵒曰：「適，過也。間，非也。」孟子曰：「人不足與適也，政不足與間也，惟大人爲能格君心之非。」「言人君用人之非不足過讁，行政之失不足非間。惟有大人之德，則能格其君心之不正以歸於正，而國無不治矣。」

泳齋近思録衍註卷九

凡二十六條〔一〕

治法　禮樂　兵刑　學校　井田　封建　冠昏喪祭

濂溪先生曰：古聖王制禮法，修教化，三綱正，伯嵒曰：「綱，綱上大繩也。三綱者，夫爲妻綱、父爲子綱、君爲臣綱也。」九疇叙，伯嵒曰：九疇，疇類也。百姓大和，萬物咸若，乃作樂以宣八風之氣，以平天下之情。故樂聲淡而不傷，和而不淫，入其耳，感其心，莫不淡且和焉。淡則欲心平，和則躁心釋。優柔平中，德之盛也；天下化中，治之至也。是謂道配天地，古之極也。後世禮法不修，刑政苛紊，縱欲敗度，下民困苦。謂古樂不足聽也，代變新聲，妖淫愁怨，導欲增悲，不能自止。故有賊君棄父，輕生敗倫，不可禁者矣。嗚呼！樂者，古以平心，今以助欲；古以宣化，今以長怨。不復古禮，不變今樂，而欲至治者，遠哉！通書。

明道先生言於朝曰：治天下以正風俗、得賢才爲本。宜先禮命近侍賢儒及百執事，悉心推訪有德業充備、足爲師表者，其次有篤志好學、材良行修者，延聘敦遣，萃於京師，俾朝夕相與講明正學。其道必本於人倫，明乎物理。其教自小學灑掃應對以往，修其孝悌忠信，周旋禮樂。其所以誘掖激厲、漸摩成就之道，皆有節序。其要在於擇善修身，至於化成天下。自鄉人而可至於聖人之道，其學行皆中於是者爲成德。取材識明達、可進於善者，使日受其業。擇其學明、德尊者，爲太學之師，次以分教天下之學。擇士入學，縣升之州，州賓興於太學，太學聚而教之，歲論其賢者能者於朝。凡選士之法，皆以性行端潔、居家孝悌、有廉耻禮遜、通明學業、曉達治道者。文集。下同。

明道先生論十事：一曰師傅，二曰六官，三曰經界，四曰鄉黨，五曰貢士，六曰兵役，七曰民食，八曰四民，九曰山澤，【舊註】修虞衡之職。十曰分數。【舊註】冠昏喪祭、車服器用等差。其言曰：無古今，無治亂，如生民之理有窮，則聖王之法可改。後世能盡其道則大治，或用其偏則小康，此歷代彰灼著明之效也。苟或徒知泥古而不能施之於今，姑欲徇名而遂廢其實，此則陋儒之見，何足以論治道哉？然儻謂今人之情皆已異於古，先王之迹不可復於今，趣便目前，不務高遠，則亦恐非大有爲之論，而未足以濟當今之極弊也。

伊川先生上疏曰：三代之時，人君必有師、傅、保之官。師，道之教訓；傅，傅之德義；保，保其身體。後世作事無本，知求治而不知正君，知規過而不知養德。傅德義之道，固已疏矣；保身體之法，復無聞焉。臣以爲傅德義者，在乎防見聞之非，節嗜好之過；保身體者，在乎適起居之宜，存畏慎之心。今既不設保傅之官，則此責皆在經筵。欲乞皇帝在宫中言動服食，皆使經筵官知之。有翦桐之戲，則隨事箴規；違持養之方，則應時諫止。

【舊註】遺書云〔一〕：某嘗進説，欲令上於一日之中，親賢士大夫之時多，親宦官宫人之時少，所以涵養氣質，薰陶德性。伯喦據文王世子曰：凡三王教世子，必以禮樂。樂所以脩内也，禮所以脩外也。禮樂交錯於中，發形於外，是故其成也懌，恭敬而温文。立太傅、少傅以養之，欲其知父子、君臣之道也。太傅審父子、君臣之道以示之，少傅奉世子以觀太傅之德行而審喻之。太傅在前，少傅在後，入則有保，出則有師，是以教喻而德成也。師也者，教之以事而喻諸德者也；保也者，慎其身以輔翼之，而歸諸道者也。

伊川先生看詳三學條制云：舊制，公私試補，蓋無虚月。學校禮義相先之地，而月使之爭，殊非教養之道。請改試爲課，有所未至，則學官召而教之，更不考定高下。制尊賢堂，以延天下道德之士，及置待賓吏師齋，立檢察士人行檢等法。又云：自元豐後，設利誘之法，增國學解額至五百人，來者奔湊，捨父母之養，忘骨肉之愛，往來道路，旅寓他土，人心日偷，士風日薄。今欲量留一百人，餘四百人分在州郡解額窄處，自然士人各安鄉土，養其孝愛之心，息其奔趨流浪之志，風俗亦當稍厚。又云：三舍升補之法，皆案文責跡，有司之事，非庠序育材論秀之道。蓋朝廷授法必達乎下，長官守法而不得有爲，是以事成於下，而下得以制其上，此後世所以不治也。或曰長貳得人則善矣，或非其人，不若防閑詳密，可循守也。殊不知先王制法，待人而行，未聞立不得人之法也。苟長貳非人，不知教育之道，徒守虛文密法，果足以成人才乎？

明道先生行狀云：先生爲澤州晉城令，民以事至邑者，必告之以孝悌忠信，入所以事父兄，出所以事長上。度鄉村遠近，爲伍保，使之力役相助，患難相恤，而姦僞無所容。凡孤煢殘廢者，責之親戚鄉黨，使無失所。行旅出於其塗者，疾病皆有所養。諸鄉皆有校，暇時親至，召父老與之語；兒童所讀書，親爲正句讀；教者不善，則爲易置；擇子弟之秀者，聚而教之。鄉民爲社會，爲立科條，旌別善惡，使有勸有耻。

萃：「王假有廟。」傳曰：群生至衆也，而可一其歸仰；人心莫知其鄉也，而能致其誠敬；鬼神之不可度也，而能致其來格。天下萃合人心、揔攝衆志之道非一，其至大莫過於宗廟，故王者萃天下之道至於有廟，則萃道之至也。祭祀之報，本於人心，聖人制禮以成其德耳。故豺獺能祭，其性然也。易傳。

古者戍役，再期而還。今年春暮行，明年夏代者至，復留備秋，至過十一月而歸。又明年中春遣次戍者。每秋與冬初，兩番戍者皆在疆圉，乃今之防秋也。經說。

聖人無一事不順天時，故至日閉關。遺書。下同。

韓信多多益辦，只是分數明。

伊川先生曰：管轄人亦須有法，徒嚴不濟事。今帥千人，能使千人依時及節得飯喫，只如此者，亦能有幾人？嘗謂軍中夜驚，亞夫堅卧不起。不起善矣，然猶夜驚何也？亦是未盡善。

管攝天下人心，收宗族，厚風俗，使人不忘本，須是明譜系，收世族，立宗子法。【舊註】一年有一年工夫。伯㫋據喪服小記曰「别子爲祖」，謂諸侯之庶子，别爲後世爲始祖也。謂之别子者，公子不得禰先君。「繼别爲宗」，謂别子之世長子，爲其族人爲宗，所謂百世不遷之宗。「繼禰者爲小宗」，謂别子庶子之長，爲其昆弟爲宗也。謂之小宗者，以其將遷也。「有五世而遷之宗，其繼高祖者」，謂小宗也。小宗有四：或繼高祖，或繼曾祖，或繼祖，或繼禰，皆至五世則遷。「是故祖遷於上，宗易於下，尊祖故敬宗，敬宗所以尊祖禰也。」五世者，謂上從高祖下至玄孫之子。此玄孫之子則合遷徙，不得與族人爲宗，故云有五世則遷之宗。「四世之時尚事高祖，至五世之時謂高祖之父不爲加服，是祖遷於上。四世之時仍宗三從族人，至五世不復宗四從族人，各自隨近爲宗，是宗易於下。」東坡曰：「秦漢以來，天下無世卿。大宗之法，不可以復立。而其可以收合天下之親者，有小宗之法存，而莫之行，此甚可惜也！今夫天下所以不重族者，有族而無宗也。有族而無宗，則族不合。族不可合，則雖欲親之而無由也。族人而不相親，則忘其祖矣。今世之公卿大臣賢人君子之後，所以不能世其家如古之久且遠者，其族散而忘其祖也。故莫若復小宗，使族人相率而尊其宗子。宗子死，則爲之加服，犯之則以其服坐。貧賤不敢輕，而富貴不敢加之。冠昏必告，喪必赴。此非有所難行。今夫良民之家，士大夫之族，亦未必無孝悌相親之心，而族無宗子，莫爲之糾率，其勢不得相親。是以世之人，有親未盡而不相往來，冠昏不相告，死不相赴，而無知之民，遂至於父子異居，而兄弟相訟。然則王道何從而興乎！」

宗子法壞，則人不自知來處，以至流轉四方，往往親未絕，不相識。今且試以一二巨公之家行之，其術要得拘守得，須是且如唐時立廟院，仍不得分割了祖業，使一人主之。凡人家法，須月爲一會以合族。古人有花樹韋家宗會法，可取也。每有族人遠來，亦一爲之。吉凶嫁娶之類，更須相與爲禮，使骨肉之意常相通。骨肉日疏者，只爲不相見、情不相接爾。

冠昏喪祭，禮之大者，今人都不理會。豺獺皆知報本，今士大夫家多忽此，厚於奉養而薄於先祖，甚不可也。某嘗修六禮，大略家必有廟，【舊註】庶人立影堂。廟必有主，【舊註】高祖以上，即當祧也。主式見文集。又云：今人以影祭，或一髭髮不相似，則所祭已是別人，大不便。月朔必薦新，【舊註】薦後方食。時祭用仲月，【舊註】止於高祖。旁親無後者，薦之別位。冬至祭始祖，【舊註】冬至，陽之始也；始祖，厥初生民之祖也。無主，於廟中正位設一位，合考妣享之。

立春祭祖先，【舊註】立春，生物之始也。先祖，始祖而下，高祖而上，非一人也。亦無主，設兩位分享考妣。季秋祭禰，【舊註】季秋，成物之時也。忌日遷主，祭於正寢。凡事死之禮，當厚於奉生者。人家能存得此等事數件，雖幼者可使漸知禮義。伯啚據王制：「大夫士有田則祭，無田則薦。」註：「祭以首時，薦以仲月。」今國家惟享太廟用孟月，自周六廟、濮王廟皆用仲月。以此私家不敢用孟月。

卜其宅兆，卜其地之美惡也。地美則其神靈安，其子孫盛。然則曷謂地之美者？土色之光潤，草木之茂盛，乃其驗也。而拘忌者惑以擇地之方位，決日之吉凶，甚者不以奉先爲計，而專以利後爲慮，尤非孝子安措之用心也。惟五患者，不得不慎：須使異日不爲道路，不爲城郭，不爲溝池，不爲貴勢所奪，不爲耕犁所及。【舊註】一本：所謂五患者，溝渠，道路，避村落，遠井、窑。伯啚據司馬文正公云，孝經曰「卜其宅兆，而安厝之」，謂卜地決其吉凶耳，非今陰陽家相其山崗風水也。國子高曰「葬者藏也」，又曰「死則擇不食之地而葬我焉」，明無地不可葬也。古者天子七月，諸侯五月，大夫三月，士踰月而葬。蓋以會葬者遠近有差，不得不然也。然禮文多云「三月而葬」，蓋舉其中制而言之。今五服年月敕王公已下，皆三月而葬。按，春秋：「己丑，葬敬嬴，雨，不克葬。庚寅，日中而克葬。」「丁巳，葬定公，雨，不克葬。壬午，日下昃乃葬。」何嘗擇年月日時也？「葬於北方北首」，何嘗擇地也？考其禍福，與今不殊。世俗信葬師之說，既擇年月日時，又擇山水形勢，以爲子孫貧富、貴賤、賢愚、壽夭盡繫於此。又葬書人人異同，此吉彼凶，紛紜莫决。其尸柩或寄僧舍，或委遠方，至有終身不葬，或累世不葬，或子孫衰替忘失處所，遂棄捐不葬者。凡人所貴身後有子孫者，正爲收藏形骸耳。其子孫所爲乃如此，曷如無子孫死於道路，猶有仁者見而殣之邪！人之禄命固已定於初生矣，豈因殯葬而可改？而世俗信之惑矣。使殯葬實能致人禍福，爲子孫者豈忍使其親臭腐暴露不葬而自求其利邪？悖禮傷義無過於此。然孝子之心慮患深遠，恐淺則爲人所抇，深則濕潤速朽，故必擇土厚水深之地而葬之。所擇必數處者，以備卜之不吉故也。或曰：世人久未葬者，非盡以陰陽拘忌之故，亦以家貧未能歸葬故也。予應之曰：子路曰：「傷哉貧也，生無以爲養，死無以爲禮也。」孔子曰：「啜菽飲水盡其歡，斯之謂孝；斂手足形還葬而無椁稱其財[三]，斯之謂禮。」註：「還，猶疾也，謂不及其日月。」又子游問「喪具」，夫子曰：「稱家之有亡。」子游曰：「有亡惡乎齊。」夫子曰：「有毋過禮，苟亡矣，斂手足形還葬[四]，懸棺而窆，人豈有非之者哉！」昔廉范千里負喪，郭原平自責營墓，豈待豐富然後葬其親哉？近世河中進士周孟家貧，改葬其親，騎驢出城，一僕荷鍤隨之，取其親之骨，掘深坎埋之而歸。此雖不及於禮，比於不能葬其親者，猶賢矣。在禮未葬，不變服，食粥，居倚廬，寢苫枕塊。蓋閔親之未有所歸，故寢食不安。奈何捨之出仕，食稻衣錦，不知其何以爲心哉？世人又有遊宦歿於遠方，子孫火焚其柩收燼歸葬者。夫孝子愛親之肌體，故斂而葬之。殘毁他人之尸，在律猶嚴，况子孫乃悖謬如是！其始蓋出於羌、胡之俗，浸染中華，行之既久，習以爲常，恬然莫怪，豈不哀哉？延陵季子適齊，其子死，葬於嬴博之間。骨肉歸復於土，命也，魂氣則無不之也。孔子以爲合禮必也。不能歸葬，葬於所在可也，不猶愈於焚之哉？扣，音骨穿七。惡，音烏。齊，音子細切。窆，彼歛切。

正叔云：某家治喪，不用浮圖。在洛亦有一二人家化之。今無宗子，故朝廷無世臣。若立宗子法，則人知尊祖重本。人既重本，則朝廷之勢自尊。古者子弟從父兄，今父兄從子弟，由不知本也。且如漢高祖欲下沛時，只是以帛書與沛父老，其父兄便能率子弟從之。又如相如使蜀，亦移書責父老，然後子弟皆聽其命而從之。只有一箇尊卑上下之分，然後順從而不亂也。若無法以聯屬之，安可？且立宗子法，亦是天理。譬如木，必有從根直上一榦，亦必有旁枝。又如水，雖遠必有正源，亦必有分派處，自然之勢也。然又有旁枝達而爲榦者，故曰「古者天子建國，諸侯奪宗」云。已上並遺書。

邢和叔叙明道先生事云：堯、舜、三代帝王之治，所以博大悠遠，上下與天地同流者，先生固已默而識之。至於興造禮樂、制度文爲，下至行師用兵戰陣之法，無所不講，皆造其極。外之夷狄情狀，山川道路之險易，邊鄙防戍、城寨斥候控帶之要，靡不究知。其吏事操决，文法簿書，又皆精密詳練。若先生可謂通儒全才矣。附録。

介甫言律是八分書，是他見得。外書。伯嵒據外書云：「介甫言律是八分書，是他見得。」又有學律者言今人析言破律。正叔謂律便是此律否？但恐非也。學者以傳世以來，未之能改也。惟近年改了一字。舊言指斥乘輿言理惡者死，今改曰情理，亦非也。今有人極一場凶惡，無禮於上，猶不當死，須是反逆得死也耶。」八分書者，八分近理也。

横渠先生曰：兵謀師律，聖人不得已而用之。其術見三王方策、歷代簡書。惟志士仁人爲能識其遠者大者，素求預備而不敢忽忘。文集。下同。

肉辟，於今世死刑中取之，亦足寬民之死，過此，當念其散之之久。

吕與叔撰横渠先生行狀云：先生慨然有意三代之治，論治人先務，未始不以經界爲急。嘗曰：「仁政必自經界始。貧富不均，教養無法，雖欲言治，皆苟而已。世之病難行者，未始不以亟奪富人之田爲辭。然兹法之行，悦之者衆，苟處之有術，期以數年，不刑一人而可復。」所病者特上之未行耳。乃言曰：「縱不能行之天下，猶可驗之一鄉。」方與學者議古之法，共買田一方，畫爲數井，上不失公家之賦役，退以其私正經界、分宅里、正斂法、廣儲蓄、興學校、成禮俗，救菑恤患，敦本抑末，足以推先王之遺法，明當今之可行。此皆有志未就。

横渠先生爲雲巖令，政事大抵以敦本善俗爲先。每以月吉具酒食，召鄉人高年會縣庭，親爲勸酬，使人知養老事長之義。因問民疾苦，及告所以訓戒子弟之意。行狀。

横渠先生曰：古者有東宫，有西宫，有南宫，有北宫，異宫而同財，此禮亦可行。古人慮遠，目下雖似相疏，其實如此乃能久相親。蓋數十百口之家，自是飲食衣服難爲得一。又異宮乃容子得伸其私，所以避子之私也，子不私其父，則不成爲子。古之人曲盡人情。必也同宮，有叔父、伯父，則爲子者何以獨厚於其父？爲父者又烏得而當之？父子異宮，爲命士以上，愈貴則愈嚴。故異宮猶今世有逐位，非如異居也。樂說。

治天下不由井地，終無由得平。周道止是均平。語録。下同。

井田卒歸於封建，乃定。

校勘記

〔一〕凡二十六條　按，本卷實有单列語録二十七條，葉解、茅註、江註等皆云「凡二十七條」。

〔二〕舊註遺書云　「遺書」上原有「文集」二字，葉解、茅註無。按，茅註云：「呂本『遺書』上有『文集』二字。今按文集論經筵第一劄子中有之，但『所以涵養』以下十字，作『自然氣賢變化德性成就』。蓋遺書所謂嘗進言者，正指此劄而言之也，又安可復冠以『文集』二字乎？呂本誤。」今據以删。

〔三〕斂手足形還葬而無椁稱其財　「手」，西山讀書記卷十一、禮記註疏卷十作「首」。

〔四〕斂手足形還葬　「手」，西山讀書記卷十一作「首」。

泳齋近思録衍註卷十

凡六十四條

臣道

伊川先生上疏曰：夫鍾，怒而擊之則武，悲而擊之則哀，誠意之感而入也。告於人亦如是，古人所以齋戒而告君也。臣前後兩得進講，未嘗敢不宿齋預戒，潛思存誠，覬感動於上心。若使營營於職事，紛紛其思慮，待至上前，然後善其辭説，徒以頰舌感人，不亦淺乎？文集。下同。

伊川答人示奏藁書云：觀公之意，專以畏亂爲主。頤欲公以愛民爲先，力言百姓饑且死，丐朝廷哀憐，因懼將爲寇亂，可也。不惟告君之體當如是，事勢亦宜爾。公方求財以活人，祈之以仁愛，則當輕財而重民；懼之以利害，則將恃財以自保。古之時，得丘民則得天下。後世以兵制民，以財聚衆，聚財者能守，保民者爲迂。惟當以誠意感動，覬其有不忍之心而已。

明道爲邑，及民之事，多衆人所謂法所拘者，然爲之未嘗大戾於法，衆亦不甚駭。謂之得伸其志則不可，求小補，則過今之爲政者遠矣。人雖異之，不至指爲狂也。至謂之狂，則大駭矣。盡誠爲之，不容而後去，又何嫌乎？

明道先生曰：一命之士，苟存心於愛物，於人必有所濟。

伊川先生曰：君子觀天水違行之象，知人情有爭訟之道。故凡所作事，必謀其始，絶訟端於事之始，則無訟由先矣〔一〕。謀始之義廣矣，若慎交結朋契券之類是也。伯磊：訟卦象傳，坎下乾上爲訟。天西運，水東流，故曰「違行」。交結，朋遊親戚也。契券，文書要約也。此皆生訟之端，故必慮其始。

師之九二，爲師之主。恃專，則失爲下之道；不專，則無成功之理，故得中爲吉。凡師之道，威和並至則吉也。

世儒有論魯祀周公以天子禮樂，以爲周公能爲人臣不能爲之功，則可用人臣不得用之禮樂。是不知人臣之道也。夫居周公之位，則爲周公之事，由其位而能爲者，皆所當爲也。周公乃盡其職耳。

大有之九三曰：「公用亨于天子，小人弗克。」傳曰：三當大有之時，居諸侯之位，有其富盛，必用亨通于天子，謂以其有爲天子之有也，乃人臣之常義也。若小人處之，則專其富有以爲私，不知公己奉上之道，故曰「小人弗克」也。

隨九五之象曰：「孚于嘉吉，位正中也。」傳曰：隨以得中爲善，隨之所防者過也。蓋心所説隨，則不知其過矣。

人心所從，多所親愛者也。常人之情，愛之則見其是，惡之則見其非。故妻孥之言，雖失而多從；所憎之言，雖善爲惡也。苟以親愛而隨之，則是私情所與，豈合正理？故隨之初九，出門而交，則「有功」也。

坎之六四曰：「樽酒簋貳用缶，納約自牖，終无咎。」傳曰：此言人臣以忠信善道結於君心，必自其所明處乃能入也。人心有所蔽，有所通，通者明處也，當就其明處而告之，求信則易也，故云「納約自牖」。伯嵒曰：漢祖愛戚姬，將易太子，是其所蔽也。群臣爭之者衆矣，如其蔽而不察何？四皓者，帝素知其賢而重之，此其不蔽之明心也。故因其所明，則悟之如反手。趙王太后愛其少子長安君，不肯使爲質於齊。大臣諫之雖强，如其蔽於私愛何？愛其子而欲使之長久富貴者，其心之所明，故左師觸讋因其明而導之，則其聽也如響。能如是，則雖艱險之時，終得无咎也。且如君心蔽於荒樂，唯其蔽也故爾，雖力詆其荒樂之非，如其不省何？必於所不蔽之事，推而及之，則能悟其心矣。自古能諫其君者，未有不因其所明者也。故訐直强勁者，率多取忤；而温厚明辯者，其説多行。非唯告於君者如此，爲教者亦然。夫教必就人之所長，所長者心之所明也。從其心之所明而入，然後推及其餘，孟子所謂「成德」、「達才」是也。

恒之初六曰：「浚恒，貞凶。」象曰：「浚恒之凶，始求深也。」傳曰：初六居下，而四爲正應。四以剛居高，又爲二三所隔，應初之志，異乎常矣。而初乃求望之深，是知常而不知變也。世之責望故素而至悔咎者，皆「浚恒」者也。

遯之九三曰：「係遯，有疾厲；畜臣妾，吉。」傳曰：係戀之私恩，懷小人女子之道也。故以畜養臣妾則吉。然君子之待小人，亦不如是也。

睽之象曰：「君子以同而異。」傳曰：聖賢之處世，在人理之常，莫不大同，於世俗所同者，則有時而獨異。不能大同者，亂常拂理之人也；不能獨異者，隨俗習非之人也。要在同而能異耳。

睽之初九，當睽之時，雖同德者相與，然小人乖異者至衆，若棄絶之，不幾盡天下以仇君子乎？如此則失含弘之義，致凶咎之道也，又安能化不善而使之合乎？故必「見惡人，則无咎」也。伯凿曰：睽之初九曰：「悔亡。喪馬勿逐，自復，見惡人，无咎。」古之聖王，所以能化姦凶爲善良，革仇敵爲臣民者，由弗絶也。

睽之九二，當睽之時，君心未合，賢臣在下，竭力盡誠，期使之信合而已。至誠以感動之，盡力以扶持之，明義理以致其知，杜蔽惑以誠其意，如是宛轉以求其合也。「遇」非枉道逢迎也，「巷」非邪僻由徑也，故象曰：「遇主于巷，未失道也。」伯呂據睽之九二曰：「遇主于巷，无咎。」

損之九二曰：「弗損，益之。」傳曰：不自損其剛貞，則能益其上，乃益之也。若失其剛貞而用柔説，適足以損之而已。伯呂據損之九二曰：「利貞，征凶，弗損，益之。」世之愚者，有雖無邪心而惟知竭力順上爲忠者，蓋不知「弗損，益之」之義也。

益之初九曰：「利用爲大作，元吉，无咎。」象曰：「元吉，无咎，下不厚事也。」傳曰：在下者，本不當處厚事。厚事，重大之事也。以爲在上所任，所以當大事，必能濟大事，而致元吉，乃爲无咎。能致元吉，則在上者任之爲知人，己當之爲勝任。不然，則上下皆有咎也。

革而無甚益，猶可悔也，況反害乎？古人所以重改作也。伯呂據革之彖曰：「革而當，其悔乃亡。」

漸之九三曰：「利禦寇。」傳曰：君子之與小人比也，自守以正。豈惟君子自完其己而已乎？亦使小人得不陷於非義。是以順道相保，禦止其惡也。伯呂據漸之九三曰：「鴻漸于陸，夫征不復，婦孕不育，凶。利禦寇。」象曰：「夫征不復，離群醜也。婦孕不育，失其道也。利用禦寇，順相保也。」三將上進而無應援，當處正以俟時，安處平地則得漸之道矣。然三四密比而无應，故爲之戒。「夫謂三也，三不守正而與四合，是知征而不知復者也。婦謂四也，四若不正而與三合，則雖孕而不育者也。以三之過剛，所利在於禦寇」。守正而閑邪，所謂「禦寇」也。

旅之初六曰：「旅瑣瑣，斯其所取災。」傳曰：志卑之人，既處旅困，鄙猥瑣細，無所不至，乃其所以致悔辱、取災咎也。

在旅而過剛自高，致困災之道也。

兑之上六曰：「引兑。」象曰：「未光也。」傳曰：説既極矣，又引而長之，雖説之之心不已，而事理已過，實無所説。事之盛則有光輝，既極而强引之長，其無意味甚矣，豈有光也？

中孚之象曰：「君子以議獄緩死。」傳曰：君子之於議獄，盡其忠而已；於决死，極於惻而已。天下之事，無所不盡其忠，而議獄緩死，最其大者也。

事有時而當過，所以從宜，然豈可甚過也？如過恭、過哀、過儉，大過則不可。所以小過爲順乎宜也。能順乎宜，所以大吉。伯喦據「山上有雷，小過。君子以行過乎恭，喪過乎哀，用過乎儉。」

防小人之道，正己爲先。以上易傳。

周公至公不私，進退以道，無利欲之蔽。其處己也，夔夔然存恭畏之心；其存誠也，蕩蕩焉無顧慮之意。所以雖在危疑之地，而不失其聖也。詩曰：「公孫碩膚，赤舄几几。」經說。下同。

採察求訪，使臣之大務。

明道先生與吴師禮談介甫之學錯處，謂師禮曰：爲我盡達諸介甫：我亦未敢自以爲是。如有說，願往復。此天下公理，無彼我。果能明辨，不有益於介甫，則必有益於我。遺書。下同。

天祺在司竹，常要用一卒長，及將代，自見其人盜筍皮，遂治之無少貸。罪已正，待之復如初，略不介意。其德量如此。

因論「口將言而囁嚅」云：若合開口時，要他頭也須開口，【舊註】如荆軻於樊於期。須是「聽其言也厲」。

須是就事上學。蠱「振民育德」，然有所知後，方能如此。何必讀書，然後爲學？

先生見一學者忙迫，問其故。曰：「欲了幾處人事。」曰：「某非不欲周旋人事者，曷嘗似賢急迫？」

安定之門人，往往知稽古愛民矣，則於爲政也何有？

門人有曰：吾與人居，視其有過而不告，則於心有所不安，告之而人不受，則奈何？曰：與之處而不告其過，非忠也。要使誠意之交通，在於未言之前，則言出而人信矣。又曰：責善之道，要使誠有餘而言不足，則於人有益，而在我者無自辱矣。

職事不可以巧免。

「居其邦，不非其大夫」，此理最好。

「克勤小物」最難。

欲當大任，須是篤實。

凡爲人言者，理勝則事明，氣忿則招怫。

居今之時，不安今之法令，非義也。若論爲治，不爲則已，如復爲之，須於今之法度内處得其當，方爲合義。若須更改而後爲，則何義之有？

今之監司，多不與州縣一體。監司專欲伺察，州縣專欲掩蔽。不若推誠心與之共治，有所不逮，可教者教之，可督者督之，至於不聽，擇其甚者去一二，使足以警衆可也。

伊川先生曰：人惡多事，或人憫之。世事雖多，盡是人事。人事不教人做，更責誰做？

感慨殺身者易，從容就義者難。

人或勸先生以加禮近貴，先生曰：何不見責以盡禮，而責之以加禮？禮盡則已，豈有加也？

或問：簿，佐令者也。簿所欲爲，令或不從，奈何？曰：當以誠意動之。今令與簿不和，只是爭私意。令是邑之長，若能以事父兄之道事之，過則歸己，善則唯恐不歸於令。積此誠意，豈有不動得人？

問：人於議論，多欲直己，無含容之氣，是氣不平否？曰：固是氣不平，亦是量狹。人量隨識長，亦有人識高而量不長者，是識實未至也。大凡別事，人都强得，惟識量不可强。今人有斗筲之量，有釜斛之量，有鍾鼎之量，有江河之量。江河之量亦大矣，然有涯，有涯亦有時而滿，惟天地之量則無滿。故聖人者，天地之量也。聖人之量，道也；常人之有量者，天資也。天資有量須有限，大抵六尺之軀，力量只如此，雖欲不滿，不可得也。如鄧艾位三公，年七十，處得甚好，及因下蜀有功，便動了。謝安聞謝元破苻堅，對客圍碁，報至不喜，及歸折屐齒，强終不得也。更如人大醉後益恭謹者，只益恭便是動了，雖與放肆者不同，其爲酒所動一也。又如貴公子位益高，益卑謙，只卑謙便是動了，雖與驕傲者不同，其爲位所動一也。然惟知道者，量自然宏大，不勉强而成。今人有所見卑下者，無他，亦是識量不足也。伯峕據程氏外書云：惟聖人之量與天地並，故至多不盈，至少不虚。凡人爲器量所拘，到滿後自然形見。本朝向敏中號有度量，至作相，却與張齊賢爭取一妻，爲其有十萬囊橐故也。王隨亦有德行，仁宗嘗稱「王隨德行、李淑文章」。至作相，蕭端公欲得作三路運使，及退，隨語堂中人曰：「何不以溺自照面，看做得三路運使無？」皆量所動也。今人何嘗不動？只得綾寫一卷便動，又干他身分甚事？

人纔有意於爲公，便是私心。昔有人典選，其子弟係磨勘，皆不爲理，此乃是私心。人多言古時用直，不避嫌得。後世用此不得，自是無人，豈是無時？【舊註】因言少師典舉、明道薦才事。

君實嘗問先生云：「欲除一人給事中，誰可爲者？」先生曰：「初若泛論人才却可，今既如此，頤雖有其人，何可言？」君實曰：「出於公口，入於光耳，又何害？」先生終不言。

先生云：韓持國服義最不可得。一日，頤與持國、范夷叟泛舟於潁昌西湖，須臾，客將云：「有一官員上書謁見大資。」頤將爲有甚急切公事，乃是求知己。頤云：「大資居位，却不求人，乃使人倒來求己，是甚道理？」夷叟云：「只爲正叔太執。求薦章，常事也。」頤云：「不然。只爲曾有不求者不與，來求者與之，遂致人如此。」持國便服。

先生因言：今日供職，只第一件便做他底不得。吏人押申轉運司狀，頤不曾簽。國子監自係臺省，臺省係朝廷官。外司有事，合行申狀，豈有臺省倒申外司之理？只爲從前人只計較利害，不計較事體，直得恁地。須看聖人欲正名處，見得道名不正時，便至禮樂不興，是自然住不得。

學者不可不通世務。天下事譬如一家，非我爲則彼爲，非甲爲則乙爲。已上並遺書。

「人無遠慮，必有近憂」，思慮當在事外。外書。下同。

聖人之責人也常緩，便見只欲事正，無顯人過惡之意。

伊川先生云：今之守令，唯「制民之産」一事不得爲，其他在法度中甚有可爲者，患人不爲耳。

明道先生作縣，凡坐處皆書「視民如傷」四字，常曰：顥常愧此四字。

伊川每見人論前輩之短，則曰：汝輩且取他長處。

劉安禮云：王荆公執政，議法改令，言者攻之甚力。明道先生嘗被旨赴中堂議事，荆公方怒言者，厲色待之，先生徐曰：「天下之事非一家私議，願公平氣以聽。」荆公爲之媿屈。附録。下同。

劉安禮問臨民，明道先生曰：使民各得輸其情。問御吏，曰：正己以格物。

横渠先生曰：凡人爲上則易，爲下則難。然不能爲下，亦未能使下，不盡其情僞也。大抵使人，常在其前己嘗爲之，則能使人。文集。伯嵒據文王世子曰：「知爲人子然後可以爲人父，知爲人臣然後可以爲人君，知事人然後能使人。」此之謂也。

坎「維心亨」，故「行有尚」。外雖積險，苟處之心亨不疑，則雖難必濟，而「往有功也」。今水臨萬仞之山，要下即下，無復凝滯之於前。惟知有義理而已，則復何回避？所以心通。易説。下同。

人所以不能行己者，於其所難者則惰，其異俗者，雖易而羞縮。惟心弘則不顧人之非笑，所趨義理耳，視天下莫能移其道。然爲之，人亦未必怪。正以在己者義理不勝，惰與羞縮之病，消則有長，不消則病常在，意思齷齪，無由作事。在古氣節之士，冒死以有爲，於義未必中，然非有志概者莫能。况吾於義理已明，何爲不爲？

姤初六：「羸豕孚蹢躅。」豕方羸時，力未能動，然至誠在於蹢躅，得伸則伸矣。如李德裕處置閹宦，徒知其帖息威伏，而忽於志不忘逞，照察少不至，則失其幾也。伯邕據李德裕得君武宗，中人仇士良愈恐。會昌二年，上尊號，士良宣言「宰相作赦書，減禁軍縑糧芻菽」以摇怨，語兩軍曰：「審有是，樓前可争。」德裕以白帝，命使者諭神策軍曰：「赦令自朕意，宰相何豫？爾渠敢是？」士乃帖然，士良惶惑不自安。明年，以疾辭罷。固請老，詔可。士良之老，中人送還第，謝曰：「諸君善事天子，能聽老夫語乎？」衆唯唯。士良曰：「天子不可令閑暇，暇必觀書，見儒臣，則又納諫，智深慮遠，減玩好，省游幸，吾屬恩且薄而權輕矣！爲諸君計，莫如殖財貨，盛鷹鳥〔二〕，日以毬獵聲色蠱其心，極侈靡，使悦不知息，則斥經術，闇外事，萬機在我，恩澤權力欲焉往哉？」伯嵒謂：天下之治亂，常係於君子小人之進退。君子進則必治，小人進則必亂，而或進或退之間，各植黨與，互相傾軋，日胎月積而不已，其爲天下國家之患可勝言哉！漢之末年，陳蕃、李膺號爲君厨俊，及以矯小人之習，而黨錮之禍興。唐之中世，德裕之徒欲排僧孺訓註，以孤小人之黨，而朋黨之事起。漢、唐之亡，良由於此。我朝仁皇去丁謂，相王曾，出夏竦，用杜、富、韓、范，而四十二年之治亘古無。及熙寧，大臣擢新進少年以爲己助，諸君子力爭而不勝。迨至元祐，司馬、吕、范以老成秉國鈞，一時善類如蘇如程，朋而翼之，小人之黨如章如蔡，屏絶殆盡。界限嚴而藩籬密，本真壯而邪氣消，駸駸乎泰治之盛矣。夫何司馬公即世，局勢隨變？小人之蹊隧不絶，君子之扃鐍不嚴。一啓於范純仁持平之論，而小人之魂返；再啓於吕大防内恕之心，而小人之脉盛；三啓於韓忠彦建中之説，而曾布、蔡京引類雜襲，小人病已，跳樑於肓之上、膏之下矣。逮夫黨籍立碑，凡所謂君子者不棄之寂寞之濵，則逐之嶺海之外，而居朝廷布當路者，無一非小人也。卒稔靖康之變，而曾無伏節死義、爲國固守者。敵至燕山則守燕山者降，敵至中山則守邊者退，至黄河則守河者潰，再至河北則河北之師皆奔，復寇河南則四方勤王之師觀望而不進矣。「六如給事」盛言以張敵之威，「四畫中書」竭力以爲敵之奉，誤君賣國，忍耻偷生。靖康之事，言之可爲痛哭。揆厥攸初，皆君子爲小人所勝而然也。遇者，一陰之卦也，而初六一爻，小人之萌蘗者也。聖人不忽其微，而繫之爻辭曰「羸豕孚蹢躅」，所以著小人之情狀也。爲君子者可不戒哉！

人教小童，亦可取益。絆己不出入，一益也；授人數數，己亦了此文義，二益也；對之必正衣冠，尊瞻視，三益也；常以因己而壞人之才爲憂，則不敢墯，四益也。語録〔三〕。

校勘記

〔一〕則無訟由先矣　此句，伊川易傳卷三及葉解作「則訟無由生矣」。

〔二〕盛鷹鳥　「鳥」，新唐書卷二百七（中華書局版）作「馬」。

〔三〕自「人教小童」至「四益也」　按，葉解曰：「此段疑當在十一卷之末。」茅註云：「此條所論，皆教小童時所以自處之道，非論教小童之道也。葉氏謂『當在十一卷』者，非。」朱子語類載朱子曰：「近思録大率所録雜，逐卷不可以一事名。如第十卷亦不可以事君目之，以其有『人教小童』在一段。」

泳齋近思録衍註卷十一

教人

凡二十一條

濂溪先生曰：剛善，爲義，爲直，爲斷，爲嚴毅，爲幹固；惡，爲猛，爲隘，爲强梁。柔善，爲慈，爲順，爲巽；惡，爲懦弱，爲無斷，爲邪佞。惟中者，和也，中節也，天下之達道也，聖人之事也。故聖人立教，俾人自易其惡，自至其中而止矣。通書。

伊川先生曰：古人生子，能食能言而教之。大學之法，以豫爲先。伯嵒據學記曰：「大學之法，禁於未發之謂豫。」人之幼也，知思未有所主，便當以格言至論日陳於前，雖未曉知，且當薰聒，使盈耳充腹，久自安習，若固有之，雖以他言惑之，不能入也。若爲之不豫，及乎稍長，私意偏好生於内，衆口辯言鑠於外，欲其純完，不可得也。文集。

觀之上九曰：「觀其生，君子无咎。」象曰：「觀其生，志未平也。」傳曰：君子雖不在位，然以人觀其德，用爲儀法，故當自慎省，觀其所生，常不失於君子，則人不失所望而化之矣。不可以不在於位，故安然放意，無所事也。易傳。

聖人之道如天然，與衆人之識甚殊邈也。門人弟子既親炙，而後益知其高遠。既若不可以及，則趨望之心怠矣。故聖人之教，常俯而就之。事上臨喪，不敢不勉，君子之常行。不困於酒，尤其近也。而以己處之者，不獨使夫資之下者勉思企及，而才之高者亦不敢易乎近矣。經說。伯蒕據子罕篇：子曰：「出則事公卿，入則事父兄，喪事不敢不勉，不爲酒困，何有於我哉？」

明道先生曰：憂子弟之輕俊者，只教以經學念書，不得令作文字。子弟凡百玩好皆奪志。至於書札，於儒者事最近，然一向好著，亦自喪志。如王、虞、顔、柳輩，誠爲好人則有之，曾見有善書者知道否？平生精力一用於此，非惟徒廢時日，於道便有妨處，足知喪志也。遺書。下同。

胡安定在湖州，置治道齋，學者有欲明治道者，講之於中，如治民、治兵、水利、筭數之類。嘗言劉彝善治水利，後累爲政，皆興水利有功。

凡立言，欲涵蓄意思，不使知德者厭、無德者惑。

教人未見意趣，必不樂學。欲且教之歌舞，如古詩三百篇，皆古人作之。如關雎之類，正家之始，故用之鄉人，用之邦國，日使人聞之。此等詩，其言簡奥，今人未易曉。别欲作詩，略言教童子灑掃應對事長之節，令朝夕歌之，似當有助。

子厚以禮教學者最善，使學者先有所據守。伯喦曰：横渠先生家，其童子必使掃灑應對給侍長者，其女子必使觀祭祀納酒漿。嘗曰：「事親奉祭，豈可使人爲之！」至於喪祭之禮，皆先生倡之。

語學者以所見未到之理，不惟所聞不深徹，久將理低看了。

舞射便見人誠。古之教人，莫非使之成己。自灑掃應對上，便可到聖人事。

自「幼子常視無誑」以上，便是教以聖人事。

「先傳」、「後倦」，君子教人有序。先傳以小者近者，而後教以大者遠者。非是先傳以近小，而後不教以遠大也。

伊川先生曰：説書必非古意，轉使人薄。學者須是潛心積慮，優游涵養，使之自得。今一日説盡，只是教得薄。至如漢時説下帷講誦，猶未必説書。

古者八歲入小學，十五入大學，擇其才可教者聚之，不肖者復之農畝。蓋士農不易業，既入學則不治農，然後士農判。在學之養，若士大夫之子，則不慮無養，雖庶人之子，既入學則亦必有養。古之士者，自十五入學，至四十方仕，中間自有二十五年學，又無利可趨，則所志可知，須去趨善，便自此成德。後之人，自童稚間已有汲汲趨利之意，何由得向善？

故古人必使四十而仕，然後志定。只營衣食却無害，惟利禄之誘最害人。【舊註】人有養，便方定志於學。

天下有多少才！只爲道不明於天下，故不得有所成就。且古者「興於詩，立於禮，成於樂」，如今人怎生會得？古人於詩，如今人歌曲一般，雖閭巷童稚，皆習聞其說而曉其義，故能興起於詩。後世老師宿儒，尚不能曉其義，怎生責得學者？是不得「興於詩」也。古禮既廢，人倫不明，以至治家皆無法度，是不得「立於禮」也。古人有歌詠以養其性情，聲音以養其耳目，舞蹈以養其血脉。今皆無之，是不得「成於樂」也。古之成材也易，今之成材也難。伯嵒據晦翁曰：興，起也。詩本性情，有邪有正，其爲言既易知，而吟詠之間，抑揚反覆，其感人又易入。故學者之初，所以興起其好善惡惡之心，而不能自已者，必於是而得之。禮以恭敬辭遜爲本，而有節文度數之詳，可以固人肌膚之會，筋骸之束。故學者之中，所以能卓然自立，而不爲事物之所揺奪者，必於此而得之。樂有五聲十二律，更唱迭和，以爲歌舞八音之節，可以養人之情性，蕩滌其邪穢，消融其查滓。故學者之終，所以至於義精仁熟，而自和順於道德者，必於此而得之。是學之成也。

孔子教人，「不憤不啓，不悱不發」。蓋不待憤悱而發，則知之不固；待憤悱而後發，則沛然矣。伯嵒據晦翁曰：憤者，心求通而未得之意；悱者，口欲言而未能之貌。啓，謂開其意；發，謂達其辭。學者須是深思之，思而不得，然後爲他說便好。初學者須是且爲他說，不然，非獨他不曉，亦止人好問之心也。已上並遺書。

横渠先生曰：「恭敬撙節退讓以明禮」，仁之至也，愛道之極也。己不勉明，則人無從倡，道無從弘，教無從成矣。正蒙。

學記曰：「進而不顧其安，使人不由其誠，教人不盡其材。」人未安之，又進之，未喻之，又告之，徒使人生此節目。不盡材，不顧安，不由誠，皆是施之妄也。教人至難，必盡人之材，乃不誤人。觀可及處，然後告之。聖人之明〔一〕，直若庖丁之解牛，皆知其隙，刃投餘地，無全牛矣。人之才足以有爲，但以其不由於誠，則不盡其才。若曰勉率而爲之，則豈有由誠哉！横渠禮記説。下同。伯嵒據學記曰：「今之教者，呻其佔畢，多其訊，言及于數，進而不顧其安，使人不由其誠，教人不盡其材。其施之也悖，其求之也佛。夫然，故隱其學而疾其師，苦其難而不知其益也。雖終其業，其去之也必速，教之不刑，其此之由乎？」「呻，吟也。佔，視也。畢，簡也。訊，問也。」「道之本寓乎理，其末見乎數。」

古之小兒，便能敬事。長者與之提攜，則兩手奉長者之手，問之，掩口而對。蓋稍不敬事，便不忠信。故教小兒，且先安詳恭敬。横渠禮記説。

孟子曰：「人不足與適也，政不足與間也，唯大人爲能格君心之非。」非惟君心，至於朋遊學者之際，彼雖議論異同，未欲深較。惟整理其心，使歸之正，豈小補哉！横渠孟子説。伯喦曰：「與適」、「與間」，已見第八卷「君道門」。

校勘記

〔一〕聖人之明　「明」，張子全書卷十二同，葉解作「教」。

泳齋近思録衍註卷十二

凡三十四條〔一〕

警戒　遷善改過

濂溪先生曰：仲由喜聞過，令名無窮焉。今人有過，不喜人規，如護疾而忌醫，寧滅其身而無悟也。噫！通書。

伊川先生曰：德善日積，則福禄日臻。德踰於禄，則雖盛而非滿。自古隆盛，未有不失道而喪敗者也。易傳。下同。

人之於豫樂，心説之，故遲遲，遂至於耽戀不能已也。豫之六二，以中正自守，其介如石，其去之速，不俟終日，故貞正而吉也。處豫不可安且久也，久則溺矣。如二可謂見幾而作者也。蓋中正，故其守堅，而能辯之早、去之速也。伯嵒據豫之六二：「介于石，不終日，貞吉。」象曰：「不終日，貞吉，以中正也。」

人君致危亡之道非一，而以豫爲多。

聖人爲戒，必於方盛之時。方其盛而不知戒，故狃安富則驕侈生，樂舒肆則綱紀壞，忘禍亂則釁孽萌，是以浸淫不知亂之至也。

復之六三，以陰躁處動之極，復之頻數而不能固者也。復貴安固，頻復頻失，不安於復也。復善而屢失，危之道也。聖人開遷善之道，與其復而危其屢失，故云「厲无咎」。不可以頻失而戒其復也，頻失則爲危，屢復何咎？過在失而不在復也。【舊註】劉質夫曰：頻復不已，遂至迷復。伯嵒據復之六三曰：「頻復，厲无咎。」象曰：「頻復之厲，義无咎也。」

睽極則咈戾而難合，剛極則躁暴而不詳，明極則過察而多疑。睽之上九，有六三之正應，實不孤，而其才性如此，自睽孤也。如人雖有親黨，而多自疑猜，妄生乖離，雖處骨肉親黨之間，而常孤獨也。伯嵒據睽之上九曰：「睽孤見豕負塗，載鬼一車。先張之弧，後説之弧，匪寇婚媾。往遇雨則吉。」象曰：「遇雨之吉，群疑亡也。」

解之六三曰：「負且乘，致寇至，貞吝。」傳曰：小人而竊盛位，雖勉爲正事，而氣質卑下，本非在上之物，終可吝也。若能大正則如何？曰：大正，非陰柔所能也。若能之，則是化爲君子矣。

益之上九曰：「莫益之，或擊之。」傳曰：理者，天下之至公；利者，衆人所同欲。苟公其心，不失其正理，則與衆同利，無侵於人，人亦欲與之。若切於好利，蔽於自私，求自益以損於人，則人亦與之力爭。故莫肯益之，而有擊奪之者矣。

艮之九三曰：「艮其限，列其夤，厲薰心。」傳曰：夫止道貴乎得宜。行止不能以時，而定於一，其堅强如此，則處世乖戾，與物睽絶，其危甚矣。人之固止一隅，而舉世莫與宜者，則艱蹇忿畏焚撓其中，豈有安裕之理？「厲薰心」，謂不安之勢薰爍其中也。伯嵒曰：限者，身之上下之際也，即腰胯也。夤，膂也，當中脊之肉也。三以過剛不中，當限之處而止於一定，則不得屈伸，而上下判然，如「列其夤」矣。列，分裂也。

大率以説而動，安有不失正者。

男女有尊卑之序，夫婦有倡隨之理，此常理也。若徇情肆欲，唯説是動，男牽欲而失其剛，婦狃説而忘其順，則凶而無所利矣。

雖舜之聖，且畏巧言令色，説之惑人，易入而可懼也如此。以上並易傳。

治水，天下之大任也，非其至公之心，能捨己從人，盡天下之議，則不能成其功，豈方命圮族者所能乎？鯀雖九年而功弗成，然其所治，固非他人所及也。惟其功有叙，故其自任益强，咈戾圮類益甚，公議隔而人心離矣，是其惡益顯，而功卒不可成也。經説。下同。

君子「敬以直内」。微生高所枉雖小，而害則大。伯嵒據子曰：「孰謂微生高直？或乞醯焉，乞諸其鄰而與之。」伯嵒謂：微生高乞鄰之醯，以爲己醯而與之。此夫子所以譏其非直。向使高能明告之，以我之所無而求諸人，以濟其乏，恐亦未害其爲直也。

人有慾則無剛，剛則不屈於慾。伯嵒據子曰：「吾未見剛者。」或對曰：「申棖。」子曰：「棖也慾，焉得剛？」伯嵒謂：「能勝物之謂剛，故常伸於萬物之上；爲物掩之謂慾，故常屈於萬物之下。〔二〕」

人之過也，各於其類。君子常失於厚，小人常失於薄；君子過於愛，小人傷於忍。

明道先生曰：富貴驕人固不善，學問驕人害亦不細。遺書。下同。

人以料事爲明，便駸駸入逆詐、億、不信去也。伯嵒曰：「逆，未至而迎之也。億，未見而度之也。」

人於外物奉身者，事事要好，只有自家一個身與心却不要好。苟得外面物好時，却不知道自家身與心，却已先不好了也。

人於天理昏者，是只爲嗜欲亂著他。莊子言：「其嗜欲深者，其天機淺。」此言却最是。

伊川先生曰：閱機事之久，機心必生。蓋方其閱時，心必喜，既喜則如種下種子。

疑病者，未有事至時，先有疑端在心。周羅事者，先有周事之端在心。皆病也。

較事大小，其弊爲枉尺直尋之病。

小人、小丈夫，不合小了，他本不是惡。

雖公天下事，若用私意爲之，便是私。

做官奪人志。

驕是氣盈，吝是氣歉。人若吝時，於財上亦不足，於事上亦不足，凡百事皆不足，必有歉歉之色也。

未知道者如醉人，方其醉時，無所不至；及其醒也，莫不愧耻。人之未知學者，自視以爲無闕，及既知學，反思前日所爲，則駭且懼矣。

邢七云：「一日三點檢。」明道先生曰：「可哀也哉！其餘時理會甚事？」蓋倣三省之説錯了，可見不曾用功。又多逐人面上説一般話，明道責之，邢曰：「無可説。」明道曰：「無可説，便不得不説？」以上遺書。

横渠先生曰：學者捨禮義，則飽食終日，無所猷爲，與下民一致，所事不踰衣食之間、燕遊之樂爾。正蒙。

鄭、衛之音悲哀，令人意思留連，又生怠惰之意，從而致驕淫之心，雖珍玩奇貨，其始感人也，亦不如是切，從而生無限嗜好。故孔子曰必放之，亦是聖人經歷過，但聖人能不爲物所移耳。横渠禮樂説。

孟子言「反經」，特於「鄉原」之後者，以鄉原大者不先立，心中初無作，惟是左右看，順人情不欲違，一生如此。横渠孟子説。伯嵒曰：鄉原，鄉裏所謂愿人也。荀子「愿慤」，字皆讀作

「愿」。孔子以其似德而非德，故謂「德之賊」。孟子曰：「閹然媚於世者，是鄉原也。」「閹，如奄人之奄，閉藏之意也。言此深自閉藏，以求親媚於世也」。「反，復也。經，常也，萬世不易之常道也。興，興起於善也」。又據孟子曰：「君子反經而已矣。經正，則庶民興。庶民興，斯無邪慝矣。」

世學不講，男女從幼便驕惰壞了，到長益凶狠〔三〕，只爲未嘗爲子弟之事，則於其親已有物我，不肯屈下，病根常在〔四〕。語録。

校勘記

〔一〕凡三十四條　「四」，葉解、茅註、江註等近思録註本均作「三」，蓋衍註多出卷末「世學不講」一條。

〔二〕自「能勝」至「萬物之下」　按，據論語集註卷三及葉解，此段文字系出謝上蔡。

〔三〕到長益凶狠　「狠」原作「很」，據張子全書及葉解改。

〔四〕自「世學不講」至「病根常在」　此條與卷五部分文字重復，葉解無此條。

泳齋近思録衍註卷十三

辨異端　凡一十四條

明道先生曰：楊、墨之害，甚於申、韓。佛、老之害，甚於楊、墨。楊氏「爲我」，疑於仁；墨氏「兼愛」，疑於義。申、韓則淺陋易見。故孟子只闢楊、墨，爲其惑世之甚也。佛、老其言近理，又非楊、墨之比，此所以爲害尤甚。楊、墨之害，亦經孟子闢之，所以廓如也。遺書。下同。

伊川先生曰：儒者潛心正道，不容有差，其始甚微，其終則不可救。如「師也過，商也不及」，伯嵒據晦翁曰：子張才高意廣，而好爲苟難，故常過中。子夏篤信謹守，而規模狹隘，故常不及。或問：「師也過，商也不及」，於何見之？伯嵒應之曰：如「子夏之門人問交於子張。子張曰：『子夏云何？』對曰：『子夏曰：可者與之，其不可者拒之。』子張曰：『異乎吾所聞：君子尊賢而容衆，嘉善而矜不能。我之大賢與，於人何所不容？我之不賢與，人將拒我，如之何其拒人也！』」

即二人之言而觀其氣象，其一迫狹，其一過高。師豈非過，商豈非不及乎？於聖人中道，師只是過於厚些，商只是不及些。然而厚則漸至於「兼愛」，不及則便至於「爲我」，其過不及同出於儒者，其末遂至楊、墨。至如楊、墨，亦未至於無父無君，孟子推之便至於此，蓋其差必至於是也。

明道先生曰：道之外無物，物之外無道，是天地之間無適而非道也。即父子而父子在所親，即君臣而君臣在所嚴，以至爲夫婦，爲長幼、爲朋友，無所爲而非道，此道所以不可須臾離也。然則毁人倫、去「四大」者，其分於道也遠矣。故「君子之於天下也，無適也，無莫也，義之與比」。若有適有莫，則於道爲有間，非天地之全也。彼釋氏之學，於「敬以直内」則有之矣，「義以方外」則未之有也。故滯固者入於枯槁，疏通者歸於恣肆，此佛之教所以爲隘也。吾道則不然，「率性」而已。斯理也，聖人於易備言之。又曰：佛有一箇「覺」之理，可以「敬以直内」矣，然無「義以方外」。其直内者，要之其本亦不是。

釋氏本怖死生爲利，豈是公道？唯務上達而無下學，然則其上達處豈有是也？元不相連屬，但有間斷，非道也。伯嵒曰：絶學而求頓悟，故無下學工夫。道器本不相離，今捨物以明理，泯迹以求心，豈知道者哉！孟子曰：「盡其心者，知其性也。」彼所謂識心見性是也，若存心養性一段事則無矣〔一〕。伯嵒據晦翁曰：釋氏略見得心性影子，都不見裏面許多道理。政使有存養之功，亦只存養得他所見影子，終不分明。彼固曰出家獨善，便於道體自不足。伯嵒：道本人論，今曰出家，則於道體虧欠大矣。或曰：釋氏地獄之類，皆是爲下根之人設此怖〔二〕，令爲善。先生曰：至誠貫天地，人尚有不化，豈有立僞教而人可化乎？

學者於釋氏之說，直須如淫聲美色以遠之。不爾，則駸駸然入其中矣。顏淵問爲邦，孔子既告之以二帝、三王之事，而復戒以「放鄭聲，遠佞人」，曰：「鄭聲淫，佞人殆。」彼佞人者，是他一邊佞耳，然而於己則危，只是能使人移，故危也。至於禹之言曰：「何畏乎巧言令色！」巧言令色，直消言畏，只是須著如此戒愼，猶恐不免。釋氏之學，更不消言常戒，到自家自信後，便不能亂傳。

所以謂萬物一體者，皆有此理，只爲從那裏來。「生生之謂易」，生則一時生，皆具此理。人則能推，物則氣昏推不得，不可道他物不與有也。人只爲自私，將自家軀殼上頭起意，故看得道理小了他底。放這身來，都在萬物中一例看，大小大快活。釋氏以不知此，去他身上起意思，奈何那身不得，故却厭惡，要得去盡根塵，爲心源不定，故要得如枯木死灰。然没此理，要有此理，除是死也。釋氏其實是愛身，放不得，故說許多。譬如負販之蟲，已載不起，猶自更取物在身。又如抱石投河，以其重愈沉，終不道放下石頭，惟嫌重也。

人有語導氣者，問先生曰：君亦有術乎？曰：吾嘗「夏葛而冬裘，飢食而渴飲」，「節嗜欲，定心氣」，如斯而已矣。

佛氏不識陰陽、晝夜、死生、古今，安得謂形而上者與聖人同乎？

釋氏之説，若欲窮其説而去取之，則其説未能窮，固已化而爲佛矣。只且於跡上考之，其設教如是，則其心果如何？固難爲取其心不取其跡，有是心則有是跡。王通言「心跡之判」，便是亂説。故不若且於跡上斷定不與聖人合。其言有合處，則吾道固已有；有不合者，固所不取。如是立定，却省易。伯喦據伊川嘗問學佛者曰：傳燈録幾人？云：千七百人。伊川曰：某敢道千七百人無一人達者。果有一人見得聖人「朝聞道，夕死可矣」，與曾子易簀之理，臨死須尋一尺布帛裹頭而死，必不肯削髮胡服而終。是誠無一人達者。禪者曰：此迹也，何不論其心？曰：心迹一也，豈有迹非而心是者？正如兩脚方行，指其心曰「我本不欲行也，兩脚自行」。豈有此理？蓋上下、本末、内外都是一理，方是道。

問：神仙之説有諸？曰：若説白日飛升之類，則無；若言居山林間，保形煉氣，以延年益壽，則有之。譬如一鑪火，置之風中則易過，置之密室則難過，有此理也。又問：楊子言「聖人不師仙，厥術異也」，聖人能爲此等事否？曰：此是天地間一賊，若非竊造化之機，安能延年？使聖人肯爲，周、孔爲之矣。伯峕據伊川一日入嵩山，王佺已候於松下。問：「何以知之？」曰：「去年已有消息來矣。」蓋先生前一年嘗欲往，以事而止。或問：「方外之士有人來看他，能先知者，有諸？」曰：「有之。向見嵩山董五經能如此。」問：「何以能爾？」曰：「只是心静，静而後能照。」又問：「聖人肯爲否？」曰：「何必聖賢？釋氏稍近道理者，便不肯爲。釋氏嘗言菴中坐，却見菴外事，莫是野狐精。釋猶不肯爲，况聖人乎？」又據晦翁曰：「氣久必散。人説神仙，一代説一様。漢世説安期生，至唐以來則不見説了，却又説鐘離權、吕洞賓，今又不見説了。看得來他也只是養得分外壽考，終久亦散了。」又言：「古時安期生之徒，皆有之。也是被他煉得氣清，皮膚之内，骨肉皆已融化爲氣，其氣又極其輕清，所以有『飛昇脱化』之説。然久亦漸漸消磨盡了。」

謝顯道歷舉佛説與吾儒同處，問伊川先生。先生曰：恁地同處雖多，只是本領不是，一齊差却。外書。

横渠先生曰：釋氏妄意天性，而不知範圍之用，反以「六根」之微，因緣天地，明不能盡，則誣天地日月爲幻妄，蔽其用於一身之小，溺其志於虚空之大。此所以語大語小，流遁失中。其過於大也，塵芥六合；其蔽於小也，夢幻人世。謂之窮理可乎？不知窮理而謂之盡性可乎？謂之無不知可乎？塵芥六合，謂天地爲有窮也；夢幻人世，明不能究其所從也。正蒙。下同。

大易不言有無。言有無，諸子之陋也。

浮圖明鬼，謂有識之死，受生循環，遂厭苦求免，可謂知鬼乎？以人生爲妄見，可謂知人乎？天人一物，輒生取舍，可謂知天乎？孔孟所謂天，彼所謂道，惑者指「遊魂爲變」爲輪迴，未之思也。伯喦曰：陰陽、晝夜、生死、往來，道之常也。以悟道則可以免死生流轉，豈不惑哉？大學當先知天德，知天德則知聖人、知鬼神。今浮圖劇論要歸，必謂死生流轉，非得道不免，謂之悟道，可乎？【舊註】悟則有義有命，均死生，一天人，推知晝夜、通陰陽，體之無二。自其說熾，傳中國，儒者未容窺聖學門牆，已爲引取，淪胥其間，指爲大道。乃其俗達之天下，致善惡知愚，男女臧獲，人人著信。使英才間氣，生則溺耳目恬習之事，長則師世儒崇尚之言，遂冥然被驅，因謂聖人可不修而至，大道可不學而知。故未識聖人心，已謂不必求其迹；未見君子志，已謂不必事其文。此人倫所以不察，庶物所以不明，治所以忽，德所以亂。異言滿耳，上無禮以防其僞，下無學以稽其弊。自古詖淫邪遁之辭，翕然並興，一出於佛氏之門者已五百年。向非獨立不懼，精一自信，有大過人之才，何以正立其間，與之較是非得失哉〔三〕！伯喦：橫渠正蒙曰：詭服異行，非脩先王之禮，何以防其僞？邪說異教，非通聖人之學，何以稽其弊？

校勘記

〔一〕若存心養性一段事則無矣　「則無」二字原倒，據葉解本作改。

〔二〕皆是爲下根之人設此怖　「爲下」原作「下爲」，據葉解本改。

〔三〕與之較是非得失哉　「得失」上，張載正蒙及葉解、茅註等均有「計」字。

泳齋近思録衍註卷十四

聖賢氣象

凡二十六條

明道先生曰：堯與舜更無優劣，及至湯、武便別。孟子言「性之」、「反之」，自古無人如此說，只孟子分別出來，便知得堯、舜是生而知之，湯、武是學而能之。伯嵒據晦翁曰：性之者，得全於天，無所污壞，不假修爲，聖人至也。反之者，修爲以復其性，而至於聖人也。文王之德則似堯舜，禹之德則似湯武。要之皆是聖人。遺書。下同。

仲尼，元氣也；顏子，春生也；孟子，並秋殺盡見。仲尼無所不包。顏子示「不違如愚」之學於後世，有自然之和氣，不言而化者也。孟子則露其材，蓋亦時然而已。仲尼，天地也；顏子，和風慶雲也；孟子，泰山巖巖之氣象也。觀其言，皆可見之矣。仲尼無跡，顏子微有跡，孟子其跡著。孔子儘是明快人，顏子儘豈弟，孟子儘雄辯。伯嵒據上蔡先生曰：人之氣禀不同。顔子似弱，孟子似强。顔子具體而微，所謂具體者，合下來有恁地氣象，但未彰著耳。微，如「知微」、「知彰」之微。孟子强勇，以身任道，所至王侯分庭抗禮，非孟子恁地手脚，也撑拄此事不去。雖然，猶有大底氣象，未能消磨得盡。不然，「藐大人」等語言不説出來。

曾子傳聖人學，其德後來不可測，安知其不至聖人？如言「吾得正而斃」，且休理會文字，只看他氣象極好，被他所見處大。後人雖有好言語，只被氣象卑，終不類道。

傳經爲難。如聖人之後纔百年，傳之已差。聖人之學，若非子思、孟子，則幾乎息矣。道何嘗息？只是人不由之。「道非亡也，幽、厲不由也」。

荀卿才高，其過多。揚雄才短，其過少。

荀子極偏駮，只一句「性惡」，大本已失。揚子雖少過，然已自不識性，更説甚道？

董仲舒曰：「正其義，不謀其利；明其道，不計其功。」此董子所以度越諸子。

漢儒如毛萇、董仲舒，最得聖賢之意，然見道不甚分明。下此即至揚雄，規模又窄狹矣。伯峕據鄭氏詩譜曰：「魯人大毛公爲詁訓傳於其家，河間獻王得而獻之，以小毛公爲博士。」前漢儒林傳：「毛公，趙人。爲河間獻王博士，不言其名。」後漢儒林傳：「趙人毛萇傳詩。」董仲舒有傳可考，毛公言行不聞於世，今所可見者，惟詩詁訓耳。

林希謂揚雄爲禄隱。揚雄，後人只爲見他著書，便須要做他是，怎生做得是？伯峕據程氏又曰：「西漢儒者有風度，惟董仲舒、大毛公〔一〕。解經雖未必皆當〔二〕，然味其言，大概然爾。」揚子法言末篇曰：「周公以來，未有漢公之懿也，勤勞則過於阿衡。漢興二百一十載而中天，其庶矣乎！」

孔明有王佐之心，道則未盡。王者如天地之無私心焉，行一不義而得天下，不爲。孔明必求有成而取劉璋。聖人寧無成耳，此不可爲也。若劉表子琮將爲曹公所并，取而興劉氏，可也。伯喦據劉璋據益州，張松勸璋結劉備，遣法正將四千人迎備，令討張魯。龐統言於備曰：「荆州荒殘，東有孫車騎，北有曹操，難以得志，得益州以爲資，大業可成。」備曰：「以小利而失信義於天下，奈何？」統曰：「事定之後封以大國，何負於信？」松兄肅發其謀，璋斬松，敕關戍諸將勿與備通。備怒，進據涪城，圍成都。諸葛亮、張飛等以兵會，璋開城降。

諸葛武侯有儒者氣象。伯喦據蜀先主詣亮，因屏人曰：「漢室傾頽，姦臣竊命，主上蒙塵。孤不度德量力，欲信大義於天下，而知術淺短，遂用猖獗，至於今日，然志猶未已。君謂計將安出？」亮答曰：「自董卓以來，豪傑並起，跨州連郡，不可勝數。曹操比於袁紹，則名微而衆寡。然操遂能克紹，以弱爲强者，非惟天時，抑亦人謀也。今操已擁百萬之衆，挾天子而令諸侯，此誠不可與爭鋒。孫權據有江東，已歷三世，國險而民附，賢能爲之用，此可與爲援而不可圖也。荆州北據漢、沔，利盡南海，東連吳會，西通巴、蜀，此用武之國，而其主不能守，此殆天所以資將軍。將軍豈有意乎？益州險塞，沃野千里，天府之土，高祖因之以成帝業。劉璋闇弱，張魯在北，民殷國富而不知恤。知能之士思得明君。將軍既帝室之胄，信義著於四海，揔攬英雄，思賢如渴。若跨有荆、益，保其巖阻，西和諸戎，南撫夷、越，外結好孫權，内脩政理。天下有變，則命一上將將荆州之軍，以向宛、洛，將軍身率益州之衆出於秦川，百姓孰敢不簞食壺漿以迎將軍者？誠如是，霸業可成，漢室可興矣。」劉表卒，琮爲嗣。會曹操軍至，蒯越、傅巽勸琮降操，琮從之。操至新野，琮遂舉州降。時劉備屯樊，琮不敢告備。備久之乃覺。或勸備攻琮，荆州可得。備曰：「劉荆州臨亡託我以孤遺，背信自濟，吾所不爲。」

孔明庶幾禮樂。

文中子本是一隱君子，世人往往得其議論，附會成書。其間極有格言，荀、揚道不到處。伯嵒據伊川曰：文中子之言，有半截好，有半截不好者。如魏徵問：「聖人有憂乎？」曰：「天下皆憂，吾獨得不憂？」問疑，曰：「天下皆疑，吾獨得不疑？」徵退，謂董常曰：「樂天知命，吾何憂？窮理盡性，吾何疑？」此言極好。下半截却云：「徵所問者迹也，吾告汝者心也。心迹之判，久矣。」便亂道。又曰：文中子續經甚謬，恐無此。如續書始於漢，自漢以來制詔又何足記？續詩之備六代，如晉、宋、後魏、北齊、周、隋之詩，又何足采？

韓愈亦近世豪傑之士，如原道中言語雖有病，然自孟子而後，能將許大見識尋求者，才見此人。至如斷曰：「孟氏醇乎醇。」又曰：「荀與揚擇焉而不精，語焉而不詳。」若不是他見得，豈千餘年後便能斷得如此分明？

學本是修德，有德然後有言。退之却倒學了，因學文日求所未至，遂有所得。如曰：「軻之死，不得其傳。」似此言語，非是蹈襲前人，又非鑿空撰得出，必有所見。若無所見，不知言所傳者何事。

周茂叔胸中灑落，如光風霽月。其爲政精密嚴恕，務盡道理。通書附録。

伊川先生撰明道先生行狀曰：先生資稟既異，而充養有道。純粹如精金，温潤如良玉。寬而有制，和而不流。忠誠貫於金石，孝悌通於神明。視其色，其接物也，如春陽之温；聽其言，其入人也，如時雨之潤。胸懷洞然，徹視無間。測其蘊，則浩乎若滄溟之無際；極其德，美言蓋不足以形容。先生行己，内主於敬，而行之以恕；見善若出諸己，不欲弗施於人。居廣居而行大道，言有物而動有常。先生爲學，自十五六時，聞汝南周茂叔論道，遂厭科舉之業，慨然有求道之志。未知其要，泛濫於諸家，出入於老、釋者幾十年，返求諸六經而後得之。明於庶物，察於人倫，知盡性至命，必本於孝弟，窮神知化，由通於禮樂。辨異端似是之非，開百代未明之惑，秦漢而下，未有臻斯理也。謂孟子没而聖學不傳，以興起斯文爲己任。其言曰：「道之不明，異端害之也。昔之害近而易知，今之害深而難辨。昔之惑人也，乘其迷暗；今之入人也，因其高明。自謂之窮神知化，而不足以開物成務。言爲無不周遍，實則外於倫理。窮深極微，而不可以入堯舜之道。天下之學，非淺陋固滯，則必入於此。自道之不明也，邪誕妖異之説競起，塗生民之耳目，溺天下於污濁。雖高才明智，膠於見聞，醉生夢死，不自覺也。是皆正路之蓁蕪、聖門之蔽塞，闢之而後可以入道。」先生進將覺斯人，退將明之書，不幸早世，皆未及也。其辨析精微，稍見於世者，學者之所傳耳。先生之門，學者多矣。先生之言，平易易知，賢愚皆獲其益，如群飲於河，各充其量。先生教人，自致知至於知止，誠意至於平天下，灑掃應對至於窮理盡性，循循有序。病世之學者捨近而趨遠，處下而窺高，所以輕自大而卒無得也。先生接物，辨而不間，感而能通〔三〕。教人而人易從，怒人而人不怨，賢愚善惡，咸得其心。狡僞者獻其誠，暴慢者致其恭，聞風者誠服，覿德者心醉。雖小人以趨向之異，顧於利害，時見排斥，退而省其私，未有不以先生爲君子也。先生爲政，治惡以寬，處煩而裕。當法令繁密之際，未嘗從衆爲應文逃責之事。人皆病於拘礙，而先生處之綽然；衆憂以爲甚難，而先生爲之沛然。雖當倉卒，不動聲色。方監司競爲嚴急之時，其待先生率皆寬厚，設施之際，有所賴焉。先生所爲綱條法度，人可效而爲也。至其道之而從，動之而和，不求物而物應，未施信而民信，則人不可及也。文集。

明道先生曰：周茂叔窗前草不除去，問之，云「與自家意思一般」。【舊註】子厚觀驢鳴，亦謂如此。遺書。下同。伯嵒據潘興嗣撰濂溪先生墓銘云：吾友周茂叔，諱惇頤。其先營道人。父諱輔成，任賀州桂嶺縣令。君幼孤，依舅氏龍學鄭向，向愛之如子。向名子皆用「惇」字，因以惇名君。景祐中，奏補試將作監主簿，授洪州分寧縣。部使者奏舉南安軍司理。運使王逵以苛刻涖下，君與之辨獄，不爲屈，因置手板歸，取誥勑納之，投劾而去。逵爲之改容，復薦之。移郴令，改桂陽令，皆有治績。用薦，遷大理丞，知洪州南昌縣。改太子中舍僉判，覃恩改虞部員外郎，通判永州。改駕部。趙抃參大政，奏爲廣南東路轉運判官。遷虞部郎中，提點本路刑獄。得疾，懇請郡符，知南康軍。熙寧六年六月七日卒於九江郡之私第，享年五十七。君嘗過潯陽，愛廬山，因築室溪上，名之曰濂溪書堂。善談名理，深於易學。作太極圖、易説、易通數十篇，詩十卷，藏於家。子二人：曰壽、曰燾。

張子厚聞生皇子，喜甚；見餓莩者，食便不美。

伯淳嘗與子厚在興國寺講論終日，而曰：不知舊日曾有甚人於此處講此事？

謝顯道名良佐，字顯道。云：明道先生坐如泥塑人，接人則渾是一團和氣。外書。下同。

伯喦據明道先生名顥，字伯淳，葬於伊川。守太師致仕潞國公文彦博題其墓，曰「大宋明道先生程君伯淳之墓」。其弟伊川先生序其所以爲墓表曰：「周公没，聖人之道不行；孟軻死，聖人之學不傳。道不行，百世無善治；學不傳，千載無真儒。無善治，士猶得以明夫善治之道，以淑諸人，以傳諸後；無真儒，天下貿貿焉莫知所之，人欲肆而天理滅矣。先生生千四百年之後，得不傳之學於遺經，將以斯道覺斯民。天不慭遺，哲人早世。鄉人士大夫相與議曰：道之不明也久矣。先生出，倡聖學以示人，辨異端，闢邪説，開歷世之沉迷，聖人之道得先生而後明，爲功大矣。於是帝師采衆議而爲之稱，以表其墓。

學者之於道，知所向，然後見斯人之爲功；知所至，然後見斯名之稱情。山可夷，谷可堙，明道之名，亘萬世而長存。勒石墓傍，以詔後人。元豐乙丑十月戊子書。」明道先生十歲能爲詩賦，十二三時，群居庠序，如老成人。故户部侍郎彭公思永許妻以女。踰冠，中進士第，調京兆府鄠縣主簿。再朞，以避親，再調江寧府上元主簿。再朞，就移澤州晉城令。用薦者，改著作佐郎。尋以御史中丞呂公著薦，授太子中允，權監察御史裏行。荆公行新法，先生言既不行〔四〕，懇求外補，差權發遣京西提點刑獄。累請得罷。改差簽書鎮寧軍節度判官。歲餘，得監西京洛河竹木務。薦者言其未嘗叙年勞，丐遷秩，特改太常丞。彗星見，先生應詔論朝政極切。執政屢進擬，神宗皆不許，手批與府界知縣，遂差知扶溝縣事。數月，右府同薦，除判武學。新進者言新法之初，首爲異論，罷復舊任。官制改，除奉議郎。繼以親老求近鄉監局，得監汝州酒稅。改承議郎。召爲宗正寺丞。未行，以疾終，元豐八年六月十五日也，享年五十有四。

侯師聖名仲良，字師聖。云：朱公掞見明道於汝，歸謂曰：「光庭朱光庭，字公掞。在春風中坐了一箇月。」游、楊初見伊川，伊川瞑目而坐，二子侍立。既覺，顧謂曰：「賢輩尚在此乎？日既晚，且休矣。」及出門，門外之雪深一尺。伯峕據師聖又云：伊川晚年接學者乃更平易，蓋其學已到至處，但於聖人氣象差少從容爾。明道則已從容，惜其早死不及用也。使及用於元祐間，則不至有今日事矣。

劉安禮劉立之，字安禮。云〔五〕：明道先生德性充完，粹和之氣，盎於面背，樂易多恕，終日怡悦。立之從先生三十年，未嘗見其忿厲之容。附録。

呂與叔撰明道先生哀詞云：先生負特立之才，知大學之要，博文强識，躬行力究，察倫明物，極其所止，渙然心釋，洞見道體。其造於約也，雖事變之感不一，知應以是心而不窮；雖天下之理至衆，知反之吾身而自足。其致於一也，異端並立而不能移，聖人復起而不與易。其養之成也，和氣充浹，見於聲容，然望之崇深，不可慢也；遇事優爲，從容不迫，然誠心懇惻，弗之措也。其自任之重也，寧學聖人而未至，不欲以一善成名；寧以一物不被澤爲己病，不欲以一時之利爲己功。其自信之篤也，吾志可行，不苟潔其去就；吾義所安，雖小官有所不屑。

呂與叔撰横渠先生行狀云：康定用兵時，先生年十八，慨然以功名自許，上書謁范文正公。公知其遠器，欲成就之，乃責之曰：「儒者自有名教，何事於兵？」因勸讀中庸。先生讀其書，雖愛之，猶以爲未足，於是又訪諸釋、老之書，累年盡究其説，知無所得，反而求之六經。嘉祐初，見程伯淳、正叔於京師，共語道學之要。先生渙然自信曰：「吾道自足，何事旁求！」於是盡棄異學，淳如也。【舊註】尹彦明云：横渠昔在京師，坐虎皮説周易，聽從甚衆。一夕，二程先生至，論易。次日，横渠撤去虎皮，曰：「吾平日爲諸公説者皆亂道。有二程近到，深明易道，吾所弗及，汝輩可師之。」晚自崇文移疾，西歸横渠，終日危坐一室，左右簡編，俯而讀，仰而思，有得則識之。或中夜坐起，取燭以書。其志道精思，未始須臾息，亦未嘗須臾忘也。學者有問，多告以知禮成性、變化氣質之道，學必如聖人而後已，聞者莫不動心有進。

伯喦據震澤記善録云：學者須是下學而上達，灑掃應對即是道德性命之理。禮記：「凡爲長者糞之禮，必加帚於箕上，以袂拘而退。其塵不及長者，以箕自向而扱之。」試體究此時此心，即堯舜揖遜之心，即「群后德遜」之心，即「黎民於變時雍」之心。且灑掃者誰歟？與應對者誰歟？其理微矣。樊遲問仁，子曰：「居處恭，執事敬，與人忠，雖之夷狄，不可棄也。」學者只是説過，試以此言踐履之，體究之，斯知上達之理矣。聖人之道無本末，無精粗，徹上徹下，只是一理。

嘗謂門人曰：「吾學既得於心，則修其辭；命辭無差，然後斷事；斷事無失，吾乃沛然。『精義入神』者，豫而已矣。」先生氣質剛毅，德盛貌嚴，然與人居久而日親。其治家接物，大要正己以感人。人未之信，反躬自治，不以語人，雖有未諭，安行而無悔。故識與不識，聞風而畏。非其義也，不敢以一毫及之。

伯喦據横渠先生諱載，字子厚。世大梁人。父迪，仕仁宗朝，終於殿中丞知涪州事，卒於官。諸孤皆幼，不克歸，僑寓於鳳翔郿縣横渠鎮之南大振谷口，因徙而家焉。登嘉祐二年進士第，始仕祁州司法，遷丹州雲巖縣令。又遷著作佐郎僉書渭州軍判官公事。熙寧二年冬被召入對，除崇文院校書，明年移疾。十年春復召還館，同知太常禮院。是年冬謁告西歸，十有二月乙亥行次臨潼，卒於館舍。享年五十有八。没之日，惟一甥在側，囊中索然。明日，門人之在長安者，繼來犇哭，致賻襚，始克斂，遂奉柩歸殯於家。卜以元豐元年二月癸酉葬於涪州墓南之兆。娶南陽鄭氏，有子曰因，尚幼。

横渠先生曰：二程從十四五時，便脱然欲學聖人。伯喦據伊川先生名頤，字正叔，明道先生之弟也。明道生於明道元年壬申，伊川生於明道二年癸酉。年十四五，同受學於春陵周茂叔先生。皇祐二年，伊川年十八，上書闕下，勸仁宗以王道爲心。間遊太學，時海陵胡翼之先生方主教導，嘗以顔子所好何學論試諸生。得先生所試，大驚，即延見，處以學識。舉進士，嘉祐四年廷試報罷，遂不復試。治平、熙寧間，近臣屢薦。元豐八年，哲宗嗣位。司馬光、吕公著、韓絳上其行義於朝。十一月丁巳，授汝州團練推官，西京國子監教授。尋召赴闕。元祐元年三月〔六〕，至京師。除宣德郎，秘書省校書郎。先生辭曰：「祖宗時，布衣被召，自有故事。今臣未得入見，未敢祗命。」於是召對。太皇太后面喻，將以爲崇政殿説書。既而命下，八月差判登聞鼓院。先生言入談道德，出領訴訟，非用人之體，再辭不受。後以大臣不説，諫議大夫孔文仲論奏，差管勾西京國子監。先生再上奏乞歸田里，又乞致仕不報。五年正月，丁太中公憂去〔七〕。七年服除，除直秘閣，判西京國子監。監察御史董敦逸，以爲有怨望輕躁語。五月，改授管勾崇福宫。未拜，以疾尋醫。元祐九年〔八〕，哲宗初親政，申秘閣、西監之命。紹聖間，以黨論放歸田里。四年十一月，送涪州編管。元符三年正月，徽宗即位。移峽州。四年，以赦復宣德郎，任便居住，還洛。十月，復通直郎，權判西京國子監。建中靖國二年五月，追所復官，依舊致仕。崇寧二年四月，言者論其本因姦黨論薦得官，雖嘗明正罪罰，而叙復過優，著書非毁朝政。於是有旨追毁出身以來文字。先生於是遷居龍門之南，止四方學者曰：「尊所聞，行所知可矣，不必及吾門也。」五年，復宣義郎，致仕。大觀元年九月庚午，卒於家，年七十有五。

校勘記

〔一〕惟董仲舒大毛公　「大毛公」三字，程氏遺書卷二十四作「毛萇揚雄」。

〔二〕解經雖未必皆當　「解」上，程氏遺書卷第二十四有「萇」字。

〔三〕惑而能通　「惑」，河南程氏文集卷第十一明道先生行狀及葉解、茅註、江註均作「感」。

〔四〕先生言既不行　「不」字原無，據河南程氏文集卷第十一明道先生行狀補。

〔五〕劉安禮云　「安」，伊洛淵源録卷十四（上海古籍出版社、安徽教育出版社出版朱子全書本）作「宗」。按，宋元學案卷三十云：「劉立之，字宗禮，河間人。」

〔六〕元祐元年三月　「元」原作「三」，據程氏遺書附録伊川先生年譜改。

〔七〕丁太中公憂去　「太」原作「大」，據程氏遺書附録伊川先生年譜改。

〔八〕元祐九年　「九」原作「元」，據程氏遺書附録伊川先生年譜改。

［宋］葉采 撰 程水龍 校點

近思録集解

目録

校點説明

近思録集解十四卷，南宋葉采撰。葉采，字仲圭，號平巖，生卒年不詳。建安人。南宋淳祐元年（一二四一）登進士第，授邵武尉，歷景獻府教授，遷秘書監、樞密檢討，知邵武軍，累官翰林侍講，乞歸。著述除近思録集解外，並有西銘性理集解等。

葉采曾先後從蔡淵、李方子、陳淳問學，爲朱熹再傳弟子。淳祐元年正月，理宗頒詔周、二程、張、朱五子從祀孔廟，葉采以爲此舉非「徒襃顯其人，正欲闡明斯道」，而「明國家之統紀，表範模於多士」。他尤爲推重朱子近思録，稱此書「求端用力之方，暨處己治人之道，破異端之扃鐍，闢大學之户庭，體用相涵，本末洞貫，會六藝之突奥，立四子之階梯」。因而幾十年用心爲之集解，凡「其諸綱要，悉本朱子舊註，參以升堂記聞，及諸儒辯論，擇其精純，刊除繁復，以次編入，有闕略者，乃出臆説」。復據各卷内容，擬定篇名，並撰解題；其註則且多引朱子之語，猶作評析。集解於淳祐八年完成，葉采嘗「授家庭訓習」，并以爲「寒鄉晚出，有志古學，而旁無師友，苟得是集觀之，亦可創通大義，然後以類而推，以觀四先生之大全」。又因理宗曾「俯詢集解之就緒」，乃於淳祐十二年正月上表進呈此書。

葉采近思録集解在後世影響頗大，儒林學者多有嘉譽，以爲「平巖葉氏用力於此書最專且久，所著集解原本朱子舊註，參之諸儒辯論，而附以己説，明且備矣」；「原本之美備，實足以該四子之精微，而葉註之詳明，又足以闡近思之實理」；「四先生之精蘊萃於近思録，近思録之精蘊詳於葉註，遵原本則條例該括，存葉註則義理詳明」。四庫全書選録近思録註本三種，葉采集解即在其中。是以私家坊間，屢屢重刻再造，更遠播朝鮮、日本，影響域外。至於葉采創製的各卷篇目、解題，亦多爲後世近思録續編、仿編者因襲沿用。故其傳本夥多，庶幾成爲近思録傳播的一大版本系統。

葉采集解初刻於何時，因相關文獻缺失，不得其詳。不過清康熙間邵仁泓重刊近思録集解時，曾説自己「於汲古後人師鄭五兄架上得宋刻朱子原本並葉氏原註」，可見當時還有宋本集解傳世。檢點歷代公私藏書目録，但見清瞿鏞鐵琴銅劍樓藏書目録和民國張元濟涵芬樓燼餘書録各著録一「宋刊本」，清乾隆間天禄琳琅書目著録「元版」二部，其一爲「仿宋刊」。但瞿氏藏本，「號爲宋刊本，實際元明之際所刊者」，涵芬樓藏本亦然。這二種「元刻明修本」流存至今，均由國家圖書館收藏，板式、行款、字體、避諱悉同，唯後者字跡墨色較濃，而有補刻抄配之頁。至於原藏清宮的二部「元版」，則去向不明。另據臺灣故宫博物院善本古籍書目著録，該院藏有一部「元刊黑口本，六册」，未知是否與天禄琳琅舊藏有關。現存明代葉采集解傳本，既有明初、正德、嘉靖年間的重刻本，又有陸雲龍、丁允和訂正本，還有經周公恕重新類次的分類經進近思録集解的各種刊本。清代葉采集解傳本較多，現存最早的是康熙間邵仁泓重訂本，此本校刻精美，在康雍乾嘉四朝皆有翻刻。其後則有雍正九年天心閣、乾隆元年培遠堂、同治八年江蘇書局、光緒十年廣仁堂等刻本（參見程水龍著近思録版本與傳播研究）。

葉采近思録集解現存版本多達三十來種。經比對，國圖藏元刻明修本雖刊印最早，卻訛誤較多，且有殘缺，反不如康熙邵仁泓重訂本，是本源自宋本，校刊皆精。故本次校點，即以上海圖書館藏邵仁泓刻本爲底本，以國家圖書館藏元刻明修本作對校本，并以明前期刻本（簡稱明刊本）、宋刻楊伯喦泳齋近思録衍註（簡稱宋刻本泳齋衍註）爲參校本。後附「刻本序跋」，主要輯自國内現存傳本。校點不當之處，謹請專家指正。

二〇一二年十二月　程水龍

進近思録表

臣采言先儒鳴道，萃爲聖代之一經，元后崇文，兼取微臣之集傳，用扶世教，昭揭民彝。臣采實惶實恐，頓首頓首。竊惟鄒軻既殁，而理學不明；秦斯所焚，而經籍幾息。漢專門之章句，訓詁僅存；唐造士以詞華，藻繪彌薄。天開皇宋，星聚文奎。列聖相承，治純任於王道；諸儒輩出，學大明於正宗。逮淳熙之初元，有朱熹之繼作，考圖書傳集之精粹，遡濂洛關陝之淵源，摭其訓辭，名曰近思録，彙分十有四卷，六百二十二條。凡求端用力之方，暨處己治人之道，破異端之扃鐍，闢大學之户庭，體用相涵，本末洞貫，會六藝之突奥，立四子之階梯，人文載開，道統復續。臣昔在志學，首受是書，博參師友之傳，稍窮文義之要，大旨本乎朱氏，旁通擇於諸家，間有闕文，乃出臆説，删輯已踰於二紀，補綴僅成於一編。祇欲備初學之記言，詎敢塵乙夜之睿覽。茲蓋恭遇皇帝陛下天錫聖智，日就緝熙。遵累朝之尚儒，講誦不違於寒暑；列五臣於從祀，表章遠邁於漢唐。豈徒褒顯其人，正欲闡明斯道。俯詢集解之就緒，遽命繕寫以送官。儻於宫庭朝夕之間，時加省閲，即是周、程、張、朱之列，日侍燕閒。固將見天地之純全，明國家之統紀，表範模於多士，垂軌轍於百王。粤自中古以來，未有若今之懿。臣遭逢上聖〔一〕，獲效愚衷，顧以螢爝之微，仰裨日月之照。五千文十萬説，雖莫贊於法言；四三王七六經，願益恢於聖化。所有近思録集解壹部拾册，謹隨表上進以聞。干冒宸嚴，臣無任戰汗屏營之至。臣采實惶實恐，頓首頓首謹言。淳祐十二年正月日朝奉郎監登聞鼓院兼景獻府教授臣葉采上表。

近思録集解序

皇宋受命，列聖傳德，跨唐越漢，上接三代統紀。而天僖〔一〕、明道間，仁深澤厚，儒術興行。天相斯文，是生濂溪周子，抽關發矇，啓千載無傳之學。既而洛二程子、關中張子，纘承羽翼，闡而大之。聖學湮而復明，道統絶而復續，猗歟盛哉！中興再造，崇儒務學，遹遵祖武，是以鉅儒輩出，沿泝大原，考合諸論。時則朱子與呂成公採摭四先生之書，條分類別，凡十四卷，名曰近思録，規模之大而進脩有序，綱領之要而節目詳明，體用兼該，本末殫舉，至於闢邪説，明正宗，罔不精覈洞盡。是則我宋之一經，將與四子並列，詔後學而垂無窮者也。嘗聞朱子曰：「四子，六經之階梯；近思録，四子之階梯。」蓋時有遠近，言有詳約不同，學者必自近而詳者，推求遠且約者，斯可矣。采年在志學，受讀是書，字求其訓，句探其旨，研思積久，因成集解。其諸綱要，悉本朱子舊註，參以升堂記聞及諸儒辯論，擇其精純，刊除繁復，以次編入，有闕略者，乃出臆説。朝删暮輯，踰三十年，義稍明備，以授家庭訓習。或者謂寒鄉晚出，有志古學而旁無師友，苟得是集觀之，亦可刱通大義，然後以類而推，以觀四先生之大全，亦「近思」之意云。淳祐戊申長至日建安葉采謹序。

近思録前引

淳熙乙未之夏，東萊吕伯恭來自東陽，過予寒泉精舍。留止旬日，相與讀周子、程子、張子之書，歎其廣大閎博，若無津涯，而懼夫初學者不知所入也。因共掇取其關於大體而切於日用者，以爲此編。總六百二十二條，分十四卷。蓋凡學者所以求端首卷論道體。用力、二卷總論爲學大要，三卷論致知，四卷論存養。處己五卷論克己，六卷論家道，七卷論出處義利。治人，八卷論治體，九卷論治法，十卷論政事，十一卷論教學，十二卷論警戒。與夫所以辨異端、十三卷。觀聖賢十四卷。之大略，皆粗見其梗概。以爲窮鄉晚進、有志於學而無明師良友以先後之者，誠得此而玩心焉，亦足以得其門而入矣。如此，然後求諸四君子之全書，沈潛反覆，優柔厭飫，以致其博而反諸約焉。則其宗廟之美，百官之富，庶乎其有以盡得之。若憚煩勞，安簡便，以爲取足於此而可，則非今日所以纂集此書之意也。五月五日朱熹謹識。

近思録後引

近思録既成，或疑首卷陰陽變化性命之説，大抵非始學者之事。祖謙竊嘗與聞次緝之意，後出晚進於義理之本原，雖未容驟語，苟茫然不識其梗概，則亦何所底止？列之篇端，特使知其名義，有所嚮望而已。至於餘卷所載講學之方、日用躬行之實，具有科級。循是而進，自卑升高，自近及遠，庶幾不失纂集之旨。若乃厭卑近而鶩高遠，躐等陵節，流於空虛，迄無所依據，則豈所謂「近思」者耶？覽者宜詳之。淳熙三年四月四日東萊吕祖謙謹書。

近思録集解目録

紫陽先生朱文公
南軒先生張宣公
東萊先生吕成公
勉齋先生黄文肅公 名榦，字直卿。
節齋先生蔡氏 名淵，字伯静。
果齋先生李氏 名方子，字公晦。

近思録群書姓氏

濂溪先生太極通書　周子，名惇實，字茂叔，避厚陵藩邸名，改惇頤。世爲道州營道人，營道縣出郭三十里，有村落曰濂溪，周氏家焉。先生晚年卜居廬阜，築室臨流，寓濂溪之名。

明道先生文集　先生姓程氏，名顥，字伯淳，太師文潞公題其墓曰「明道先生」。

伊川先生文集　先生名頤，字正叔，明道先生之弟也。家居河南伊水之上。

周易程氏傳

程氏經説

程氏遺書

程氏外書

横渠先生正蒙　先生姓張氏，名載，字子厚，世大梁人。父迪，知涪州事，卒於官，遂僑寓鳳翔郿縣横渠鎮南大振谷口，晚年居於横渠。

横渠先生文集

橫渠先生易説
橫渠先生禮樂説
橫渠先生論語説
橫渠先生孟子説
橫渠先生語録

校勘記

〔一〕臣遭逢上聖　「遭」，元刻明修本作「幸」，明刊本作「達」。

〔二〕而天僖　「而」，元刻明修本、明刊本作「至」。「僖」，各本同。或當作「禧」。

近思録集解卷一　　凡五十一條

道體

此卷論性之本原、道之體統，蓋學問之綱領也。

濂溪先生曰：無極而太極。朱子曰：「上天之載，無聲無臭」，而實造化之樞紐、品彙之根柢也。故曰「無極而太極」，非太極之外復有無極也。○蔡節齋曰：朱子曰：「太極者，象數未形，而其理已具之稱。」又曰：「未有天地之先，畢竟是先有此理。」又曰：「無極者，只是説這道理當初元無一物，只是有此理而已，此個道理便會『動而生陽』、『静而生陰』。」詳此三條，皆是主太極而爲言也。又曰：「從陰陽處看，則所謂太極者便只是在陰陽裏面，今人説陰陽上面别有一個無形無影底是太極，非也。」又曰：「太極只是天地萬物之理，在天地則天地中有太極，在萬物則萬物中有太極。」又曰：「非有以離乎陰陽，即陰陽而指其本體。」詳此三條，皆是主陰陽而爲言也。故主太極而言，則太極在陰陽之先；主陰陽而言，則太極在陰陽之内。蓋自陰陽未生而言，則所謂太極者必當先有；自陰陽既生而言，則所謂太極者即在乎陰陽之中也。謂陰陽之外別有太極常爲陰陽主者，固爲陷乎列子「不生」「不化」之謬；而獨執夫太極只在陰陽之中之説者，則又失其樞紐根柢之所爲，而大本有所不識矣。○愚按，節齋先生此條所論，最爲明備，而或者於陰陽未生之説有疑焉。若以循環言之，則陰前是陽，陽前又是陰，似不可以未生言。若截自一陽初動處、萬物未生時言之，則陰陽未動之時〔一〕，謂之陰陽未生亦可也。未生陽而陽之理已具，未生陰而陰之理已具，在人心則爲喜怒哀樂未發之中，總名曰「太極」，然具於陰陽之先而流行陰陽之内，一太極而已。

太極動而生陽，動極而靜，靜而生陰，靜極復動。一動一靜，互爲其根，分陰分陽，兩儀立焉。

朱子曰：太極之有動靜，是天命之流行也。所謂「一陰一陽之謂道」。誠者聖人之本，物之終始，而命之道也。其動也，誠之通也。繼之者善，萬物之所資以始也。其靜也，誠之復也。成之者性，萬物各正其性命也。「動極而靜」，「靜極復動，一動一靜，互爲其根」，命之所以流行而不已也。「動而生陽」，「靜而生陰」，「分陰分陽，兩儀立焉」，分之所以一定而不移也。蓋太極者，本然之妙也。動靜者，所乘之機也。太極，形而上之道也；陰陽，形而下之器也。是以自其著者而觀之，則動靜不同時，陰陽不同位，而太極無不在焉。自其微者而觀之，則沖漠無朕，而動靜陰陽之理，已悉具於其中矣。雖然推之於前而不見其始之合，引之於後而不見其終之離也。故程子曰「動靜無端，陰陽無始」，非知道者孰能識之？○愚謂：「動而生陽，動極而靜，靜而生陰，靜極復動」者，言太極流行之妙，相推於無窮也。「一動一靜，互爲其根，分陰分陽，兩儀立焉」者，言二氣對待之體，一定而不易也。邵子曰「用起天地先，體立天地後」是也。然詳而分之，則「動而生陽」、「靜而生陰」者，是流行之中，定分未嘗亂也。「一動一靜，互爲其根」者，是對待之中，妙用實相流通也。

陽變陰合，而生水火木金土。五氣順布，四時行焉。

朱子曰：有太極則一動一靜而兩儀分，有陰陽則一變一合而五行具。然五行者，質具於地而氣行於天者也。以質而語其性之序〔二〕，則曰「水火木金土」，而水木陽也，火金陰也；以氣而語其行之序，則曰「木火土金水」，而木火陽也，金水陰也。或問：陽何以言變？陰何以言合？曰：陽動而陰隨之，故云變合。○愚謂：「水火木金土」者，陰陽生五行之序也。「木火土金水」者，五行自相生之序也。曰：五行之生與五行之相生，其序不同何也？曰：五行之生也，蓋二氣之交，變合而各成，天一生水，地二生火，天三生木，地四生金，天五生土，所謂「陽變陰合，而生水火木金土」是也。五行之相生也，蓋一氣之推，循環相因，木生火，火生土，土生金，金生水，水復生木，所謂「五氣順布，四時行焉」是也。曰：其所以有是二端何也？曰：二氣變合而生者，原於對待之體也；一氣循環而生者，本於流行之用也。

五行，一陰陽也；陰陽，一太極也；太極，本無極也。

朱子曰：五行具，則造化發育之具無不備矣，故又即此而推本之，以明其渾然一體，莫非無極之妙，而無極之妙，亦未嘗不各具於一物之中焉。蓋五行異質，四時異氣，而皆不能外乎陰陽，五殊二實無餘欠也。陰陽異位，動靜異時，而皆不能離乎太極，精粗本末無彼此也。至於所以爲太極者，又無聲臭之可言也。○愚按，此圖即繫辭傳「易有太極，是生兩儀，兩儀生四象」之義，而推明之也。但易以卦爻言，圖以造化言，卦爻固所以擬造化也。五行之生也，各一其性。張南軒曰：五行生，質雖有不同，然太極之理未嘗不存也。五行各一其性，則爲仁義禮智信之理，而五行各專其一。無極之真，二五之精，妙合而凝。「乾道成男，坤道成女」，二氣交感，化生萬物。萬物生生，而變化無窮焉。朱子曰：真以理言〔三〕，無妄之謂也；精以氣言，不二之名也。妙合者，太極、二五本混融而無間也。凝者聚也，氣聚而成形也。蓋性爲之主，而陰陽五行爲之經緯錯綜，又各以類凝聚而成形焉。陽而健者成男，則父之道也；陰而順者成女，則母之道也。是人物之始以氣化而生者也。氣聚成形，則形交氣感，遂以形化，而人物生生變化無窮矣。自男女而觀之，則男女各一其性，而男女一太極也；自萬物而觀之，則萬物各一其性，而萬物一太極也。蓋合而言之，萬物統體一太極也；分而言之，一物各具一太極也。○愚按，繫辭「天地絪緼，萬物化醇」，氣化也；「男女構精，萬物化生」，形化也。圖説蓋本諸此。惟人也，得其秀而最靈。形既生矣，神發知矣，五性感動，而善惡分，萬事出矣。朱子曰：此言衆人具動靜之理，而常失之於動也。蓋人物之生，莫不有太極之道焉。然陰陽五行氣質交運，而人之所禀獨得其秀，故其心爲最靈，而有以不失其性之全，所謂天地之心而人之極也。然形生於陰，神發於陽，五常之性感物而動，而陽善陰惡又以類分，而五性之殊散爲萬事。蓋二氣五行化生萬物，其在人者又如此也。聖人定之以中正仁義，本註云：聖人之道，仁義中正而已矣。而主靜，本註云：無欲故靜。立人極焉。故聖人與天地合其德，日月合其明，四時合其序，鬼神合其吉凶。朱子曰：此言聖人全動靜之德，而常本之於靜也。蓋人稟陰陽五行之秀氣以生，而聖人之生又得其秀之秀者，是以其行之也中，其處之也正，其發之也仁，其裁之也義。蓋一動一靜，莫不有以全夫太極之道而無所虧焉，則向之所謂「欲動情勝、利害相攻」者，於此乎定矣。然靜者，誠之復而性之貞也。苟非此心寂然無欲而靜，則亦何以酬酢事物之變，而一天下之動哉！故聖人中正仁義，動靜周流，而其動也必主乎靜。此其所以成位乎中，而天地、日月、四時、鬼神有所不能違也。蓋必體立，而後用有以行。若程子論乾坤動靜，而曰「不專一則不能直遂，不翕聚則不能發散」，亦此意耳。○李果齋曰：「五性感動，而善惡分」，是五性皆有動有靜也。惟聖人能定其性而主於靜，故動罔不善而人心之太極立焉。蓋人生而靜，性之本體湛然無欲，斯能主靜，此立極之要領也。○或問：周子不言禮智而言中正，何也？愚謂：此圖辭義悉出於易。易本陰陽，而推之人事，其德曰仁義，其用曰中正，要不越陰陽之兩端而已。仁義而匪中正，則仁爲姑息、義爲忍刻之類，故易尤重中正。

君子脩之吉，小人悖之凶。

朱子曰：聖人太極之全體，一動一靜，無適而非中正仁義之極，蓋不假脩爲而自然也。未至此而脩之，君子之所以吉也；不知此而悖之，小人之所以凶也。脩之悖之，亦在乎敬肆之間而已矣。敬則欲寡而理明，寡之又寡以至於無，則靜虛動直，而聖可學矣。

故曰：「立天之道，曰陰與陽；立地之道，曰柔與剛；立人之道，曰仁與義。」又曰：「原始反終，故知死生之說。」

朱子曰：陰陽成象，天道之所以立也；剛柔成質，地道之所以立也；仁義成德，人道之所以立也。道一而已，隨事著見，故有三才之別，而於其中又各有體用之分焉，其實則一太極也。陽也、剛也、仁也，物之始也；陰也、柔也、義也，物之終也。能原其始而知所以生，則反其終而知所以死矣。此天地之間，綱紀造化，流行古今，不言之妙。聖人作易之大意蓋不出此〔四〕，故引之以證其說。○愚謂：「一陰一陽之謂道」，道即太極也。在天以氣言，曰陰陽；在地以形言，曰柔剛〔五〕；在人以德言，曰仁義。此太極之體所以立也。死生者，物之終始也。知死生之說，則盡二氣流行之妙矣。此太極之用所以行也。凡此二端，發明太極之全體大用，故引以結證一圖之義。大哉易也，斯其至矣！蔡節齋曰：「易有太極」，易，變易也。夫子所謂「無體之易也，太極至極也」，言變易無體而有至極之理也，故周子太極圖說，特以「無極而太極」發明「易有太極」之義。其所謂「無極而太極」者，蓋亦言其「無體之易」而有「至極」之理也。是其無極之真，實有得於夫子易之一言，而或以爲周子妄加者，繆也。且其圖說無非取於易者，而其篇末又以「大哉易也」結之，聖賢之言斷可識矣。

誠，無爲；朱子曰：實理自然，何爲之有？即太極也。幾，善惡。朱子曰：「幾者，動之微」，善惡之所由分也。蓋動於人心之微，則天理固當發見，而人欲亦已萌乎其間矣，此陰陽之象也。德：愛曰仁，宜曰義，理曰禮，通曰智，守曰信。朱子曰：道之得於心者謂之德〔六〕，其別有是五者之用，而因以名其體焉，即五行之性也。性焉安焉之謂聖，朱子曰：性者，獨得於天；安者，本全於己；聖者，大而化之之稱。此不待學問勉强，而誠無不立、幾無不明、德無不備者也。復焉執焉之謂賢，朱子曰：復者，反而至之；執者，保而持之；賢者，才德過人之稱。此思誠研幾以成其德，而有以守之者也。發微不可見、充周不可窮之謂神。通書。○朱子曰：發之微妙而不可見，充之周偏而不可窮，則聖人之妙用而不可知者也。○愚謂：性焉、復焉，以誠而言也；安焉、執焉，以幾而言也。發微、充周，則幾之動而神也，即通書次章「誠幾神」之義。

伊川先生曰：「喜怒哀樂之未發謂之中」，中也者，言「寂然不動」者也，故曰「天下之大本」。「發而皆中節謂之和」，和也者，言「感而遂通」者也，故曰「天下之達道」。文集。下同。說見中庸。○朱子曰：喜怒哀樂，情也；其未發則性也。無所偏倚，故謂之中；發而皆中節，情之正也；無所乖戾，故謂之和。大本者天命之性，天下之理皆由此出，道之體也；達道者循性之謂，天下古今之所共由，道之用也。

心一也，有指體而言者，本註云：「寂然不動」是也。有指用而言者，本註云：「感而遂通天下之故」是也。惟觀其所見如何耳。

乾，天也。天者，乾之形體；乾者，天之性情。乾，健也，健而无息之謂乾。朱子曰：性情二者常相參。有性便有情，有情便有性。火之性情則是熱，水之性情則是寒，天之性情則是健。健之體爲性，健之用是情，惟其健，所以不息。夫天，專言之則道也，「天且弗違」是也。分而言之，則以形體謂之天，以主宰謂之帝，以功用謂之鬼神，以妙用謂之神，以性情謂之乾。易傳。下同。○道者，天理當然之路。專言天者，即道也。分而言之，指其形體高大而無涯，則「謂之天」；指其主宰運用而有定，則「謂之帝」。天所以主宰萬化者，理而已。功用，造化之有迹者，如日月之往來、萬物之屈伸是也。往者爲鬼，來者爲神；屈者爲鬼，而伸者爲神也。妙用，造化之無迹者，如運用而無方、變化而莫測是也。○朱子曰：功用言其氣也，妙用言其理也。功用兼精粗而言，妙用言其精者。○黄勉齋曰：合而言之，言鬼神則神在其中矣；析而言之，則鬼神者其粗迹，神者其妙用也。○伊川言「鬼神者造化之迹」，此以功用言也。○横渠言「鬼神，二氣之良能」，此合妙用而言也。

四德之元，猶五常之仁。偏言則一事，專言則包四者。乾卦彖傳。在天爲四德，元亨利貞也；在人爲五常，仁義禮智信也。分而言之，則元者四德之一，仁者五常之一。專言元，則亨利貞在其中；專言仁，則禮義智信在其中。蓋元者天地之生理也，亨者生理之達，利者生理之遂，貞者生理之正也；仁者人心之生理也，禮者仁之節文〔七〕，義者仁之裁制，智者仁之明辨，信者仁之真實也。○朱子曰：仁之一事所以包四者，不可離其一事，而别求兼四者之仁。又曰：仁是生底意思，通貫周流於四者之中，須得辭遜、斷制、是非三者，方成得仁之事。

天所賦爲命，物所受爲性。朱子曰：命猶誥勅，性猶職任。天以此理命於人，人稟受此理則謂之性。

鬼神者，造化之迹也。剥之爲卦，諸陽消剥已盡，獨有上九一爻尚存，如碩大之果不見食，將有復生之理。上九亦變則純陰矣，然陽無可盡之理，變於上則生於下，無間可容息也。聖人發明此理，以見陽與君子之道不可亡也。或曰：剥盡則爲純坤，豈復有陽乎？曰：以卦配月，則坤當十月。以氣消息言，則陽剥爲坤，陽來爲復，陽未嘗盡也。剥盡於上，則復生於下矣。一氣無頓消，亦無頓息。以卦配月，積三十日而成一月，亦積三十分而成一爻。九月中於卦爲剥，陽未剥盡，猶有上九一爻；剥三十分，至十月中，陽氣消盡而爲純坤，然陽纔盡於上，則已萌於下。積三十分，至十一月中，然後陽氣應於地上，而成復之一爻也。蓋陰陽二氣，語其流行，則一氣耳；息則爲陽，消則爲陰，消之終即息之始，不容有間斷。故十月謂之陽月，恐疑其無陽也。陰亦然，聖人不言耳。十月於卦爲坤，恐人疑其無陽，故特謂之陽月，所以見陽氣已萌也。陰於四月純乾之時亦然，陰之類爲小人，故聖人不言耳。

一陽復於下，乃天地生物之心也。先儒皆以靜爲見天地之心，蓋不知動之端乃天地之心也。非知道者，孰能識之？復卦彖曰：「復，其見天地之心乎？」朱子曰：十月積陰，陽氣收斂，天地生物之心固未嘗息，但無端倪可見。一陽既復，則生意發動，乃始復見其端緒也。

仁者，天下之公，善之本也。復卦六二傳。仁者以天地萬物爲一體，故曰「天下之公」。四端萬善皆統乎仁，故曰「善之本也」。

有感必有應。凡有動皆爲感，感則必有應，所應復爲感，所感復有應，所以不已也。感通之理，知道者默而觀之可也。咸卦九四傳。屈伸往來，感應無窮。自屈而伸，則屈者感也，伸者應也；自伸而屈，則伸者感也，屈者應也。明乎此，則天地陰陽之消長變化、人心物理之表裏盛衰，要不外乎感應之理而已。

天下之理，終而復始，所以恒而不窮。恒非一定之謂也，一定則不能恒矣。惟隨時變易，乃常道也。天地常久之道，天下常久之理，非知道者，孰能識之？恒卦彖傳。隨時變易不窮，乃常道也。日月往來，萬化屈伸，無一息之停，然其往來屈伸，則亘萬古而常然也。

人性本善，有不可革者。何也？曰：語其性則皆善也，語其才則有下愚之不移。革卦上六傳。性無不善。才者，性之所能合理與氣而成氣質，則有昏明、强弱之異，其昏弱之極者爲下愚。所謂「下愚」有二焉：自暴也，自棄也。人苟以善自治，則無不可移者，雖昏愚之至，皆可漸磨而進。惟自暴者拒之以不信，自棄者絶之以不爲，雖聖人與居，不能化而入也。仲尼之所謂「下愚」也。人性本善，自暴者咈戾而不信乎善，是自暴害其性也。自棄者雖知其善，然怠廢而不爲，是自棄絶其性也。此愚之又下者不可移矣。〇朱子曰：自暴者，剛惡之所爲；自棄者，柔惡之所爲。然天下自棄自暴者，非必皆昏愚也，往往强戾而才力有過人者，商辛是也。聖人以其自絶於善，謂之「下愚」，然考其歸，則誠愚也。史記稱「紂資辯捷敏〔八〕，才力過人，手格猛獸，知足以拒諫，言足以飾非」，則其天資固非昏愚者。然其勇於爲惡，而自絶於善，要其終真下愚耳。既曰

「下愚」，其能革面，何也？曰：心雖絶於善道，其畏威而寡罪，則與人同，所以知其非性之罪也。革卦上六曰：「小人革面。」下愚小人自絶於善，然畏威刑而欲免罪〔九〕，則與人無以異，是以亦能掩其不善而著其善。惟其畏懼有與人同者，是以知其性之本善也。

在物爲理，處物爲義。理即是義，然事物各有理，裁制事物而合乎理者爲義。○朱子曰：義者，心之制事之宜也。彼事之宜雖若在外，然所以制其宜則在心也。非程子一語，則後人未免有義外之見。

動靜無端，陰陽無始。非知道者，孰能識之？經説。下同。○動靜相推，陰陽密移，無有間斷。有間斷則有端始，無間斷故曰無端始也。其所以然者道也，道固一而無間斷也。異時論剥、復之道，曰「無間可容息也」，又曰「其間原不斷續」，皆此意也。○朱子曰：動靜相生，如循環之無端。

仁者，天下之正理，失正理則無序而不和。子曰：「人而不仁，如禮何？人而不仁，如樂何？」「人而不仁」，則私欲交亂，害於正理，固宜舛逆而無序、乖戾而不和也。序者禮之本，和者樂之本。

明道先生曰：天地生物，各無不足之理。常思天下君臣、父子、兄弟、夫婦，有多少不盡分處。遺書。下同。○分者，天理當然之則。天之生物，理無虧欠，而人之處物，每不盡理。如君臣、父子、兄弟、夫婦，一毫不盡其心、不當乎理，是爲不盡分，故君子貴精察而力行之也。

「忠信所以進德」，「終日乾乾」，君子當終日對越在天也。説見乾卦九三文言。發乎真心之謂忠，盡乎實理之謂信，忠信乃進德之基。「終日乾乾」者，謂「終日對越在天也」。越，於也。君子一言一動守其忠信，常瞻對乎上帝，不敢有一毫欺慢之意也。以下皆發明所以「對越在天」之義。蓋上天之載，無聲無臭，其體則謂之易，其理則謂之道，其用則謂之神。其命於人則謂之性。率性則謂之道，修道則謂之教。「上天之載，無聲無臭」，所謂「太極本無極」也。體，猶質也。陰陽變易，乃太極之體也，故其體謂之易。其所以變易之理，則謂之道；其變易之用，則謂之神。此以天道言也。天理賦於人謂之性，循性之自然謂之道，因其自然者而修明之謂之教。此以人道言也。惟其天人之理一，所以「終日對越在天」者也。孟子去其中又發揮出「浩然之氣」，可謂盡矣。浩然，盛大流行之貌。蓋天地正大之氣，人得之以生，本浩然也。失養則餒，而無以配夫道義之用；得養則充，而有以復其正大之體。盡矣，謂無餘事也。此言天人之氣一，所以「終日對越在天」者也。故說神「如在其上，如在其左右」，大小大事，而只曰「誠之不可揜如此夫」。徹上徹下，不過如此。大小，猶多少也。中庸論鬼神如此其盛，而卒曰「誠之不可揜」。誠者實理，即所謂忠信之體。天人之間，通此實理，故君子忠信進德，所以爲「對越在天」也。形而上爲道，形而下爲器，須著如此說。器亦道，道亦器，説見繫辭。道者指事物之理，故曰「形而上」；器者指事物之體，故曰「形而下」。其實道寓於器，本不相離也。蓋言日用之間，無非天理之流行，所謂「終日對越在天」者，亦敬循乎此理而已。但得道在，不繫今與後，己與人。不繫，猶不拘也。言人能體道而不違，則道在我矣。不拘人己古今，無往而不合，蓋道本無間然也。

醫書言手足痿痺爲不仁，此言最善名狀。仁者，以天地萬物爲一體，莫非己也。認得爲己，何所不至？若不有諸己，自不與己相干。如手足不仁，氣已不貫，皆不屬己。天地萬物與我同體，心無私蔽則自然愛而公矣，所謂「仁」也。苟是理不明而爲私意所隔截，則形骸爾汝之分，了無交涉。譬如手足痿痹，氣不相貫，疾痛痾癢，皆不相干，此四體之不仁也。故博施濟衆，乃聖人之功用。仁至難言，故止曰：「己欲立而立人，己欲達而達人，能近取譬，可謂仁之方也已。」欲令如是觀仁，可以得仁之體。説見論語。「博施濟衆」，乃聖人之功用。子貢以是言仁，未識仁之體。夫子告之，使知人之欲無異己之欲，施於人者亦猶施於己，近取諸身而譬之於人，則得求仁之術，即此可見仁之體也。○朱子曰：「博施濟衆」，是就事上説，却不就心上説。夫子所以提起，正是就心上指仁之本體而告之。又曰：「博施濟衆」，固仁之極功，但只乍見孺子將入井時有怵惕惻隱之心，亦便是仁，此處最好看。

「生之謂性」，性即氣，氣即性，生之謂也。人之有生，氣聚成形，理亦具焉，是謂之性〔一〇〕。性與氣本不相離也，故曰「性即氣，氣即性」。人生氣禀，理有善惡，然不是性中元有此兩物相對而生也。氣禀雜揉，善惡由分，此亦理之所有。然原是性之本則善而已，非性中原有善惡二者竝生也。有自幼而善，有自幼而惡，本註云：后稷之「克岐克嶷」。子越椒始生，人知其必滅若敖氏之類。是氣禀有然也。善固性也，然惡亦不可不謂之性也。程子又曰：善惡皆天理，謂之惡者本非惡，但或過或不及便如此。○朱子曰：天下無性外之物，本皆善而流於惡耳。○愚謂：原天命賦予之初，固有善而無惡。及氣稟拘滯之後，則其惡者，謂非性之本然則可，謂之非性則不可。性一也，所指之地不同耳。蓋「生之謂性」，「人生而靜」以上不容説，才説性時便已不是性也。朱子曰：「人生而靜」以上，是人物未生時，只可謂之理，未可名爲性，所謂「在天曰命」也。「纔説性時」，便是人生以後，此理已墮在形氣之中，不全是性之本體矣，所謂「在人曰性」也。○此重釋「生之謂性」。凡人説性，只是説「繼之者善」也，孟子言性善是也。夫所謂「繼之者善也」者，猶水流而就下也。皆水也，有流而至海，終無所污，此何煩人力之爲也？有流而未遠，固已漸濁；有出而甚遠，方有所濁。有濁之多者，有濁之少者。清濁雖不同，然不可以濁者不爲水也。繫辭曰：「一陰一陽之謂道，繼之者善也。」蓋天道流行，發育萬物，賦受之間，渾然一理，純粹至善，所謂「性善」者也。「繼之」云者，猶水流而就下，其有清濁遠近之不同，猶氣稟昏明純駁有深淺也。水固本清，及流而濁，不可謂之非水。猶性雖本善，及局於氣而惡，不可謂之非性。○此重釋「善固性也，惡亦不可不謂之性」。如此，則人不可以不加澄治之功。故用力敏勇則疾清，用力緩怠則遲清。及其清也，則却只是元初水也。不是將清來換却濁，亦不是取出濁來置在一隅也。水之清，則性善之謂也。故不是善與惡在性中爲兩物相對，各自出來。朱子曰：人雖爲氣所昏，而性則未嘗不在其中，故不可不加澄治之功。惟能學以勝之，則知此理渾然，初未嘗損，所謂「元初水也」，雖濁而清者存，固非將清來換濁〔一一〕，既清則本無濁，固非取濁置一隅也〔一二〕。如此則其本善而已矣，性中豈有兩物對立而並行也哉！愚謂：不知性之本善，則不能自勉以復其初；不知性有時而陷於惡，則不能力加澄治之功。二説蓋互相發明也。○此重釋「不是性中元有兩物相對而生」。但前以其本言，則曰「相對而生」，此以其用言〔一三〕，則曰「相對各自出來」。此理，天命也。順而循之，則道也。循此而脩之，各得其分，則教也。自天命以至於教，我無加損焉，此舜「有天下而不與焉」者也。朱子曰：修道雖以人事言，然其所以修之者，莫非天命之本然，非人私智所能爲也。然非聖人有不能盡，故以舜事明之。

觀天地生物氣象。本註云：周茂叔看。○造化流行，發育萬物，溥博周徧，生理條達，觀之使人良心油然而生。此即周子窗前草不除去，問之，云「與自家意思一般」是也。

萬物之生意最可觀，此「元者，善之長也」，斯所謂仁也。朱子曰：物之初生，淳粹未散最好看。及榦葉茂盛，便不好看。見孺子入井時，怵惕惻隱之心，只這些子便見得仁。到他發政施仁，其仁固廣，然却難看。

滿腔子是惻隱之心。腔子，猶軀殼也。惻，傷怛也。隱，痛也。人之一身，惻隱之心無所不至，故疾痛疴癢，觸之則覺。由是推之，則天地萬物本一體也，無往而非惻隱之心矣。○朱子曰：彌滿充實無空缺處，如刀割着亦痛，針刺着亦痛。

天地萬物之理，無獨必有對，皆自然而然，非有安排也。每中夜以思，不知手之舞之，足之蹈之也。朱子曰：陰與陽對，動與靜對，以至屈伸、消長、左右、上下，或以類而對，或以反而對。反覆推之，未有兀然無對而孤立者。程子謂「惟道無對」，然以形而上下論之，亦未嘗不有對也。中者，「天下之大本」，天地之間，亭亭當當，直上直下之正理。出則不是，惟「敬而無失」最盡。喜怒哀樂未發之時，此性渾然在中。「亭亭當當，直上直下」，無所偏倚，此「天下之大本」而萬善之主也。心有散逸，則失其所以爲主，唯能敬以存之，則有以全其中之本體矣。

伊川先生曰：公則一，私則萬殊。人心不同如面，只是私心。公則萬物一體，私則人己萬殊。

凡物有本末，不可分本末爲兩段事。灑掃應對是其然，必有所以然。朱子曰：治心修身是本，灑掃應對是末，皆其然之事也。至於所以然則理也，理無精粗本末。

楊子拔一毛不爲，墨子又摩頂放踵爲之，此皆是不得中。至如「子莫執中」，欲執此二者之中，不知怎麽執得？識得則凡事物上〔一四〕，皆天然有箇中在那上，不待人安排也，安排着則不中矣。楊朱爲我，故以一毫利天下而不爲。墨翟兼愛，故雖摩頂至踵可以利天下而亦爲之。楊、墨各守一偏，固皆失其中。子莫，魯之賢人也，懲二者之偏，欲於二者之間而取中。夫中者隨時而在，不能隨時以權其宜，而膠於一定之中，則所執者亦偏矣。故君子貴於格物以致其知，物格而知至，則有以識夫時中之理，而於事事物物各有天然之中，不待着意安排也。若事事安排，則或雜以意見之私，而非天然之中矣。

問：時中如何？伊川先生曰：中字最難識，須是默識心通。且試言一廳則中央爲中，一家則廳中非中而堂爲中，言一國則堂非中而國之中爲中。推此類可見矣。如三過其門不入，在禹、稷之世爲中，若居陋巷，則非中也。居陋巷，在顏子之時爲中，若三過其門不入，則非中也。時中者，隨時有中，不可執一而求也。意如上章禹之治水九年於外，三過其門而不暇入。蓋得時行道，任天下之責，濟斯民之患，如是乃合此時之中。顏子之世，明王不興，以夫子之大聖而不得行其道，則其時可以止矣。故隱居獨善而簞瓢自樂，如是乃合此時之中。是二者若違時而易務，則皆失其中矣。

无妄之謂誠，不欺其次矣。本註云：李邦直云「不欺之謂誠」，便以不欺爲誠。徐仲車云「不息之謂誠」。中庸言「至誠無息」，非以無息解誠也。或以問先生，先生曰云云。○无妄者，實理之自然，而無一毫僞妄也，故謂之誠。不欺者，知實理之當然而不自爲欺，乃思誠也。○朱子曰：无妄者，自然之誠。不欺是著力去做底，故曰「其次」。

冲漠無朕，萬象森然已具，未應不是先，已應不是後。冲漠未形而萬理畢具，即所謂「無極而太極」也。未應者「寂然不動」之時也，已應者「感而遂通」之時也。已應之理悉具於未應之時，故未應非先，已應非後。蓋即體而用在其中，不可以先後分也。○朱子曰：未有事物之時，此理已具。少間應處，亦只是此理。如百尺之木，自根本至枝葉皆是一貫，不可道上面一段事無形無兆，却待人旋安排引入來教入塗轍。轍，車跡。塗轍，猶路脉也。道有體用而非兩端，猶木有根本，是生枝葉，上下一貫，未嘗間斷，豈可謂未應之時空虛無有，已應之際旋待安排引入塗轍？言此理具於氣形事爲之先，本一貫也。既是塗轍，却只是一箇塗轍。言此理流行於氣形事爲之中，亦未嘗有二致也。○朱子曰：如父之慈、子之孝，只是一條路從源頭下來。

近取諸身，百理皆具。屈伸往來之義，只於鼻息之間見之。屈伸往來只是理，不必將既屈之氣復爲方伸之氣。生生之理，自然不息。鼻息呼吸，可見屈伸往來之義。以理而言，則屈伸往來自然不息；以氣而言，則不是以既屈之氣爲方伸之氣，如釋氏所謂「輪迴」者也。○朱子曰：此段爲横渠「形潰反原」之説而發也。李果齋曰：往而屈者，其氣已散；來而伸者，其氣方生。「生生之理，自然不窮」。若以既屈之氣復爲方伸之氣，則是天地間只有許多氣來來去去，造化之理不幾於窮乎？釋氏不明乎此，所以有輪迴之説。如復卦言「七日來復」，其間元不斷續。陽已復生，物極必返，其理須如此。有生便有死，有始便有終。日，即月也。以卦配月，則自五月陽始消而爲姤，至十一月陽生而爲復，自姤至復凡七月也。消極而生，無有間斷，物極必返，理之自然，生死始終皆一理也。

明道先生曰：天地之間，只有一箇感與應而已，更有甚事？詳見前。

問仁，伊川先生曰：此在諸公自思之，將聖賢所言仁處類聚觀之，體認出來。孟子曰：「惻隱之心，仁也。」後人遂以愛爲仁。愛自是情，仁自是性，豈可專以愛爲仁？孟子言：「惻隱之心，仁之端也。」既曰仁之端，則不可便謂之仁。退之言「博愛之謂仁」，非也。仁者固博愛，然便以博愛爲仁則不可。仁者愛之性，愛者仁之情。以愛爲仁，是指情爲性，端之云者，言仁在中而端緒見於外也。或問：「樊遲問仁，子曰『愛人』。」是夫子亦嘗以愛言仁也？曰：孔門問答皆是教人於已發處用功。孟子所謂「惻隱之心，仁也」，亦是於已發之端體認。但後之論仁者，無復知性情之別，故程子發此義以示人，欲使沿流而遡其源也，學者其深體之。

問：仁與心何異？伊川曰：心譬如穀種，生之性便是仁，陽氣發處乃情也。以穀種喻心，生之性便是愛之理；陽氣發處，便是惻隱之情。

義訓宜，禮訓別，智訓知，仁當何訓？說者謂訓覺、訓人，皆非也。當合孔孟言仁處，大概研窮之，二三歲得之，未晚也。訓者，以其字義難明，故又假一字以訓解之。義者，天理之當然，所以裁制乎事物之宜，故訓宜。禮者，天理之節文，所以別親疏上下之分，故訓別。智者，天理之明睿，所以知事物之是非，故訓知。仁道至大，包乎三者，故爲難訓。「說者謂訓覺」者，言「不爲物欲所蔽，癢疴疾痛，觸之即覺」。夫仁者固無所不覺，然覺不足以盡仁之蘊也。「訓人」者，言天地生人均氣同理，以人體之，則惻怛慈愛之意自然無所間斷。夫仁者固以人爲體，然不可以訓仁也。○朱子曰：仁是愛之體，覺自是智之用。仁統四德，故仁則無不覺，然便以覺爲仁則不可。或謂：仁只是人心之生理，以生字訓之，何如？朱子曰：不必須用一字訓，但要識得大意通透耳。

性即理也。天下之理，原其所自來，未有不善。喜怒哀樂未發，何嘗不善？發而中節，則無往而不善；發不中節，然後爲不善。故凡言善惡，皆先善而後惡；言吉凶，皆先吉而後凶；言是非，皆先是而後非。朱子曰：「性即理也」一語，自孔子後惟伊川説得盡，擷撲不破。性即是天理，那得有惡？又曰：未發之前氣不用事，所以有善而無惡。

問：心有善惡否？伊川曰：在天爲命，在義爲理，在人爲性，主於身爲心，其實一也。心本善，發於思慮，則有善有不善。若既發，則可謂之情，不可謂之心。天道流行，賦與萬物，謂之命。事物萬殊，各有天然之則，統而名之，謂之理。人得是理以生，謂之性。是性所存，虛靈知覺，爲一身之主宰，謂之心。實則非二也。推本而言，心豈有不善？自七情之發，而後有善惡之分。○朱子曰：既發不可謂之非心，但有不善，則非心之本體。譬如水，只可謂之水。至如流而爲派，或行於東，或行於西，却謂之流也。

性出於天，才出於氣。氣清則才清，氣濁則才濁。才則有善有不善，性則無不善。性本乎理，理無不善；才本乎氣，氣則不齊。故或以之爲善，或以之爲惡。○孟子曰：「若夫爲不善，非才之罪也。」朱子曰：孟子專以其發於性者言之，故以爲才無不善。程子兼指其禀於氣者言之，則人之材質固有昏明、强弱之不同，張子所謂「氣質之性」是也。二説雖殊，各有所當，然程子爲密。

性者自然完具，信只是有此者也。故「四端」不言信。仁義禮智分而言之，則四者各立，自然全具〔一五〕。實有是四者，則謂之信。故信無定位，非於四者之外別有信也。孟子論四端而不及信，蓋信在其中矣。○李果齋曰：五常言信，配五行而言；四端不言信，配四時而言也。蓋土分旺於四時之季，信已立於四端之中也。

心，生道也。有是心，斯具是形以生。惻隱之心，人之生道也。心者，人之生理也。「有是心，斯具是形」，此言生人之道。「惻隱之心，人之生道」，此言人得是心。故酬酢運用，生生而不窮。苟無是心，則同於砂石而生理絶矣。○朱子曰：「心，生道也」，謂天地以生物爲心，而人得之以爲心者。又曰：心是箇活底物。

横渠先生曰：氣坱然太虚，升降飛揚，未嘗止息。此虚實動静之機，陰陽剛柔之始。浮而上者陽之清，降而下者陰之濁。其感遇聚散〔一六〕，爲風雨，爲霜雪，萬品之流形，山川之融結。糟粕煨燼，無非教也。正蒙。下同。○坱然，盛大氤氲之義。坱然太虚，周流上下，亘古窮今，未嘗止息者，元氣也。虚實動静，妙用由是而形，故曰機。陰陽剛柔，定體由是而立，故曰始。判而爲上下清濁，合而爲風雨霜雪；凝而爲人物山川之形質，散而爲糟粕煨燼之渣滓。消長萬變，生生不窮，皆道體之流行，故曰無非至教。

游氣紛擾，合而成質者，生人物之萬殊。其陰陽兩端循環不已者，立天地之大義。游氣雜揉凝而成形者，人物萬殊所以生也。陰陽推移循環無窮者，天地大經所以立也。游氣紛擾，緯也。陰陽循環，經也。○朱子曰：陰陽循環如磨〔一七〕，游氣紛擾，如磨中出者。

天體物不遺，猶仁體事而無不在也。朱子曰：體物，言爲物之體也，蓋物物有箇天理。體事，謂事事是仁做出來。「禮儀三百，威儀三千」，無一物而非仁也。禮儀者，經禮也。威儀者，曲禮也。禮文之大小，無非愛敬懇惻之心所發見者，故曰「無一物而非仁也」。不然，則禮特虚文而已。「昊天曰明，及爾出王。昊天曰旦，及爾游衍」，無一物之不體也。王、往通。○詩大雅板篇。出王，謂出而有所往也。旦，亦明也。游衍，寬縱之意。言天道昭明，凡人之往來游息之所，此理無往而不在，因是以證體物不遺之意。

鬼神者，二氣之良能也。良能者，自然而然，莫之爲而爲也。朱子謂「横渠此語尤精」。

物之初生，氣日至而滋息；物生既盈，氣日反而游散。至之謂神，以其伸也；反之謂鬼，以其歸也。物自少以至壯，氣日至而滋息。滋息者，生而就滿也。自壯以至老，氣日反而游散。游散者，消而就盡也。以其日至而伸，故曰神；以其日反而歸，故曰鬼。

性者，萬物之一源，非有我之得私也。惟大人爲能盡其道，是故立必俱立，知必周知，愛必兼愛，成不獨成。彼自蔽塞而不知順吾理者，則亦末如之何矣。性原於天，而人之所同得也，惟大人者能盡己之性，則能盡人之性。蓋性本無二也，故己有所立，必與夫人以俱立；己有所知，必使夫人以周知；愛必兼愛，使人皆得所愛也；成不獨成，使人皆有所成也。四者，大人之所存心也。立者禮之榦也，知者智之用也，愛者仁之施也，成者義之遂也。自立於禮，以至成於義，學之始終也。張子之教以禮爲先，故首曰「立」。如是而彼或蔽塞而不通，不知所以順乎理，則亦無如之何。然其心固欲其同盡乎一源之性也。此即大學「明明德」於天下，中庸「成己成物」之道，蓋西銘之根本也。

一故神。譬之人身，四體皆一物，故觸之而無不覺，不待心使至此而後覺也。此所謂「感而遂通」，「不行而至，不疾而速」也。橫渠易説。○一，謂純一也；神，謂神妙而無不通也。猶人之四體本一也，故觸之即覺，不待思慮擬議。使一有間斷，則痛癢有所不覺矣。天地之爲物不貳，故妙用而無方；聖人之心不貳，故感通而莫測。

心，統性情者也。橫渠語録。下同。○朱子曰：統是主宰。性者，心之理；情者，心之用；心者，性情之主也。孟子曰「仁，人心也」，又曰「惻隱之心」。「性」「情」上都下箇「心」字，可見「心統性情」之義。

凡物莫不有是性。由通蔽開塞，所以有人物之別；由蔽有厚薄，故有智愚之別。塞者牢不可開，厚者可以開，而開之也難，薄者開之也易，開則達於天道，與聖人一。有是氣必有是理，此人與物之所共也。由氣有通蔽開塞，故有人物之異；由蔽有厚薄，故人又有智愚之異。塞者氣拘而填實之也，故不可開，此言物也；蔽者但昏暗而有所不通，皆可開也，顧有難易之分耳。及其既開，則通乎天道與聖人一，此言人也。

校勘記

〔一〕則陰陽未動之時　「陰」，元刻明修本作「一」。

〔二〕以質而語其性之序　「性」，元刻明修本、明刊本作「生」。

〔三〕真以理言　「真」原作「貞」，據元刻明修本、明刊本改。

〔四〕聖人作易之大意蓋不出此　「之」，元刻明修本作「其」。

〔五〕曰柔剛　「柔剛」，元刻明修本、明刊本作「剛柔」。

〔六〕道之得於心者謂之德　「心」，元刻明修本作「身」。

〔七〕禮者仁之節文　「禮」原作「理」，據元刻明修本改。

〔八〕紂資辯捷敏　「捷」下，元刻明修本、明刊本有「疾聞見甚」四字。

〔九〕然畏威刑而欲免罪　「刑」原作「形」，據元刻明修本、明刊本改。

〔一〇〕是謂之性　「謂之」，元刻明修本、明刊本作「之謂」。

〔一一〕固非將清來換濁　「固」，元刻明修、明刊本本作「故」。

〔一二〕固非取濁置一隅也　「固」，元刻明修本、明刊本作「故」。

〔一三〕但前以其本言則曰相對而生此以其用言　兩「其」字原無，據元刻明修本、明刊本補。

〔一四〕識得則凡事物上　「凡事物」，元刻明修本、明刊本作「事事物物」。

〔一五〕自然全具　「全」，元刻明修本作「完」。

〔一六〕其感遇聚散　「散」，元刻明修本、明刊本作「結」。

〔一七〕陰陽循環如磨　「如」，元刻明修本作「相」。

近思録集解卷二　凡一百一十條

論學

此卷總論爲學之要。蓋「尊德性」矣，必「道問學」，明乎道體，知所指歸，斯可究爲學之大凡矣〔一〕。

濂溪先生曰：聖希天，賢希聖，士希賢。朱子曰：希，望也，字本作「睎」。伊尹、顔淵，大賢也。伊尹恥其君不爲堯舜，一夫不得其所，若撻於市；顔淵「不遷怒，不貳過」，「三月不違仁」。朱子曰：説見書及論語，皆賢人之事也。志伊尹之所志，學顔子之所學，朱子曰：此言「士希賢」也。過則聖，及則賢，不及則亦不失於令名。通書。下同。○朱子曰：三者隨其用力之淺深，以爲所至之近遠，不失令名，以其有爲善之實也。○胡氏曰：周子患人以發策決科，榮身肥家，希世取寵爲事也，故曰「志伊尹之所志」；患人以廣聞見，工文辭，矜智能，慕空寂爲事也，故曰「學顔子之所學」。人能志此志而學此學，則知斯道之大而其用無窮矣。

聖人之道，入乎耳，存乎心，藴之爲德行，行之爲事業。彼以文辭而已者，陋矣。朱子曰：欲人真知道德之重，而不溺於文辭之陋也。

或問：聖人之門，其徒三千，獨稱顔子爲好學。夫詩書六藝，三千子非不習而通也，然則顔子所獨好者何學也？哀公問：「弟子孰爲好學？」孔子對曰：「有顔回者好學，不幸短命，死矣，今也則亡。」六藝：禮、樂、射、御、書、數。史記曰：「弟子蓋三千焉，身通六藝者七十二人。」伊川先生曰：學以至聖人之道也。聖人可學而至歟？曰：然。聖人生知，學者「學而知之」，「及其知之」，則一也。聖人安行，學者「勉而行之」，「及其成功」，則一也。學之道如何？曰：天地儲精，得五行之秀者爲人。人物萬殊，莫非二氣五行之所爲也。然人則得其精且秀者，是以能通於道而爲聖爲賢。其本也真而静，其未發也五性具焉，曰仁、義、禮、智、信。真者，無極之真也。静者，人生而静，天之性也。曰「真而静」者，謂其天理渾全，「寂然不動」，而所具之性，其目有是五者。既曰「本」，又曰「未發」，蓋本者指其禀受之初，未發者指其未與物接之前也。形既生矣，外物觸其形而動其中矣。其中動而七情出焉，曰喜、怒、哀、樂、愛、惡、欲。此言形生之後，應事接物之時也。物感於外，情動於中，其目有是七者。然喜近於樂，怒近於惡，愛近於欲。其所以分者，蓋喜在心，樂發散在外，怒則有所激，其氣憤，惡則有所憎，其意深，愛則近於公，欲則近於私，愛施於人，而欲本乎己也。情既熾而益蕩，其性鑿矣。是故覺者約其情使合於中，正其心，養其性；愚者則不知制之，縱其情而至於邪僻，梏其性而亡之。性動則爲情，然情炎於中，末流益蕩，則反戕賊其性矣。惟夫明覺之士，以禮制情，使不失乎中，故能正其心而不流於邪僻，養其性而不至於梏亡。愚者反是。梏，猶桎梏，謂拘攣而暴殄之，言人之所以貴於學也。然學之道，必先明諸心，知所養，然後力行以求至，所謂「自明而誠」也。「養」，一作「往」。○朱子曰：「明諸心」、「知所往」，窮理之事；「力行」、「求至」，踐履之事也。或曰：「知所養」應上文「養其性」，涵養之功與知行並進。誠之之道，在乎信道篤，信道篤則行之果，行之果則守之固。仁義忠信不離乎心，「造次必於是，顛沛必於是」，出處語默必於是。久而弗失，則居之安，「動容周旋中禮」，而邪僻之心無自生矣。此因上文言所以「誠之」之道也。信道篤則不惑，行之果則不止，守之固則不變。朱子曰：「造次，急遽苟且之時。顛沛，傾覆流離之際也。」○以上兩章論爲學之道詳盡，其大綱有三焉：明諸心、知所往者，智之事也；力行以求至者，仁之事也；「信道篤」以下，勇之事也。然勇之中亦備此三者，故信之篤者，知之勇也，行之果者，仁之勇也，守之固者〔二〕，勇之勇也。仁義忠信不離乎心者，信之篤也。造次、顛沛、出處語默必於是者，行之果也。久而弗失，守之固也。「動容周旋中禮」，邪僻之心不生，則幾於化矣。故顏子所事，則曰：「非禮勿視，非禮勿聽，非禮勿言，非禮勿動。」禮者，天理之節文。非禮者，私欲之害乎天理者也。勿者，禁止之辭。凡視聽言動克去己私，則日用之間莫非天理之流行矣。此孔子教顏子爲仁之目，而顔子之所請事者也。仲尼稱之，則曰：「得一善，則拳拳服膺而弗失之矣。」又曰：「不遷怒，不貳過。」「有不善未嘗不知，知之未嘗復行也。」此其好之篤學之之道也。中庸：「子曰：『回之爲人也，擇乎中庸。得一善，則拳拳服膺而弗失之矣。』」拳拳，奉持之貌。服，猶佩也。膺，胸也。凡得一善言善行，則奉持佩服於心胸，不敢忘也。又語曰「不遷怒，不貳過」，怒所當怒，各止其所，不遷也。才過即改，已改不再，不貳也。又易繫辭傳曰：「有不善未嘗不知，知之未嘗復行也。」有不善而必知之，是察己之明也；知之而不復行，是克己之誠也。皆孔子所以稱顔子好學之道也。然聖人則不思而得，不勉而中；顔子則必思而後得，必勉而後中。其與聖人相去一息，所未至者，守之也，非化之也。以其好學之心，假之以年，則不日而化矣。聖人生知，故不思而得；安行，故不勉而中。顔子猶必擇善而固執之，然其博文約禮，工力俱到，其未至於聖人者，特一息之間耳。使非短命而死，則不淹時日，所守者化，而與聖人一矣。後人不達，以謂聖本生知，非學可至，而爲學之道遂失。不求諸己而求諸外，以博聞强記、巧文麗辭爲工，榮華其言，鮮有至於道者。則今之學與顔子所好異矣。文集。○後世聖學無傳，不知反身脩德，徒以記問、詞章爲學，去道愈遠矣。

横渠先生問於明道先生曰：定性未能不動，猶累於外物，何如？明道先生曰：所謂定者，動亦定，靜亦定，無將迎，無内外。此章就「猶累於外物」一句反覆辨明。蓋萬物不同，而無理外之物；萬理不同，而無性外之理。凡天下之物理，酬酢萬端，皆吾性之所具也。所謂「定性」者，非一定而不應也；發而中節，動亦定也；敬而無失，靜亦定也。將，送也。事之往也無將，事之來也無迎，動靜一定，何有乎將迎！「寂然不動」者存於内也，「感而遂通」者應於外也，體用一貫，何間乎内外！苟以外物爲外，牽己而從之，是以己性爲有内外也。且以性爲隨物於外，則當其在外時，何者爲在内？是有意於絶外誘，而不知性之無内外也。既以内外爲二本，則又烏可遽語定哉？承上文而言。「苟以外物爲外」，凡應物者必「牽己而從之」，是以性爲有内外。如是則方其逐物在外之時，在内已無此性矣，其可乎？蓋有意於絶外物之誘，而不知性本無内外之分也。既分内外爲兩端，則人在天地間不能不與物接，是無時而能定也。夫天地之常，以其心普萬物而無心；聖人之常，以其情順萬事而無情。故君子之學，莫若擴然而大公，物來而順應。常，常理也。天地之心，運用主宰者是也，然而普徧萬物，實未嘗有心焉。聖人之情，應酬發動者是也，然而隨順萬事，亦未嘗容情焉。故君子之學，廓然大公，何嫌於外物？物來順應，何往而不定哉！此二句又此書之綱領也。易曰：「貞吉悔亡。憧憧往來，朋從爾思。」苟規規於外誘之除，將見滅於東而生於西也。非惟日之不足，顧其端無窮，不可得而除也。咸卦九四爻辭〔三〕。憧憧，往來不絶貌，各以朋類從其所思。蓋人之一心應感無窮，苟惡外物之誘而欲除滅之，將見滅於彼而生於此，非惟日見其用力之不足，而亦有不可得而除滅者矣。人之情各有所蔽，故不能適道，大率患在於自私而用智。自私則不能以有爲爲應迹，用智則不能以明覺爲自然。今以惡外物之心，而求照無物之地，是反鑑而索照也。人心各有所蔽，大概在自私與用智之兩端。蓋不能廓然而大公，故自私，不能物來而順應，故用智。自私者則樂於無爲，而不知以有爲爲應迹之當然；用智者則作意於有爲，而不知以明覺爲循理之自然。今惡外物之累，已是自私之心也；而求照無物之地，是亦用智之過也。猶反鑑以索照，寧可得哉？蓋自私與用智雖若二病，而實展轉相因也。○或問：「自私」、「用智」之語，恐即是佛氏之自私？朱子曰：常人之私意與佛氏之自私，皆一私也。但明道説得闊，非專指佛之自私也。愚謂：横渠欲去外物之累，便已近於釋氏。故程子推其病源，自然與釋氏相似。然其自私類於釋，而用智則又類於老。要之，二氏用意，皆欲不累於外物而已。易曰：「艮其背，不獲其身；行其庭，不見其人。」孟氏亦曰：「所惡於智者，爲其鑿也。」朱子曰：「不獲其身」、「不見其人」，此説「廓然而大公」。「所惡於智，爲其鑿也」，此説「物來而順應」。與其非外而是內，不若內外之兩忘也。兩忘則澄然無事矣，無事則定，定則明，明則尚何應物之爲累哉？自私、用智之患，其根在於分內外爲二，以在外者爲非，在內者爲是。然在外者終不容以寂滅，故常爲外物所撓。惟能知性無內外而兩忘之，則動靜莫非自然澄然無事矣。所謂「廓然大公」者也，無事則心無所累，故能明，明則物來順應，尚何外物之累哉！蓋內外兩忘，則非自私；能定而明，則非用智也。○朱子曰：內外兩忘，非忘也。一循乎理，不是內而非外也。聖人之喜，以物之當喜；聖人之怒，以物之當怒。是聖人之喜怒，不係於心而係於物也。是則聖人豈不應於物哉？烏得以從外者爲非，而更求在內者爲是也？今以自私用智之喜怒，而視聖人喜怒之正爲何如哉？聖人未嘗無喜怒，是未嘗自私也。然其喜怒皆係彼而不係此，是未嘗用智也。以自私、用智之喜怒，其視聖人之喜怒，一循乎天理之正者，豈不大相戾哉？夫人之情，易發而難制者，惟怒爲甚。第能於怒時遽忘其怒，而觀理之是非，亦可見外誘之不足惡，而於道亦思過半矣。朱子曰：忘怒則公，觀理則順。

伊川先生答朱長文書曰：「聖賢之言，不得已也。蓋有是言，則是理明；無是言，則天下之理有闕焉。如彼耒耜陶冶之器，一不制則生人之道有不足矣。聖賢之言雖欲已，得乎？」然其包涵盡天下之理，亦甚約也。耒之首爲耜，耜之柄爲耒。範土曰陶，鑄金曰冶。聖賢之言，本非得已也。蓋將發明天理，以覺斯民，猶民生日用之具不可闕也。然其言寡而理無不該，亦非以多言爲貴也。後之人始執卷，則以文章爲先，平生所爲，動多於聖人。然有之無所補，無之靡所闕，乃無用之贅言也。不止贅而已，既不得其要，則離真失正，反害於道必矣。後人徒志於爲文，而不足以明理，則非徒無益而已。蓋不得其本，未免流於邪僞，反害於道矣。來書所謂「欲使後人見其不忘乎善」，此乃世人之私心也。夫子「疾没世而名不稱焉」者，疾没身無善可稱云爾，非謂疾無名也。名者可以厲中人，君子所存，非所汲汲。君子學以爲己，苟求人知，則是私心而已。

内積忠信，「所以進德也」；擇言篤志，「所以居業也」。乾九三文言傳。朱子曰：「内積忠信」是實心，「擇言篤志」是實事。又曰：忠信者，「如惡惡臭，如好好色」，表裏無一毫之不實。擇言謂脩辭，篤志謂立誠。立誠即上文忠信。又曰：内有忠信，方能脩辭。德以心言，業者德之事。德要日新又新，故曰進；業要存而不失，故曰居。進如「日知其所亡」，居如「月無忘其所能」。進德、修業只是一事。「知至至之」，致知也。求知所至而後至之，知之在先，故「可與幾」，所謂「始條理者，知之事也」。至，謂至善之地也。求知至善之地，而後至其所知，所重者在知，故曰「可與幾」。蓋「幾者，動之微」，事之先見者也。致知以正其始，則能得乎事之幾微矣。智者，知之至明也。「知終終之」，「力行」也。既知所終，則力進而終之，守之在後，故「可與存義」，所謂「終條理者，聖之事也」。此學之始終也。易傳。下同。○終，即至善之盡處也。既知所終，則力行而終之，所重在行，故曰「可與存義」。蓋義者當然之則，存者守而勿失也。力行以成其終，斯能立乎事之則，義矣，聖者行之至盡也。始終條理之説，詳見孟子。

君子主敬以直其内，守義以方其外。敬立而内直，義形而外方。義形於外，非在外也。坤六二文言傳。敬主於中，則動靜之間，心存戒謹，自然端直，而無邪曲之念；義見於外，則應酬之際，事當其則，自然方正〔四〕，而無回撓之私。然義之用，達於外耳，義非在外也。敬義既立，其德盛矣，不期大而大矣，「德不孤」也。内直外方，敬義交養，其德自然盛大，故曰「不孤」也。無所用而不周，無所施而不利，孰爲疑乎？德至於大，則其所行無一而不備，無往而不順，故曰不疑其所行也〔五〕。

動以天爲无妄，動以人欲則妄矣。无妄之義大矣哉！震下乾上爲无妄。震，動也。乾，天也。故曰「動以天」。妄，邪僞也。動而純乎天理，則無邪僞矣。雖無邪心，苟不合正理，則妄也，乃邪心也。既已无妄，不宜有往，往則妄也。故无妄之象曰：「其匪正有眚，不利有攸往。」心雖非出於邪妄，而見理不明，所爲或乖於正理，是即妄也，即邪心也，故无妄而有匪正之眚。又事至於无妄，則得所止矣，不宜有往，往乃過也，過則妄也，故曰「不利有攸往」。

人之藴蓄，由學而大，在多聞前古聖賢之言與行。考跡以觀其用，察言以求其心，識而得之，以蓄成其德。大畜卦象傳。考聖賢之行，可以觀其用；察聖賢之言，可以求其心。有見於此，則蓄德日大，蓋非徒多聞之爲貴。

咸之象曰：「君子以虚受人。」伊川易傳曰：中無私主，則無感不通。以量而容之，擇合而受之，非聖人有感必通之道也。咸者，感也，故咸卦皆以感爲義。惟虚中而無所私主，則物來能應、有感必通也。若夫有量則必有限，有合則必有不合，此非聖人感通之道也。其九四曰：「貞吉，悔亡。憧憧往來，朋從爾思。」傳曰：感者，人之動也，故咸皆就人身取象。四當心位而不言「咸其心」，感乃心也。感之道無所不通，有所私係則害於感通，所謂悔也。聖人感天下之心，如寒暑雨暘，無不通、無不應者，亦貞而已矣。貞者，虛中無我之謂也。咸卦取象人身，初爲拇，二爲腓，三爲股，五爲脢，上爲輔頰舌，四當心位，而不言心者，感者必以心也。有感則有通，然使在此者有所私係，則爲感之道狹矣，心所不通〔六〕，是悔也。聖人之感天下，如「寒暑雨暘」，周徧公溥，無所私係，故無不通應，所謂「貞吉」而「悔亡」也。或謂：「貞者正也，未有解爲『虛中無我』者。」愚聞之師曰：「諸卦之貞，各隨卦義以爲正，乾以健爲貞，坤以順爲貞。故曰『利牝馬之貞』。『虛中無我』者，咸之貞也。然此與象「以虛受人」異者，蓋象取山澤通氣之義，謂虛中以受人之感；爻取四爲感之主，謂虛中以感人也。惟虛則能應人之感，惟虛則能感人之應，其理則一也。若往來憧憧然，用其私心以感物，則思之所及者有能感而動，所不及者不能感也。以有係之私心，既主於一隅一事，豈能廓然無所不通乎？」「憧憧往來」者，私心也。若無私心，則湛然泰然〔七〕，何至憧憧也！惟其私心有係，故其所思者有及與不及，而其所感者有通與不通。所謂「朋從爾思」者，蓋思惟及其朋類，亦惟朋類乃從其思耳。

君子之遇艱阻，必自省於身，有失而致之乎？有所未善則改之，無歉於心則加勉，乃自脩其德也。蹇卦象傳。此教人以處艱阻之道〔八〕。自省其身而有不善，則當速改，不可以怠而廢。苟無愧焉，則益當自勉，不可以阻而廢〔九〕。君子反躬之學，雖遇艱阻，亦莫非進德之地。

非明則動無所之，非動則明無所用。豐卦初九傳。知行相需，不可偏廢。非知之明，則動將安之，如目盲之人，動則不知所之也。非行之力，則明亦無所用，如足痿之人，雖有見焉，亦不能行矣。

習，重習也。時復思繹，浹洽於中，則説也。説見論語。〇繹，往來紬繹也。學者於所學之事，時時思繹，不驟不輟，義理久則浹洽其中，自然悦豫也。以善及人，而信從者衆，故可樂也。善有諸己，足以及人。信從者衆，同歸於善，豈不可樂也？蓋與人爲善之意如此。雖樂於及人，不見是而無悶，乃所謂君子。經説。下同。〇君子者，成德之名也。雖樂於以善及人，然人或未信，則亦安其在我而已，奚愠焉？蓋自信之篤而無待於外，所以爲成德也。

「古之學者爲己」，欲得之於己也；「今之學者爲人」，欲見知於人也。説見論語。〇爲己者，如食之求飽，衣之求温，温飽在己，非爲人也。爲人者，但求在外之美觀，非關在我之實用。故學而爲己，則所得者皆實得；學而爲人，則雖或爲善，亦非誠心，況乎志存務外，自爲欺誑，善日消而惡日長矣！〇朱子曰：爲學且須分内外義利，便是生死路頭。

伊川先生謂方道輔曰：聖人之道，坦如大路，學者病不得其門耳，得其門，無遠之不可到也。求入其門，不由於經乎？今之治經者亦衆矣，然而買櫝還珠之蔽，人人皆是。經所以載道也，誦其言辭，解其訓詁，而不及道，乃無用之糟粕耳。説見韓子。方元寀，字道輔。經所以載道，猶櫝所以藏珠。治經而遺乎道，猶買櫝而還其珠。覬足下由經以求道，勉之又勉，異日見卓爾有立於前，然後不知手之舞、足之蹈，不加勉而不能自止矣。手帖。〇道非有形狀之可見。蓋其志道之切，行道之篤，視聽言動、造次顛沛不違乎道，用力既久，所見益爲親切。如有卓然而立於前者，則中心喜樂，自然欲罷不能矣。

明道先生曰：「脩辭立其誠」，不可不子細理會。言能脩省言辭，便是要立誠。若只是脩飾言辭爲心，只是爲僞也。修省言辭者，中有其誠，省治之，將以立實德也；修飾言辭者，中無其誠，虚飾之，將以爲誇美也。省、飾之間，乃天理人欲之分。○朱子曰：横渠以「立言」「傳後」爲「修辭」〔一〇〕。明道所謂「修辭」，但是「非禮勿言」。若脩其言辭，正爲立己之誠意，乃是體當自家「敬以直内、義以方外」之實事。敬義説見前。誠意者，合敬義之實而爲言也。體當，俗語，猶所謂體驗勘當也。蓋修其言辭者，所以擬議其敬義之實事，而非徒事於虚辭也。道之浩浩，何處下手？惟立誠纔有可居之處。有可居之處，處則可以修業也。浩浩，流行盛大貌。下手，謂用力處。道之廣大，於何用功，惟立己之誠意，始有可據守之地。此誠既立，則其業之所就，日以廣大。「終日乾乾」，大小大事，却只是「忠信所以進德」爲實下手處，「脩辭立其誠」爲實脩業處。遺書。下同。説並見易文言。○「君子終日乾乾」，是體天行健之事，可謂大矣。然其實則惟忠信積於内，而無一念之不實者，爲用功之地；修辭立於外，而無一言之不實者，爲見功之地。蓋表裏一於誠，至誠，故乾乾而不息。

伊川先生曰：志道懇切，固是誠意。若迫切不中理，則反爲不誠。蓋實理中自有緩急，不容如是之迫，觀天地之化乃可知。有志於道，懇惻切至，固誠意也。然迫切之過，而至於欲速助長，則反害乎實理。如春生、夏長、秋成、冬實，固不容一息之間斷，亦不能一日而遽就也。

孟子才高，學之無可依據。學者當學顏子，入聖人爲近，有用力處。孟子天資超邁，故難學。顏子天資純粹而功夫縝密，進德有序，故學者有用力處。又曰：學者要學得不錯，須是學顏子。本註云：爲有準的。

明道先生曰：且省外事，但明乎善，惟進誠心，其文章雖不中不遠矣。所守不約，泛濫無功。朱子曰：知至則意誠。善才明，誠心便進。文章是威儀制度之類。此段恐是吕與叔自關中來初見程子時說話。蓋横渠學者多用心於禮文制度之事，而不近裏，故以此告之。

學者識得仁體，實有諸己，只要義理栽培。如求經義，皆栽培之意。仁者，天地之生理，人心之全德也。其體具於心，固人之所本有，然必内反諸己，察之精，養之厚，有以見夫仁之全體，實爲己有，則吾心所存無非天理。而後博求義理以封植之，則生理日以充長，而仁不可勝用矣。

昔受學於周茂叔，每令尋顏子、仲尼樂處，所樂何事。朱子曰：按程子之言，引而不發，蓋欲學者深思而自得之。今亦不敢妄爲之說。學者但當從事於博文約禮之誨，以至於欲罷不能而竭其才，則庶乎其可以得之矣。

所見所期不可不遠且大，然行之亦須量力有漸。志大心勞，力小任重，恐終敗事。朱子曰：學者之志固不可不以遠大自期〔一二〕，然苟悦其高而忽於近，慕於大而略於細，則無漸次經由之實，而徒有懸想跂望之勞，亦終不能以自達矣。○張南軒曰：學者當以聖人爲準的，然貪高慕遠，躐等以進，非徒無益而又害之也。

朋友講習，更莫如「相觀而善」工夫多。朋友相處，非獨講辨之功，薰陶漸染，得於觀感，自然進益。

須是大其心使開闊。譬如爲九層之臺，須大做脚始得。心不開闊，則規模狹陋而安於小成，持守固滯而惰於進善。

明道先生曰：自「舜發於畎畝之中」至「孫叔敖舉於海」，若要熟，也須從這裏過。說見孟子。履難處困，則歷變多而慮患深，察理密而制事審。○朱子曰：曾親歷過，方認得許多險阻去處。

參也，竟以魯得之。按程子又曰：曾子之學，誠篤而已。聖門學者，聰明才辯，不爲不多，而卒傳其道，乃質魯之人耳。故學以誠實爲貴也。尹氏曰：曾子之才魯，故其學也確，所以能深造乎道也。

明道先生以記誦博識爲玩物喪志。本註云：時以經語録作一册。鄭轂云：嘗見顯道先生云「某從洛中學時，録古人善行，別作一册。明道先生見之，曰是「玩物喪志」。蓋言心中不宜容絲髮事。」胡安國曰：謝先生初以記問爲學，自負該博，對明道舉史書，成篇不遺一字。明道先生曰「賢却記得許多，可謂玩物喪志」。謝聞此語，汗流浹背，面發赤。及看明道讀史，又却逐行看過，不蹉一字，謝甚不服。後來省悟，却將此事做話頭，接引博學之士。○謝良佐，字顯道，上蔡人，程子門人也。人心虛明，所以具衆理而應萬事，有所繫滯，則本志未免昏塞。所貴乎讀書，將以存心而明理也。苟徒務記誦爲博，則書也者亦外物而已，故曰「玩物喪志」。○朱子曰：上蔡記誦明道看史，此正「爲己」「爲人」之分。

禮樂只在進反之間，便得性情之正。以上竝明道語。○樂記曰：「禮主其減，樂主其盈。禮減而進，以進爲文；樂盈而反，以反爲文。」○朱子曰：減是退讓、撙節、收斂的意思，是禮之體本如此。然非人之所樂，故須進步向前，着力去做，故「以進爲文」。盈是舒暢、發越、快滿底意思，是樂之體本如此。然易至於流蕩，却須收拾向裏，故「以反爲文」。又曰：禮減而不進則銷，樂盈而不反則放，故禮有報而樂有反。

父子君臣，天下之定理，無所逃於天地之間。安得天分，不有私心，則行一不義，殺一不辜，有所不爲。有分毫私，便不是王者事。父子君臣，人倫之大端，天下之定理，立於天地之間者，必有所不容廢者也。惟能全其天理而無私心者，則處之各當其分。而行一不義之事，殺一不辜之人，雖可以得天下，亦不爲也。蓋堯、舜授禪，無虧父子之恩；湯、武征伐，無愧君臣之義，皆無私心故也。

論性不論氣，不備；論氣不論性，不明。二之則不是。此段疑當在首卷。論性之善而不推其氣禀之不同，則何以有上智下愚之不移，故曰「不備」。論氣禀之異而不原其性之皆善，則是不達其本也，故曰「不明」。然性者氣之理，氣者性之質，元不相離，判而二之，則亦非矣。○朱子曰：「論性不論氣，孟子言性善是也。論氣不論性，荀子言性惡、楊子言善惡混是也。」愚謂：孟子推原性之本善，雖未及乎氣質，固不害其爲性也。至於荀、楊但知氣質之或異，而不知性之本同，則是不識性也，豈不害道？要之，必若程子、横渠之言，始爲明備。

論學便要明理，論治便須識體。論學而不明理，則徒事乎詞章記誦之末，未爲知學也。論治而不識其體，則徒講乎制度文爲之末，未爲知治也。

曾點、漆雕開已見大意，故聖人與之。曾點言志，以爲「莫春者，春服既成。冠者五六人，童子六七人，浴乎沂，風乎舞雩，詠而歸」。蓋有見於是道之大，流行充滿，而於日用之間從容自得，有與物各適其所之意。「子使漆雕開仕。對曰：『吾斯之未能信。』」開於是理必有見焉，顧於應酬之際，未能自信其悉中乎是理。此其所見之大而不安於小成，所守之篤而必期於自信。二者雖其行之未成，要皆有見於聖人之大意。○朱子曰：點更規模大，開更縝密。○蔡節齋曰：點之意欲上〔一二〕，開之意方進而未已。

根本須是先培壅，然後可立趨向也。趨向既正，所造淺深則由勉與不勉也。涵養心德，根本深厚。然後立趨向而不差，又勉而不已，乃能深造。○朱子曰：收其放心，然後自能尋向上去，亦此意也。

敬義夾持，直上達天德自此。朱子曰：敬主乎中，義防乎外〔一三〕，二者相夾持，要放下霎時也不得，只得直上去，故便達天德。又曰：表裏夾持，更無東走西作。直上者，不爲物欲所累，則可上達天德矣。

懈意一生，便是自棄自暴。

不學便老而衰。學問則義理爲主，故閱理久而益以精明；不學則血氣爲主，故閱時久而益以衰謝。

人之學不進，只是不勇。志氣之勇。

學者爲氣所勝，習所奪，只可責志。立志之不大不剛，則義理不足以勝其氣質之固蔽，學力不足以移其習俗之纏繞，故曰「只可責志」。

内重則可以勝外之輕，得深則可以見誘之小。道義重則外物輕，造理深則嗜欲微。

董仲舒謂：「正其義，不謀其利；明其道，不計其功。」仲舒詳見十四卷。○義者，當然之理；利者，義之和也。然君子惟欲「正其義」而已，未嘗預謀其利。有謀利之心，則是有所爲而爲之，非「正其義」矣。道者，自然之路。功者，行道之效也。然君子惟欲「明其道」而已，未嘗計度其功。有計功之心，則是有私意介乎其間，非「明其道」矣。孫思邈曰：「膽欲大而心欲小，智欲圓而行欲方。」可以爲法矣。思邈，隋唐間人。膽大則敢於有爲，心小則密於察理。智圓則通而不滯，行方則正而不流。○朱子曰：膽不大則卑陋〔一四〕，心不小則狂妄。圓而不方則譎詐，方而不圓則執而不通。

大抵學不言而自得者，乃自得也。有安排布置者，皆非自得也。學而有得，則暗者忽而明，疑者忽而信，欣然有契於心。蓋有所不能形容者，安排布置，即是着意强爲，非真自得者也。

視聽、思慮、動作，皆天也，人但於其中要識得真與妄爾。視聽、思慮、言動，皆天理自然而不容己者，然順理則爲真，從欲則爲妄。

明道先生曰：學只要鞭辟近裏著己而已。故「切問而近思」，則「仁在其中矣」。「鞭辟近裏著己」者，切己之謂也。切問近思而不泛遠，則心德存矣。「言忠信，行篤敬，雖蠻貊之邦行矣。言不忠信，行不篤敬，雖州里行乎哉？立則見其參於前也，在輿則見其倚於衡也。夫然後行。」只此是學。言必忠信，而無一辭之欺誕，行必篤敬，而無一事之漫弛，則以是而行於遠方，異類猶可以誠實感通。苟不信不敬，則雖近而州里之間，其可得而行乎？然非可以暫焉而强爲之也。要必真積力久，隨其所寓，常若有見乎忠信篤敬之道，而不可須臾離者。如此一於誠實，自然信順，無往而不可。○以上皆切己之學。切問近思者，致知之事；「言忠信、行篤敬」者，力行之事。説竝見論語。

質美者明得盡，查滓便渾化，却與天地同體。其次惟莊敬持養，及其至則一也。朱子曰：查滓是私意人欲之消未盡者。人與天地本同體，只緣查滓未去，所以有間隔。若無查滓，便與天地同體。「質美者明得盡」，是見得透徹。如顏子「克己復禮」，天理人欲截然兩段，更無查滓。其次既未到此，則須「莊敬持養」，以消去其查滓。如仲弓「出門如見大賓，使民如承大祭」。常如此持養，久久亦自明徹矣。

「忠信所以進德」，「脩辭立其誠，所以居業」者，乾道也。「敬以直內，義以方外」者，坤道也。乾主健主動，故「進德修業」，皆進爲不息之道。坤主順主靜，故敬直義方，皆收斂裁節之道。

凡人才學，便須知着力處；既學，便須知得力處。始學而不知用力之地，則何以爲入道之端；既學而不知得力之地，則何以爲造道之實。學者隨其淺深，必各有所自得，不然是未嘗實用力於學也。

有人治園圃，役知力甚勞。先生曰：蠱之象「君子以振民育德」，君子之事，唯有此二者，餘無他焉。二者，爲己、爲人之道也。振民，謂興起而作成之。育德，謂涵養己德。成己成人皆吾道之當然，外此則無益之事，非君子所務矣。

「博學而篤志，切問而近思」，何以言「仁在其中矣」？學者要思得之，了此便是徹上徹下之道。朱子曰：「四者皆學問思辨之事耳，未及乎力行而爲仁也。然從事於此則心不外馳，而所存自熟，故曰『仁在其中矣』。」愚謂：學問思辨，學者所以求仁也然〔一五〕。「博學而篤志，切問而近思」，皆懇切篤厚之意。即此一念，便是惻隱之心流行發見之地，不待更求而仁之全體可識矣，故曰「徹上徹下之道」。

弘而不毅，則難立；毅而不弘，則無以居之。本註云：西銘言弘之道。○説見論語。○弘，寬大。毅，剛强也。「弘而不毅」，則寬大有餘而規矩不足，故不能自立。「毅而不弘」，則剛强有餘而狹陋自足，故無以居之。

伊川先生曰：古之學者，優柔厭飫，有先後次序。今之學者，却只做一場話説，務高而已。古之學者有序〔一六〕，隨時隨事各盡其力，優柔而不迫，厭飫而有餘，故其用功也實，而自得也深。後之學者躐等務高，徒資口耳之末而已。常愛杜元凱語：「若江海之浸，膏澤之潤，涣然冰釋，怡然理順，然後爲得也。」杜預，字元凱，作春秋左氏經傳集解〔一七〕，序中語也。江海之浸，則漸漬而深博；膏澤之潤，則優柔而豐腴。此皆言涵養有漸，而周徧融液也。至於所見者，明徹而無滓，則涣然而冰釋；所存者，安裕而莫逆，則怡然而理順。學至於是，其深造而自得也，可知矣。今之學者，往往以游夏爲小，不足學。然游夏一言一事，却總是實。後之學者好高，如人游心於千里之外，然自身却只在此。言偃，字子游。卜商，字子夏。二子在孔門，固非顔、曾比，然其所言所事皆明辨而力行之，無非實也。今之學者，徒好高而無實得，則亦何所至哉！

修養之所以引年，國祚之所以祈天永命，常人之至於聖賢，皆工夫到這裏，則有此應。人生天壽有命，而修養之士保煉精氣，乃可以引年而獨壽。國祚之修短有數，而聖賢之君力行仁義，乃可以祈天永命。常人之質〔一八〕，其視夫生知安行者亦遠矣，然學而不已，則可與聖賢爲一〔一九〕。凡是三者，皆非一旦之功。苟簡超越，幸而得之者，蓋其工夫至到，有此應效耳。所以明學聖人者，當真積力久而得之也。

忠恕所以公平。造德則自忠恕，其致則公平。發乎真心之謂忠，推以及人之謂恕。忠恕則視人猶己，故大公而至平。致，極至也。學者進德則自忠恕，其極至則公平。

仁之道，要之只消道一「公」字。公只是仁之理，不可將公便喚做仁。公而以人體之，故爲仁。仁者，以天地萬物爲一，其理公而已。然言其理至公而無私，必體之以人，則其寬平溥博之中，自然有惻怛慈愛之意，斯所謂仁也。體猶幹骨也。○朱子曰：公則無情，仁則有愛。公字屬理，愛字屬人。「克己復禮」，不容一毫之私，豈非公乎？親親仁民，而無一物之不愛，豈非仁乎？只爲公則物我兼照，故仁，所以能恕，所以能愛。恕則仁之施，愛則仁之用也。恕者推於此，愛者及於彼。仁譬泉之源也，恕則泉之流出，愛則泉之潤澤，公則疏通而無壅塞之謂也。惟其疏通而無壅塞，故能流而澤物。

今之爲學者，如登山麓。方其迤邐，莫不闊步，及到峻處便止。須是要剛決果敢以進。朱子曰：爲學須要剛毅果決，悠悠不濟事，且如「發憤忘食，樂以忘憂」，是什麽精神，什麽骨力！

人謂要力行，亦只是淺近語。人既能知見一切事皆所當爲，不必待著意，纔著意便是有箇私心。這一點意氣，能得幾時子？真知事之當然，則不待著意，自不容已，著意爲之，已是私心。所謂私者，非安乎天理之自然，而出乎人力之使然也。徒以其意氣之使然，則亦必不能久，故君子莫急於致知。

知之必好之，好之必求之，求之必得之。古人此箇學是終身事。果能顛沛造次必於是，豈有不得道理？學是終身事，則不求速成，不容半塗而廢。勉焉孳孳，死而後已可也。顛沛造次必於是，則無一事而非學，無一時而不勉。苟能如是，其有得於斯道可必矣。所以誘進學者之不容自已也。

古之學者一，今之學者三，異端不與焉。一曰文章之學，二曰訓詁之學，三曰儒者之學。欲趨道，舍儒者之學不可。釋教言爲訓，釋古言爲詁。爾雅有釋訓、釋詁是也。儒者之學，所以求道。文章、訓詁，皆其末流。

問：作文害道否？曰：害也。凡爲文不專意則不工，若專意則志局於此，又安能與天地同其大也？書曰「玩物喪志」，爲文亦玩物也。人所以參天地而竝立者，惟此心爲之主耳。苟志有所局，又安能與天地參哉？故玩習外物，則正志喪失。專意爲文，亦玩物也。呂與叔詩云：「學如元凱方成癖，文似相如始類俳。獨立孔門無一事，只輸顏氏得心齋。」古之學者，惟務養情性，其他則不學。今爲文者，專務章句，悦人耳目。既務悦人，非俳優而何？呂大臨，字與叔，張、程門人也。杜元凱嘗自謂有左氏癖，所著訓解凡十餘萬言。司馬相如作子虛、上林等賦，徒衒文辭，務以悦人，故曰「類俳」。俳優，倡戲也。齋，齋肅純一之意也。心齋，説見莊子。曰：古者學爲文否？曰：人見六經，便以爲聖人亦作文，不知聖人亦攄發胸中所蘊，自成文耳。所謂「有德者必有言」也。聖人道全德盛，非有意於爲文，而文自不可及耳。曰：游夏稱文學，何也？曰：游夏亦何嘗秉筆學爲詞章也？游、夏，蓋習於詩、書、禮、樂之文者。舊説子游作檀弓，子夏作樂記之類。凡此皆道體之流行，人事之儀則，固未嘗秉筆學爲如此之文，而亦非若後世無用之空言也。且如「觀乎天文以察時變，觀乎人文以化成天下」，此豈詞章之文也？説見賁卦。○天文謂日月星辰之文，人文謂人倫禮樂之文。

涵養須用敬，進學則在致知。朱子曰：主敬以立其本，窮理以進其知，二者不可偏廢。使本立而知益明，知精而本益固，二者亦互相發。

莫説道將第一等讓與別人，且做第二等。才如此説，便是自棄。雖與「不能居仁由義」者差等不同，其自小一也。言學便以道爲志，言人便以聖爲志。性無不善，人所同得。苟安於小成，皆自棄也。

問：「必有事焉」，當用敬否？曰：敬是涵養一事。「必有事焉」，須用集義。只知用敬，不知集義，却是都無事也。孟子言養氣，曰「必有事焉」，又曰「是集義所生者」。人之所爲皆合於義。自反無愧，此浩然之氣所以生也。敬者，存心而已。若不集義，安得謂之「必有事焉」？又問：

義莫是中理否？曰：中理在事，義在心。義者，吾心之裁制。中理者，合乎事理之宜也。故有「在事」、「在心」之别。

問：敬義何别？曰：敬只是持己之道，義便知有是有非。順理而行，是爲義也。若只守一箇敬，不知集義，却是都無事也。張南軒曰：居敬、集義工夫竝進，相須而相成也。若止要能敬，不知集義，則所謂敬者，亦塊然無所爲而已，烏得心體之周流哉！又曰：集義只是事事求箇是而已。朱子曰：敬義工夫不可偏廢。彼專務集義而不知主敬者，固有虚驕急迫之病，而所謂義者，或非其義。然專言主敬，而不知就日用間念慮起處分，别其公私義利之所在，而決取舍之幾焉，則亦未免於昏憒雜擾，而所謂敬者，亦非其敬矣。

且如欲爲孝，不成只守著一箇孝字。須是知所以爲孝之道，所以侍奉當如何，温凊當如何，然後能盡孝道也。言此以明集義之道，「必有事焉」者也。

學者須是務實，不要近名方是。有意近名，則是僞也。大本已失，更學何事？爲名與爲利，清濁雖不同，然其利心則一也。志於求名，則非務實。有爲而爲，即是利心。

「回也，其心三月不違仁」，只是無纖毫私意。有少私意，便是不仁。仁者，天理之公、心德之全也。有一毫私意介乎其間，則害乎仁之全體矣。

「仁者先難後獲」，有爲而作，皆先獲也。古人惟知爲仁而已，今人皆先獲也。説見《論語》。○後，猶「未有義而後其君」之「後」。先難者，存心之篤而不容一念之或間，克己之力而不容一事之非禮。後獲者，順乎天理而未嘗謀其私，發乎誠心而未嘗計其效，此仁者之事也。或曰：智者利仁，是亦先獲也。曰：所謂利仁者，以其察之明而後行之決，蓋「擇善而固執之者也」，未若仁者安行乎天理之自然而已，又豈區區計功謀效者之爲哉？萌計謀之私，則已非仁矣，尚何利仁之有？

有求爲聖人之志，然後可與共學；學而善思，然後可與適道；思而有所得，則可與立；立而化之，則可與權。說見論語。○學者所以學爲聖人也，有志希聖，然後可與共學。學原於思，善於致思，然後能通乎道。思而有實得，然後可與立，而物欲、異端不能奪之。既立矣，又能通變而不滯，斯可與權。蓋權者，隨時制宜，惟變所適，又非執一者所能與也。

「古之學者爲己」，其終至於成物；今之學者爲物，其終至於喪己。爲己者，盡吾性之當然，非有預於人也，其終至於成物者。蓋道本無外，人己一致，能盡己之性，則能盡物之性矣，然其成物也，亦無非盡己之事也。苟徒務外，則將陷於邪僞，反害其性矣。

君子之學必日新。日新者，日進也。不日新者必日退，未有不進而不退者。惟聖人之道無所進退，以其所造者極也。君子之學，當日進而不已。一或自止，則智日昏而行日虧矣。惟聖人，理造乎極，行底乎成，則無所進退。或曰：聖人「純亦不已」，固未嘗不日新也。曰：論其心，固無時而自已。一念之或已，則是間斷也。何以爲聖人？論其進退之地〔二〇〕，則至於神聖而極，不容有所加損也。

明道先生曰：性靜者可以爲學。外書。下同。○智以靜而明，行以靜爲主。

弘而不毅，則無規矩；毅而不弘，則隘陋。說見前。

知性善以忠信爲本，此先立其大者。學莫大於知性，真知性之本善，則知之大者。忠信以爲質，然後禮義有所措。以忠信爲本，則行之大者。

伊川先生曰：人安重則學堅固。躁擾輕浮，則所知者易忘，所守者易隳。

「博學之，審問之，慎思之，明辨之，篤行之」，五者廢其一，非學也。說見中庸。○學不博，則無以備事物之理。既博矣，則不能無疑，疑則不容不問，問或疏略而不審，則無以決疑而取正。問審矣，又必反之心，思以驗其實。思之而不謹，則或泛濫而不切，或穿鑿而過深，則亦不足以揆所聞之當否。思之謹矣，至於應酬事物之際，而辨其是非疑似之間者，必極其明而不容有毫釐之差焉。然知之明，行之不力，則其所已知者，猶或奪於物欲之私，而陷於自欺之域矣，故以力行終之。此五者雖有次第，實相須而進，不容闕其一焉。

張思叔請問，其論或太高，伊川不答，良久曰：「累高必自下。」張繹，字思叔，程子門人也。學必有其序，不容躐等。積累而高，必自下始也。

明道先生曰：人之爲學，忌先立標準。若循循不已，自有所至矣。標，幟。準，的。蓋期望之地也。爲學而先立標準，則必有好高躐等之患。故莫若循序而進，孳孳不已，自有所至。○朱子曰：此如「必有事焉而勿正」之謂。觀顏子喟然之歎，不於高堅瞻忽處用功，却就博文約禮上進步，則可見矣。

尹彥明見伊川後，半年，方得大學、西銘看。尹焞，字彥明，程子門人也。始學之士未知嚮方，教之以大學，使其知入道之門、進學之序也。然學莫大於求仁，繼之以西銘，所以使其知仁之體，而無私己之蔽也。然有待於半年之後者，蓋欲其厚積誠意，蠲除氣習，以爲學問根本也。

有人說無心。伊川曰：無心便不是，只當云無私心。苟欲無心，則必一切絶滅思慮，槁木死灰而後可，豈理也哉！故聖賢未嘗無心，特是心之所存所用者，無非本天理之公而絶乎人欲之私耳。

謝顯道見伊川，一本作「伯淳」。伊川曰：「近日事如何？」對曰：「天下何思何慮？」伊川曰：「是則是有此理，賢却發得太早在。」至誠之道，不思而得，初何容心。然未能義精仁熟，而遽欲坐忘絶念，此告子之不動心而反爲心害者也。伊川直是會鍛煉得人，說了又道：「恰好著工夫也。」鍛煉，冶工之冶金，言其善於成冶人也〔二一〕。心無紛擾，乃進學之地，故又曰「恰好著工夫」。○朱子曰：人所患者，不能見得大體。謝氏合下便見得，只是下學之功都欠，故道「恰好著工夫」。

謝顯道云：昔伯淳教誨，只管著他言語。伯淳曰：「與賢說話，却似扶醉漢，救得一邊，倒了一邊。」只怕人執著一邊。朱子曰：上蔡因有發於明道「玩物喪志」之一言，故其所論每每過高，如「浴沂御風」、「何思何慮」之類，皆是墮於一偏。

横渠先生曰：「精義入神」，事豫吾内，求利吾外也。「利用安身」，素利吾外，致養吾内也。説見易繫辭。○研精義理，妙以入神，知之功也。然事素定於内，則施於外者無不順。順於致用，以安其身，行之功也。然所用既順於外，則養於内者益以厚。此明内外之交養，而知行之相資也。「窮神知化」，乃養盛自至，非思勉之能强。故崇德而外，君子未或致知也。正蒙。下同。○神者，妙萬物而無方。化者，著萬物而有迹。窮神知化，蓋窮理盡性以至於命，是則知行交養，德盛所致，非思之所能得、勉之所能至者。故君子惟盡力於精義以致其用，利用以崇其德，自崇德之外，則有所不能致其力者。故曰「過此以往，未之或知也」。

形而後有氣質之性，善反之則天地之性存焉。故氣質之性，君子有弗性者焉。天命流行，賦予萬物，本無非善，所謂「天地之性」也。氣聚成形，性爲氣質所拘，則有純駁偏正之異，所謂「氣質之性」也。然人能以善道自反，則天地之性復全矣〔一二〕。故氣質之性，君子不以爲性，蓋不徇乎氣質之偏，必欲復其本然之善。孟子謂「性無有不善」是也。○朱子曰：「天地之性」專指理而言，「氣質之性」則以理雜氣而言。又曰：性譬之水，本皆清也，以淨器盛之則清，以污器盛之則濁。澄治之，則本然之清未嘗不在。

德不勝氣，性命於氣；德勝其氣，性命於德。義理與氣質相爲消長。德不勝氣則氣爲之主，而性命拘於雜揉之質；德勝其氣則德爲之主，而性命全乎本然之善。窮理盡性，則性天德，命天理。氣之不可變者，獨死生脩夭而已。窮萬物之理而盡一己之性，此學問之極功也〔二三〕。學至於是，則查滓渾化，義理昭融，所性者即天之德，所命者即天之理，尚何氣稟之爲累哉〔二四〕！獨死生壽夭，則稟氣有定數而不可移耳。○黄勉齋曰：窮理盡性，則不但德勝其氣而已，且將性命於天矣。德以所得者而言，理以本然者而言，故性曰天德，命曰天理，一而已矣。

莫非天也，陽明勝則德性用，陰濁勝則物欲行。「領惡而全好」者，其必由學乎？「領惡而全好」，見戴記。鄭氏曰：「領，猶理治也。好，善也。」人之氣質不齊，要皆稟於天也。陽明而陰暗，陽清而陰濁。稟陽之多者，明而不暗，故德性用；稟陰之多者，濁而不清，故物欲行。若夫領物欲之惡而不得行，全德性之好而盡其用者，其必由於學乎！所謂「雖愚必明，雖柔必强」者也。

大其心則能體天下之物。物有未體，則心爲有外。世人之心，止於見聞之狹。聖人盡性，不以見聞梏其心，其視天下無一物非我。萬物一體，性本無外，苟拘於耳目之偏狹，則私意蔽固，藩籬爾汝，安能體物而不遺？惟聖人能盡此性，故心大而無外，其視物與己本無間然也。○朱子曰：體，猶「體認」之「體」，將自身入事物之中，究見其理。又曰：只是有私意，便内外扞格，只見得自身上事。凡物皆不得與己相關，便是有外之心。孟子謂盡心則知性知天，以此。天大無外，故有外之心，不足以合天心。人能全心德之大，則知性知天矣。無一物而非天，故天大無外。人之心苟猶有外，則與天心不相似。

仲尼絶四，自始學至成德，竭兩端之教也。意，有思也；必，有待也；固，不化也；我，有方也。四者有一焉，則與天地爲不相似矣。意、必、固、我，蓋私意見於應事接物之間，自始至終有此四者。横渠先生解「絶」、「毋」皆爲禁止之意，故以此爲聖人設教之道。謂自始學以至於成德，其所以克治融釋者不外乎此，所謂「竭兩端之教也」。意者萌心之始，故曰有思；必者期望於終，故曰有待；固者滯於已往，故曰不化；我者成於己私，故曰有方。○朱子曰：起於意，遂於必，留於固而成於我，意、必常在事前，固、我常在事後。或問：四者相爲終始，而曰「有一焉」，何也？曰：人之爲事，亦有其初未必出於私意，而後來固執而不化者。若曰絶私意則三者皆無，則曰「絶一」斯可矣，何用更言「絶四」？以此知四者又各是一病。

上達反天理，下達狥人欲者歟！說見論語。○反天理，則所趨日以高遠；狥人欲，則所趨日以沉溺。

知崇，天也，形而上也。通晝夜而知，其知崇矣。知及之，而不以禮性之，非己有也。故知禮成性而道義出，如天地位而易行。說見繫辭。○人能通晝夜陰陽之變，智則崇矣，所以效天也。又能守品節事物之禮，性斯成焉，所以法地也。智禮相資而成其性，道義之所從出，猶天地定位而易之理行乎兩間也。○或問：「知禮成性」之說。朱子曰：如「習與性成」之意。又曰：性者，我所得於天底；道義，是衆人共由底。

困之進人也，爲德辨、爲感速。孟子謂「人有德慧術智者，常存乎疢疾」，以此。繫辭傳曰：「困，德之辨也。」辨，明也。人處患難之時，則操心危懼而無驕侈之蔽，故其見理也明。置身窮厄而有反本之思，故其從善也敏。德慧謂德之慧，術智謂術之智。疢疾，災患也。

言有教，動有法。晝有爲，宵有得。息有養，瞬有存。非先王之法言不敢言，言有教也；非先王之德行不敢行，動有法也。「終日乾乾」，晝有爲也；夜氣所養，宵有得也。氣之出入爲息，一息而必有所養也。目之開闔爲瞬，一瞬而必有所存也。此言君子無往無時而非學也。

橫渠先生作訂頑曰：乾稱父，坤稱母。予茲藐焉，乃混然中處。朱子曰：天，陽也，以至健而位乎上，父道也。地，陰也，以至順而位乎下，母道也。人，稟氣於天，賦形於地，以藐然之身，混合無間，而位乎中，子道也。然不曰天地而曰乾坤者，天地其形體也，乾坤其性情也。乾者，健而無息之謂，萬物之所資以始者也。坤者，順而有常之謂，萬物之所資以生者也。是乃天地之所以爲天地而父母乎萬物者，故指而言之。○愚按，禮記「仁人之事親也如事天，事天如事親」。此謂「孝子成身」，即西銘之原也。故天地之塞，吾其體；天地之帥，吾其性。朱子曰：乾陽、坤陰，此天地之氣塞乎兩間，而人物之所資以爲體者也，故曰「天地之塞，吾其體」。乾健、坤順，此天地之志，爲氣之帥，而人物之所得以爲性者也，故曰「天地之帥，吾其性」。深察乎此，則父乾母坤，混然中處之實可見矣。民吾同胞，物吾與也。朱子曰：人物竝生於天地之間，其所資以爲體者，皆天地之塞；其所得以爲性者，皆天地之帥。然體有偏正之殊，故其於性也，不無明暗之異。惟人也得其形氣之正，是以其心最靈，而有以通乎性命之全體，於竝生之中，又爲同類而最貴焉，故曰「同胞」。則其視之也，皆如己之兄弟矣。物則得夫形氣之偏，而不能通乎性命之全，故與我不同類，而不若人之貴。然原其體性之所自，是亦本之天地而未嘗不同也，故曰「吾與」。則其視之也，亦如己之儕輩矣。惟同胞也，故以天下爲一家，中國爲一人，如下文之云「惟吾與也」。故凡有形於天地之間者，若動若植，有情無情，莫不有以若其性，遂其宜焉。此儒者之道，所以必至於參天地、贊化育，然後爲功用之全，而非有所强於外也。

大君者，吾父母宗子；其大臣，宗子之家相也。尊高年，所以長其長；慈孤弱，所以幼吾幼。聖其合德，賢其秀也。凡天下疲癃殘疾、惸獨鰥寡，皆吾兄弟之顛連而無告者也。朱子曰：乾父、坤母，而人生其中，則凡天下之人，皆天地之子矣。然繼承天地，統理人物，則大君而已，故爲父母之宗子。輔佐大君，綱紀衆事，則大臣而已，故爲宗子之家相。天下之老一也，故凡尊天下之高年者，乃所以長吾之長。天下之幼一也，故凡慈天下之孤弱者，乃所以幼吾之幼。聖人與天地合其德，是兄弟之合德乎父母者也。賢者才德過於常人，是兄弟之秀出乎等夷者也。是皆以天地之子言之，則凡天下之疲癃殘疾、惸獨鰥寡，非吾兄弟無告者而何哉！

于時保之，子之翼也；樂且不憂，純乎孝者也。朱子曰：畏天以自保者，猶其敬親之至也；樂天而不憂者，猶其愛親之純也。又曰：若論天地萬物與我同體之意，固極宏大，然所論事天功夫，則自「于時保之」以下方極親切。

違曰悖德，害仁曰賊，濟惡者不才，其踐

形惟肖者也。朱子曰：不循天理而徇人欲者〔二五〕，不愛其親而愛他人也，故謂之悖德。戕滅天理，自絶本根者，賊殺其親，大逆無道也，故謂之賊。長惡不悛，不可教訓者，世濟其凶，增其惡名也，故謂之不才。若夫盡人之性，而有以充人之形，則與天地相似而不違矣，故謂之肖。知化則善述其事，窮神則善繼其志。朱子曰：孝子，「善繼人之志，善述人之事者也」。聖人知變化之道，則所行者無非天地之事矣；通神明之德，則所存者無非天地之心矣。此二者皆樂天踐形之事也。又曰：化底是氣，有迹可見，故爲事；神底是理，無形可窺，故爲志。不愧屋漏爲「無忝」，存心養性爲「匪懈」。朱子曰：孝經引詩曰「無忝爾所生」，故事天者，「仰不愧」、「俯不怍」，則不忝乎天地矣。又曰：「夙夜匪懈」，故事天者，「存其心，養其性」，則不懈乎事天矣。此二者畏天之事，而君子所以求踐夫形者也。惡旨酒，崇伯子之顧養；育英材，潁封人之錫類。朱子曰：好飲酒而「不顧父母之養」者，不孝也。故遏人欲如禹之惡旨酒，則所以顧天之養者至矣。性者萬物之一源，非有我之得私也。故「育英材」如潁考叔之及莊公，則所以「永錫爾類」者廣矣。不弛勞而底豫，舜其功也；無所逃而待烹，申生其恭也。朱子曰：「舜盡事親之道，而瞽叟底豫」，其功大矣。故事天者盡事天之道，而天心豫焉，則亦天之舜也。申生無所逃而待烹，其恭至矣。故事天者夭壽不貳，而脩身以俟之，則亦天之申生也。體其受而歸全者，參乎？勇於從而順令者，伯奇也。朱子曰：「父母全而生之，子全而歸之」。若曾子之啓手啓足，則體其所受乎親者，而歸其全也。況天之所以與我者，無一善之不備，亦全而生之也。故事天者能體其所受於天者而全歸之，則亦天之曾子矣。子於父母，東西南北唯令之從。若伯奇之履霜中野，則勇於從而順令也。況天之所以命我者，吉凶禍福，非有人欲之私。故事天者能勇於從而順受其正，則亦天之伯奇矣。富貴福澤，將厚吾之生也；貧賤憂戚，庸玉汝於成也。朱子曰：富貴福澤，所以大奉於我，而使吾之爲善也輕。貧賤憂戚，所以拂亂於我，而使吾之爲志也篤。天地之於人，父母之於子，其設心豈有異哉！故君子之事天也，以周公之富而不至於驕，以顏子之貧而不改其樂。其事親也，愛之則喜而弗忘，惡之則懼而無怨，其心亦一而已矣。存，吾順事；没，吾寧也。朱子曰：孝子之身存，則其事親也不違其志而已，没則安而無所愧於親也。仁人之身存，則其事天也不逆其理而已，没則安而無所愧於天也。蓋所謂「朝聞夕死」、「吾得正而斃焉」者。故張子之銘，以是終焉。

明道先生曰：訂頑之言，極醇無雜，秦漢以來學者所未到。又曰：訂頑一篇，意極完備，乃仁之體也。仁者本以天地萬物爲一體。學者其體此意，令有諸己，其地位已高。到此地位，自别有見處，不可窮高極遠，恐於道無補也。體認此意實爲我有，所謂真知而實踐之，至此則又有見於大本一原之妙矣。又曰：訂頑立心，便達得天德。普萬物而無私，天德也。又曰：游酢得西銘讀之，即涣然不逆於心，曰「此中庸之理也」，能求於言語之外者也。游酢，字定夫，程子門人也。中庸惟本乎天命之性，中者性之體，和者性之用，「致中和」至於「天地位、萬物育」，實則原於天命之本然。西銘以人物之生，同稟是氣以爲體，同具是理以爲性，雖有差等，實無二本也。今一視同仁者，亦所以盡一己之性而全天命之本然耳，此即中庸之理也。楊中立問曰：西銘言體而不及用，恐其流遂至於兼愛，何如？伊川先生曰：横渠立言誠有過者，乃在正蒙。西銘之書，推理以存義，擴前聖所未發，與孟子性善、養氣之論同功，豈墨氏之比哉！西銘明理一而分殊，墨氏則二本而無分。本註云：老幼及人，理一也，愛無差等，本二也。○楊時，字中立，程子門人也。西銘以天地爲父母，萬物爲同體，是理一也。然而貴賤、親疏、上下各有品節之宜，是分殊也。若墨氏惑於兼愛，則泛然竝施而無差等，施之父母者猶施之路人，是親疏竝立而爲二本也。○或問：「理一分殊」，如同胞吾與、大君家相、長幼殘疾，皆自有等差，是分殊處否？朱子曰：此是一直看，下更須横截看。天氣而地質，與父母固是一理，然吾之父母與天地自是有箇親疏，同胞裏面便有「理一分殊」，吾與裏面亦便有「理一分殊」。龜山正是疑同胞吾與爲近於墨氏，不知同胞吾與各自有「理一分殊」在其中矣。分殊之蔽，私勝而失仁；無分之罪，兼愛而無義。徒知分之殊而不知理之一，則其蔽也，爲己之私勝，而失其公愛之理；徒知理之一而不知分之殊，則其過也，兼愛之情勝，而失其施愛之宜。分立而推理一，以止私勝之流，仁之方也。無别而迷兼愛，以至於無父之極，義之賊也。子比而同之，過矣。分立而推其理之一，則無私勝之蔽，此爲仁之方，西銘是也。施無差等而迷於兼愛，則其極也至於無父，此害義之賊，墨氏是也。且彼欲使人推而行之，本爲用也，反謂不及，不亦異乎？西銘本言理一，欲人推大公之用。因龜山有兼愛之疑，故程子又明其分之殊。蓋莫非自然之理也。或曰：既言理一，又曰分殊，是理與分爲二也？曰：以理推之，則竝生於天地之間者，同體同性，不容以異觀也。然是理也，則有品節之殊、輕重之等。所謂分也者，特是理之差等耳，非二端也。

又作砭愚曰：戲言出於思也，戲動作於謀也。發於聲，見乎四支，謂非己心，不明也。欲人無己疑，不能也。言雖戲，必以思而出也；動雖戲，必以謀而作也。戲言發於聲，戲動見乎四支，謂非本於吾心，是惑也，本於吾心而欲人之不我疑，不可得也。過言非心也，過動非誠也。失於聲，繆迷其四體，謂己當然，自誣也。欲他人己從，誣人也。言之過者，非其心之本然也；動之過者，非其誠之實然也。失於聲而爲過言，繆迷其四體而爲過動，謂之過者皆誤而非故也。或者吝於改過，遂以爲己之當然，是自誣其心也。既憚改而自誣，又欲人之從之，是誣人也。此夫子所謂「小人之過也必文」，孟子所謂「過則順之」，又從而爲之辭。或者謂出於心者，歸咎爲己戲；失於思者，自誣爲己誠。不知戒其出汝者，歸咎其不出汝者。長傲且遂非，不智孰甚焉？戲謔出於心思，乃故爲也。不知所當戒，徒歸咎以爲戲，則長傲而慢愈滋矣。過誤不出於心思，乃偶失耳，不知歸咎於偶失，反自誣以爲實，則遂非而過不改矣。○學者深省乎此，則崇德辨惑、矯輕警惰之功亦大矣。然其於戲且誤者，克治尚如此之嚴，況乎過之非戲誤者，豈復留之纖芥以累其身心哉？橫渠學堂雙牖，右書訂頑，左書砭愚。伊川曰：「是起爭端。」改訂頑曰西銘，砭愚曰東銘。頑者，暴忍而不仁；愚者，昏塞而不智。訂頑主仁而義在其中，砭愚主智而禮在其中。

將脩己，必先厚重以自持。厚重知學，德乃進而日固矣。忠信進德，惟尚友而急賢。欲勝己者親，無如改過之不吝。横渠文集。下同。説見論語。○君子脩己之道必以厚重爲本，苟輕浮則無受道之基。然徒厚重而不知學，則德亦固滯而不進矣。然進德之道必以忠信爲主，而求忠信之輔者，莫急於交勝己之賢，但或吝於改過，則無所施其責善之道，賢者亦不我親矣。○「學則不固」之説與本文異，此自是一義，有益學者故取焉。此録經説有與本文異者，放此。

横渠先生謂范巽之曰：吾輩不及古人，病源何在？巽之請問。先生曰：此非難悟。設此語者，蓋欲學者存意之不忘，庶游心浸熟，有一日脱然如大寐之得醒耳。范育，字巽之。○朱子曰：横渠説此語，正要學者將此題目時時自省，積久貫熟，而自得之耳。又曰：人於義理，須如所謂脱然大寐之得醒，方始是信得處。

未知立心，惡思多之致疑；既知所立，惡講治之不精。立心未定而多思致惑，則所向或移；立心既定而講治粗疏，則所業莫進。講治致思〔二六〕，莫非術内，雖勤而何厭？所以急於可欲者，求立吾心於不疑之地，然後若決江河以利吾往。承上文而言。致思、講治，乃窮理之事，皆在吾學術之内，初何厭乎勤？此言講治之貴精。然所以急於明可欲之善者，蓋欲先定吾志，無所疑惑，然後能若決江河，進而不可竭。此言立心之必定。遜此志，「務時敏，厥修乃來」。故雖仲尼之才之美，然且敏以求之。今持不逮之資，而欲徐徐以聽其自適，非所聞也。説見尚書。○遜，順也。遜此志則立心已定，務時敏則講學爲急。如是則所修乃日見其進也。

明善爲本，固執之乃立，擴充之則大，易視之則小，在人能弘之而已。明善者，爲學之本。知之既明，由是固守之，則此德有立；推廣之，則此德日大。苟以忽心視之，則所見者亦寖微矣。

今且只將「尊德性而道問學」爲心，日自求於問學者有所背否，於德性有所懈否。此義亦是博文約禮，下學上達。以此警策一年，安得不長？尊者，崇尚敬持之意。道，由也。由學問而惟恐背違〔二七〕，崇德性而惟恐懈怠。日以此自省，積之歲月則内外兼進矣。「尊德性」則是約禮上達之事，「道問學」則是博文下學之事。每日須求多少爲益。知所亡，改得少不善，此德性上之益；學者日省其身，所以增益其不知者何如，所以改治其不善者何如，以是存心，則德日新矣。讀書求義理，編書須理會有所歸着，勿徒寫過，又多識前言往行，此問學上益也。讀書者，必窮其義理，不徒事章句訓詁之末。編書者，必求其旨歸，不徒務博洽紀録之功。多識前哲之言行，以廣所知，則學日進矣。勿使有俄頃閒度，逐日似此，三年庶幾有進。君子之學一有間斷，則此心外馳，德性日隳，學問日廢矣。

爲天地立心，爲生民立道，爲去聖繼絶學，爲萬世開太平。天地以生生爲心，聖人參贊化育，使萬物各正其性命，此「爲天地立心」也。建明義理，扶植綱常，此「爲生民立道」也。繼絶學，謂纘述道統。開太平，如有王者起，必來取法，利澤垂於萬世。學者以此立志，則所任至大而不安於小成，所存至公而不苟於近用。

載所以使學者先學禮者，只爲學禮則便除去了世俗一副當習熟纏繞。譬之延蔓之物，解纏繞即上去。苟能除去了一副當世習，便自然脱灑也。又學禮，則可以守得定。學禮則可以消除習俗之累，又有所依據而自守。

須放心寬快公平以求之，乃可見道。况德性自廣大。易曰「窮神知化，德之盛也」，豈淺心可得？橫渠易說。○人之德性本自廣大，故必廣大其心求之，偏狹固滯，豈足以見道也？

人多以老成則不肯下問，故終身不知。又爲人以道義先覺處之，不可復謂有所不知，故亦不肯下問。從不肯問，遂生百端，欺妄人我，寧終身不知。橫渠論語說。○言人虚驕，耻於下問，内則欺己，外則欺人，終於不知而已。

多聞不足以盡天下之故。苟以多聞而待天下之變，則道足以酬其所嘗知。若劫之不測，則遂窮矣。橫渠孟子說。下同。○故，所以然也。酬，應也。心通乎道，則能盡夫事理之所以然，故應變而不窮；不通乎道而徒事乎記問，則見聞有限而事變無窮，卒然臨之以所未嘗知，則窮矣。

爲學大益，在自求變化氣質。不爾，皆爲人之弊，卒無所發明，不得見聖人之奥。所貴於學，正欲陶鎔氣質，矯正偏駁。不然，則非爲己之學，亦何以推明聖人之藴哉！○朱子曰：寬而栗，柔而立，剛而無虐，簡而無傲，便是教人變化氣質。

文要密察，心要洪放。語録。下同。○文不密察，則見理麤疏；心不洪放，則所存狹滯。

不知疑者，只是不便實作。既實作，則須有疑。有不行處〔二八〕，是疑也。始學之士，知必有所不明，行必有所不通。殊不知疑者，是未嘗實用功也。

心大則百物皆通，心小則百物皆病。心大則寬平弘遠，故處己待人無往而不達；心小則偏急固陋，無所處而不爲病也。

人雖有功，不及於學，心亦不宜忘。心苟不忘，則雖接人事，即是實行，莫非道也。心若忘之，則終身由之，只是俗事。人有妨廢學問之功者，然心不忘乎學，則日用無非道，故曰「即是實行」。心苟忘乎學，則日用而不知，故曰「只是俗事」。「實行」與「俗事」非二事，特以所存者不同耳。

合内外，平物我，此見道之大端。合内外者，表裏一致，就己而爲言也。平物我者，物我一體，合人己而爲言也。

既學而先有以功業爲意者，於學便相害。既有意，必穿鑿創意，作起事端也。德未成而先以功業爲事，是代大匠斲，希不傷手也。功業，立言、立事皆是也。爲學而先志於功業，則穿鑿創造，必害於道矣。

竊嘗病孔孟既没，諸儒囂然，不知反約窮源，勇於苟作，持不逮之資，而急知後世。明者一覽，如見肺肝然，多見其不知量也。方且創艾其弊，默養吾誠。顧所患日力不足，而未果他爲也。不知反約窮源，故浮淺而無實；默養吾誠，則反約窮源之事也。

學未至而好語變者，必知終有患。蓋變不可輕議，若驟然語變，則知操術已不正。變者，非常行之道。蓋權宜之事也，自非見理明、制義精者，不足以與此。苟學未至而輕於語變，則知其學術之源已不正，終必流於邪譎。

凡事蔽蓋不見底，只是不求益。行己無隱，則是非善惡有所取正，庶可增益其所未知、所未能〔二九〕。苟固爲蔽覆，恐人之知，是則非求益者也。有人不肯言其道義所得所至，不得見底，又非於吾言無所不説。人不肯言其知之所得、行之所至，使人不可得而見者。蓋苟安自足，恐人之非己，又非若顔子之如愚，於聖言「無所不説」者之比也。

耳目役於外，攬外事者，其實是自惰，不肯自治，只言短長，不能反躬者也。急於自治，何暇務外；厚於反躬，何暇議人。

學者大不宜志小氣輕。志小則易足，易足則無由進；氣輕則以未知爲已知、未學爲已學。志小則易於自足，故怠惰而無新功；氣輕則易於自大，故虛誕而無實得。

校勘記

〔一〕斯可究爲學之大凡矣　「凡」，元刻明修本、明刊本作「方」。

〔二〕守之固者　「固」原作「果」，據元刻明修本、明刊本改。

〔三〕咸卦九四爻辭　「爻」原作「象」，據元刻明修本、明刊本改。

〔四〕自然方正　「自」，元刻明修本、明刊本作「截」。

〔五〕自「君子主敬」至「所行也」　此條文字原接上條，據元刻明修本改。

〔六〕心所不通　「心」，元刻明修本、明刊本作「必有」。

〔七〕則湛然泰然　「湛」，元刻明修本、明刊本作「澄」。

〔八〕此教人以處艱阻之道　「艱阻」，元刻明修本、明刊本作「險難」。

〔九〕不可以阻而廢　「阻」，元刻明修本、明刊本作「沮」。

〔一〇〕横渠以立言傳後爲修辭　「修辭」下，元刻明修本、明刊本有「居業」二字。

〔一一〕學者之志固不可不以遠大自期　「之志」，元刻明修本、明刊本作「志識」。

〔一二〕點之意欲上　「上」，元刻明修本作「正」，明刊本作「止」。

〔一三〕義防乎外　「防」原作「方」，據元刻明修本、明刊本改。

〔一四〕膽不大則卑陋　「膽」，元刻明修本、明刊本作「志」。

〔一五〕學者所以求仁也然　「也」，元刻明修本作「皆」。

〔一六〕古之學者有序　「學」上，元刻明修本、明刊本有「爲」字。

〔一七〕作春秋左氏經傳集解　「集解」原無，據元刻明修本、明刊本補。

〔一八〕常人之質　「之」，元刻明修本、明刊本作「資」。

〔一九〕則可與聖賢爲一　「則」，元刻明修本、明刊本作「卒」。

〔二〇〕論其進退之地　「退」，元刻明修本、明刊本作「德」。

〔二一〕治工之治金言其善於治人也　後二「治」字，元刻明修本均作「治」。

〔二二〕則天地之性復全矣　「全」，元刻明修本作「至」。

〔二三〕此學問之極功也　「學問」，元刻明修本、明刊本作「問學」。

〔二四〕尚何氣稟之爲累哉　「稟」，元刻明修本、明刊本作「質」。

〔二五〕不循天理而徇人欲者　「徇」，元刻明修本作「循」，明刊本作「脩」。

〔二六〕講治致思　「致」，元刻明修本作「之」。

〔二七〕由學問而惟恐背違　「背」，元刻明修本作「皆」。

〔二八〕有不行處　「有」上，元刻明修本、明刊本有「必」字。

〔二九〕庶可增益其所未知所未能　「益」原作「蓋」，據元刻明修本、明刊本改。

近思録集解卷三

凡七十八條

致知

此卷論致知。知之至，而後有以行之。自首段至二十二段，總論致知之方。然致知莫大於讀書，二十三段至三十三段，總論讀書之法。三十四段以後，乃分論讀書之法，而以書之先後爲序。始於大學，使知爲學之規模次序，而後繼之以論、孟、詩、書。義理充足於中，則可探大本一原之妙，故繼之以中庸。達乎本原，則可以「窮神知化」，故繼之以易。理之明，義之精，而達乎造化之藴，則可以識聖人之大用，故繼之以春秋。明乎春秋之用，則可推以觀史，而辨其是非得失之致矣。横渠易説以下，則仍語録之序，而周官之義因以具焉。

伊川先生答朱長文書曰：心通乎道，然後能辨是非，如持權衡以較輕重，孟子所謂「知言」是也。道者，事物當然之理。通，曉達也。「知言」者，天下之言無不究明其理而識其是非之所以然。心不通乎道〔一〕，而較古人之是非，猶不持權衡而酌輕重，竭其目力，勞其心智，雖使時中，亦古人所謂「億則屢中」，君子不貴也。文集。下同。說見論語。○時中，謂有時而中之。億，以意揣度也。揣度而中，則非明理之至矣。

伊川先生答門人曰：孔孟之門，豈皆賢哲？固多衆人。以衆人觀聖賢，弗識者多矣。惟其不敢信己而信其師，是故求而後得。今諸君於頤言，纔不合則置不復思，所以終異也。不可便放下，更且思之，致知之方也。

伊川先生答横渠先生曰：所論大概，有苦心極力之象，而無寬裕温厚之氣。非明睿所照，而考索至此，故意屢偏而言多窒，小出入時有之。本註云：夫明所照者〔二〕，如目所覩，纖微盡識之矣。考索至者，如揣料於物，約見髣髴爾，能無差乎？更願完養思慮，涵泳義理，他日自當條暢。苦思强索，則易至於鑿而不足以達於理；涵泳深厚，則明睿自生。

欲知得與不得，於心氣上驗之。思慮有得〔三〕，中心悅豫，沛然有裕者，實得也。思慮有得，心氣勞耗者，實未得也，强揣度耳。學固原於思，然所貴從容饜飫而自得，不可勞心極慮而强通。嘗有人言比因學道，思慮心虛。曰：人之血氣固有虛實，疾病之來，聖賢所不免，然未聞自古聖賢因學而致心疾者。遺書。下同。

今日雜信鬼怪異説者，只是不先燭理。若於事上一一理會，則有甚盡期？須只於學上理會。講學則理明，而怪妖不足以惑之矣。

學原於思。學以明理爲先，善思則明睿生，而物理可格。

所謂「日月至焉」，與久而「不息」者，所見規模雖略相似，其意味氣象迥别。學者於仁，或日或月而至焉，方其至之時，其視夫「三月不違」者，所造所見亦無以異，但其意味氣象，則淺深厚薄迥然不同。須潛心默識〔四〕，玩索久之，庶幾自得。學者不學聖人則已，欲學之，須熟玩味聖人之氣象，不可只於名上理會，如此只是講論文字。潛玩聖賢氣象，庶養之厚而得之深。若徒考論文義，則末矣。

問：忠信進德之事，固可勉强，然致知甚難。忠信進德，力行也。謂行可以强而進，知不可以强而至矣。伊川先生曰：學者固當勉强，然須是知了方行得。若不知，只是覷却堯，學他行事，無堯許多聰明睿智，怎生得如他「動容周旋中禮」？學者當以致知爲先，苟明有所不至，徒規規然學堯之行事，其可得乎！如子所言，是篤信而固守之，非固有之也。固守者，勉强而堅執；固有者，從容而自得。未致知，便欲誠意，是躐等也。勉强行者，安能持久？忠信，即誠意之事。欲誠其意者，先致其知。知有未至，而勉强以爲忠信，其能久乎！除非燭理明，自然樂循理。性本善，循理而行，是順理事。本亦不難，但爲人不知，旋安排着，便道難也。見理明，則真知而實信之，自然樂於循理。蓋人性本善，順理而行，宜無待於勉强，惟於理有未知，或知有未盡，臨事布置，故覺其難。知有多少般數，煞有深淺。學者須是真知，纔知得是，便泰然行將去也。真知者，知之至也。真知其是，則順而行之，莫能遏矣。某年二十時，解釋經義與今無異。然思今日，覺得意味與少時自别。此可見先生致知之功，進德之實，而聖經之旨，要必玩味積久，乃能真知，而亦不徒在於解釋文義而已。

凡一物上有一理，須是窮致其理。窮理亦多端：或讀書講明義理；或論古今人物，别其是非；或應接事物而處其當。皆窮理也。三者，窮理之目，當隨寓而究意〔五〕。然讀書講明義理，尤爲要切，而觀人處事之準則，要亦於書而得之。或問：格物須物物格之，還只格一物而萬理皆知？曰：怎得便會貫通？若只格一物便通衆理，雖顔子亦不敢如此道。須是今日格一件，明日又格一件，積習既多，然後脱然自有貫通處。朱子曰：程子説格物，曰：格，至也。格物而至於物，則物理盡，意向俱到，不可移易。「天生烝民，有物有則。」物者，形也；則者，理也。人具是物而不能明其物之理，則無以順性命之正，而處事物之當。故必即是物以求之知、求其理矣。而不至乎物之極，則事之理有未窮，而吾之知亦未盡，故必至其極而後已。又曰：所務於窮理者，非道盡窮了天下萬物之理，又不道是窮得一理便到。只要積累多後，自然見去。朱子曰：今人務博者却要盡窮天下之理，務約者又謂反身而誠則天下之物無不在我。此皆不是。唯程子積累貫通之説爲妙。

「思曰睿」，思慮久後，睿自然生。說見尚書。○睿，通微也。人心虛靈，本然明德，致思窮理，久自通微。若於一事上思未得，且别换一事思之，不可專守著這一事。蓋人之知識於這裏蔽著，雖强思亦不通也。致知之道弗明弗措，然人心亦有偏暗處，當且置之，庶不滯於一隅。

問：人有志於學，然知識蔽固，力量不至，則如之何？曰：只是致知。若智識明，則力量自進。真知事理之當然，則自有不容已者。

問：觀物察己，還因見物反求諸身否？曰：不必如此説。物我一理，纔明彼即曉此，此合内外之道也。天下無二理，物之理即吾心之理也。因見物而反求諸身，則是以物我爲二致。又

問：致知先求之四端如何？曰：求之情性，固是切於身。然一草一木皆有理，須是察。四端，説見孟子。理散於萬物，而實會於吾心，皆所當察也。又曰：自一身之中，以至萬物之理，但理會得多，胸次自然豁然有覺處〔六〕。按，上段曰「積習既多，然後脱然自有貫通處」，又曰「積累多後，自然見去」，又曰「理會得多，自然豁然有覺處」。再三言之，惟欲學者隨事窮格，積習既多，於天下事物，各有以見其當然之則，一旦融會貫通，表裏洞徹，則覺斯道之大原，全吾心之本體，物既格而知且至矣。其在孔門，則顔子卓然之後，曾子一唯之時乎！或者厭乎觀理之煩，而遽希一貫之妙，或專滯於文義之末，而終昧上達之旨，皆不足有見於是道也。

「思曰睿」，「睿作聖」。致思如掘井，初有渾水，久後稍引動得清者出來。人思慮始皆溷濁，久自明快。致思則能通乎理，故明睿生。充其睿則可以入聖域，故睿作聖。然致思之始，疑慮方生，所以溷濁。致思之久，疑慮既消，自然明快。此由思而生睿也。

問：如何是「近思」？曰：以類而推。思慮泛遠而不循序漸進，則勞心而無得。即吾所知者以類推之，則心路易通而思有條理，是謂近思。○朱子曰：若是真箇劈初頭理會得一件分曉透徹，便逐件如此理會去，相次亦不難。又曰：從己理會得處推將去，便不隔越，若遠去尋討，則不切己。

學者先要會疑。朱子曰：書始讀未知有疑，其次漸有疑，又其次節節有疑。過了此一番後，疑漸漸釋，以至融會貫通，都無可疑，方始是學。

横渠先生答范巽之曰：所訪物怪神姦，此非難語，顧語未必信耳。物異爲怪，神妖爲姦。見理未明，自不能無疑，雖得於人言，亦未必信。孟子所論知性、知天，學至於知天，則物所從出當源源自見。知所從出，則物之當有當無，莫不心諭，亦不待語而後知。天者物理之所自出，知天則通乎幽明之故，察乎事物之原，而妖異之所由興，皆可識矣。諸公所論，但守之不失，不爲異端所劫，進進不已〔七〕，則物怪不須辨，異端不必攻，不逾朞年，吾道勝矣。學者知有未至，且堅守正論，不爲邪妄所奪，又能進於學而不已，則怪異不必攻辨，將自識破。若欲委之無窮，付之以不可知，則學爲疑撓，智爲物昏，交來無間，卒無以自存，而溺於怪妄必矣。文集。下同。○不能堅守正論，内懷疑端，外爲邪蔽，久則所惑愈深矣。

子貢謂：「夫子之言性與天道，不可得而聞。」既言「夫子之言」，則是居常語之矣。聖門學者以仁爲己任，不以苟知爲得，必以了悟爲聞，因有是説。性者，人心稟賦之理。天道者，造化流行之妙。以仁爲己任，蓋期於實體而自得也。苟知者，徒聞其説；了悟者，深達其理。然則後之學者，高談性命而實不領會者〔八〕，可以自省矣。

義理之學，亦須深沉一作「玩」。方有造，非淺易輕浮之可得也。朱子曰：聖人言語，一重又一重，須入深處看方有得〔九〕，若只見皮膚，便有差錯。

學不能推究事理，只是心麤。至如顔子未至於聖人處，猶是心麤。顔子不能不違仁於三月之後者，是其察理猶或有一毫之未精，故所存猶或有一毫之間斷。

「博學於文」者，只要得「習坎」「心亨」。蓋人經歷險阻艱難，然後其心亨通。下上坎爲「習坎」，卦當重險，而彖辭曰「維心亨」。人之博學窮理，始多齟齬，積習既久，自然心通。

義理有疑，則濯去舊見，以來新意。心有所疑而滯於舊見，則偏執固吝，新意何從而生，舊疑何自而釋。心中有所開，即便劄記。不思則還塞之矣。疑義有所通，隨即劄記，則已得者可以不忘，未得者可以有進。不記則思不起，猶山徑之蹊，間不用則茅塞之矣。更須得朋友之助，一日間朋友論著，則一日間意思差别〔一〇〕，須日日如此講論，久則自覺進也。按，此段及「焞到問爲學之方」一段，泉州本皆繫卷末，而舊本則此段在第二十一，「尹問」一段在三十三。今考此卷編輯之意，則二段乃總論致知，不當在卷末無疑也。但舊本此段不全載，「心中有所開」以下云云，恐是後來欲添足此數語，傳者誤成重出耳。又詳此段已是專論讀書之法，不當在廿一。疑當時欲移在「尹問」之後，故並録之耳。今不敢輕改，姑從舊本，而添入「心中有所開」數語。

凡致思到説不得處，始復審思明辨，乃爲善學也。若告子則到説不得處遂已，更不復求。横渠孟子説。○思之其説似窮，然後更加審思明辨之功，則其窮者通而所得者深也。若告子「不得於言」，不復求之於心，固執偏見而不求至當，此孟子所深病也。○此以上總論致知之方，以下乃專論求之於書者，詳見卷首。

伊川先生曰：凡看文字，先須曉其文義，然後可求其意。未有文義不曉而見意者也。遺書。下同。

學者要自得。六經浩渺，乍來難盡曉，且見得路徑後，各自立得一箇門庭，歸而求之可矣。識路徑則知趨向，立門庭則有規模，得於師友者如此，然後歸而求之可矣。

凡解文字，但易其心，自見理。理只是人理，甚分明，如一條平坦底道路。詩曰：「周道如砥，其直如矢。」此之謂也。理本平直，苟以崎嶇委曲之意求之〔一一〕，乃失之鑿。詩見小雅大東篇。或曰：聖人之言，恐不可以淺近看他。曰：聖人之言，自有近處，自有深遠處。如近處怎生强要鑿教深遠得？聖人之道，遠近精麤無所不備，故聖人之言道，亦無所不至。如「食毋求飽，居毋求安」，是其近者；如一貫之旨，性天之言，是其遠者。固無非道也，又豈容盡求其深遠而過爲穿鑿邪？楊子曰：「聖人之言遠如天，賢人之言近如地。」頤與改之曰：「聖人之言，其遠如天，其近如地。」其遠者，雖子貢猶未易得而聞；其近者，雖鄙夫可得而竭也。○或曰：「聖人之言，包蓄無所不盡，語近而不遺乎遠，語遠而不遺乎近，故曰『其遠如天，其近如地』，非但高遠而已。」愚按，此段本欲人平心以觀書，不可妄生穿鑿。又謂聖人之言，自有遠處，自有近處。如此則謂「語近而不遺乎遠」者，意自不同也。前說爲是。

學者不泥文義者，又全背却遠去，理會文義者，又滯泥不通。如子濯孺子爲將之事，孟子只取其不背師之意，人須就上面理會事君之道如何也。又如萬章問舜完廩浚井事，孟子只答他大意，人須要理會浚井如何出得來，完廩又怎生下得來。若此之學，徒費心力。

凡觀書不可以相類泥其義，不爾，則字字相梗。當觀其文勢上下之意，如「充實之謂美」與詩之美不同。充實之美在己，詩之稱美在人。如此之類，豈可泥爲一義？

問：瑩中嘗愛文中子：「或問學易，子曰：『終日乾乾』可也。」此語最盡。文王所以聖，亦只是箇不已。陳忠肅公瓘，字瑩中。「子曰」者，文中子答或人之問。謂「乾乾不息」，此語最爲盡易之道。先生曰：凡說經義，如只管節節推上去，可知是盡。夫「終日乾乾」，未盡得易，據此一句，只做得九三使。若謂乾乾是不已，不已又是道，漸漸推去，自然是盡，只是理不如此。學經者要當周遍精密，各窮其旨歸，而後能通經。苟但借其一語，謂足以盡一經之旨，豈治經之道？蓋好高求約之病。

「子在川上曰：逝者如斯夫！」言道之體如此，這裏須是自見得。朱子曰：天地之化，往者過，來者續，無一息之停，乃道體之本然也。然其可指而易見者，莫如川流。故於此發以示人，欲學者時時省察，而無毫髮之間斷也。張繹曰：此便是無窮。先生曰：固是道無窮，然怎生一箇「無窮」便道了得他？朱子曰：固是無窮，須見所以無窮始得。

今人不會讀書。如「誦詩三百，授之以政不達，使於四方不能專對，雖多亦奚以爲？」須是未讀詩時，不達於政，不能專對；既讀詩後，便達於政，能專對四方，始是讀詩。說見論語。○朱子曰：專，獨也。詩本人情，該物理，可以驗風俗之盛衰，見政治之得失，其言温厚和平，長於風諭，故誦之者必達於政而能專對也。「人而不爲周南、召南，其猶正牆面。」須是未讀詩時如面牆，到讀了後便不面牆，方是有驗。同上。○朱子曰：爲，猶學也。周南、召南所言，皆脩身、齊家之事。「正牆面」，言即其至近之地，而一物無所見，一步不可行也。大抵讀書只此便是法。如讀論語，舊時未讀是這個人，及讀了，後來又只是這個人，便是不曾讀也。讀書之法，但反諸己，驗其實得，致其實用，變化氣質，必有日新之功。

凡看文字，如七年、一世、百年之事〔一二〕，皆當思其如何作爲，乃有益。論語：子曰：「善人教民七年，亦可以即戎矣。」又曰：「如有王者，必世而後仁。」又曰：「善人爲邦百年，可以勝殘去殺矣。」觀聖賢治效遲速淺深之殊，要必究其規模之略、施爲之方，乃於己有益。此致知之法也。

凡解經不同無害，但緊要處不可不同爾。外書。○緊要，謂綱領也。

焞初到，問爲學之方。先生曰：公要知爲學，須是讀書。書不必多看，要知其約。多看而不知其約，書肆耳。此言徒貪多而不知其要，則是蓄書之肆而已。頤緣少時讀書貪多，如今多忘了。須是將聖人言語玩味，入心記著，然後力去行之，自有所得。又言徒貪多而無玩習之功，則所學者非我有也。玩味而不忘，而又力行其所知，則所得爲實得。○以上總論讀書之法，以下乃分論讀書之法〔一三〕。

初學入德之門，無如大學，其他莫如語、孟。遺書。下同。○朱子曰：大學規模雖大，然首尾該備而綱領可尋，節目分明而工夫有序，無非切於學者之日用。又曰：不先乎大學，無以提挈綱領而盡語、孟之精微，不參之語、孟，無以融會貫通而極中庸之歸趣。

學者先須讀語、孟。窮得語、孟，自有要約處，以此觀他經甚省力。語、孟如丈尺權衡相似，以此去量度事物，自然見得長短輕重。語、孟之書，尤切於學者身心日用之常，得其要領，則易於推明他經，而可以權度事物矣。

讀論語者，但將諸弟子問處便作己問，將聖人答處便作今日耳聞，自然有得。若能於論、孟中深求玩味，將來涵養成，甚生氣質！甚生，猶非常也。

凡看語、孟，且須熟玩味，將聖人之言語切己，不可只作一場話説。人只看得此二書切己，終身儘多也。終身儘多，謂一生受用不盡。

論語有讀了後全無事者，有讀了後其中得一兩句喜者，有讀了後知好之者，有讀了後不知手之舞之、足之蹈之者。全無事者，全無所得。○朱子曰：有得一二句喜者，這一二句喜處便是入頭處。從此著實理會去，將久自解。倏然悟時，聖賢格言自是句句好。

學者當以論語、孟子爲本。論語、孟子既治，則六經可不治而明矣。不治而明，言易明也。讀書者當觀聖人所以作經之意，與聖人所以用心，與聖人所以至聖人，而吾之所以未至者，所以未得者。未至，以所行言；未得，以所知言。句句而求之，晝誦而味之，中夜而思之，平其心，易其氣，闕其疑，則聖人之意見矣。句句而求則察之密，晝味夜思則思之熟。然平心易氣而不失於鑿，有疑則闕而不强其通，如是則聖人之意可得而見矣。

讀論語、孟子而不知道，所謂「雖多，亦奚以爲」。語、孟極聖賢之淵源，爲斯道之統會，體用兼明，精麤畢備。讀之而不通於道，則章句訓詁而已，雖博而何益？

論語、孟子只剩讀著便自意足。學者須是玩味，若以語言解著，意便不足。某始作此二書文字，既而思之又似剩，只有些先儒錯會處，却待與整理過。外書。下同。

問：且將語、孟緊要處看，如何？伊川曰：固是好。然若有得，終不浹洽。蓋吾道非如釋氏一見了便從空寂去。朱子曰：此是程子答吕晉伯問。後來晉伯終身坐此病，説得孤單，入禪學去。學者讀書須逐一去理會，便通貫浹洽。

「興於詩」者，吟詠性情〔一四〕，涵暢道德之中而歆動之，有「吾與點」之氣象〔一五〕。詩大抵出於人情之真，感化之自然者。學者於詩吟哦諷詠，其情性涵養條暢，於道德自然有感動興起之意。此即曾點浴沂詠歸之氣象。又云：「興於詩」，是興起人善意，汪洋浩大，皆是此意。遺書。詩人之詞，寬平忠厚，故有興起人汪洋浩大之意。

謝顯道云：明道先生善言詩，他又渾不曾章解句釋，但優游玩味，吟哦上下，便使人有得處。「瞻彼日月，悠悠我思。道之云遠，曷云能來？」思之切矣。終曰：「百爾君子，不知德行。不忮不求，何用不臧！」歸於正也。朱子曰：讀詩之法，只是熟讀涵泳，自然和氣從胸中流出，其妙處不可得而言。不待安排立説，只平讀著，意自足。又云：伯淳常談詩，竝不下一字訓詁，有時只轉却一兩字，點掇地念過，便教人省悟。又曰：古人所以貴親炙之也。外書。下同。○點掇，猶沾綴、拈掇也。意如上章。親炙，親近而熏炙之也。

明道先生曰：學者不可以不看詩，看詩便使人長一格價。觀詩則使人興起感發，使自然有進。

「不以文害辭」，文，文字之文，舉一字則是文，成句是辭。詩爲解一字不行，却遷就他說，如「有周不顯」，自是作文當如此。詳見孟子。○詩大雅文王篇曰「有周不顯」，言周家豈不顯乎？蓋言其顯也。苟直謂之不顯，則是「以文害辭」。

看書須要見二帝三王之道。如二典，即求堯所以治民、舜所以事君。遺書。下同。

中庸之書，是孔門傳授，成於子思、孟子。其書雖是雜記，更不分精麤，一衮說了。今人語道，多說高便遺却卑，說本便遺却末。中庸，子思所述而傳之孟子者也。其言天命之性，則推之於脩道之教。言中和，則極之於「天地位」、「萬物育」。言政而本之於「達德」、「達道」。言治天下國家，則合之於誠。小大竝舉，費隱兼該。蓋是道之大，體用相涵，本末一貫，元不相離〔一六〕。說本而遺其末，則亦陷於空虛，而未達天下之大本矣。

伊川先生易傳序曰：易，變易也，隨時變易以從道也。陰陽變易而生萬化，聖人象之而畫卦爻，使人體卦爻之變易，而隨時以從道也。○或問：易即道也，何以言變易以從道？朱子曰：易之所以變易，固皆理之當然。聖人作易，因象明理，教人以變易從道之方耳。如乾，初則「潛」、二則「見」之類是也。其爲書也，廣大悉備，將以順性命之理，通幽明之故，盡事物之情，而示「開物成務」之道也。聖人之憂患後世，可謂至矣。故，所以然也。開物者，使其知之明；成務者，使其行之就也。去古雖遠，遺經尚存。然而前儒失意以傳言，後學誦言而忘味。自秦而下，蓋無傳矣。予生千載之後，悼斯文之湮晦，將俾後人沿流而求源，此傳所以作也。沿流而求源，謂因言以求其意也。「易有聖人之道四焉：以言者尚其辭，以動者尚其變，以制器者尚其象，以卜筮者尚其占。」吉凶消長之理、進退存亡之道備於辭，推辭考卦，可以知變、象與占在其中矣。尚，尊尚之也〔一七〕。辭者，聖人所繫之辭。變者，陰陽老少之變。象者，天地、山澤、雷風、水火之類是也。占者，吉凶、悔吝、厲无咎之類是也。辭者，言之則也，故以言者尚其辭。變者，動之時也，故以動者尚其變。象事知器，故制器者尚其象。占事知來，故卜筮者尚其占。然辭、變、象、占雖各有尚，而吉凶、消長、進退、存亡，易之大用皆具於辭。故變推辭而可知，象與占皆不外乎辭也。「君子居則觀其象而玩其辭，動則觀其變而玩其占。」得於辭不達其意者有矣，未有不得於辭而能通其意者也。玩，厭習也，不止於觀而已。蓋卦之象可觀，而辭之理則無窮，故必玩習其辭。爻之變可觀，而占之義則無窮，故必玩習其占。平居而觀象玩辭，則各盡乎卦之理；臨事而觀變玩占，則各盡乎爻之用。然象與變、占，皆具於辭，故必由辭以通其意。至微者理也，至著者象也，體用一源，顯微無間。「觀會通以行其典禮」，則辭無所不備。朱子曰：自理而觀，則理爲體，象爲用，而理中有象，是一源也。自象而觀，則象爲顯，理爲微，象中有理，是無間也。又曰：會以理之所聚而言，通以事之所宜而言，其實一也。又曰：衆理會處，便有許多難易窒礙〔一八〕，必於其中得其通處，乃可行耳。典禮者，典常之禮〔一九〕。故善學者求言必自近，易於近者，非知言者也。予所傳者辭也，由辭以得意，則在乎人焉。文集。下同。○道無遠近之間，然觀書者必由粗以達於精，即顯以推其微，本民彝日用之常，而極於窮神知化之妙，不可忽乎近而徒務乎高遠也。

伊川先生答張閎中書曰：易傳未傳，自量精力未衰，尚覬有少進爾。來書云「易之義，本起於數」，則非也。有理而後有象，有象而後有數。易因象以明理，由象以知數。得其義，則象數在其中矣。本註云：理無形也，故因象以明理。理既見乎辭矣，則可由辭以觀象，故曰「得其義則象數在其中矣」。○張閎中，見程氏門人録。「易有太極」，形而上之理也。「是生兩儀」，而後象與數形焉。此作易之本也。易之理寓於象，象必有數。知其理，則象與數皆在其中。此學易之要也。必欲窮象之隱微，盡數之毫忽，乃尋流逐末，術家之所尚，非儒者之所務也。理者，象數之本也。不務求其本而徒欲窮其末，如京房、郭璞之流是也。

知時識勢，學易之大方也。易傳。下同。○夬卦九二象傳。方，猶術也。時有盛衰，勢有强弱。學易者當隨其時勢，惟變所適，惟道之從也。

大畜初、二，乾體剛健而不足以進，四、五陰柔而能止。時之盛衰，勢之强弱，學易者所宜深識也。乾下艮上爲大畜。初與二雖「剛健而不足以進」者，以畜之時不利於進，初、二俱位乎下，勢又不能進也。四與五雖「陰柔而能止」乎健者，以畜之時在於止，四、五位據乎上，勢又足以爲止也。

諸卦二、五，雖不當位，多以中爲美；三、四雖當位，或以不中爲過。中常重於正也。蓋中則不違於正，正不必中也。天下之理莫善於中，於九二、六五可見。震卦六五傳。二者内卦之中，五者外卦之中，皆中也。三爲内卦之上，四爲外卦之下，皆不中也。六爻之位，初、三、五爲陽，二、四、上爲陰。以陽爻居陽位、陰爻居陰位爲當位，反此者爲不當位。當位者正也，不當位者非正也。坤六五非正也，而曰「黄裳元吉」；泰九二非正也，而曰「得尚于中行」。蓋以中爲美也。蠱之三、四皆正也，而三則「有悔」，四則「往吝」；既濟之三、四皆正也，而三則有「三年」之憊，四則有「終日」之戒。蓋以不中爲歉也〔二〇〕。正者天下之定理，中者時措之宜也。正者有時而失其中，中則隨時而得其正者也。故中之義重於正。

問：胡先生解九四作太子，恐不是卦義？先生云：亦不妨，只看如何用。當儲貳，則做儲貳使。九四近君，便作儲貳亦不害。但不要拘一，若執一事，則三百八十四爻，只作得三百八十四件事便休了。遺書。下同。○胡瑗，字翼之，號安定先生。五爲君位，四近君，亦可以爲儲貳。然易本無拘，惟其所遇，皆可用占。

看易且要知時。凡六爻，人人有用。聖人自有聖人用，賢人自有賢人用，衆人自有衆人用，學者自有學者用，君有君用，臣有臣用，無所不通。因問：坤卦是臣之事，人君有用處否？先生曰：是何無用？如「厚德載物」，人君安可不用？

易中只是言反覆往來上下。反覆〔二一一〕，如復、姤之類；往來，如賁、无妄之類；上下，如咸、恒之類〔二一二〕。皆陰陽變易之道，而易之所以爲易也。

作易，自天地幽明至於昆蟲、草木、微物，無不合。外書。下同。○易無不該、無不合者，理之根極，本一貫也。

今時人看易，皆不識得易是何物，只就上穿鑿。若念得不熟，與就上添一德亦不覺多，就上減一德亦不覺少。譬如不識此。兀子若減一隻脚亦不知是少，若添一隻亦不知是多。若識則自添減不得也。學者當體此意，使於卦象辭義，皆的然見其不可易，而後爲得也。

游定夫問伊川「陰陽不測之謂神」，伊川曰：賢是疑了問，是揀難底問？游氏或未之深思，特以此語艱深而率爾請問〔二一三〕，故伊川不答，而直攻其心〔二一四〕，欲使反己而致思也〔二一五〕。

伊川以易傳示門人，曰：只説得七分，後人更須自體究。義理無窮，聖賢之心亦無窮，學者不可以不自勉。

伊川先生春秋傳序曰：天之生民，必有出類之才起而君長之。治之而爭奪息，導之而生養遂，教之而倫理明，然後人道立，天道成，地道平。天生烝民，必有司牧爲之制節，而後爭奪息；導之播植佃漁，而後生養遂；示之五品，教之孝弟忠信，而後倫理明。三者具矣，故建極秉彝而人道立，五氣順布而天道成，山川奠位而地道平。二帝而上，聖賢世出，隨時有作，順乎風氣之宜，不先天以開人，各因時而立政。以大聖人之資，豈不能一旦而盡興天下之利？而必待相繼而始備者，蓋聖人之所爲，惟其時而已。暨乎三王迭興，三重既備，子丑寅之建正，忠質文之更尚，人道備矣，天運周矣。中庸曰：「王天下有三重焉。」鄭氏曰：「三重，謂三王之禮。」天開於子，地闢於丑，人生於寅。周正建子爲天統，商正建丑爲地統，夏正建寅爲人統，而天運周矣。夏尚忠，商尚質，周尚文，而人道備矣。聖王既不復作，有天下者，雖欲倣古之跡，亦私意妄爲而已。事之繆，秦至以建亥爲正；道之悖，漢專以智力持世。豈復知先王之道也？三代而下，王者之迹熄，時君雖欲倣而爲之，亦皆無所考證，不過用其私意妄爲而已。子、丑、寅建正，蓋本三才以更始。秦至以亥月爲歲首，自謂水德，欲以勝周。忠、質、文更尚，皆本仁義以致用。漢專以智力把持天下，故謂漢家自有制度，蓋極言世變之不復近古。夫子當周之末，以聖人不復作也，順天應時之治不復有也，於是作春秋，爲百王不易之大法，所謂「考諸三王而不謬，建諸天地而不悖，質諸鬼神而無疑，百世以俟聖人而不惑」者也。夫子因魯史作春秋，寓經世之大法，所以上承將墜之緒，下開無窮之治也。故考諸前聖而無差謬，參諸天地而無違悖[二六]，驗諸鬼神之幽而無所疑，待乎百世之遠而無所惑。蓋天地鬼神同此理，前聖後聖同此心。先儒之傳曰：「游、夏不能贊一辭。」辭不待贊也，言不能與於斯耳。斯道也，惟顔子嘗聞之矣：「行夏之時，乘殷之輅，服周之冕，樂則韶舞。」此其準的也。聖人之辭，本無待於贊助。然游、夏擅文學之科，而「不能贊一辭」者，以見其微權奥旨，非聖人不能與於此也。顔子「克己復禮」，以至「三月不違」，其於道也庶幾矣，故四代禮樂獨得與聞。其説夏時，謂夏以斗柄初昏建寅之月爲歲首，得乎人時之正、始事之宜者也。輅，古之木車也，殷車曰大輅。左傳曰「大輅越席，昭其儉也」，蓋適於用而辨於等，故不厭其質也。冕，祭冠也。周禮有五冕，其制始備，蓋尊首飾而嚴祀事，故不厭其華也。韶舞，舜樂，蓋盡善盡美者也。○或問：顔子嘗聞春秋大法，何也？朱子曰：不是孔子將春秋大法向顔子説。蓋三代制作大備矣，不可復作，告以四代禮樂，只是集百王不易之大法。其作春秋，善者則取之，惡者則誅之，要亦明聖王之大法而已，故伊川引以爲據。後世以史視春秋，謂褒善貶惡而已，至於經世之大法，則不知也。

春秋大義數十，其義雖大，炳如日星，乃易見也。惟其微辭隱義，時措從宜者，爲難知也。或抑或縱，或與或奪，或進或退，或微或顯，而得乎義理之安，文質之中，寬猛之宜，是非之公，乃制事之權衡、揆道之模範也。

春秋大義，在尊君而卑臣，貴仁義而賤功利，正中國而外夷狄之類，「其義雖大，炳如日星」也。其難見者〔二七〕，蓋在於「微辭隱義」，各以其「時措從宜者」，非深明乎時中者，未易窺也。或有功而抑〔二八〕，或有罪而宥，或功未就而予，或罪未著而奪，或尊而退之，或卑而進之，或婉其辭，或章其實，要皆得乎義理之安，而各當其則。文質之中，而不華不俚；寬猛之宜，而無過與不及；是非之公，而無有作好作惡。揆，度也。權衡者，酌一時之輕重。模範者，立萬世之軌則。○朱子曰：春秋大義，如「成宋亂」、「宋災故」之類，乃是聖人直著誅貶，自是分明。如胡氏謂「書『晉侯』爲以常情待晉襄，書『秦人』爲以王事責秦穆」之類，却恐未必如此。所謂「微辭隱義，時措從宜者，爲難知」，政謂此也。夫觀百物然後識化工之神，聚衆材然後知作室之用。於一事一義而欲窺聖人之用心，非上智不能也。故學春秋者，必優游涵泳，默識心通，然後能造其微也。聖人精義入神，泛應曲當，未可以一端窺測。故學春秋者，必優游而不迫，涵泳而有餘，心悟自得，庶幾深造微奥〔二九〕。後王知春秋之義，則雖德非禹湯，尚可以法三代之治。自秦而下，其學不傳。予悼夫聖人之志不明於後世也，故作傳以明之，俾後之人通其文而求其義，得其意而法其用，則三代可復也。是傳也，雖未能極聖人之藴奥，庶幾學者得其門而入矣。文集。○通其文而後能明其義，得其意而後能法其用。

詩、書載道之文，春秋聖人之用。詩、書如藥方，春秋如用藥治病。聖人之用，全在此書，所謂「不如載之行事深切著明」者也。道非無用，用無非道。然詩、書即道而推於用，主道而言，故曰「載道之文」。春秋即用以明道，主用而言，故曰「聖人之用」。詩、書如藥方，固可以治病。春秋如因病用藥，是非得失尤爲深切著明者也。有重疊言者，如征伐、盟會之類。蓋欲成書，勢須如此，不可事事各求異義。但一字有異，或上下文異，則義須别。遺書。下同。

五經之有春秋，猶法律之有斷例也。律令唯言其法，至於斷例，則始見其法之用也。律令者，立法以應事。斷例者，因事以用法。

學春秋亦善，一句是一事，是非便見於此，此亦窮理之要。然他經豈不可以窮理？但他經論其義，春秋因其行事，是非較著，故窮理爲要。較，判别也。春秋一句爲一事，故是非易決，又考其事迹，而是非易明，故於窮理爲要。嘗語學者且先讀論語、孟子，更讀一經，然後看春秋。先識得箇義理，方可看春秋。更讀一經，如下文所論中庸。春秋雖於窮理爲要，然又須義理通明，然後能察人事得失之機，識聖人裁制之權。春秋以何爲準？無如中庸。欲知中庸，無如權。須是時而爲中，若以手足胼胝、閉户不出二者之間取中，便不是中。若當手足胼胝，則於此爲中；當閉户不出，則於此爲中。春秋之權衡，即中庸之時中也。若於禹、顔之間取中，則當洪水之時不躬乎胼胝之勞，在陋巷之時不安乎簞瓢之樂，皆失乎時中矣。權之爲言，秤錘之義也。何物爲權？義也，時也。只是説得到義，義以上更難説，在人自看如何。義者所以處時措之宜，所謂權也。義以上則聖人之妙用，未易以言盡也。

春秋傳爲按，經爲斷。本註：程子又云：某年二十時看春秋，黄聱隅問某如何看〔三〇〕。某答曰：「以傳考經之事迹，以經别傳之真僞。」

凡讀史，不徒要記事跡，須要識其治亂安危興廢存亡之理。且如讀高帝紀，便須識得漢家四百年終始治亂當如何。是亦學也。觀高祖寬大長者，能用三傑，則知漢所以得天下。觀其入關，除秦苛法，則知漢所以立四百年基業。觀僞游雲夢，則知諸侯王次第而叛。觀繫蕭相國獄，則知漢之大臣多不保終。如此之類，皆致知之方也。

先生每讀史到一半，便掩卷思量，料其成敗，然後却看。有不合處，又更精思。其間多有幸而成，不幸而敗。今人只見成者便以爲是，敗者便以爲非，不知成者煞有不是，敗者煞有是底。

讀史須見聖賢所存治亂之機，賢人君子出處進退，便是格物。機，謂治忽動於幾微者。

元祐中，客有見伊川者，几案間無他書，惟印行唐鑑一部。先生曰：近方見此書。三代以後，無此議論。外書。○范祖禹，字淳夫。按，外書又云：范淳夫嘗與伊川論唐事，及爲唐鑑，盡用先生之說。先生謂門人曰：「淳夫乃能相信如此」。

横渠先生曰：序卦不可謂非聖人之蘊。今欲安置一物，猶求審處，况聖人之於易？其間雖無極至精義，大概皆有意思。觀聖人之書，須遍布細密如是。大匠豈以一斧可知哉？横渠易說。

天官之職，須襟懷洪大方看得。蓋其規模至大，若不得此心，欲事事上致曲窮究，湊合此心，如是之大，必不能得也。周建六官，而天官冢宰統理邦國内外之政，小大之事無所不總。若非心量廣大，何以包舉四海，綜理百職？今無此心量，但欲每事委曲窮究，必不能周悉通貫之矣。釋氏錙銖天地，可謂至大，然不嘗爲大，則爲事不得。若畀之一錢，則必亂矣。釋氏論性極廣大，然不可以理事。其體用不相涉也如此。又曰：太宰之職難看，蓋無許大心胸包羅，記得此，復忘彼。其混混天下之事，當如捕龍蛇、搏虎豹，用心力看方可。其他五官便易看，止一職也。語録。下同。

古人能知詩者惟孟子，爲其「以意逆志」也。夫詩人之志至平易，不必爲艱嶮求之。今以艱嶮求詩，則已喪其本心，何由見詩人之志？人情不相遠，以己之意，迎彼之志，是爲得之。詩以感遇而發於人情之自然，本爲平易。今以艱嶮之心求詩，則已失吾心之自然矣，而何以見詩人之心！詩人之情性，温厚平易老成，本平地上道著言語。今須以崎嶇求之，先其心已狹隘了，則無由見得。詩人之情本樂易，只爲時事拂著他樂易之性，故以詩道其志。詩人情性，温厚而無刻薄，平易而無艱險，老成而無輕躁。若以崎嶇狹隘之心，安能見詩人寛平廣大之意！

尚書難看，蓋難得胸臆如此之大。只欲解義，則無難也。朱子曰：他書却有次第。尚書只合下便大。如堯典「克明峻德，以親九族」，至「黎民於變時雍」，展開是大小大！分命羲和，定四時成歲，便是心中包一箇三百六十五度四分度之一底天，方見得恁地。若不得一箇大底心胸，如何看得？

讀書少則無由考校得義精。蓋書以維持此心，一時放下，則一時德性有懈。讀書則此心常在，不讀書則終看義理不見。讀書不多，則見義不精。然讀書者，又所以維持此心，使無放逸也。故讀書則心存，心存則理得。

書須成誦，精思多在夜中，或靜坐得之。不記則思不起，但通貫得大原後，書亦易記。朱子曰：書須成誦，少間不知不覺，自然觸發曉得。蓋一段文義横在心下，自是放不得，必曉得而後已。今人所以記不得，思不去，心下若存若亡，皆不精不熟之故也。又曰：横渠作正蒙時，或夜裏默坐徹曉。他直是恁地勇，方做得。所以觀書者，釋己之疑，明己之未達，每見每知新益，則學進矣。『於不疑處有疑，方是進矣。』每見是書而每知新益〔三二〕，則學進矣。然學固足以釋疑，而學亦貴於有疑。蓋疑則能思，思則能得，於無疑而有疑，則察理密矣。

六經須循環理會，義理儘無窮。待自家長得一格，則又見得別。

如中庸文字輩，直須句句理會過，使其言互相發明。

春秋之書，在古無有，乃仲尼所自作，惟孟子能知之。非理明義精，殆未可學。先儒未及此而治之，故其說多鑿。孟子論春秋，皆發明聖人之大旨，舉春秋之綱領。後人未及於理明義精，而揣摩臆決，故其說多鑿。

校勘記

〔一〕心不通乎道　「乎」，元刻明修本、明刊本、宋刻本詠齋衍註作「於」。

〔二〕夫明所照者　「夫」，元刻明修本、明刊本無此字。

〔三〕思慮有得　「慮」原作「量」，據元刻明修本、明刊本改。按，本條下文亦作「思慮有得」。

〔四〕須潛心默識　「潛心」，元刻明修本、明刊本、宋刻本詠齋衍註作「心潛」。

〔五〕當隨寓而究意　「寓」，元刻明修本、明刊本作「遇」；「意」原作「竟」，據元刻明修本改。

〔六〕胸次自然豁然有覺處　「胸」，元刻明修本、明刊本作「相」。

〔七〕進進不已　下「進」字原作「退」，據元刻明修本、明刊本改。

〔八〕高談性命而實不領會者　「命」、「不」，元刻明修本、明刊本分別作「天」、「非」。

〔九〕須入深處看方有得　「處」，元刻明修本、明刊本作「去」。

〔一〇〕一日間朋友論著則一日間意思差別　「一日間朋友論著則」八字原無，元刻明修本、明刊本亦無，今據文淵閣四庫全書本補。

〔一一〕苟以崎嶇委曲之意求之　「求」，元刻明修本作「觀」。

〔一二〕百年之事　「之」原作「一」，據元刻明修本、明刊本改。

〔一三〕以下乃分論讀書之法　「法」，元刻明修本、明刊本作「序」。

〔一四〕吟詠性情　「性情」，元刻明修本、明刊本作「情性」。按，本條下同。

〔一五〕有吾與點之氣象　「點」下原有「也」字，據元刻明修本、明刊本刪。

〔一六〕元不相離　「離」原作「雜」，據元刻明修本、明刊本改。

〔一七〕尊尚之也　「尚」，元刻明修本作「用」。

〔一八〕便有許多難易窒礙　「便」，元刻明修本作「使」。
〔一九〕典常之禮　「禮」，元刻明修本、明刊本作「理」。
〔二〇〕蓋以不中爲歉也　「歉」，元刻明修本、明刊本作「慊」。
〔二一〕易中只是言反覆往來上下反覆　兩「覆」字，元刻明修本、明刊本均作「復」。
〔二二〕如咸恒之類　「咸恒」，元刻明修本、明刊本作「乾坤」。
〔二三〕特以此語艱深而率爾請問　「此」，元刻明修本、明刊本作「言」。
〔二四〕而直攻其心　「直」，元刻明修本、明刊本作「深」。
〔二五〕欲使反己而致思也　「欲」，元刻明修本、明刊本作「故」。
〔二六〕參諸天地而無違悖　「悖」，元刻明修本、明刊本作「背」。
〔二七〕其難見者　「難」，元刻明修本、明刊本作「易」。
〔二八〕或有功而抑　「抑」，元刻明修本作「節」。
〔二九〕庶幾深造微奥　「幾」，元刻明修本、明刊本作「能」。
〔三〇〕黄聱隅問某如何看　「隅」原作「偶」，據元刻明修本改。
〔三一〕每見是書而每知新益　「知」原作「加」，據元刻明修本、明刊本改。

近思録集解卷四

凡七十條

存養

此卷論存養。蓋窮格之雖至，而涵養之不足，則其知將日昏，而亦何以爲力行之地哉？故存養之功，實貫乎知行，而此卷之編，列乎二者之間也。

或問：聖可學乎？濂溪先生曰：可。有要乎？曰：有。請問焉。曰：一爲要。一者無欲也。無欲則靜虚動直。靜虚則明，明則通；動直則公，公則溥。明通公溥，庶矣乎！通書。○一者，純一而不雜也。湛然無欲，心乃純一。静而所存者一，人欲消盡故虚，虚則生明，而能通天下之理。動而所存者一，天理流行故直，直則大公，而能周天下之務。動静惟一，明通公溥，庶幾作聖之功用。○朱子曰：此章之旨最爲要切，學者能深玩而力行之，則有以知無極之真、兩儀四象之本，皆不外乎此心，而日用間自無别用力處矣。

伊川先生曰：陽始生甚微，安靜而後能長。故復之象曰：「先王以至日閉關。」易傳。下同。○朱子曰：一陽初復，陽氣甚微，不可勞動。故當安靜以養微陽。如人善端方萌，正欲靜以養之，方能盛大。○愚謂：天人之氣，流通無間；「至日閉關」，財成輔相之道，於是見矣。

動息節宣，以養生也；飲食衣服，以養形也；威儀行義，以養德也；推己及物，以養人也。頤卦傳。威儀見於容貌，行義著於事業。

「慎言語」以養其德，「節飲食」以養其體。事之至近而所繫至大者，莫過於言語飲食也。頤卦象傳。言語不謹則敗德，飲食無度則病身〔一〕。

「震驚百里，不喪匕鬯。」臨大震懼，能安而不自失者，惟誠敬而已。此處震之道也。震卦彖傳。匕，以載鼎實。鬯，秬酒也。雷震驚百里可謂震矣，而奉祀者不失其匕鬯，誠敬盡於祀事，則雖震而不爲驚也。是知君子當大患難、大恐懼，處之安而不自失者，惟存誠篤至，中有所主，則威震不足以動之矣。

人之所以不能安其止者，動於欲也。欲牽於前而求其止，不可得也。故艮之道，當「艮其背」。所見者在前，而背乃背之，是所不見也。止於所不見，則無欲以亂其心，而止乃安。艮卦彖傳。不見可欲，則心不亂，然非屏視聽也。蓋不牽於欲，則無私邪之見耳。○朱子曰：即非禮勿視聽言動之意。「不獲其身」，不見其身也，謂忘我也。無我則止矣。不能無我，無可止之道。朱子曰：外既無非禮之視聽言動，則内自不見有私己之欲矣。「行其庭，不見其人」，庭除之間至近也，在背則雖至近不見，謂不交於物也。不交於物，非絶物也，亦謂中有所主，不誘於外物之交也。○朱子曰「姦聲亂色不留聰明，淫樂慝禮不接心術，惰慢邪僻之氣不設於身體」是也。外物不接，内欲不萌，如是而止，乃得止之道，於止爲无咎也。内欲不萌，「不獲其身」也；外物不接，「不見其人」也。人己兩忘，内外各定，是動静之間各得其所止，何咎之有？

明道先生曰：若不能存養，只是説話。遺書。下同。○徒事問辯而不加存養，口耳之學也。

聖賢千言萬語，只是欲人將已放之心約之，使反復入身來，自能尋向上去，「下學而上達」也。聖賢垂訓多端，求其旨歸，則不過欲存此心而已，心不外馳，則學問日進於高明矣。○朱子曰：孟子「求放心」，乃開示要切之言。程子又發明之，曲盡其旨。學者宜服膺而勿失也。

李籲問：每常遇事，即能知操存之意。無事時如何存養得熟？明道曰：古之人，耳之於樂，目之於禮，左右起居，盤盂几杖，有銘有戒，動息皆有所養。今皆廢此，獨有理義之養心耳。但存此涵養意，久則自熟矣。「敬以直内」，是涵養意。李籲，字端伯，程子門人也。義理養心〔二〕，本兼動静，但此答「無事時如何存養得熟」，故曰但存涵養意，久則自熟。敬則心存於中，無所越逸，即涵養之意。

吕與叔嘗言患思慮多，不能驅除。明道曰：此正如破屋中禦寇，東面一人來未逐得，西面又一人至矣。左右前後，驅逐不暇。蓋其四面空疏，盜固易入，無緣作得主定。又如虛器入水，水自然入。若以一器實之以水，置之水中，水何能入來？蓋中有主則實，實則外患不能入，自然無事。誠存則邪自閑矣。

邢和叔言：吾曹常須愛養精力，精力稍不足則倦，所臨事皆勉强而無誠意。接賓客語言尚可見，況臨大事乎？邢恕，字和叔。

明道先生曰：學者全體此心。學雖未盡，若事物之來，不可不應。但隨分限應之，雖不中，不遠矣。體，猶體榦。全體，謂全主宰。以爲應酬之本，心存而理得，雖有不中於理，亦不遠矣。

「居處恭，執事敬，與人忠」，此是徹上徹下語，聖人元無二語。說見論語。〇恭者，敬之形於外者也。平居之時，齋莊嚴肅，儼然於容貌而已。及夫執事而敬主於事，與人而忠推於人。自始學以至成德皆不外此，但有勉强與安行之異耳。

伊川先生曰：學者須敬守此心，不可急迫，當栽培深厚，涵泳於其間，然後可以自得。但急迫求之，只是私己，終不足以達道。養心莫善於持敬。然不可執持太迫，反成私意，於道却有礙。

明道先生曰：「思無邪」，「毋不敬」，只此二句，循而行之，安得有差？有差者，皆由不敬不正也。詩魯頌曰：「思無邪。」曲禮曰：「毋不敬。」心存乎中而邪念不作，則見之所行自無差失。

○朱子曰：「思無邪」是心正意誠，「毋不敬」是正心誠意。

今學者敬而不自得〔三〕，又不安者，只是心生，持敬而無自得之意，又爲之不安者，但存心未熟之故〔四〕。亦是太以敬來做事得重，此「恭而無禮則勞」也。恭者，私爲恭之恭也。禮者，非體之禮，是自然底道理也。只恭而不爲自然底道理，故不自在也，須是「恭而安」。作意太過，勉强以爲恭，而不知禮本自然，是以勞而不安也。私爲恭者，作意以爲恭，而非其公行者也。非體之禮，謂非升降揖遜之儀、鋪筵設几之文，蓋自然安順之理。今容貌必端，言語必正者，非是道獨善其身，要人道如何，只是天理合如此，本無私意，只是箇循理而已。私意，謂矯飾作爲之意。循理則順乎自然，盡乎當然，何不安之有？

今志於義理而心不安樂者，何也？此則正是剩一箇「助之長」。雖則心「操之則存，捨之則亡」，然而持之太甚，便是「必有事焉」而正之也。亦須且恁去，有志問學而作意太迫，則有助長欲速之患。○朱子曰：「正，預期也，春秋傳曰『戰不正勝』是也。」説見孟子。如此者只是德孤。「德不孤，必有鄰」，到德盛後，自無窒礙，左右逢其原也。孤，謂寡特而無輔也。涵養未充，義理單薄，故無自得之意。及德盛而不孤，則胸中無滯礙，左右逢其原，沛然有餘裕，又何不安樂之有？

敬而無失，便是「喜怒哀樂未發謂之中」。敬不可謂中，但敬而無失，即所以中也。此言静而主敬。事物未交，心主乎敬，不偏不倚，即所謂「未發之中」。敬非中，敬所以養其中也。

伊川先生曰：司馬子微嘗作坐忘論，是所謂「坐馳」也。司馬承禎，字子微，唐天寶中隱居于天台之赤城。嘗著論八篇，言清淨無爲、坐忘遺照之道。按，程子又曰：「有忘之心，乃是馳也。」

伯淳昔在長安倉中閑坐，見長廊柱，以意數之，已尚不疑。再數之不合，不免令人一一聲言數之，乃與初數者無差。則知越著心把捉，越不定。著意把捉，則心已爲之動，故愈差。

明道先生曰：人心作主不定，正如一個翻車，流轉動摇，無須臾停，所感萬端。若不做一個主，怎生奈何？張天祺昔嘗言：自約數年，自上著牀，便不得思量事。不思量事後，須强把他這心來制縛，亦須寄寓在一個形象，皆非自然。君實自謂：吾得術矣，只管念個「中」字。此又爲中所繫縛，且中亦何形象？張戩，字天祺。欲强絶思慮，然心無安頓處。司馬温公欲寓此心於「中」字，亦未免有所繫著。○朱子曰：譬如人家不自作主，却請别人來作主。有人胸中常若有兩人焉：欲爲善，如有惡以爲之間；欲爲不善，又若有羞惡之心者。本無二人，此正交戰之驗也。持其志，使氣不能亂，此大可驗。要之，聖賢必不害心疾。此言應事處有善惡交戰之患，亦是心無所主故也。苟能持守其志，不爲氣所勝，則所主者定，何有紛紜？

某寫字時甚敬，非是要字好，只此是學。篤於持敬，無往非學。

伊川先生曰：聖人不記事，所以常記得；今人忘事，以其記事。不能記事，處事不精，皆出於養之不完固。聖人無心記事，故其心虛明，自然常記。今人著心强記，故其心紛擾，愈不能記。然記事不能與處事不精，二者又皆出於所養不厚，則明德日昏，故已往者不能記，方來者不能察也。

明道先生在澶州日，修橋少一長梁，曾博求之民間。後因出入，見林木之佳者，必起計度之心。因語以戒學者：心不可有一事。或問：凡事須思而後通？朱子曰：事如何不思？但事過則不留於心可也。

伊川先生曰：入道莫如敬，未有能致知而不在敬者。非敬，則心昏雜，理有不能察，而知有不能致。今人主心不定，視心如寇賊而不可制，不是事累心，乃是心累事。當知天下無一物是合少得者，不可惡也。事至當應，初何爲累？顧心無所主，不能定應，反累事耳。

人只有一個天理，却不能存得，更做甚人也！人之所以靈於萬物者，特以全其天理而已。

人多思慮，不能自寧，只是做他心主不定。要作得心主定，惟是止於事，「爲人君止於仁」之類。如舜之誅四凶，四凶已作惡，舜從而誅之，舜何與焉？止者，事物當然之則，如大學「爲人君止於仁」之類。人之應事能止所當止，則亦無思慮紛擾之患矣。舜誅四凶，惡在四凶，自應竄殛，舜何與焉？人不止於事，只是攬他事，不能使物各付物。物各付物，則是役物；爲物所役，則是役於物。「有物必有則」，須是止於事。以上並伊川語。○應事而不止其所當止，是以一己之私智攬他事，而不能物各付物者也。所謂「物各付物」者，物來而應，不過其則；物往而化，不滯其迹。是則役物而不爲物所役。

不能動人，只是誠不至。於事厭倦，皆是無誠處。誠實懇至，則人無不感。遇事有一毫厭倦之意，則是不誠。

靜後，見萬物自然皆有春意。明道先生詩曰：「萬物靜觀皆自得，四時佳興與人同。」胸中躁擾，詎識此意？

孔子言仁，只說「出門如見大賓，使民如承大祭」。看其氣象，便須「心廣體胖」，「動容周旋中禮」自然。惟慎獨便是守之之法。胖，安舒也。仲弓問仁，子曰：「出門如見大賓，使民如承大祭。」無非敬謹之意。然玩其氣象，則必心無隱慝而廣大寬平，體無怠肆而安和舒泰，充其至則動容周旋，自然中禮者也。學者守之，則唯在謹獨。蓋隱微之中常存敬謹之意，則出門、使民之際，乃能及此。聖人「脩己以敬」，「以安百姓」，「篤恭而天下平」惟上下一於恭敬，則天地自位，萬物自育，氣無不和，四靈何有不至？此「體信」「達順」之道。「子路問君子。子曰：『脩己以敬。』曰：『如斯而已乎？』曰：『脩己以安百姓。』」中庸曰：「君子篤恭而天下平。」自其敬以脩己，充而廣之，則政理清明而百姓安，風化廣被而天下平。蓋惟上下孚感，一於恭敬，舉無乖爭凌犯之風，和氣薰蒸，自然陰陽順軌，萬物遂宜。禮運曰：「鳳凰、麒麟皆在郊藪，龜、龍在宮沼。」所謂四靈畢至也。又曰：「體信以達順。」朱子曰：「信是實理，順是和氣。體信是無一毫之僞，達順是發而皆中節，無一物不得其所。」聰明睿智皆由是出，以此事天饗帝。敬則心專，靜而不昏，故明睿生，推此敬可以事天饗帝。天以理言，故曰「事」，動静語默無非事也。帝以主宰言，故曰「饗」，如郊祀之類。○朱子曰：「聰明睿智皆由是出」，非程子實因持敬而見其效，何以語及此！

存養熟後，泰然行將去，便有進。所養厚，則行有餘力。

不愧屋漏，則心安而體舒。屋漏者，室之西北隅，謂隱暗之地也。隱暗之地自反無愧，則心安體舒。此謹獨之效。

心要在腔子裏。腔子，猶所謂神明之舍。在腔子裏，謂心不外馳也。

只外面有些隙罅，便走了。

人心常要活，則周流無窮，而不滯於一隅。心常存，則常活。蓋隨事應酬，心常在我，無將無迎，故常活而無滯。

明道先生曰：「天地設位，而易行乎其中」，只是敬也。敬則無間斷。朱子曰：天地亦是有個主宰，方始恁地變易無窮。就人心言之，惟敬，然後流行不息。敬纔間斷，便是不誠無物也。

「毋不敬」，可以對越上帝。

敬勝百邪。朱子曰：學者常提醒此心，如日之升，群邪自息。

「敬以直内，義以方外」，仁也。敬立則内直，義形則外方。由内達外，生理條直，而無私欲邪枉之累，則心德全矣。若以敬直内，則便不直矣。「必有事焉，而勿正」，則直也。文言曰「敬以直内」，而不曰「以敬直内」，蓋有意欲以之而直内，則此心已有所偏倚而非直矣。「必有事焉，而勿正」者，敬所當爲，而無期必計效之意也。

涵養吾一。心存則不二。

「子在川上曰：『逝者如斯夫！不舍晝夜。』」自漢以來，儒者皆不識此義。此見聖人之心「純亦不已」也。「純亦不已」，天德也。有天德便可語王道，其要只在慎獨。朱子曰：聖人見川流之不息，歎逝者之如斯。原其所以然，乃天命流行不息之體，惟聖人之心默契乎此，故有感焉。於此可見聖人「純亦不已」之心矣。又曰：有天德則純是天理，無私意間斷，便做得王道。又曰：學者謹獨所以爲不已，少有不謹則人欲乘之，便間斷也。

「不有躬，無攸利。」不立己，後雖向好事，猶爲化物。不得以天下萬物撓己，己立後，自能了當得天下萬物。蒙卦六三爻辭。己未能自立，則中心一無所主〔五〕，雖爲善事，猶爲逐物而動。若能自立，則應酬在我，物皆聽命，何撓之有？

伊川先生曰：學者患心慮紛亂，不能寧靜，此則天下公病。學者只要立個心，此上頭儘有商量。朱子曰：學者不先立箇心，恰似作室無基址。今求此心正爲要立基址。得此心有箇存主處，爲學便有歸著，可以用功。

閑邪則誠自存，不是外面捉一個誠將來存著。今人外面役役於不善，於不善中尋個善來存著。如此，則豈有入善之理？只是閑邪則誠自存。閑邪之意，即是誠也。苟役心於邪妄而暫欲存其誠，則亦無可存之理。故孟子言性善皆由内出，只爲誠便存。閑邪更著甚工夫？但惟是動容貌、整思慮，則自然生敬。孟子言性善，如孩提之愛親敬兄，如見赤子入井而有怵惕惻隱之心，如四端之發，無非自然由中而出。蓋實心非外鑠，操之則存矣。所謂「閑邪」者，亦不過外肅其容貌，内齊其思慮，則敬自然生，邪自然息。敬只是主一也。主一則既不之東，又不之西，如是則只是中；既不之此，又不之彼，如是則只是内。存此則自然天理明。學者須是將「敬以直内」涵養此意，直内是本。本註：尹彦明曰：敬有甚形影？只收斂身心，便是主一。且如人到神祠中致敬時，其心收斂，更著不得毫髮事，非主一而何？○敬者心主乎一，無放逸也。静而主乎一，則寂然不動；不散之東西，常在中也。動而主乎一，則知止有定，不滯乎彼此，常在内也。常存此心，則天理自明。

閑邪則固一矣，然主一則不消言閑邪。閑其邪思，則心固一矣。然心既主一，則自無私邪之念，不必閑也。有以一爲難見，不可下工夫，如何？一者無他，只是整齊嚴肅，則心便一。一則自是無非僻之，于此意但涵養久之，則天理自然明。外整齊而内嚴肅，則心自一，理自明。

有言：未感時，知何所寓？曰：「操則存，舍則亡，出入無時，莫知其鄉」，更怎生尋所寓？只是有操而已。操之道，「敬以直内」也。人心無常，亦惟操之則存。學者實用力而有見於斯，則真得所以存心之要，而不患於出入無時，莫知其鄉矣。

敬則自虛靜，不可把虛靜喚做敬。朱子曰：周子説主靜，正是要人靜定其心，自作主宰。程子又恐人只管求靜，遂與事物不交涉，却説個「敬」，云「敬則自虛靜」。

學者先務，固在心志。然有謂欲屏去聞見知思，則是「絶聖棄智」。有欲屏去思慮，患其紛亂，則須坐禪入定。如明鑑在此，萬物畢照，是鑑之常，難爲使之不照。人心不能不交感萬物，難爲使之不思慮。絶聖者黜其聰明，棄智者屏其智慮。老氏之「絶聖棄智」，釋氏之「坐禪入定」，皆絶天理、害人心之教也。若欲免此，惟是心有主。如何爲主？敬而已矣。有主則虛，虛謂邪不能入；無主則實，實謂物來奪之。免此，謂有思慮而無紛亂。林用中主一銘云：「『有主則虛』，神守其都〔六〕；『無主則實』，鬼闞其室。」○或問：程子言「有主則實」，又曰「有主則虛」，何也？朱子曰：此只是有主於中，外邪不能入。自其有主於中言之，則謂之實；自其外邪不入言之，則謂之虛。大凡人心不可二用，用於一事，則他事更不能入者，事爲之主也。事爲之主，尚無思慮紛擾之患，若主於敬，又焉有此患乎？主敬，則自不爲事物紛擾。所謂敬者，主一之謂敬；所謂一者，無適之謂一。且欲涵泳主一之義，不一則二三矣。至於不敢欺，不敢慢，「尚不愧於屋漏」，皆是敬之事也。主一、無適者，心常主乎我而無他適也。蓋若動若靜，此心常存，一而不二，所謂敬也。不欺不慢，不愧屋漏，皆戒懼謹獨之意。此意常存，所主自一。○朱子曰：程子有功於後學，最是拈出「敬」字有力。敬則此心不放，事事從此做去。又曰：無適者，只是持守得定、不馳騖走作之意耳。無適即是主一，主一即是敬，展轉相解。非無適之外別有主一，主一之外又別有敬也。

嚴威儼恪，非敬之道，但致敬須自此入。敬存於中，嚴威儼恪著於外者，然未有外貌弛慢而中能敬者〔七〕。

「舜孳孳爲善」，若未接物，如何爲善？只是主於敬，便是爲善也。以此觀之，聖人之道，不是但默然無言。孳孳者，亹亹不倦之意。聖人爲善固無間斷，然方其未接物之時，但有主敬而已，是即善之本也。「不是但默然無言」，謂其静而有所存也。静而有存，故善。

問：人之燕居，形體怠惰，心不慢者，可否？曰：安有箕踞而心不慢者？昔呂與叔六月中來緱氏，閒居中，某嘗窺之，必見其儼然危坐，可謂敦篤矣。學者須恭敬，但不可令拘迫，拘迫則難久也。盤坐曰箕〔八〕，蹲踦曰踞。箕踞乃傲惰之所形見。學者始須莊敬持守，積久自然安舒。

思慮雖多，果出於正，亦無害否？曰：且如在宗廟則主敬，朝廷主莊，軍旅主嚴，此是也。如發不以時，紛然無度，雖正亦邪。敬存於執事，莊示於等威，嚴施於法制，皆發於心而見於事者。發之而當，則無害也。苟發不以時，或雜然而發，或過而無節，其事雖正，亦是邪念。

蘇季明問：喜怒哀樂未發之前求中，可否？曰：不可。既思於喜怒哀樂未發之前求之，又却是思也。既思即是已發，本註云：思與喜怒哀樂一般。纔發便謂之和，不可謂之中也。蘇昞，字季明，張、程門人也。「喜怒哀樂未發謂之中，發而皆中節謂之和。」方其未發，此心湛然無所偏倚，故謂之中。一念纔生，便屬已發之和矣。又問：呂學士言當求於喜怒哀樂未發之前，如何？曰：若言存養於喜怒哀樂未發之前，則可；若言求中於喜怒哀樂未發之前，則不可。呂學士，與叔也。四者於未發之前可以涵養〔九〕，是中。若有意求之，則不得謂之未發。又問：學者於喜怒哀樂發時，固當勉强裁抑，於未發之前，當如何用功？曰：於喜怒哀樂未發之前，更怎生求？只平日涵養便是。涵養久，則喜怒哀樂發自中節。未發之前不容著力用功，但有操存涵養而已。曰：當中之時，耳無聞，目無見否？曰：雖耳無聞，目無見，然見聞之理在始得。朱子曰：喜怒哀樂未發之時，雖是「耳無聞，目無見」，然須是常有個主宰操持底在這裏始得，不然向空寂了〔一〇〕。賢且說靜時如何？曰：謂之無物則不可，然自有知覺處。朱子曰：「無物」字，恐當作「有物」字。曰：既有知覺，却是動也，怎生言靜？人說「復其見天地之心」，皆以謂至靜能見天地之心，非也。復之卦下面一畫便是動也，安得謂之靜？復者，動之端也。故天地之心於此可見。或曰：莫是於動上求靜否？曰：固是，然最難。釋氏多言定，聖人便言止，如「爲人君止於仁，爲人臣止於敬」之類是也。易之艮言止之義曰：「艮其止，止其所也。」人多不能止，蓋人萬物皆備，遇事時各因其心之所重者更互而出，纔見得這事重，便有這事出。若能物各付物，便自不出來也。此段問答皆論喜怒哀樂未發之中。此條問者乃轉就動處言也。「止其所」者，動中其則而不遷也。若心有所重，則因重而遷。物各付物，而我無預焉，則止其所止而心不外馳矣。或曰：先生於喜怒哀樂未發之前，下動字？下靜字？曰：謂之靜則可，然靜中須有物始得。這裏便是難處。學者莫若且先理會得敬，能敬則知此矣。朱子曰：靜中有物者，只是敬，則常惺惺在這裏。又曰：靜中有物，只是知覺不昧。或問：伊川云「纔有知覺便是動」。曰：若云知寒覺暖，便是知覺已動。今未曾著於事物，但有知覺在，何妨其爲靜？不成靜坐便只是瞌睡。或曰：敬何以用功？曰：莫若主一。季明曰：昞嘗患思慮不定，或思一事未了，他事如麻又生，如何？曰：不可。此不誠之本也。須是習，習能專一時便好。不拘思慮與應事，皆要求一。心不專一，則言動皆無實，故曰「不誠之本」。猶學奕者一心以爲鴻鵠將至，則非誠於學奕也。思慮者動於心，應事者見於言行，皆不可不主於一。

人於夢寐間，亦可以卜自家所學之淺深。如夢寐顛倒，即是心志不定、操存不固。朱子曰：魂與魄交而成寐，心在其間依舊能思慮，所以做出夢。若心神安定，夢寐亦不至顛倒。

問：人心所繫著之事果善，夜夢見之，莫不害否？曰：雖是善事，心亦是動。凡事有朕兆入夢者却無害，捨此皆是妄動。吉凶云爲之兆見於夢者，則此心之神，應感之理，却不爲害。

苟無故而夢，皆心妄動。人心須要定，使他思時方思乃是。今人都由心。曰：心誰使之？曰：以心使心則可。人心自由，便放去也。人心操之則在我，放而不知求則任其所之。以心使心，非二心也，體用而言之耳。

「持其志，無暴其氣」，内外交相養也。「持其志」者，有所守於中；「無暴其氣」者，無所縱於外。然中有所守，則氣自完；外無所縱，則志愈固，故曰「交相養」。

問：「出辭氣」，莫是於言語上用工夫否？曰：須是養乎中，自然言語順理。若是慎言語，不妄發，此却可著力。曾子曰：「出辭氣，斯遠鄙倍矣。」中有所養而後發於外者，不悖。至若謹言語，此亦學者所可用力，但不可專於言語上用功。

先生謂繹曰：吾受氣甚薄，三十而浸盛，四十、五十而後完。今生七十二年矣，校其筋骨，於盛年無損也。繹曰：先生豈以受氣之薄，而厚爲保生耶？夫子默然，曰：吾以忘生狥欲爲深耻。張南軒曰：若他人養生要康强，只是利。伊川説出來，純是天理。

大率把捉不定，皆是不仁。外書。下同。○仁者，心存乎中，純乎天理者也。把捉不定，則此心外馳，理不勝欲，皆是不仁。

伊川先生曰：致知在所養，養知莫過於「寡慾」二字。外無物慾之撓，則心境清；内有涵養之素，則明睿生。

心定者其言重以舒，不定者其言輕以疾。心專而静，則言不妄發，發必審確而和緩。浮躁者反是。

明道先生曰：人有四百四病，皆不由自家，則是心須教由自家。只有此心操之在我，不可任其所之也。

謝顯道從明道先生於扶溝。明道一日謂之曰：爾輩在此相從，只是學顯言語，故其學心口不相應，盍若行之？請問焉。曰：且静坐。伊川每見人静坐，便嘆其善學。心以静而定，理以静而明。朱子曰：静坐則收拾得精神定，道理方有湊泊處。

横渠先生曰：始學之要，當知「三月不違」與「日月至焉」内外賓主之辨，使心意勉勉循循而不能已，過此幾非在我者。文集。○仁，猶人之安宅也。居之三月而不違者，是在内而爲主也，其違也暫而已。「日月至焉」者，是在外而爲賓也，其至也暫而已。過此，謂「三月不違」以上大而化之之事，非可以勉强而至矣，故曰「非在我者」。○朱子曰：「『不違仁』者，仁在内而爲主，然其未熟，亦有時而出於外；『日月至焉』者，仁在外而爲賓，雖有時入於内而不能久也。」愚按，前説則是己不違乎仁，後説則是仁不違乎己〔一一〕，雖似不同，其實則一也。

心清時少，亂時常多。其清時，視明聽聰，四體不待羈束，而自然恭謹。其亂時反是。如此何也？蓋用心未熟，客慮多而常心少也，習俗之心未去，而實心未完也。心者，耳目四肢之主。天君澄肅，則「視明聽聰」，四體自然從令。若存心於道者未熟，則客慮足以勝其本心，習俗足以奪其誠意。○朱子曰：横渠大段用功夫來，説得更精切。又曰：客慮是泛泛底思慮，習俗之心是從來習染偏勝之心，實心是義理之心。人又要得剛，太柔則入於不立。亦有人生無喜怒者，則又要得剛，剛則守得定不回，進道勇敢。載則比他人自是勇處多。語録。下同。○剛則守之固，行之決，故足以進於道。柔懦委靡，必不能有立矣。

戲謔不惟害事，志亦爲氣所流。不戲謔亦是持氣之一端。朱子曰：横渠學力絶人，尤勇於改過，獨以戲爲無傷。一日忽曰：「凡人之過，猶有出於不知而爲之者，至戲則皆有心爲之也，其爲害尤甚。」遂作東銘。

正心之始，當以己心爲嚴師。凡所動作，則知所懼。如此一二年，守得牢固，則自然心正矣。視心如嚴師，則知所敬畏，而邪僻之念不作。

定，然後始有光明。若常移易不定，何求光明？易大抵以艮爲止，止乃光明。故大學「定」而至於「能慮」，人心多則無由光明。易説。下同。○此心静定而明生焉。水之止者可鑒，而流水不可鑒，亦是理也。

「動靜不失其時，其道光明。」學者必時其動靜，則其道乃不蔽昧而明白。今人從學之久，不見進長，正以莫識動靜。見他人擾擾，非關己事，而所脩亦廢。由聖學觀之，冥冥悠悠，以是終身，謂之「光明」可乎？艮卦彖辭。動靜各有其時，然學者多失於不當動而動。因循廢學，終何光明之有？

敦篤虛靜者，仁之本。不輕妄，則是敦厚也；無所繫閡昏塞，則是虛靜也。此難以頓悟，苟知之，須久於道實體之，方知其味。夫仁亦在乎熟之而已。孟子說。○閡，閉礙也。言動輕妄而不敦篤，則此心外馳，非仁也。有所繫閡昏塞而不虛靜，則此心罔覺，非仁也。然必存心之久，實體於己，然後能深知其味。

校勘記

〔一〕飲食無度則病身　「病」，元刻明修本、明刊本作「敗」。

〔二〕義理養心　「義理」，元刻明修本、明刊本作「彼問」。

〔三〕今學者敬而不自得　「自」，元刻明修本作「見」。

〔四〕但存心未熟之故　「存」，元刻明修本作「有」。

〔五〕則中心一無所主　「中」、「一」二字，元刻明修本、明刊本無。

〔六〕神守其都　「守」，元刻明修本作「威」。

〔七〕然未有外貌弛慢而中能敬者　元刻明修本、明刊本「中」作「心」，無「者」字。

〔八〕盤坐曰箕　「坐」，元刻明修本作「曲」。
〔九〕四者於未發之前可以涵養　「四者於」，元刻明修本、明刊本作「喜怒哀樂」。
〔一〇〕不然向空寂了　「然」，元刻明修本、明刊本作「是一」。
〔一一〕後說則是仁不違乎己　「則」原本無，據元刻明修本、明刊本補。

近思録集解卷五

凡四十一條

克治

此卷論力行。蓋窮理既明，涵養既厚，及推於行己之間，尤當盡其克治之力也。

濂溪先生曰：君子乾乾不息於誠，然必懲忿窒慾，遷善改過而後至。乾之用，其善是，損益之大莫是過，聖人之旨深哉！重乾相繼，故九三曰「君子終日乾乾」。言君子體乾，健而又健，至誠不息，此用乾之善者也。山澤爲損，激於忿象山之高，必懲創之，溺於欲象澤之深，必窒塞之，此用損之大者也。風雷爲益，遷善象風之烈，則德日長，改過象雷之迅，則惡日消，此用益之大者也。○朱子曰：乾乾不息者，體也；去惡進善者，用也。無體則用無以行，無用則體無所措，故以三卦合而言之。或曰「其」字亦是「莫」字。吉凶悔吝生乎動。噫！吉一而已，動可不慎乎？通書。○動而得則吉，失則凶，悔則過失而自咎，吝則私小而可羞。四者，一善而三惡，動其可不謹乎？

濂溪先生曰：孟子曰：「養心莫善於寡欲。」予謂養心不止於寡而存耳。蓋寡焉以至於無，無則誠立明通。誠立，賢也；明通，聖也。遺文。〇朱子曰：誠立，謂實體安固；明通，則實用流行。立，如「三十而立」之「立」。通則不惑，知命而鄉乎耳順矣。〇或問：孟子與周子之言果有以異乎？曰：孟子所謂「欲」者，以耳、目、口、鼻、四肢之欲，人所不能無，然多而無節則爲心害。周子則指心之流於欲者，是則不可有也。所指有淺深之不同，然由孟子之寡欲，則可以盡周子之無欲矣。

伊川先生曰：顏淵問克己復禮之目，夫子曰：「非禮勿視，非禮勿聽，非禮勿言，非禮勿動。」四者身之用也，由乎中而應乎外，制於外所以養其中也。朱子曰：「由乎中而應乎外」，謂視聽言動乃此心之形見處。「制乎外所以養其中」，謂就視聽言動上克治也。上二句言其理，下二句是工夫。顏淵請事斯語，所以進於聖人。後之學聖人者，宜服膺而勿失也。因箴以自警。或問：明知其不當視而自接乎目，明知其不當聽而自接乎耳，則將如何？朱子曰：視與見異，聽與聞異。非禮之色雖過乎目，在我不可有視之之心。非禮之聲雖過乎耳，在我不可有聽之之心。視箴曰：「心兮本虛，應物無迹。操之有要，視爲之則。蔽交於前，其中則遷。制之於外，以安其内。克己復禮，久而誠矣。」人心虛靈，感應出入，無迹可執，操存之要，莫先謹視，則猶節也。苟物欲之蔽，交乎吾前，惑於所見，中必移矣。惟能制之於外，目不妄視，則神識泰定，内斯以安。久而誠，則實理流行，動容周旋中禮矣。聽箴曰：「人有秉彝，本乎天性。知誘物化，遂亡其正。卓彼先覺，知止有定。閑邪存誠，非禮勿聽。」人稟五常之性〔一〕，本無不善。惟知識誘於外而忘返，物欲化其内而莫覺，由是所稟之正，日以喪矣。誘者化之初，化者誘之極也。知止者，知其所當止也。有定者，得其所當止也。閑邪於外，所以存誠於中也。言箴曰：「人心之動，因言以宣。發禁躁妄，内斯靜專。矧是樞機，興戎出好。吉凶榮辱，惟其所召。傷易則誕，傷煩則支。己肆物忤，出悖來違。非法不道，欽哉訓辭。」躁，輕肆也。妄，虚謬也。言語之發，禁其輕肆則内靜定矣，禁其虚謬則内專一矣。樞，扉臼也。機，弩牙也。户之闔闢，射之中否，皆由之發。言乃吾身之樞機，故一言之惡或至於興師，一言之善或可以合好。得則有吉有榮，失則有凶有辱。躁而傷於易，則誕肆而不審；妄而傷於煩，則支離而遠實。肆，縱情也。肆己者，必忤物，躁之致也。悖，乖理也。悖而出者，必悖而反，妄之致也。動箴曰：「哲人知幾，誠之於思。志士厲行，守之於爲。順理則裕，從欲惟危。造次克念，戰兢自持。習與性成，聖賢同歸。」文集。○朱子曰：思是動之微，爲是動之著〔二〕；思是動於内，爲是動於外。○明哲之人，知其幾微，故於所思而誠之，一念之動不敢妄也。立志之士，勉勵其行，故於所爲而守之，一事之動不敢忽也。順理而動則安裕，從欲而動則危殆，守於爲也。造次俄頃而克念不忘，戰兢恐懼而自持不失，誠於思也。習謂脩於己，性謂得於天。習與性合，則全其本然之善，而與聖賢一矣。

復之初九曰：「不遠復，無祇悔，元吉。」伊川易傳曰：陽，君子之道，故復爲反善之義。初，復之最先者也，是不遠而復也。陽往爲剥，陽來爲復。復卦乃善之返，初爻乃復之先，過而先復，是不遠而復也。失而後有復，不失則何復之有？唯失之不遠而復，則不至於悔，大善而吉也。人必有所失而後有所復，既有失則不能無悔。惟未遠而復，故不至於悔，乃「元吉」也。顔子無形顯之過，夫子謂其庶幾，乃「無祇悔」也。過既未形而改，何悔之有？有過而知之敏、改之速，不待其形顯，故無悔也。既未能不勉而中，所欲不踰矩，是有過也。然其明而剛，故一有不善，未嘗不知；既知，未嘗不遽改，故不至於悔，乃「不遠復」也。學問之道無他也，惟其知不善，則速改以從善而已。易傳。下同。○不待勉强而中乎道，從心所欲而不過乎則，是聖人之事，無過之可改者也。顔子未能及是，故未免於有過。然其明也，故過而必知；其剛也，故知而即改。

晉之上九：「晉其角，維用伐邑，厲吉，无咎，貞吝。」伊川易傳曰：人之自治，剛極則守道愈固，進極則遷善愈速。如上九者，以之自治，則雖傷於厲，而吉且无咎也。嚴厲非安和之道，而於自治則有功也。以陽居上，剛之極也。在晉之終，進之極也。剛進之極，動則爲過，惟可用之以自伐其邑。伐邑，内自治也。以是自治，則守道固而遷善速。雖過於嚴厲，「吉」且「无咎」。雖自治有功，然非中和之德，故於貞正之道爲可吝也〔三〕。剛進之極，有乖中和，終爲疵吝。

損者，損過而就中，損浮末而就本實也。天下之害，無不由末之勝也。峻宇雕墻，本於宮室；酒池肉林，本於飲食；淫酷殘忍，本於刑罰；窮兵黷武，本於征討。凡人欲之過者，皆本於奉養，其流之遠，則爲害矣。先王制其本者，天理也；後人流於末者，人欲也。損之義，損人欲以復天理而已。損卦彖傳。天下之事，其本皆出於天理。民生日用之常，治道之不可廢者。其末流則末勝本，華勝實〔四〕，人欲勝天理，其害有不勝言者矣。故損之爲用，亦惟「損過以就中，損浮末而就本實」，損人欲以復天理耳。

夬九五曰：「莧陸夬夬，中行无咎。」象曰：「中行无咎，中未光也。」傳曰：夫人心正意誠，乃能極中正之道，而充實光輝。若心有所比，以義之不可而決之，雖行於外，不失其中正之義，可以无咎，然於中道未得爲光大也。蓋人心一有所欲，則離道矣。夫子於此，示人之意深矣。九五與上六比，心有所昵，未必能正，特以義不可而勉勉決去之意，亦未必誠也。但九五「中正」，故所行猶不失中正之義，僅可「无咎」。然心有所比，不能無欲，其於中正之道，未得爲光大。聖人發此示人，欲使人正心誠意，無一毫繫累，乃能盡中正之道，充實而有光輝也。

方説而止，節之義也。節卦彖傳。兑下坎上爲節〔五〕。兑，説也。坎，險也。見險則止矣。人惟説則易流，方説而能止，是節之義也。

節之九二，不正之節也。以剛中正爲節，如懲忿窒欲，損過抑有餘是也。不正之節，如嗇節於用，懦節於行是也。九二以剛居柔，在節卦是爲不正之節也。「懲忿窒欲，損過抑有餘」者，節其過以就中，此剛中正之節也。節於用而爲吝嗇，則於用有不足；節於行而爲柔懦，則於行有不足。此不正之節，九二是也。

人而無克、伐、怨、欲，惟仁者能之。有之而能制其情不行焉，斯亦難能也，謂之仁則未可也。此原憲之問，夫子答以知其爲難，而不知其爲仁。此聖人開示之深也。經說。○克，忮害；伐，驕矜；怨，忿恨；欲，貪慾。四者皆生於人心之私也。天理流行，自無四者之累，則仁矣。四者有於中而能力制於外，則亦可謂之「難能」，然私慾之根未除〔六〕，故未可謂之仁。○朱子曰：克己爲仁者，從根源上便斬截了，更不復萌。不行者，但禁制其末，不行於外耳。若其本則著於心，而未能去也。

明道先生曰：義理與客氣常相勝，只看消長分數多少，爲君子小人之別。義理所得漸多，則自然知得客氣消散得漸少，消盡者是大賢。遺書。下同。○義理者，性命之本然。客氣者，形氣之使然。

或謂人莫不知和柔寬緩，然臨事則反至於暴厲。明道曰：只是志不勝氣，氣反動其心也。學以立志爲本，而後氣質可變化。

人不能祛思慮，只是吝，吝故無浩然之氣。吝，則爲私意小智所纏繞，而無浩然正大之氣。

治怒爲難，治懼亦難。克己可以治怒，明理可以治懼。怒，氣盛則不能自遏；懼，氣怯則不能自立，故治之皆難。然己私既克，則一朝之忿有所不作矣；物理既明，則非理之懼有所不動矣。

堯夫解「他山之石，可以攻玉」：玉者温潤之物，若將兩塊玉來相磨，必磨不成，須是得箇麤礪底物，方磨得出。譬如君子與小人處，爲小人侵陵，則修省畏避，動心忍性，增益豫防，如此便道理出來。邵康節先生名雍，字堯夫，解詩小雅鶴鳴篇。君子與小人處，爲小人所侵陵，則修省其身者必謹，畏避小人者必嚴，動心而不敢苟安，忍性而不敢輕發，增益其所不能，豫防其所未至。如此，則德日進而理日明矣。

目畏尖物，此事不得放過，便與克下。室中率置尖物，須以理勝他，尖必不刺人也，何畏之有？人有目畏尖物者，明道教以室中率置尖物，習見既熟，則不復畏之矣。克己之功，類當如此。

明道先生曰：責上責下，而中自恕己，豈可任職分？專務責人而不知責己，是捨己職分而憂人之憂者也。

「舍己從人」最爲難事。己者我之所有，雖痛舍之，猶懼守己者固，而從人者輕也。朱子曰：此程子爲學者言。若聖人分上，則不如此也。

「九德」最好〔七〕。皋陶曰：「亦行有九德：寬而栗，柔而立，愿而恭，亂而敬，擾而毅，直而温，簡而廉，剛而塞，强而義。」寬弘而莊栗，則寬不至於弛；和柔而卓立，則柔不至於懦；愿而恭，則朴愿而不專尚乎質；亂，治也。亂而敬，則整治而不徒事乎文。蓋恭著於外，故守於中也。馴擾而毅，則擾不至於隨。勁直而温，則直不至於訐。簡大者，或規矩之不立，今有廉隅，則簡不至於疏。剛者或傷於果斷，今塞實而篤厚，則剛不至於虐。强力者或狥血氣之勇，今有勇而義，則强不至於暴。蓋游氣紛擾，萬有不齊〔八〕，其生人也，有氣禀之拘，自非聖人至清、至厚、至中、至正，渾然天理，無所偏雜。蓋自中人以下，未有不滯於一偏者。惟能就其氣質之偏，窮理克己，矯揉以歸於正，則偏者可全矣。是知學問之道〔九〕，在唐虞之際，其論德已如是之密矣。

饑食渴飲，冬裘夏葛，若致些私吝心在，便是廢天職。食飲衣服，各有當然之則，是天賦之職分也。有一毫私己貪吝之意，即是廢天職。

獵，自謂今無此好。周茂叔曰：「何言之易也？但此心潛隱未發，一日萌動，復如前矣。」後十二年因見，果知未也。本註云：明道年十六七時好田獵，十二年暮歸。在田野間見田獵者，不覺有喜心。○周子用功之深，故知不可易言。程子治心之密，故能隨寓加察。在學者警省克治之力，尤不可以不勉也。

伊川先生曰：大抵人有身，便有自私之理，宜其與道難一。人有耳目鼻口四肢，自然有私己之欲，惟能克己然後合天理之公。

罪己責躬不可無，然亦不當長留在心胸爲悔。有過自責，乃羞惡之心。然已往之失長留愧怍〔一〇〕，應酬之間反爲繫累。

所欲不必沉溺，只有所向便是欲。一念外馳，所向既差，即是欲也。

明道先生曰：子路亦百世之師。本註云：人告之以有過則喜。○聞過而喜，則好善也誠，改過也速。子路以兼人之勇而用之於遷善改過，其進德也庸可既乎？是足爲百世師矣。

人語言緊急，莫是氣不定否？曰：此亦當習。習到言語自然緩時，便是氣質變也，學至氣質變，方是有功。

問：「不遷怒，不貳過」，何也？語録有怒甲不遷乙之説，是否？伊川曰：是。曰：若此則甚易，何待顏子而後能？曰：只被説得麤了，諸君便道易，此莫是最難，須是理會得因何不遷怒。怒甲而不遷其怒於乙，概而觀之，則稟性和平者，若皆可能。然以身驗其實，而求其所以不遷怒之由，則非此心至虛至明，喜怒各因乎物，舉無一毫之私意者，殆未易勉强而能也。○朱子曰：顏子見得道理透，故怒於甲者，雖欲遷於乙，亦不可得遷也。如舜之誅四凶，怒在四凶，舜何與焉？蓋因是人有可怒之事而怒之，聖人之心本無怒也。譬如明鏡，好物來時便見是好，惡物來時便見是惡，鏡何嘗有好惡也？聖人之心，因事當怒者而怒之，是怒因物而生，不自我而作也，又豈有之於己耶？譬明鏡照物，妍媸在物，鏡未嘗自有妍媸也。世之人固有怒於室而色於市，且如怒一人，對那人説話能無怒色否？有能怒一人而不怒别人者，能忍得如此，已是煞知義理者。若聖人因物而未嘗有怒，此莫是甚難。怒氣易發而難制。世固有怒於其室而作色於市人者，其遷怒也甚矣。有能自禁持怒此人，而不以餘怒加辭色於他人者，已不易得，況乎物各付物而喜怒不有於我者〔一一〕，豈非甚難者耶？『君子役物，小人役於物』。今見可喜可怒之事，自家著一分陪奉他，此亦勞矣。聖人之心如止水。役物者我常定，役於物者逐物而往。聖人之心常湛然如止水，無有一毫作好作惡。

人之視最先，非禮而視，則所謂開目便錯了。次聽次言次動，有先後之序。人能克己，則心廣體胖；「仰不愧」，「俯不怍」，其樂可知。有息則餒矣。外書。下同。○朱子曰：此數語極有味。又曰：當初亦知是好語，謾録於此，今看來直是恁地好〔一二〕。○身心無私欲之累，自然安舒。俯仰無所愧怍，自然快樂。少有間斷，則自視欿然矣。

聖人責己感也處多，責人應也處少。聖人所謂厚於責己而薄於責人者，非若後世欲爲長厚之意。蓋有感而後有應，責人之應而不自反其感之之道，則是薄於本而厚望於末，無是理也。

謝子與伊川别一年，往見之，伊川曰：「相别一年，做得甚工夫？」謝曰：「也只去箇矜字。」曰：「何故？」曰：「子細檢點得來，病痛盡在這裏。若按伏得這箇罪過，方有向進處。」伊川點頭，因語在坐同志者曰：此人爲學，切問近思者也。按，胡文定公問上蔡：『矜字罪過，何故恁地大？』謝曰：「今人做事，只管要夸耀别人耳目，渾不關自家受用事。有底人食前方丈，便向人前喫，只蔬食菜羹，却去房裏喫。爲甚恁地？」愚謂：充謝子爲己之學，則一切外物皆不足以動其心矣。

思叔詬詈僕夫，伊川曰：「何不『動心忍性』？」思叔慙謝。說見孟子。○朱子曰：「動心忍性」，謂悚動其心〔一三〕，堅忍其性。然所謂性者，亦指氣禀而言耳。「見賢」便「思齊」，有爲者亦若是。「見不賢而內自省」，蓋莫不在己。說見論語。○見人有善即思自勉，則誰不可及。見人不善惟當自省，亦無非反己之地。

橫渠先生曰：湛一，氣之本；攻取，氣之欲。口腹於飲食，鼻舌於臭味，皆攻取之性也。知德者屬厭而已，不以嗜欲累其心，不以小害大、末喪本焉爾。正蒙。下同。○湛而不動，一而不雜者，氣之本體也。飲食臭味之嗜〔一四〕，而營求攻取於外者，氣之動於欲者也。攻取之性，即氣質之性。屬，足也。屬厭，猶饜足也，君子知德之本。故凡飲食臭味才取足而已，不以嗜好之末而累此心之本也。孟子所謂「不以口腹累心〔一五〕，毋以小害大、賤害貴」是也。

纖惡必除，善斯成性矣；察惡未盡，雖善必麤矣。成性者，全其本然之天。

惡不仁，故不善未嘗不知。徒好仁而不惡不仁，則習不察、行不著。人能惡不仁，則其察己也精，有不善必知之矣。苟徒知仁之可好，而不知不仁之可惡，則所習者或未之察，所行者或未之明，雖有好仁之心，而卒陷於不仁而莫之覺矣。是故徒善未必盡義，徒是未必盡仁。好仁而惡不仁，然後盡仁義之道。徒好仁而不惡不仁，則雖有向善之意而無斷制之明，故曰「未必盡義」。徒惡不仁而不好仁，則雖有去非之意而無樂善之誠，故曰「未必盡仁」。

責己者，當知無天下國家皆非之理，故學至於「不尤人」，學之至也。處世有乖違，豈在人者皆非、在我者皆是？以此存心，則惟務盡己不必咎人矣。

有潛心於道，忽忽爲他慮引去者，此氣也。舊習纏繞，未能脱灑，畢竟無益，但樂於舊習耳。舊習未除，志不勝氣，則心慮紛雜。古人欲得朋友與琴瑟簡編〔一六〕，常使心在於此。惟聖人知朋友之取益爲多，故樂朋友之來。橫渠論語説。○朋友有講習責善之義〔一七〕，琴瑟有調適性情之用〔一八〕，簡編有前言往行之識。朝夕於是，則心有所養，而習俗放僻之念不作矣。然三者之中，朋友之益尤多，故「有朋自遠方來」，所以樂也。

矯輕警惰。語録。下同。○輕則浮躁，惰則弛慢，二者爲學之大患。然輕者必惰，雖二病而實相因，其進鋭者其退速，輕與惰之謂也。

「仁之難成久矣！人人失其所好。」蓋人人有利欲之心，與學正相背馳，故學者要寡慾。仁者天理之公，利欲者人心之私，故背馳。

君子不必避他人之言，以爲太柔太弱，至於瞻視亦有節。視有上下，視高則氣高，視下則心柔，故視國君者，不離紳帶之中。學者先須去其客氣。其爲人剛行，音項。終不肯進。「堂堂乎張也，難與竝爲仁矣。」學者當去輕傲之氣，存恭謹之心。剛行，麤暴也。其爲人麤暴，必不肯遜志務學，而亦終不能深造於道。子張氣貌高亢，而無收斂誠實之意，故曾子以爲「難與竝爲仁」。蓋目者人之所常用，且心常托之，視之上下，且試之，己之敬傲，必見於視。所以欲下其視者，欲柔其心也。柔其心，則聽言敬且信。心之神寓於目，故目視高下，而心之敬傲可見。心柔者聽人之言，必敬且信，而不敢怠慢矣〔一九〕。人之有朋友，不爲燕安，所以輔佐其仁。今之朋友，擇其善柔以相與，拍肩執袂以爲氣合，一言不合，怒氣相加。朋友之際，欲其相下不倦，故於朋友之間主其敬者，日相親與，得效最速。始則氣輕而苟於求合，終則負氣而不肯相下，若是者其果有益於己乎？故朋友之間以謙恭爲主，則其相親之意無厭，相觀之效尤速。仲尼嘗曰：「吾見其居於位也，與先生竝行也，非求益者，欲速成者。」則學者先須温柔，温柔則可以進學。闕里童子〔二〇〕，居則當位，行則與先生竝，蓋輕傲而不循禮。故夫子以爲非能求益者，但欲速於成人而已。故學者當以和順爲先，則謙虛恭謹有以爲進學之地。詩曰：「温温恭人，惟德之基。」蓋其所益之多。詩大雅抑篇。温和恭敬，爲德之本。

世學不講，男女從幼便驕惰壞了，到長益凶狠。只爲未嘗爲子弟之事，則於其親，已有物我，不肯屈下。病根常在，又隨所居而長，至死只依舊。爲子弟，則不能安灑掃應對；在朋友，則不能下朋友；有官長，則不能下官長；爲宰相，則不能下天下之賢。甚則至於狥私意，義理都喪，也只爲病根不去，隨所居所接而長。人須一事事消了病，則義理常勝。後世小學既廢，父母愛踰於禮，恣之驕惰而莫爲禁止，病根既立，隨寓隨長，卒至盡失其良心，蓋有自來。學者所當察其病源，力加克治，則舊習日消，而道心日長矣。

校勘記

〔一〕人禀五常之性　「禀」，元刻明修本、明刊本作「秉」。

〔二〕爲是動之著　「著」原作「者」，據元刻明修本、明刊本改。

〔三〕故於貞正之道爲可吝也　「故於」，元刻明修本、明刊本作「所以」。

〔四〕華勝實　「實」，元刻明修本、明刊本作「質」。

〔五〕兑下坎上爲節　「兑下坎上」原作「兑上坎下」，據元刻明修本、明刊本改。

〔六〕然私慾之根未除　「私」原本無，據元刻明修本、明刊本補。

〔七〕九德最好　「德」，元刻明修本作「爲」。

〔八〕萬有不齊　「萬有」，元刻明修本、明刊本作「有萬」。

〔九〕是知學問之道　「學問」，元刻明修本、明刊本作「問學」。

〔一〇〕然已往之失長留愧怍　「怍」，元刻明修本、明刊本作「沮」。

〔一一〕况乎物各付物而喜怒不有於我者　「乎」，元刻明修本、明刊本作「夫」。

〔一二〕自「朱子曰此」至「恁地好」　此段文字，元刻明修本、明刊本置於本條註文「則自視欿然矣」句下。

〔一三〕謂悚動其心　「悚」，元刻明修本作「性」，明刊本作「竦」。

〔一四〕飲食臭味之嗜　「嗜」，元刻明修本、明刊本作「需」。

〔一五〕孟子所謂不以口腹累心　「不以口腹累心」，元刻明修本、明刊本作「無以口腹之害爲心害」。

〔一六〕古人欲得朋友與琴瑟簡編　「古人」上，宋刻本泳齋衍註有「是故」二字。

〔一七〕朋友有講習責善之義　「義」，元刻明修本、明刊本作「益」。

〔一八〕琴瑟有調適性情之用　「性情」，元刻明修本、明刊本作「情性」。

〔一九〕而不敢怠慢矣　「怠」，元刻明修本作「忽」。「怠慢」，明刊本作「怨言」。

〔二〇〕闕里童子　「里」，元刻明修本、明刊本作「黨」。

近思録集解卷六

凡二十二條

家道

此卷論齊家。蓋克己之功既至，則施之家，而家可齊矣。

伊川先生曰：弟子之職，力有餘則學文，不脩其職而學，非爲己之學也。經解。説見論語。○爲弟爲子者，其職在於孝弟而已，行之有餘力，而後可學詩、書、六藝之文。職有未盡而急於學文，則是徒欲人之觀美，非爲己之學也。

孟子曰：「事親若曾子可也」，未嘗以曾子之孝爲有餘也。蓋子之身所能爲者，皆所當爲也。易傳。下同。○師卦六二傳。可者，僅足而無餘之稱，竭其所當爲，無過外也。

「幹母之蠱，不可貞。」子之於母，當以柔巽輔導之，使得於義。不順而致敗蠱，則子之罪也。蠱卦九二傳。幹，治也。蠱，事之弊也。人子事親，皆當以承順爲主，使事得於理而已。然婦人柔暗，有難以遽曉，尤當以柔巽行之，比之事父又有間矣。但爲矯拂而反害其所治之事，則子之過也。從容將順，豈無道乎？若伸己剛陽之道，遽然矯拂則傷恩，所害大矣，亦安能入乎？在乎屈己下意，巽順將承，使之身正事治而已。剛陽之臣事柔弱之君，義亦相近。以剛直之資〔一〕，遽爲矯拂，內則傷恩，而有害天倫之重；外則敗事，而卒廢幹蠱之功。「剛陽之臣，事柔弱之君」，若孟子於齊宣王，諸葛孔明於蜀後主是也。

蠱之九三，以陽處剛而不中，剛之過也，故「小有悔」。然在巽體，不爲無順。順，事親之本也，又居得正，故「無大咎」。然有小悔，已非善事親也。九爻陽而三位剛，位又不中，剛過乎中者也。事親而過剛，不能無悔矣。然蠱之下卦爲巽，巽者順也。又陽爻居陽位，居得其正，則亦不至大過，故「無大咎」也。但謂之「小悔」，則於事親之道已非盡善者矣。

正倫理，篤恩義，家人之道也。家人卦彖傳。正倫理則尊卑之分明，篤恩義則上下之情合。二者竝行，而後處家之道得矣〔二〕。然必以正倫理爲先，未有倫理不正而恩義可篤者也。

人之處家，在骨肉父子之間，大率以情勝禮，以恩奪義。惟剛立之人，則能不以私愛失其正理，故家人卦大要以剛爲善。家人卦六二傳。相親附，猶骨之於肉。

家人上九爻辭，謂治家當有威嚴，而夫子又復戒云，當先嚴其身也。威嚴不先行於己，則人怨而不服。上九「威如，終吉。」象曰：「威如之吉，反身之謂也。」所貴治家之威者，非徒繩治之嚴，蓋必正己爲本，使在我持身謹嚴而無少縱弛，則家人自然有所嚴憚而不敢踰越，有所觀感而率歸於正。凡御下之道皆然。齊家本於脩身，則尤爲切近。

歸妹九二，守其幽貞，未失夫婦常正之道。世人以媟狎爲常，故以貞靜爲變常，不知乃常久之道也。正靜乃相處可久之道〔三〕，媟狎則玩侮乖離所自生。

世人多慎於擇壻，而忽於擇婦。其實壻易見，婦難知，所係甚重，豈可忽哉？遺書。下同。

人無父母，生日當倍悲痛，更安忍置酒張樂以爲樂？若具慶者，可矣。具慶，謂父母俱存。

問：行狀云：「盡性至命，必本於孝弟。」不識孝弟何以能盡性至命也？伊川曰：後人便將性命別作一般說了〔四〕。性命、孝弟，只是一統底事，就孝弟中便可盡性至命。伊川先生所作明道先生行狀。孝弟者，人道之本，百行之原，仁民愛物皆由是推之。人能盡孝弟之道，擴而充之至於極致，則可以盡性至命矣。○朱子曰：此與「孝弟也者，其爲仁之本與」一意。又曰：若是聖人，如舜之孝，王季之友，便是盡性至命事。如灑掃應對與盡性至命，亦是一統底事，無有本末，無有精粗，却被後來人言性命者，別作一般高遠說。故舉孝弟，是於人切近者言之。天下無理外之事，亦無事外之理。即其末而本已存，即其粗而精實具，本末、精粗非二致也。然今時非無孝弟之人，而不能盡性至命者，由之而不知也。今之孝弟者，未必能盡性至命。蓋行不著，習不察，故亦不能擴充之，以抵作聖之極功。

問：第五倫視其子之疾與兄子之疾不同，自謂之私，如何？伊川曰：不待安寢與不安寢，只不起與十起，便是私也。父子之愛本是公，才著些心做，便是私也。後漢第五倫傳：「或問倫曰：『公有私乎？』對曰：『吾兄子嘗病〔五〕，一夜十起，退而安寢；吾子有疾，雖不省視，而竟夕不眠。若是者，豈可謂無私乎？』」人知安寢與不眠爲私愛其子，而不知十起與不起亦私意也。蓋事事物物各有自然之理，不容安排。父子之愛天性，今子疾不視，而十起於兄子，豈人情哉？著意安排即是私矣。又問：視己子與兄子有間否？曰：聖人立法，曰「兄弟之子猶子也」，是欲視之猶子也。視兄弟之子亦如己子。又問：天性自有輕重，疑若有間然。曰：只爲今人以私心看了。孔子曰：「父子之道，天性也。」此只就孝上說，故言父子天性。若君臣、兄弟、賓主、朋友之類，亦豈不是天性？只爲今人小看却，不推其本所由來故爾。己之子與兄之子，所爭幾何，是同出於父者也。只爲兄弟異形，故以兄弟爲手足。人多以異形故，親己之子異於兄弟之子，甚不是也。又問：孔子以公冶長不及南容，故以兄之子妻南容，以己之子妻公冶長。何也？曰：此亦以己之私心看聖人也。凡人避嫌者，皆內不足也。聖人至公，何更避嫌？凡嫁女，各量其才而求配。或兄之子不甚美，必擇其相稱者爲之配；己之子美，必擇其才美者爲之配。豈更避嫌耶？若孔子事，或是年不相若，或時有先後，皆不可知。以孔子爲避嫌，則大不是。如避嫌事，賢者且不爲，況聖人乎？聖人所爲，至公無私，安行乎天理，何嫌之可避？凡人避嫌者，皆内有不足而不能自信者也。

問：孀婦，於理似不可取，如何？伊川曰：然。凡取以配身也。若取失節者以配身，是已失節也。婦人從一而終者也，再嫁爲失節。又問：或有孤孀貧窮無託者，可再嫁否？曰：只是後世怕寒餓死，故有是説。然餓死事極小，失節事極大。餓死事極小，所惡有甚於死也。

病卧於牀，委之庸醫，比之不慈不孝。事親者亦不可不知醫。外書。下同。

程子葬父，使周恭叔主客。客欲酒，恭叔以告。先生曰：勿陷人於惡。周行己，字恭叔。臨喪飲酒，非禮也。

買乳婢，多不得已。我不能自乳，必使人。然食己子而殺人之子，非道。必不得已，用二子乳食三子，足備他虞。或乳母病且死，則不爲害，又不爲己子殺人之子，但有所費。若不幸致誤其子，害孰大焉？「幼吾幼以及人之幼」，其慮之周蓋如此。

先公太中諱珦，字伯温。前後五得任子，以均諸父子孫。嫁遣孤女，必盡其力，所得俸錢，分贍親戚之貧者。伯母劉氏寡居，公奉養甚至。其女之夫死，公迎從女兄以歸，教養其子，均於子姪。既而女兄之女又寡，公懼女兄之悲思，又取甥女以歸，嫁之。時小官禄薄，克己爲義，人以爲難。任子，謂保任使之入仕。諸父，謂從父也。公慈恕而剛斷，平居與幼賤處，惟恐有傷其意，至於犯義理，則不假也。左右使令之人，無日不察其饑飽寒燠。娶侯氏。侯夫人事舅姑以孝謹稱，與先公相待如賓客。先公賴其内助，禮敬尤至。而夫人謙順自牧，雖小事未嘗專，必禀而後行。仁恕寬厚，撫愛諸庶，不異己出。從叔幼孤〔六〕，夫人存視，常均己子。治家有法，不嚴而整。不喜笞朴奴婢，視小臧獲如兒女，男僕曰臧，女僕曰獲。諸子或加呵責，必戒之曰：「貴賤雖殊，人則一也。汝如是大時，能爲此事否？」先公凡有所怒，必爲之寬解，唯諸兒有過，則不掩也。常曰：「子之所以不肖者，由母蔽其過而父不知也。」夫人男子六人，所存惟二，其愛慈可謂至矣，然於教之之道，不少假也。纔數歲，行而或踣，家人走前扶抱，恐其驚啼，夫人未嘗不呵責曰：「汝若安徐，寧至踣乎？」飲食常置之坐側。嘗食絮羹，即叱止之，曰：「幼求稱欲，長當何如？」絮羹，調羹也。禮：「不絮羹，爲其詳於味也。」雖使令輩，不得以惡言罵之。故頤兄弟平生於飲食衣服無所擇，不能惡言罵人，非性然也，教之使然也。與人爭忿，雖直不右，曰：「患其不能屈，不患其不能伸。」及稍長，常使從善師友游，雖居貧，或欲延客，則喜而爲之具。夫人七八歲時，誦古詩曰：「女子不夜出，夜出秉明燭。」自是日暮則不復出房閤。既長，好文而不爲辭章，見世之婦女以文章筆札傳於人者，則深以爲非。文集。

橫渠先生嘗曰：事親奉祭，豈可使人爲之？行狀。○使人代爲，孝敬之心安在？

舜之事親，有不悦者，爲父頑母嚚，不近人情。若中人之性，其愛惡略無害理，姑必順之。事親以順爲主，非甚不得已者，固不可輕爲矯拂也。親之故舊所喜者，當極力招致，以悦其親。凡於父母賓客之奉，必極力營辦，亦不計家之有無。然爲養，又須使不知其勉强勞苦，苟使見其爲而不易，則亦不安矣。橫渠記説。○所謂養志者也。

斯干詩言：「兄及弟矣，式相好矣，無相猶矣。」言兄弟宜相好，不要相學〔七〕。猶，似也。人情大抵患在施之不見報則輟，故恩不能終。不要相學，己施之而已。詩説。下同。○兄弟友愛盡其在我，不可視報以爲施。兄友而弟不恭，不可學弟而廢其友；弟恭而兄不友，不可學兄而廢其恭。

「人不爲周南、召南，其猶正牆面而立。」常深思此言，誠是。不從此行，甚隔着事，向前推不去。蓋至親至近，莫甚於此，故須從此始。「宜其家人」，而後可以教國人。不然，「猶正牆面」，隔礙而不可通行也。

婢僕始至，本懷勉勉敬心，若到所提掇更謹則加謹，慢則棄其本心，便習以成性。故仕者，入治朝則德日進，入亂朝則德日退，只觀在上者有可學無可學耳。語録。○提掇，謂提起警策之也。

校勘記

〔一〕以剛直之資　「剛」，元刻明修本、明刊本作「强」。

〔二〕而後處家之道得矣　「之」，元刻明修本作「人」；「得」，元刻明修本作「篤」。

〔三〕正靜乃相處可久之道　「正靜」，元刻明修本、明刊本作「靜正」。

〔四〕後人便將性命別作一般説了　「般」下，宋刻本泳齋衍註有「事」字。

〔五〕吾兄子嘗病　「嘗」原作「常」，此從元刻明修本、明刊本。

〔六〕從叔幼孤　「孤」，元刻明修本、明刊本作「姑」。

〔七〕不要相學　「相」，元刻明修本、明刊本作「廝」。

近思録集解卷七

凡三十九條

出處

此卷論出處之道。蓋身既脩，家既齊，則可以仕矣。然去就取舍，惟義之從，所當審處也。

伊川先生曰：賢者在下，豈可自進以求於君？苟自求之，必無能信用之理。古之人所以必待人君致敬盡禮而後往者，非欲自爲尊大，蓋其尊德樂道之心不如是〔一〕，不足與有爲也。易傳。下同。○蒙卦彖傳。賢者之進，將以行其道也。自非人君有好賢之誠心，則諫不行、言不聽，豈足以有爲哉？

君子之需時也，安靜自守。志雖有須，而恬然若將終身焉，乃能用常也。雖不進而志動者，不能安其常也。需卦初九象傳。靜退以待時，而終至於失常者，蓋其身雖退而志則動也。

比：「吉，原筮，元永貞，无咎。」伊川易傳曰：人相親比，必有其道；苟非其道，則有悔咎。故必推原占決其可比者而比之。所比得「元永貞」，則「无咎」。元，謂有君長之道；永，謂可以常久；貞，謂得正道。上之比下，必有此三者，下之從上，必求此三者，則「无咎」也。群然相比而不得所主，苟焉爲比而非可久，邪媚求比而不由正，皆不能「无咎」者也。

履之初九曰：「素履，往无咎。」伊川易傳曰：夫人不能自安於貧賤之素，則其進也，乃貪躁而動，求去乎貧賤耳，非欲有爲也。既得其進，驕溢必矣，故往則有咎。小人志在富貴，故得志則驕溢。賢者則安履其素，其處也樂，其進也將有爲也，故得其進則有爲而無不善。賢者素其位而行。窮而在下，初無貧賤之憂；達而在上，將遂行道之志。以是而進，何咎之有？若欲貴之心與行道之心交戰於中，豈能安履其素乎？欲貴之心勝，則必不能安行乎素位，而亦卒無可行之道矣。

大人於否之時，守其正節，不雜亂於小人之群類，身雖否而道之亨也。故曰「大人否，亨」。不以道而身亨，乃道否也。否卦六二傳。身之否亨由乎時，道之否亨由乎我。「大人」者，身有否而道無否也。蓋否之時小人群集，君子不入其黨，身則否矣。然直道而行，無所撓屈，道則亨也。

人之所隨，得正則遠邪，從非則失是，無兩從之理。隨之六二，苟係初則失五矣，故象曰「弗兼與也」，所以戒人從正，當專一也。隨六二與九五爲正應，然下比初九，苟隨私昵，必失正應。

君子所貴〔二〕，世俗所羞；世俗所貴，君子所賤。故曰「賁其趾，舍車而徒」。君子所貴者，行義也；世俗所貴者，勢位也。賁之初九，所貴在下，故爲趾、爲徒行。世俗以失勢位爲羞，君子以得行義爲榮。

蠱之上九曰：「不事王侯，高尚其事。」象曰：「不事王侯，志可則也。」伊川易傳曰：士之自高尚，亦非一道。有懷抱道德，不偶於時，而高潔自守者；伊尹耕於莘野，太公釣於渭濱之時是也。有知止足之道，退而自保者；張良、疏廣之類是也。有量能度分，安於不求知者；徐孺子、申屠蟠之類是也。有清介自守，不屑天下之事，獨潔其身者。嚴陵、周黨之類是也。所處雖有得失小大之殊，皆自高尚其事者也。象所謂「志可則」者，進退合道者也。四者雖處心有大小，處義有得失，要皆能「高尚其事」者。若蠱上九陽剛之才，超然斯世之表，象謂其「志可則」者，蓋指「懷抱道德」、「進退合義」者言也。

遯者，陰之始長，君子知微，故當深戒〔三〕。而聖人之意，未便遽已也，故有「與時行」、「小利貞」之教。艮下乾上爲遯，二陰初長，固所當戒。然乾剛在上，九五、六二中正而應，君子於此猶可與時消息。不一於遯，雖未能大正，尚幸其小有可正也。聖賢之於天下，雖知道之將廢，豈肯坐視其亂而不救？必區區致力於未極之間，强此之衰，難彼之進〔四〕，圖其暫安。苟得爲之，孔孟之所屑爲也，王允、謝安之於漢、晉是也。强此之衰，扶君子之道未盡消；難彼之進，抑小人之道未驟長。

明夷初九，事未顯而處甚艱，非見幾之明不能也。如是，則世俗孰不疑怪？然君子不以世俗之見怪，而遲疑其行也。若俟衆人盡識，則傷已及而不能去矣。離下坤上，明夷。離，明。坤，地也。明入地中，傷明也。初九傷猶未顯，而爻之象曰〔五〕：「君子于行，三日不食。」蓋知幾而去之速，處人之所難而不疑也。楚王戊不設醴酒，而穆生去之，曰：「不去，楚人將鉗我於市。」當時雖申公之賢，猶以爲過。其後申公受胥靡之辱，至是欲去而不得矣！

晉之初六，在下而始進，豈遽能深見信於上？苟上未見信，則當安中自守，雍容寬裕，無急於求上之信也。苟欲信之心切，非汲汲以失其守，則悻悻以傷於義矣。故曰：「晉如摧如，貞吉。罔孚，裕无咎。」在下則勢疏，始進則交淺，上未見信，惟當安於守正，寬以待人，豈可求其信也？求信之急，則必汲汲以失其「貞正」之守。求信愈急，人愈不信，則必悻悻以傷其事上之義。晉之初六，未敢必於進也。進而復退，得正則吉，未敢必人之信也。寬裕以待之，則「无咎」矣。然聖人又恐後之人不達寬裕之義，居位者廢職失守以爲裕，故特云「初六裕則无咎」者，始進未受命當職任故也。若有官守，不信於上而失其職，一日不可居也。卦之初爲無位，晉之始未當職任，故寬裕以待，其自信可也。苟有官守而不見信於上〔六〕，必將廢職失守，急去可也。豈容寬裕以處之哉？然事非一概，久速唯時，亦容有爲之兆者。兆，幾微之見。君子知幾，則可久可速，不失其時矣。

不正而合，未有久而不離者也。合以正道，自無終睽之理。故賢者順理而安行，智者知幾而固守。睽卦六三傳。賢者順是理之當然，安而行之；智者知其幾之必然，固而守之。皆謂必以正道而後合者。

君子當困窮之時，既盡其防慮之道而不得免，則命也，當推致其命以遂其志。知命之當然也，則窮塞禍患不以動其心，行吾義而已。困卦象曰：「君子以致命遂志。」推致其命，知其當然而不可免，則無所撓懼，而能遂其爲義之志矣。蓋命者，出乎氣數而不可易；義者，在我裁制而不可違。彼已定之禍福，雖憂懼而何益？行吾義而已。苟不知命，則恐懼於險難，隕穫於窮戹，所守亡矣，安能遂其爲善之志乎？隕獲，猶顛隮也。

寒士之妻，弱國之臣，各安其正而已。苟擇勢而從，則惡之大者，不容於世矣。困卦九四傳。

井之九三，渫治而不見食，乃人有才智而不見用，以不得行爲憂惻也。蓋剛而不中，故切於施爲，異乎「用之則行，舍之則藏」者矣。九三陽剛而處下卦之上，在井則已渫治而可食矣。

然而無得於五，故「不見食」。爻位剛而不中，切於施爲，故「憂惻」。異乎聖賢視用舍爲行藏，泰然不以累其心矣。

革之六二，中正則無偏蔽，文明則盡事理，應上則得權勢，體順則無違悖。時可矣，位得矣，才足矣，處革之至善者也。必待上下之信，故「已日乃革之」也。六二居中得正，下卦爲離，故曰文明。二與五應，故曰應上。爻位皆柔，故曰體順。時當變革則時可矣，居中應上則位得矣，文明體順則才足矣，是處革之至善者。然必待上下盡信而後革，故辭曰「已日乃革之」，謹之至也。如二之才德，當進行其道，則吉而无咎也；不進，則失可爲之時，爲有咎也。革固不可遽，然當其時，處其位，有其才，豈容自已？故辭曰「征吉，无咎」。

鼎之「有實」，乃人之有才業也。當慎所趨向，不慎所往，則亦陷於非義〔七〕。故曰「鼎有實，慎所之也」。抱負才業，急於有爲，每不暇謹持所向〔八〕，則反爲才業累矣，如荀彧之類是也。

士之處高位，則有拯而無隨。在下位，則有當拯，有當隨，有拯之不得而後隨。艮卦六二傳。在上位者，當以正君定國爲己任，故有拯而無隨。在下位者，職守所在，是當拯也；職所不及，是當隨也。又有拯之不得而後隨者，如孔子嘗從大夫之列，故請討陳恒，然不在其位，則亦隨之而已。

「君子思不出其位」。位者，所處之分也。萬事各有其所，得其所則止而安。若當行而止，當速而久，或過或不及，皆出其位也，況踰分非據乎？艮卦象傳。位者，所處當然之分也。

處之不踰其分，是不出其位也。所謂「止」者，當其分而已。苟「當行而止，當速而久，或過或不及」，皆爲出位，而非得其止者也。况踰越常分，據非所據者，又出位之尤者也。

人之止，難於久終，故節或移於晚，守或失於終，事或廢於久，人之所同患也。艮之上九，敦厚於終，止道之至善也，故曰「敦艮吉」。人之止，易於暫而難於久，易於始而難於終。艮之上九，止之終也。止道愈厚，是以吉也。

中孚之初九曰：「虞吉。」象曰：「志未變也。」伊川易傳曰：當信之始，志未有所從，而虞度所信，則得其正，是以吉也。志有所從，則是變動，虞之不得其正矣。處卦之初，未有所從，則中無私繫，虞度所信，得其正矣。苟志有所繫，則好惡成於中，是非變於外，所度者牽於私意，安能得其正哉？

賢者惟知義而已，命在其中。中人以下，乃以命處義。命者，窮達夭壽，出於氣質，有必然之數。義者，是非可否本乎天理，有當然之宜。賢者惟知義之當然，命固在其中矣。中人以下，於義未能真知而安行，然知命之已定，則亦不敢越義以妄求，故曰「以命處義」。如言「求之有道，得之有命，是求無益於得」。知命之不可求，故自處以不求。孟子所謂「求之有道」，謂不可以苟求也；「得之有命」，謂不可以倖得也；「是求無益於得」者，謂得非可以求而遂也。此言要亦爲「中人以下」者設爾。若賢者則求之以道，得之以義，不必言命。遺書。下同。○求之必以道，不枉道以求之也。

得之必以義，不非義而受之也。所求所得，惟道與義而已，命何足道哉？○愚謂：命雖定於事物之先，實顯於事物之後。義雖因事物而有，實著於應酧之時。如去就辭受之間，要決於義也，而後命從之以顯。苟應事之時，欲以命決之，其可乎？故君子求之道義而已，命不必言也。

人之於患難，只有一箇處置，盡人謀之後，却須泰然處之。有人遇一事，則心心念念不肯捨〔九〕，畢竟何益？若不會處置了，放下便是，無義無命也。人遇患難，但當審所以處之之道，所謂義也。若夫處置之後在己無闕，則亦安之而已，成敗利鈍亦無如之何，所謂命也。或遇事而不能處，是無義也；或處置了而不能放下，是無命也。

門人有居太學而欲歸應鄉舉者。問其故，曰：蔡人尠習戴記，決科之利也。先生曰：汝之是心，已不可入於堯舜之道矣。尠，甚少也。得失有命，妄起計度之私，是利心也，故不可入堯舜之道。夫子貢之高識，曷嘗規規於貨利哉？特於豐約之間，不能無留情耳。且貧富有命，彼乃留情於其間，多見其不信道也。故聖人謂之「不受命」。有志於道者，要當去此心而後可與語也。説見論語〔一〇〕。謂不能安受乎天命，而有心於貧富也。

人苟有「朝聞道，夕死可矣」之志，則不肯一日安於所不安也。何止一日，須臾不能。如曾子易簀，須要如此乃安。朱子曰：道者事物當然之理，苟得聞之，則生順死安，無復遺恨矣。人不能若此者，只爲不見實理。實理者，實見得是，實見得非。朱子曰：「實理與實見不同，恐記録漏字。」愚謂：本以人心見處而言。唯實見是非之理〔一一〕，然後爲實理。蓋理無不實，但見有未實耳〔一二〕。凡實理得之於心自別，若耳聞口道者，心實不見。若見得，必不肯安於所不安。人之一身，儘有所不肯爲，及至他事又不然。若士者，雖殺之使爲穿窬，必不爲，其他事未必然。至如執卷者，莫不知説禮義。又如王公大人，皆能言軒冕外物，及其臨利害，則不知就義理，却就富貴。如此者只是説得，不實見。及其蹈水火，則人皆避之，是實見得。須是有「見不善如探湯」之心，則自然别。昔曾經傷於虎者，他人語虎，則雖三尺之童〔一三〕，皆知虎之可畏，終不似曾經傷者，神色懾懼，「至誠畏之，是實見得也。此一節反覆推明實見之理，最爲親切。學者要亦察理之明，立志之剛，知行竝進，豁然有悟，然後所見爲實見。充其所見，死生利害皆不足以移之矣。得之於心，是謂有德，不待勉强。然學者則須勉强。古人有捐軀隕命者，若不實見得，則烏能如此？須是實見得，生不重於義，生不安於死也。故有「殺身成仁」，只是成就一箇是而已。心有實見，而後謂之有德，此則不待勉强。學者實見有所未盡，則亦勉而行之可也。

孟子辨舜、跖之分，只在義利之間。言間者，謂相去不甚遠，所爭毫末爾。義與利，只是箇公與私也。纔出義，便以利言也。只那計較，便是爲有利害。若無利害，何用計較？利害者，天下之常情也。人皆知趨利而避害，聖人則更不論利害，惟看義當爲不當爲，便是命在其中也。張南軒曰：無所爲而爲之者，義也；有所爲而爲之者，利也。○愚謂：義之與利，始於毫釐之差，實則霄壤之判。有心於計較利害者，即是人欲之私，有所爲而爲者也。不論利害，惟義所在者，即是天理之公，無所爲而爲者也。聖人惟義之從，固不論利害，況義如是，則命亦當如是，又何趨避之有？

大凡儒者，未敢望深造於道，且只得所存正，分別善惡，識廉恥。如此等人多，亦須漸好。

趙景平問伊川曰：「子罕言利」，所謂利者，何利？曰：不獨財利之利，凡有利心便不可。如作一事，須尋自家穩便處，皆利心也。聖人以義爲利，義安處便爲利。聖人處義不計其利，然事當乎義，處之而安，乃所以爲利也。如釋氏之學，皆本於利，故便不是。釋氏惡死，則欲無生；惡物欲亂心，則滅絶人倫。推其本心，惟欲利己而已，是賊義之大者。

問：邢恕久從先生〔一四〕，想都無知識，後來極狼狽。先生曰：謂之全無知則不可，只是義理不能勝其利欲之心，便至如此。邢恕事，見國史及語録。

謝湜自蜀之京師，過洛而見程子。子曰：「爾將何之？」曰：「將試教官。」子不答。湜曰：「何如？」子曰：「吾嘗買婢，欲試之，其母怒而弗許，曰：「吾女非可試者也。」今爾求爲人師而試之，必爲此媪笑也。」湜遂不行。

先生在講筵，不曾請俸。諸公遂牒户部，問不支俸錢。户部索前任曆子〔一五〕，先生云：「某起自草萊，無前任曆子。」先生元祐初，以大臣薦，除校書郎，三辭不聽。除崇政殿説書，未幾除侍講。本註云：舊例，初入京官時，用下狀，出給料錢曆。先生不請，其意謂朝廷起我，便當「廪人繼粟、庖人繼肉」也。遂令户部自爲出券曆。又不爲妻求封，范純甫問其故。先生曰：「某當時起自草萊，三辭然後受命，豈有今日乃爲妻求封之理？」問：「今人陳乞恩例，義當然否？人皆以爲本分，不爲害。」先生曰：「只爲而今士大夫道得箇乞字慣，却動不動又是乞也。」因問：「陳乞封父祖，如何？」先生曰：「此事體又別。」再三請益，但云：「其説甚長，待別時説。」封親與封妻，事體不同。顯榮其親，亦人子之至情，謂之不當求則不可，謂之當求，則先生特召，與常人異，故難爲言也。○或云：若是應舉得官，便只當以常調自處，雖陳乞封廕可也。朱子曰：此自今常人言之如此可也，然朝廷待士却不當如此〔一六〕。伊川所以難言之也，但云「其説甚長」，其意謂要當從科舉法都變了，乃爲正耳。

漢策賢良，猶是人舉之。如公孫弘者，猶强起之乃就對。武帝初即位，招賢良文學之士。是時，公孫弘以賢良徵爲博士，使匈奴，還報，不合意，乃移病免歸。元光五年，復徵賢良文學，菑川國復推上弘，弘謝曰：「前已嘗西用，不能，罷。願更選。」國人固推弘。至如後世賢良，乃自求舉爾。若果有曰「我心只望廷對，欲直言天下事」，則亦可尚已。若志在富貴，則得志便驕縱，失志則便放曠與悲愁而已。

伊川先生曰：人多説某不教人習舉業，某何嘗不教人習舉業也！人若不習舉業而望及第，却是責天理而不修人事。但舉業既可以及第即已，若更去上面盡力求必得之道，是惑也。

問：家貧親老，應舉求仕，不免有得失之累，何修可以免此？伊川先生曰：此只是志不勝氣，若志勝，自無此累。家貧親老須用禄仕，然「得之不得爲有命」。曰：在己固可，爲親奈何？曰：爲己爲親，也只是一事。若不得，其如命何？孔子曰：「不知命，無以爲君子。」人苟不知命，見患難必避，遇得喪必動，見利必趨，其何以爲君子？

或謂科舉事業奪人之功，是不然。且一月之中，十日爲舉業，餘日足可爲學。然人不志於此，必志於彼。故科舉之事，不患妨功，惟患奪志。外書。○奪志則根本廢矣，故妨功之患小，奪志之患大。○朱子曰：科舉亦不害爲學。但今人把心不定，所以爲害。才以得失爲心，理會文字，意思都别了。又曰：科舉特一事耳。自家工夫到後，那邊自輕。

横渠先生曰：世禄之榮，王者所以録有功，尊有德，愛之厚之，示恩遇之不窮也。爲人後者，所宜樂職勸功，以服勤事任，長廉遠利，以似述世風。而近代公卿子孫，方且下比布衣，工聲病，售有司。不知求仕非義，而反羞循理爲無能；不知蔭襲爲榮，而反以虚名爲善繼。誠何心哉！文集。○聲病，詩律有四聲八病，今進士詩賦之學是也。求仕非義，謂投牒覓舉之類。循理，謂「服勤事任」、「似述世風」者也。

不資其力而利其有，則能忘人之勢。孟子說。○人之歆動乎勢位者，皆有待於彼也。惟不藉其力而利其所有，則己自重而彼自輕。

人多言安於貧賤，其實只是計窮力屈才短，不能營畫耳。若稍動得，恐未肯安之。須是誠知義理之樂於利欲也，乃能。語録。下同。○朱子曰：「人須是讀書洞見此理，知得不求富貴只是本分，求着便是罪過。不惟不可有求之之迹，亦不可有求之之心〔一七〕。」愚謂：真知義理之可樂，然後富貴不足動其心。

天下事，大患只是畏人非笑。不養車馬，食麤衣惡，居貧賤，皆恐人非笑。不知當生則生，當死則死，今日萬鍾，明日棄之，今日富貴，明日饑餓亦不恤，惟義所在。義之所在，則死生去就有所不顧，況夫懷齷齪之見，畏人非笑而恥居貧賤，豈有大丈夫之氣哉？

校勘記

〔一〕蓋其尊德樂道之心不如是　「道」下，周易程氏傳卷一蒙傳無「之心」二字。

〔二〕君子所貴　「貴」，元刻明修本作「賁」。

〔三〕故當深戒　「故」，元刻明修本、明刊本作「固」。

〔四〕難彼之進　「難」，元刻明修本、明刊本作「艱」。本條下同。

〔五〕而爻之象曰　「象」，元刻明修本、明刊本作「彖」。按，「君子于行，三日不食。」爲明夷卦爻辭。

〔六〕苟有官守而不見信於上　「而」原本無，據元刻明修本補。

〔七〕則亦陷於非義　「陷」，宋刻本泳齋衍註作「蹈」。

〔八〕每不暇謹持所向　「持」，元刻明修本、明刊本作「擇」。

〔九〕則心心念念不肯捨　下「心」字，元刻明修本、明刊本作「必」。

〔一〇〕説見論語　此句原無，據元刻明修本、明刊本補。

〔一一〕唯實見是非之理　「唯」，元刻明修本作「推」。

〔一二〕但見有未實耳　「有未」，元刻明修本、明刊本作「未有」。

〔一三〕則雖三尺之童　「之童」，元刻明修本、明刊本作「童子」。

〔一四〕邢恕久從先生　「恕」，元刻明修本作「七」。

〔一五〕户部索前任曆子　「索」，元刻明修本、明刊本作「案」。

〔一六〕然朝廷待士却不當如此　「待」原本無，據元刻明修本、明刊本補。

〔一七〕亦不可有求之之心　「有」，元刻明修本、明刊本作「萌」。

近思録集解卷八

凡二十五條

治體

此卷論治道。蓋明乎出處之義，則於治道之綱領不可不求講明之。一旦得時行道，則舉而措之耳。

濂溪先生曰：治天下有本，身之謂也；治天下有則，家之謂也。朱子曰：則謂物之可視以爲法者，猶俗言則例、則樣是也。本必端，端本，誠心而已矣。則必善，善則，和親而已矣。朱子曰：心不誠則身不可正，親不和則家不可齊。○以上總論治天下者，其本在身，其則在家也。家難而天下易，家親而天下疏也。朱子曰：親者難處，疏者易裁。然不先其難，亦未有能其易者也。家人離，必起於婦人，故睽次家人，以「二女同居」，而其「志不同行」也。朱子曰：「睽次家人」，易卦之序。「二女」以下，睽彖傳文。二女，謂睽卦兑下離上，兑少女、離中女也。陰柔之性，外和悦而内積嫌〔一〕，故同居而異志。堯所以釐降二女於嬀汭，舜可禪乎？吾兹試矣。是治天下觀於家，朱子曰：釐，理也。降，下也。嬀，水名；汭，水北，舜所居也。堯理治下嫁二女於舜，將以試舜，而授之天下也。○以上論善則在和親之道。治家觀身而已矣。身端，心誠之謂也；誠心，復其不善之動而已矣。朱子曰：不善之動息於外，則善心之生於内者，無不實矣。不善之動，妄也；妄復則无妄矣，无妄則誠焉。程子曰：无妄之謂誠。故无妄次復，而曰「先王以茂對時育萬物」，深哉！通書。○茂，篤實盛發之意。對，猶配也，謂配天時以育物。○朱子曰：「无妄次復」，亦卦之序。「先王」以下，引无妄卦大象，以明對時育物，惟至誠者能之，而贊其旨之深也。○以上論端本在誠心之道。

明道先生嘗言於神宗曰：得天理之正，極人倫之至者，堯舜之道也；用其私心，依仁義之偏者，霸者之事也。熙寧二年，先生以大臣薦，召除太子中允，權監察御史裏行。上疏首言王霸之事，有天理人欲之分、綱常純駁之辨。王道如砥，本乎人情，出乎禮義，若履大路而行，無復回曲。霸者崎嶇反側於曲徑之中〔二〕，而卒不可與入堯舜之道。王道本乎人情之公，出乎禮義之正，平易正直而無回邪委曲之行。崎嶇，艱險。反側，不安之意。徑，委曲小路也。故誠心而王，則王矣；假之而霸，則霸矣。二者其道不同，在審其初而已。易所謂「差若毫釐，繆以千里」

者，其初不可不審也。王者修己愛民，正中國，攘夷狄，無非以誠心而行乎天理。霸者假尊王攘夷、救災討叛之名義，以號令天下而自尊大耳。其道雖霄壤之不侔，然其初但根於一念之公私誠僞而已。○朱子曰：宣帝雜王、霸。原不識王、霸，只是以寬慈唤做王，嚴酷唤做霸。自古論王、霸，至明道先生此劄無餘藴矣。惟陛下稽先聖之言，察人事之理，知堯舜之道備於己，反身而誠之，推之以及四海，則萬世幸甚。文集。下同。

伊川先生曰：當世之務，所尤先者有三：一曰立志，二曰責任，三曰求賢。今雖納嘉謀，陳善算，非君志先立，其能聽而用之乎？君欲用之，非責任宰輔，其孰承而行之乎？君相協心，非賢者任職，其能施於天下乎？此三者，本也；制於事者，用也。三者之中，復以立志爲本。所謂立志者，至誠一心，以道自任，以聖人之訓爲可必信，先王之治爲可必行，不狃滯於近規，不遷惑於衆口，必期致天下如三代之世也。立志篤實而遠大，則不膠於淺近，不惑於流俗。

比之九五曰：「顯比，王用三驅，失前禽。」伊川易傳曰：人君比天下之道，當顯明其比道而已。如誠意以待物，恕己以及人，發政施仁，使天下蒙其惠澤，是人君親比天下之道也。如是，天下孰不親比於上？積誠實之意以待物，推愛己之心以及人，發政施仁，公平正大，群心自然豫附人君，「顯比」天下之道也。若乃暴其小仁，違道干譽，欲以求天下之比，其道亦已狹矣，其能得天下之比乎？暴小惠以市私恩，違正道以干虛譽，以是求比，則非「顯比」矣。王者顯明其比道，天下自然來比。來者撫之，固不煦煦然求比於物。若田之三驅，禽之去者，從而不追，來者則取之也。此王道之大，所以其民皥皥而莫知爲之者也。煦煦，日出微温之貌。禮「天子不合圍」，蓋蒐田之時，圍於三面，前開一路，來者取之，去者不追。亦猶王者顯明比道，初不執小惠以求人之比也。皥皥，廣大自得之意。非惟人君比天下之道如此，大率人之相比莫不然。以臣於君言之，竭其忠誠，致其才力，乃顯其比君之道也。用之與否，在君而已，不可阿諛逢迎，求其比己也。在朋友亦然，脩身誠意以待之，親己與否，在人而已，不可巧言令色，曲從苟合，以求人之比己也。於鄉黨親戚、於衆人莫不皆然，「三驅，失前禽」之義也。易傳。下同。

古之時，公卿大夫而下，位各稱其德，終身居之，得其分也。位未稱德，則君舉而進之。士脩其學，學至而君求之。皆非有預於己也。農工商賈勤其事，而所享有限。故皆有定志，而天下之心可一。後世自庶士至於公卿，日志於尊榮；農工商賈，日志於富侈。億兆之心，交騖於利，天下紛然，如之何其可一也？欲其不亂，難矣！履卦象曰：「君子以辨上下，定民志。」上之人，不度其德而制爵位，則庶士以至公卿，日志於尊榮。不明其分而立品節，則農工商賈，日志於富侈。貴賤競趨，而心欲無窮。此亂之所由生也。

泰之九二曰：「包荒，用馮河。」伊川易傳曰：人情安肆，則政舒緩，而法度廢弛，庶事無節。治之之道，必有包含荒穢之量，則其施爲寬裕詳密，弊革事理，而人安之。若無含弘之度，有忿疾之心，則無深遠之慮，有暴擾之患，深弊未去，而近患已生矣，故在「包荒」也。必有當泰之盛，上下安肆，政令舒緩而不振，法度廢弛而不立，庶事泛溢而無節，未可以亟正驟起之也。必有包含荒穢之量，而後見於施爲者，寬裕而不迫，詳密而不疏，不迫不疏，則弊可革，事可理，而人且安之矣。或者見其百度慢弛，不能含忍而遽懷忿疾之心，則不暇詳密，何有深遠之慮？不能寬裕，寧免暴擾之憂？無深遠之慮，則深弊未易革，有暴擾之憂，則近患已生矣。自古泰治之世，必漸至於衰替，蓋由狃習安逸，因循而然。自非剛斷之君、英烈之輔，不能挺特奮發以革其弊也，故曰「用馮河」。治泰之道，雖不容峻迫，然人情玩肆，因循苟且，漸已淩夷。苟非一人剛斷，宰輔英烈，則亦未能挺特自立奮發有爲，而作新積弊也。無舟渡河曰馮，謂必用馮河之勇也。或疑上云「包荒」，則是包含寬容，此云「用馮河」，則是奮發改革，似相反也。不知以含容之量施剛果之用，乃聖賢之爲也。有含容之量，則剛果不至於疏迫；有剛果之用，則含容不至於委靡。二者相資，而後治泰之道可成也。

觀：「盥而不薦，有孚顒若。」伊川易傳曰：「君子居上，爲天下之表儀，必極其莊敬。」如始盥之初，勿使誠意少散。如既薦之後，則天下莫不盡其孚誠，顒然瞻仰之矣。盥者，祭祀之始，盥洗之時也。薦者，獻腥獻熟之時也。方盥之初，人心精純嚴肅。既薦之後，則禮儀繁縟，人心漸散。故爲人上者，必外莊内敬，常如始盥之時，則天下之人莫不誠信其上，顒顒然仰望之矣。

凡天下至於一國一家，至於萬事，所以不和合者，皆由有間也，無間則合矣。以至天地之生，萬物之成，皆合而後能遂，凡未合者，皆爲有間也。若君臣、父子、親戚、朋友之間，有離貳怨隙者，蓋讒邪間於其間也。去其間隔而合之，則無不和且治矣。噬嗑者，治天下之大用也。噬嗑卦傳。天地有間，則氣不通，而生化莫遂；人倫有間，則情不通，而恩義日睽。「頤中有物曰噬嗑」，噬而合之，所以去間也，有治天下之大用焉。

大畜之六五曰：「豶豕之牙，吉。」伊川易傳曰：物有總攝，事有機會，聖人操得其要，則視億兆之心猶一心。道之斯行，止之則戢，故不勞而治，其用若「豶豕之牙」也。得其要會，則視繁猶簡，令行而禁止矣。豕，剛躁之物。若强制其牙，則用力勞而不能止；若豶去其勢，則牙雖存，而剛躁自止。君子法「豶豕」之義，知天下之惡不可以力制也。則察其機，持其要，塞絶其本原，故不假刑法嚴峻，而惡自止也。且如止盜，民有欲心，見利則動，苟不知教，而迫於饑寒，雖刑殺日施，其能勝億兆利欲之心乎？聖人則知所以止之之道，不尚威刑而脩政教，使之有農桑之業，知廉耻之道，雖「賞之不竊」矣。聖人所以制强暴者，蓋亦察其機要而治其本原，則人自服矣。如所謂止盜之法是也，非若後世權謀之術，執其要害以御人之謂也。

解：「利西南。无所往，其來復吉。有攸往，夙吉。」伊川易傳曰：西南坤方，坤之體廣大平易。當天下之難方解，人始離艱苦，不可復以煩苛嚴急治之，當濟以寬大簡易〔三〕，乃其宜也。文王八卦方位，坤居西南維，故西南爲坤。大難初解，與民休息之意。既解其難而安平無事矣，是「无所往」也。則當修復治道，正紀綱，明法度，進復先代明王之治，是「來復」也，謂反正理也。自古聖王救難定亂，其始未暇遽爲也；既安定，則爲可久可繼之治。自漢以下，亂既除，則不復有爲，姑隨時維持而已，故不能成善治，蓋不知「來復」之義也。大難既解，雖已安平而無所事，然興廢舉墜，修復治道，以爲久安長治之計者，不容苟且而遂已也。「有攸往，夙吉」，謂尚有當解之事，則早爲之乃吉也。當解而未盡者，不早去則將復盛；事之復生者，不早爲則將漸大，故夙則吉也。張柬之等不殺武三思，及其勢復盛，乃欲除之，則亦晚矣。

夫有物必有則。父止於慈，子止於孝，君止於仁，臣止於敬，萬物庶事，莫不各有其所。得其所則安，失其所則悖。聖人所以能使天下順治，非能爲物作則也，唯止之各於其所而已。艮卦彖傳。事物各有天然之則，聖人非能爲物作則，但處之各當其則而已。

兑說而能貞，是以上順天理，下應人心，說道之至正至善者也。兑卦彖曰：「說以利貞，是以順乎天而應乎人。」若夫「違道以干百姓之譽」者，苟說之道。違道不順天，干譽非應人，苟取一時之說耳，非君子之正道。君子之道，其說於民，如天地之施，感之於心而說服無斁。

道出於天，違道則非順天矣；譽出於人，干譽則非應人矣。

天下之事，不進則退，無一定之理。濟之終，不進而止矣，無常止也。衰亂至矣，蓋其道已窮極也。聖人至此奈何？曰惟聖人爲能通其變於未窮，不使至於極，堯舜是也，故有終而無亂。既濟彖曰：「終止則亂，其道窮也。」盛止必衰者，天下之常勢；有盛無衰者，聖人之常道。常人苟安於既濟，乃衰亂之所由生；聖人通變於未窮，故有終而無亂。易大傳曰「堯舜氏作，通其變，使民不倦」是也。

爲民立君，所以養之也。養民之道，在愛其力。民力足則生養遂，生養遂則教化行而風俗美，故爲政以民力爲重也。春秋凡用民力必書，其所興作不時害義，固爲罪也，雖時且義必書，見勞民爲重事也。後之人君知此義，則知慎重於民力矣。春秋書「不時」者，如隱公七年夏「城中丘」之類；書「時」者，如桓十六年冬「城向」之類；書「不義」者，如莊二十三年「丹桓宮楹」之類；書「義」者，如莊元年「築王姬之館」之類。然有用民力之大而不書者，爲教之意深矣。僖公修泮宮、復閟宮，非不用民力也，然而不書。二者，復古興廢之大事，爲國之先務，如是而用民力，乃所當用也。人君知此義，知爲政之先後輕重矣。經說。下同。○泮，半也。諸侯之學，鄉射之宮，其東西南方有水，形如半壁，以其半於天子之辟雍，故曰泮宮也。閟，閉也，幽陰之義。宮，廟也。毛氏曰「先妣姜嫄之廟」〔四〕。孟仲子曰「是禖宮也」。泮宮者，所以教育賢材。閟宮者，所以尊事祖先。二者皆爲國之先務，以是而用民力，故無議焉。

治身齊家以至平天下者，治之道也。建立治綱，分正百職，順天時以制事，至於創制立度，盡天下之事者，治之法也。聖人治天下之道，唯此二端而已。道者治之本，法者治之具，不可偏廢。然亦必本之立，而後其具可舉也。

明道先生曰：先王之世以道治天下，後世只是以法把持天下。遺書。下同。○先王治天下以仁義爲主，法固在其中。後世把持法令以控制天下〔五〕，而法亦非先王之法矣。

爲政須要有紀綱文章，先有司，鄉官讀法、平價、謹權量，皆不可闕也。大曰綱，小曰紀。文章，謂文法章程也。有司，衆職也。必先正有司，而後考其成，會其要。鄉官，如黨正、族師、閭胥、比長之屬。讀法，如州長於正月之吉及歲時祭祀，「各屬其州之民而讀法，以考其德行道藝而勸之，以糾其過惡而戒之」是也。平價，如「賈師各掌其次之貨賄之治，辨其物而均平之，展其成而奠其價」之類是也。權五：銖、兩、斤、鈞、石也。量五：龠、合、升、斗、斛也。人各親其親，然後能不獨親其親。使人各親其親，則親親之道公於天下。仲弓曰：「焉知賢才而舉之？」子曰：「舉爾所知。爾所不知，人其舍諸？」便見仲弓與聖人用心之大小。推此義，則一心可以喪邦，一心可以興邦，只在公私之間耳。仲弓欲以一人之知舉天下之賢，故疑其不足。夫子則因天下之賢舉天下之賢，惟見其有餘。用心之公私、小大如此，推其極致，則一可以喪邦，一可以興邦。

治道亦有從本而言，亦有從事而言。從本而言，惟是「格君心之非」〔六〕，「正心以正朝廷，正朝廷以正百官」。若從事而言，不救則已，若須救之，必須變〔七〕，大變則大益，小變則小益。論治本，則正君而國定矣。就事而言，則必有大更革，然後能救積弊，然要以「格君心」爲本。

唐有天下，雖號治平，然亦有夷狄之風。三綱不正，無君臣父子夫婦，其原始於太宗也。故其後世子弟皆不可使，君不君，臣不臣。故藩鎮不賓，權臣跋扈，陵夷有五代之亂。太宗以智力劫持取天下，其於君臣父子之義有虧。閨門之間又有慚德。三綱皆已不正，是以後世子孫氣習相傳，綱常陵夷而不可止。玄宗使肅宗至靈武，則自立稱帝，使永王璘使江南，則反。君臣之道不正，遂使藩鎮披猖於外〔八〕，閹豎擅專於內，馴致五季之極亂也。漢之治過於唐，漢大綱正，唐萬目舉。本朝大綱正，萬目亦未盡舉。大綱，謂綱常。唐之治目，若世業，若府兵，若租庸調，若省府，其區畫法制，略仿先王之遺意，故亦足以維持天下。

教人者，養其善心而惡自消；治民者，導之敬讓而爭自息。外書。下同。○「道之以德，齊之以禮。」

明道先生曰：必有關雎、麟趾之意，然後可以行周官之法度。關雎詠文王妃姒氏有幽閑正靜之德。麟趾詠文王子孫宗族有仁愛忠厚之性。朱子曰：自閨門衽席之微，積累至薰蒸洋溢，天下無一民一物不被其化，然後可以行周官之法度。不然，則爲王莽矣。

「君仁莫不仁，君義莫不義」，天下之治亂，繫乎人君仁不仁耳。離是而非，則「生於其心」，必「害於其政」，豈待乎作之於外哉？一國以一人爲本，一人以一心爲本。使人君有一念私邪，必將害於其政，奚待作於外而後可知？昔者孟子三見齊王而不言事，門人疑之，孟子曰：「我先攻其邪心。」心既正，然後天下之事可從而理也。夫政事之失，用人之非，知者能更之，直者能諫之。然非心存焉，則一事之失，救而正之，後之失者，將不勝救矣。「格其非心」，使無不正，非大人其孰能之？孟子見齊王，首言仁術，曰「是心足以王」，至將求其所大欲，則曰「緣木求魚，後必有災，王欲行之，盍反其本？」凡皆以格其非心而興其善意。至於一政事之得失，固未暇論。

橫渠先生曰：道千乘之國，不及禮樂刑政，而云「節用而愛人，使民以時」。言能如是則法行，不能如是則法亦徒行。禮樂刑政，亦制數而已耳。正蒙。下同。○說見論語。道，治也。千乘，諸侯之國，其賦可出兵車千乘者。治國以人心爲本，必節己裕民，德意孚洽，民安其生，然後禮樂刑政有所措。

法立而能守，則德可久，業可大。鄭聲、佞人，能使爲邦者喪其所守〔九〕，故放遠之。鄭聲者，鄭國之俗淫邪，其作之詩，著於樂者，聲皆淫靡。佞人者，口給面諛之人也。夫子既告顔子以四代之禮樂，而必欲「放鄭聲、遠佞人」，蓋二者蕩心之原、敗法亂紀之要也。

橫渠先生答范巽之書曰：朝廷以道學、政術爲二事，此正自古之可憂者。巽之謂孔孟可作，將推其所得而施諸天下邪？將以其所不爲而强施之於天下歟？道學、政術分爲兩途，則學與政皆非矣。使孔孟復生，必將推其所得之道，措之天下，必不以政術非吾所事，而姑以是强施之天下也。大都君相以父母天下爲王道，不能推父母之心於百姓，謂之王道可乎？所謂父母之心，非徒見於言，必須視四海之民如己之子。設使四海之内皆爲己之子，則講治之術，必不爲秦漢之少恩，必不爲五霸之假名。視民猶子，則所以撫摩、涵育、教誨、輔翼之者，何所不盡！秦漢慘刻少恩〔一〇〕，五霸假義圖利，皆無誠愛之心者也。巽之爲朝廷言，「人不足與適，政不足與間」，能使吾君愛天下之人如赤子，則治德必日新，人之進者必良士，帝王之道不必改途而成，學與政不殊心而得矣。文集。○適，過也。間，非也。用人之非，不足過謫，行政之失，不足非間。唯能愛民如赤子，懇惻切至，則治德將日新，何憂爲政之失？所任皆良士，何憂用人之非？帝王之道，即今日之政事，非有兩途。今日之政術，即平日之學問，非有二心也。

校勘記

〔一〕外和悦而内積嫌　「悦」，元刻明修本、明刊本作「説」。「積」，元刻明修本、明刊本作「猜」。

〔二〕霸者崎嶇反側於曲徑之中　「曲」，元刻明修本作「由」。

〔三〕當濟以寬大簡易　「當」，元刻明修本、明刊本作「要」。
〔四〕毛氏曰先妣姜嫄之廟　「嫄」原作「源」，據元刻明修本改。
〔五〕後世把持法令以控制天下　「把持」，元刻明修本、明刊本作「惟恃」。
〔六〕惟是格君心之非　「是」，元刻明修本、明刊本作「從」。
〔七〕必須變　「必」，元刻明修本、明刊本作「則」。
〔八〕遂使藩鎮披猖於外　「披猖」原作「割據」，據元刻明修本改。
〔九〕能使爲邦者喪其所守　「其所」，元刻明修本、明刊本作「所以」。
〔一〇〕秦漢慘刻少恩　「刻」，元刻明修本、明刊本作「激」。

近思録集解卷九

治法　凡二十七條

此卷論治法。蓋治本雖立，而治具不容缺。禮樂刑政有一之未備，未足以成極治之功也。

濂溪先生曰：古聖王制禮法，修教化，三綱正，九疇叙，百姓大和，萬物咸若，朱子曰：綱，綱上大綱也〔一〕。三綱者，夫爲妻綱、父爲子綱、君爲臣綱也。疇，類也。九疇，見洪範。若，順也。此所謂「理而後和」也。乃作樂以宣八風之氣，以平天下之情。朱子曰：「八音以宣八方之風」，見國語。宣，所以達其理之分；平，所以節其和之流。故樂聲淡而不傷，和而不淫，入其耳，感其心，莫不淡且和焉。淡則欲心平，和則躁心釋。朱子曰：淡者，禮之發；和者，樂之爲。先淡後和，亦主静之意也。然古聖賢之論樂，曰「和而已」。此所謂淡，蓋以今樂形之，而後見其本於莊敬齊肅之意耳。優柔平中，德之盛也；天下化中，治之至也。是謂道配天地，古之極也。朱子曰：欲心平，故平中；躁心釋，故優柔。言聖人作樂，功化之盛如此。或云「化中」當作「化成」。後世禮法不修，政刑苛紊，縱欲敗度，下民困苦。謂古樂不足聽也，代變新聲，妖淫愁怨，導欲增悲，不能自止。故有賊君棄父，輕生敗倫，不可禁者矣。朱子曰：縱欲敗度〔二〕，故其聲不淡而妖淫；政苛民困，故其聲不和而愁怨。妖淫，故導欲而至於輕生敗倫；愁怨，故增悲而至於賊君棄父。嗚呼！樂者，古以平心，今以助欲；古以宣化，今以長怨。朱子曰：古今之異，淡與不淡、和與不和而已。不復古禮，不變今樂，而欲至治者，遠哉〔三〕！通書。○朱子曰：復古禮，然後可以變今樂。

明道先生言於朝曰：治天下以正風俗、得賢才爲本。宜先禮命近侍賢儒及百執事，悉心推訪有德業充備、足爲師表者；其次有篤志好學、材良行修者。延聘敦遣，萃於京師，俾朝夕相與講明正學。其道必本於人倫，明乎物理。大而人倫，微而物理，皆道之體也。其教自小學灑掃應對以往，修其孝弟忠信，周旋禮樂。其所以誘掖激勵、漸摩成就之道，皆有節序。誘掖，引而進之。激勵，作而興之。漸摩則有漸，成就則周足。其要在於擇善脩身，至於化成天下。自鄉人而可至於聖人之道，擇善者，致知、格物也。脩身者，誠意、正心、脩身也。化成天下者，齊家、治國、平天下也。鄉人，鄉里之常人，孟子曰「我猶未免爲鄉人」是也。其學行皆中於是者爲成德。取材識明達、可進於善者，使日受其業。所學所行中乎是者，謂擇善脩身足以化成天下，蓋成德之士也。則又取夫材識明達、可與適道者，使受學於成德之人。擇其學明、德尊者，爲太學之師，次以分教天下之學。教成使爲學官，推教法於天下。擇士入學，縣升之州，州賓興於太學，聚而教之，歲論其賢者能者於朝。此仿周禮鄉大夫賓興、司馬論士之制。凡選士之法，皆以性行端潔、居家孝弟、有廉恥禮遜、通明學業、曉達治道者。文集。下同。○以此選士，則通於理而適於用，本於身而及於天下。其與後世以文詞記誦取士者有間矣。

明道先生論十事：一曰師傅，古者自天子達於庶人，必須師友以成就其德業。今師傅之職不脩，友臣之義未著，所以尊德樂善之風未成。二曰六官，天地四時之官，歷二帝三王，未之或改。今官秩淆亂，職業廢弛，太平之治，所以未至。三曰經界，制民常產，使之厚生，則經界不可不正，井地不可不均。今富者跨州縣而莫之止，貧者流離餓殍而莫之恤。幸民雖多，而衣食不足者，蓋無紀極。生齒日益繁，而不爲之制，則衣食日蹙，轉死日多。四曰鄉黨，古者政教始乎鄉里，其法起於比、閭、族、黨、州、鄉、酇、遂，以相聯屬統治，故民相安而親睦，刑法鮮犯，廉恥易格。五曰貢士，庠序，所以明人倫，化成天下。今師學廢而道德不一，鄉射亡而禮義不興。貢士不本於鄉里，而行實不修；秀民不養於學校，而人材多廢。六曰兵役，古者府史胥徒受祿公上，而兵農未始判也。今驕兵耗匱國力，禁衛之外不漸歸之農，則將貽深慮。府史胥徒之役毒遍天下，不更其制，則未免大患。七曰民食，古者民必有九年之食。今天下耕之者少，食之者衆，地力不盡，人功不勤。固宜漸從古制，均田務農，公私交爲儲粟之法，以爲凶歲之備。八曰四民，古者四民各有常職，而農者十居八九，故衣食易給。今京師浮民數逾百萬。此在酌古變今，均多恤寡，漸爲之業以救之耳。九曰山澤，聖人理物，山虞澤衡各有常禁，故萬物阜豐而財用不乏。今五官不修，六府不治，用之無節，取之不時。惟脩虞衡之職，使長養之〔四〕，則有變通長久之勢。十曰分數。古者冠昏喪祭、車服器用，等差分別，莫敢踰僭，故財用易給，而民有常心。今禮制不足以檢飭人情，名數不足以旌别貴賤，奸詐攘奪，人人求厭其欲，此争亂之道也。○以上十條，竝録節本文。其言曰：無古今，無治亂，如生民之理有窮，則聖王之法可改。後世能盡其道則大治，或用其偏則小康，此歷代彰灼著明之效也。苟或徒知泥古而不能施之於今，姑欲狥名而遂廢其實，此則陋儒之見，何足以論治道哉？然儻謂今人之情皆已異於古，先王之迹不可復於今，趣便目前，不務高遠，則亦恐非大有爲之論，而未足以濟當今之極弊也。泥古而不度今之宜，狥復古之名而失其實，此固陋儒之見。然遂謂先王治法不可用於今，苟且卑陋，此又世俗之淺識，豈足以大有爲而拯極弊哉？

伊川先生上疏先生除崇正殿説書，首上此疏。曰：三代之時，人君必有師、傅、保之官。師，道之教訓；道，開誘也。傅，傅之德義；傅，附益也。保，保其身體。保，安全也。後世作事無本，知求治而不知正君，知規過而不知養德。君正則治可舉，德盛則過自消。正君養德者，本也。求治規過者，末也。傅德義之道，固已疏矣；保身體之法，復無聞焉。後世徒存保傅之名而無其職。不言師者，今日經筵之官，則道之教訓之事。臣以爲傅德義者，在乎防見聞之非，節嗜好之過；非禮之事，不接於耳目，嗜好之私，不溺乎心術，則德義進矣。保身體者，在乎適起居之宜，存畏慎之心。外適起居之宜，内存畏謹之念，則心神莊肅，氣體和平矣。今既不設保傅之官，則此責皆在經筵。欲乞皇帝在宮中言動服食，皆使經筵官知之。宮中言動服食之間，經筵官皆得與聞之。則深宮燕私之時，無異於經筵講誦之際。對宦官、宮妾之頃，猶若師保之臨乎前也。有剪桐之戲，則隨事箴規；違持養之方，則應時諫止。文集。○史記：成王與叔虞戲，削桐葉爲珪，曰：「以此封若。」史佚曰：「天子無戲言。」遂請封叔虞於唐。○本註：遺書又云：某嘗進言，欲令上於一日之中，親賢士大夫之時多，親宦官宮人之時少，所以涵養氣質，薰陶德性。

伊川先生看詳三學條制云：舊制，公私試補，蓋無虚月。學校禮義相先之地，而月使之爭，殊非教養之道。請改試爲課，有所未至，則學官召而教之，更不考定高下。設教之道，禮遜爲先。制尊賢堂，以延天下道德之士，及置待賓吏師齋，立檢察士人行檢等法。尊賢，謂道德可矜式者。待賓，謂行能可賓敬者。吏師通於治道，可爲吏之師法也。三者皆才德過人，首延禮之，使士人知所向慕。次乃立檢察士行之法。又云：自元豐後，設利誘之法，增國學解額至五百人，來者奔湊，捨父母之養，忘骨肉之愛，往來道路，旅寓他土，人心日偷，士風日薄。偷，苟得也。薄，謂薄於人倫。今欲量留一百人，餘四百人分在州郡解額窄處，自然士人各安鄉土，養其孝愛之心，息其奔趨流浪之志，風俗亦當稍厚。又云：三舍升補之法，皆案文責跡，有司之事，非庠序育材掄秀之道。舊制以不犯罰爲行，試在高等爲藝。按其文而不考其實，責其跡而不察其心。教之者，非育才之道。取之者，非掄秀之法。蓋朝廷授法必達乎下，長官守法而不得有爲，是以事成於下，而下得以制其上，此後世所以不治也。朝廷之法直達於下，中間更不任人，故長吏拘於法而不得自任，在下者反得執法，以取必於上。後世不治，皆此之由，非獨庠序而已。或曰長貳得人則善矣，或非其人，不若防閑詳密可循守也。殊不知先王制法，待人而行，未聞立不得人之法也。苟長貳非人，不知教育之道，徒守虛文密法，果足以成人材乎？或者謂任人則人不能保其皆善，任法則法猶可守也。殊不知法待人而後行，苟不得人，則雖有密法而無益於成才，苟得其人，則無待於密法而法之密反害其成才之道。故不若略文法而專責任也。

明道先生行狀云：先生爲澤州晉城令，民以事至邑者，必告之以孝弟忠信，入所以事父兄，出所以事長上。教民孝弟，爲政先務。度鄉村遠近，爲伍保，使之力役相助，患難相恤，而奸僞無所容。五家爲伍，五伍爲保。伍謂相參比也。保謂相保任也。凡孤煢殘廢者，責之親戚鄉黨，使無失所。行旅出於其塗者，疾病皆有所養。孤煢而無依〔五〕，殘廢而不全，羈旅而疾病者，皆窮民無告，使之各得所養。諸鄉皆有校，暇時親至，召父老與之語；兒童所讀書，親爲正句讀；教者不善，則爲易置；擇子弟之秀者，聚而教之。鄉民爲社會，爲立科條，旌別善惡，使有勸有恥。觀此，則養民善俗、平易忠厚之政可知矣。

萃：「王假有廟。」伊川易傳曰：群生至衆也，而可一其歸仰；人心莫知其鄉也，而能致其誠敬；鬼神之不可度也，而能致其來格。天下萃合人心、總攝衆志之道非一，其至大莫過於宗廟，故王者萃天下之道至於有廟，則萃道之至也。假，至也。王者至於有廟，則萃道之盛也。蓋群生向背不齊，惟於鬼神則歸仰如一。人心出入無時，惟奉鬼神則誠敬自盡。言人心之渙散，每萃於祭享也。鬼神，視之而弗見，聽之而弗聞，然齊明盛服以承祭祀，則洋洋如在，可致來格。言鬼神之遊散，亦每萃於宗廟也。祭祀之報，本於人心，聖人制禮以成其德耳。故豺獺能祭，其性然也。易傳。

古者戍役，再期而還。今年春暮行，明年夏代者至，復留備秋，至過十一月而歸。又明年仲春遣次戍者。每秋與冬初，兩番戍者皆在疆圉，乃今之防秋也。經説。○論采薇遣戍役。北狄畏暑耐寒，又秋氣折膠，則弓弩可用。故秋冬易爲侵暴〔六〕，每留戍以防之。

聖人無一事不順天時，故至日閉關。遺書。下同。○復卦象傳，説見第四卷。

韓信多多益辦，只是分數明。分者，管轄階級之分。數者，行伍多寡之數。分數明，則上下相臨，統紀不紊，所御者愈衆，而所操者常寡。

伊川先生曰：管轄人亦須有法，徒嚴不濟事。今帥千人，能使千人依時及節得飯喫，只如此者，亦能有幾人？管轄，統軍之官。法，謂區畫分數之法。嘗謂軍中夜驚，亞夫堅卧不起。不起善矣，然猶夜驚何也？亦是未盡善。漢景帝時，七國反，遣周亞夫將兵擊之。軍中夜驚，擾至帳下，亞夫堅卧帳中不起，有頃遂定。

管攝天下人心，收宗族，厚風俗，使人不忘本，須是明譜系，收世族，立宗子法。譜，籍録也。系，聯屬也。明之者，辨著其宗派。古者諸侯之適子適孫，繼世爲君，其餘庶子不得禰其先君，因各自立爲本派之始祖，其子孫百世皆宗之，所謂大宗也。族人雖五世外，皆爲之齊衰三月。大宗之庶子又别爲小宗，而小宗有四：其繼高祖之適長子，則與三從兄弟爲宗；繼曾祖之適長子，則與再從兄弟爲宗；繼祖之適長子，則與同堂兄弟爲宗；繼禰之適長子，則與親兄弟爲宗。蓋一身凡事四宗，與大宗爲五宗也。又曰一年有一年工夫。行之以漸，持之以久。

宗子法壞，則人不自知來處，以至流轉四方，往往親未絶，不相識。今且試以一二巨公之家行之，其術要得拘守得，須是且如唐時立廟院，仍不得分割了祖業，使一人主之。立廟院，則人知所自出而不散。不分祖業，則人重其宗而不遷。

凡人家法，須月爲一會以合族。古人有花樹韋家宗會法，可取也。每有族人遠來，亦一爲之。吉凶嫁娶之類，更須相與爲禮，使骨肉之意常相通。骨肉日疏者，只爲不相見、情不相接爾。

冠婚喪祭，禮之大者，今人都不理會。豺獺皆知報本，今士大夫家多忽此，厚於奉養而薄於先祖，甚不可也。某嘗修六禮，大略家必有廟，庶人立影堂。○自「庶人」以下皆本註。廟必有主，高祖以上，即當祧也。主式見文集。又云：今人以影祭，或一髭髮不相似，則所祭已是別人，大不便。月朔必薦新，薦後方食。時祭用仲月，止於高祖。旁親無後者，祭之別位。冬至祭始祖，冬至，陽之始也；始祖，厥初生民之祖也。無主，於廟中正位設一位，合考妣享之。立春祭先祖，立春，生物之始也。先祖，始祖而下，高祖而上，非一人也。亦無主，設兩位分享考妣。季秋祭禰，季秋，成物之時也。忌日遷主，祭於正寢。凡事死之禮，當厚於奉生者。人家能存得此等事數件，雖幼者可使漸知禮義。

卜其宅兆，「宅，墓穴也。兆，塋域也。」卜其地之美惡也。地美則神靈安，其子孫盛。然則曷謂地之美者？土色之光潤，草木之茂盛，乃其驗也。而拘忌者惑以擇地之方位，決日之吉凶，甚者不以奉先爲計，而專以利後爲慮，尤非孝子安厝之用心也。惟五患者，不得不慎：須使後日不爲道路〔七〕，不爲城郭，不爲溝池，不爲貴勢所奪，不爲耕犁所及。本註云：一本所謂「五患者」：溝渠，道路，避村落，遠井、窑。

正叔云：某家治喪，不用浮圖。在洛亦有一二人家化之。司馬公曰：世俗信浮圖誑誘，飯僧設道場，捨經造像，建塔廟，曰：「爲此者滅除大罪惡〔八〕，必生天堂，不爲者必入地獄，受無邊波吒之苦。」殊不知人生含血氣〔九〕，知痛癢，或剪爪剃髮，從而燒研之〔一〇〕，已不知苦，況於死者形神相離，形則入於黄壤，朽腐消滅，與木石等，神則飄若風火，不知何之。借使剉燒舂磨，豈復知之？安得有天堂地獄之理？

今無宗子〔一一〕，故朝廷無世臣。若立宗子法，則人知尊祖重本。人既重本，則朝廷之勢自尊。古者宗子襲其世禄，故有世臣，人知尊祖而重本，上下相維，自然固結而不渙散，故朝廷之勢自尊。古者子弟從父兄，今父兄從子弟，由不知本也。且如漢高祖欲下沛時，只是以帛書與沛父老，其父兄便能率子弟從之。又如相如使蜀，亦移書責父老，然後子弟皆聽其命而從之。只有一箇尊卑上下之分，然後順從而不亂也。若無法以聯屬之，安可？漢初去古未遠，猶有先王之遺俗，尊卑之分素定，所以上下順承而無違悖也。且立宗子法，亦是天理。譬如木，必有從根直上一榦，亦必有旁枝。又如水，雖遠必有正源，亦必有分派處，自然之勢也。直榦、正源，猶大宗也。旁枝、分派，猶小宗也。然而又有旁枝達而爲榦者，故曰「古者天子建國，諸侯奪宗」云。天子爲天下主，故得封建侯國，賜之土而命之胙。諸侯爲一國之主，雖非宗子，亦得移宗於己，建宗廟爲祭主。

邢和叔叙明道先生事云：堯、舜、三代帝王之治，所以博大悠遠，上下與天地同流者，先生固已默而識之。所謂「識其大」者。至於興造禮樂、制度文爲，下至行師用兵戰陣之法，無所不講，皆造其極。外之夷狄情狀，山川道路之險易，邊鄙防戍、城寨斥候控帶之要，靡不究知。壘土居民曰城，木柵處兵曰寨。斥，遠也。候，伺也，謂遠伺敵人。控，制禦也。帶，圍護也。其吏事操決，文法簿書，又皆精密詳練。若先生可謂通儒全才矣。附録。○操決，謂操持斷決也。

介甫言律是八分書，是他見得。外書。○朱子曰：律是刑統，歷代相傳，至周世宗命竇儀註解，名曰刑統。與古法相近，故曰「八分書」。又曰：律所以明法禁非，亦有助於教化，但於根本上少有欠缺耳。是他見得，蓋許之之詞。

橫渠先生曰：兵謀師律，聖人不得已而用之。其術見三王方策、歷代簡書。惟志士仁人爲能識其遠者大者，素求預備而不敢忽忘。文集。下同。○好謀而成，師出以律。雖聖人用師，無謀則必敗，無律則必亂。特非若後世譎詐以爲謀，酷暴以爲律。斯其爲遠者大者，惟志士仁人爲能識之。

肉辟，於今世死刑中取之，亦足寬民之死，過此，當念其散之之久。肉刑有五：刻顙曰墨辟，截鼻曰劓辟，刖足曰剕辟，淫刑曰宮辟，死刑曰大辟。至漢文帝始罷墨、劓、剕、宮之刑，或曰宮刑不廢。今欲取死刑情輕者，用肉刑以代之。外此當念民心渙散之久〔一二〕，必明禮義教化以維持之，不但省刑以緩死。

吕與叔撰橫渠先生行狀曰：先生慨然有意三代之治，論治人先務，未始不以經界爲急。嘗曰：「仁政必自經界始。貧富不均，教養無法，雖欲言治，皆苟而已。孟子曰「仁政必自經界始」，蓋經界不正，則富者有所恃而易於爲惡，貧者失所養而不暇爲善。教養之法俱廢，其治苟且而已。世之病難行者，未始不以亟奪富人之田爲辭。然茲法之行，悦之者衆，苟處之有術，期以數年，不刑一人而可復。」所病者特上之人未行耳。乃言曰：「縱不能行之天下，猶可驗之一鄉。」方與學者議古之法，共買田一方，畫爲數井，上不失公家之賦役，退以其私正經界、分宅里、立斂法、廣儲蓄、興學校、成禮俗，救菑恤患，敦本抑末，足以推先王之遺法，明當今之可行。此皆有志未就。

橫渠先生爲雲巖令，政事大抵以敦本善俗爲先。去浮華而務質，抑末作而尚本，皆敦本之事也。勉其孝弟，興於禮遜，皆善俗之事也。每以月吉具酒食，召鄉人高年會縣庭，親爲勸酬，使人知養老事長之義。因問民疾苦，及告所以訓戒子弟之意。行狀。○月吉，月朔也。

橫渠先生曰：古者有東宮，有西宮，有南宮，有北宮，異宮而同財，此禮亦可行。古人慮遠，目下雖似相疏，其實如此乃能久相親。蓋數十百口之家，自是飲食衣服難爲得一。族大人衆，則服食器用固有不能齊者。同宮合處，則怨爭之風或作矣。又異宮乃容子得伸其私，所以避子之私也，子不私其父，則不成爲子。古之人曲盡人情。必也同宮，有叔父、伯父，則爲子者何以獨厚於其父？爲父者又烏得而當之？雖同宗祖，然親疏有分。異宮者，亦使人子各得盡情於其親也。不然則交相病矣。父子異宮，爲命士以上，愈貴則愈嚴。一命爲士，則父子亦異宮。愈貴，則分制愈密。故異宮猶今世有逐位，非如異居也。樂説。

治天下不由井地，終無由得平。周道止是均平。語録。下同。○「周道如砥」，言其平也。

井田卒歸於封建乃定。國有定君，官有定守，故民有定業。後世長吏更易不常，相仍苟且，縱復井田，不歸於封建，則其欺蔽紛爭之患庸可定乎？

校勘記

〔一〕網上大綱也　「綱」，元刻明修本、明刊本作「繩」。

〔二〕縱欲敗度　「縱欲」，元刻明修本、明刊本作「廢禮」。

〔三〕遠哉　「哉」字原無，據元刻明修本、明刊本補。

〔四〕使長養之　「長」，元刻明修本作「將」，明刊本作「時」。

〔五〕孤煢而無依　「煢」原作「窮」，據元刻明修本、明刊本改。

〔六〕故秋冬易爲侵暴　「暴」原作「暑」，據元刻明修本、明刊本改。

〔七〕須使後日不爲道路　「後」，元刻明修本、明刊本作「異」。

〔八〕爲此者滅除大罪惡　「除大」，元刻明修本、明刊本作「彌天」。

〔九〕殊不知人生含血氣　「血氣」，元刻明修本、明刊本作「氣血」。

〔一〇〕或剪爪剃髮從而燒研之　「研」，元刻明修本、明刊本作「斫」。

〔一一〕今無宗子　按，此條今見河南程氏遺書卷十八劉元承手編，「子」下有「法」字。

〔一二〕外此當念民心涣散之久　「涣」，元刻明修本、明刊本作「離」。

近思録集解卷十

凡六十四條

政事

此卷論臨政處事。蓋明乎治道而通乎治法，則施於有政矣。凡居官任職，事上撫下，待同列，選賢才，處世之道具焉。

伊川先生上疏曰：夫鐘，怒而擊之則武，悲而擊之則哀，誠意之感而入也。告於人亦如是，古人所以齋戒而告君也。心誠則氣專，氣專則聲應，不誠而能感乎？臣前後兩得進講，未嘗敢不宿齋預戒，潛思存誠，覬感動於上心。若使營營於職事，紛紛其思慮，待至上前，然後善其辭説，徒以頰舌感人，不亦淺乎？文集。下同。○或問：伊川未進講已前，還有間斷否〔一〕？朱子曰：尋常未嘗不誠，臨見君時，又加意爾，如孔子沐浴而告哀公是也。

伊川答人示奏藁書云：觀公之意，專以畏亂爲主。頤欲公以愛民爲先，力言百姓饑且死，丐朝廷哀憐，因懼將爲寇亂，可也。不惟告君之體當如是，事勢亦宜爾。徒言民饑將亂爲可慮，而不言民饑將死爲可傷，則人主徒有憂懼忿疾之心，而無哀矜惻怛之意矣。告君之體，必詞順而理直可也。公方求財以活人，祈之以仁愛，則當輕財而重民；懼之以利害，則將恃財以自保。哀矜之心生，則能輕財以救民之死。憂懼之心作，反將吝財以防民之變。古之時，得丘民則得天下；後世以兵制民，以財聚衆，聚財者能守，保民者爲迂。惟當以誠意感動，覬其有不忍之心而已。「四井爲甸，四甸爲丘。」得乎一丘之民，則可以得天下。説見孟子。後世以兵制民，謂民有所不足畏；以財聚衆[二]，謂財有所不可闕。於是以聚財爲守國之道，以愛民爲迂緩之事。苟徒懼之以禍亂，則無惻隱愛民之心，愈增其聚財自守之慮矣。

明道爲邑，及民之事，多衆人所謂法所拘者，然爲之未嘗大戾於法，衆亦不甚駭。謂之得伸其志則不可，求小補，則過今之爲政者遠矣。人雖異之，不至指爲狂也。至謂之狂，則大駭矣。法令有未便於民者，衆人爲之未免拘礙。惟先生道德之盛，從容裁處，故不大戾當時之法，而有補於民。人雖異之，而不至於駭者，亦其存心寬平而區處有方也。盡誠爲之，不容而後去，又何嫌乎？此又可以見先生忠厚懇惻之心，豈若悻悻然小丈夫之爲哉！

明道先生曰：一命之士，苟存心於愛物，於人必有所濟。苟存愛物之心，必有及物之效。

伊川先生曰：君子觀天水違行之象，知人情有爭訟之道。故凡所作事，必謀其始，絶訟端於事之始，則訟無由生矣。謀始之義廣矣，若慎交結明契券之類是也。易傳。下同。○訟卦象傳。坎下乾上爲訟。天西運，水東流，故曰「違行」。交結，朋遊親戚也。契券，文書要約也。此皆生訟之端，慮其始，必謹必明。

師之九二，爲師之主。恃專，則失爲下之道；不專，則無成功之理，故得中爲吉。恃專則失爲下之道，如衛青不敢專誅，而具歸天子，使自裁之是也。不專則不能成功，所謂「將在外〔三〕，君令有所不受」是也。二居中，故有得中之象。凡師之道，威和竝至則吉也。威而不和，則人心懼而離；和而少威，則人心玩而弛。九二剛中，故有威和相濟之象。

世儒有論魯祀周公以天子禮樂，以爲周公能爲人臣不能爲之功，則可用人臣不得用之禮樂。是不知人臣之道也。夫居周公之位，則爲周公之事，由其位而能爲者，皆所當爲也。周公乃盡其職爾。師卦九二傳。成王幼，周公攝政。周公没，成王思其勳德，錫魯以天子之禮樂，使祀周公焉。孔子曰：「成王之賜，伯禽之受，皆非也。」或者謂周公能爲人臣不能爲之功，故可用人臣不得用之禮樂。夫聖人之於事君也，有盡其道而已，非有加於職分之外也。若職分之外，是乃過爲矣。

大有之九三曰：「公用亨於天子，小人弗克。」伊川易傳曰：三當大有之時，居諸侯之位，有其富盛，必用亨通於天子，謂以其有爲天子之有也，乃人臣之常義也。當大有之時，公侯擅所有之富，故戒之以「用亨通於天子」。如朝覲供貢之儀，凡所以奉上之道，皆不敢自有其有，乃爲盡人臣之義也。若小人處之，則專其富有以爲私，不知公已奉上之道，故曰「小人弗克」也。

人心所從，多所親愛者也。常人之情，愛之則見其是，惡之則見其非。故妻孥之言，雖失而多從；所憎之言，雖善爲惡也。苟以親愛而隨之，則是私情所與，豈合正理？故隨之初九，出門而交，則「有功」也。人心之從違，多蔽於好惡之私，而失其是非之正。卦主於隨，苟惟親暱之隨，則違正理矣。故必出門而交，則無所繫累，而所從者「有功」也。

隨九五之象曰：「孚於嘉吉，位正中也。」伊川易傳曰：隨以得中爲善〔四〕，隨之所防者過也。蓋心所悅隨，則不知其過矣。震下兑上爲隨。震，動也。兑，悅也。以悅而動，易過於隨而不自知，故必得中爲善。

坎之六四曰：「樽酒，簋貳，用缶，納約自牖，終无咎。」伊川易傳曰：此言人臣以忠信善道結於君心，必自其所明處乃能入也。一樽之酒，二簋之食，復以瓦缶爲器，質之至也，所謂「忠信善道」也。牖者，室中所以通明也。蓋忠信者，納約之本，雖懷樸素之誠，苟不因其明而納焉，則亦不能入矣。人心有所蔽，有所通，通者明處也，當就其明處而告之，求信則易也，故云「納約自牖」。能如是，則雖艱險之時，終得无咎也。人心各有所蔽，各有所通。攻其蔽，則未免扞格。因其明而導之，則易於聽信。且如君心蔽於荒樂，唯其蔽也故爾，雖力詆其荒樂之非，如其不省何？必於所不蔽之事，推而及之，則能悟其心矣。自古能諫其君者，未有不因其所明者也。故訐直强勁者，率多取忤；而温厚明辨者，其説多行。訐者，發人之陰惡也。訐直則無委曲，强勁則乏和順，故矯拂之過每至牴牾。温厚者其氣和，明辨者其理著。故感悟之易，每多聽從。「納約自牖」，惟温厚明辨者能之。非惟告於君者如此，爲教者亦然。夫教必就人之所長，所長者心之所明也。從其心之所明而入，然後推及其餘，孟子所謂「成德」、「達財」是也。「成德」者，因其有德而成就之。「達財」者，因其有才而遂達之。皆謂就其所長開導之也。

恒之初六曰：「浚恒，貞凶。」象曰：「浚恒之凶，始求深也。」伊川易傳曰：初六居下，而四爲正應。四以剛居高，又爲二三所隔，應初之志，異乎常矣。而初乃求望之深，是知常而不知變也。初與四爲位應，九與六爲爻應，此理之常也。然爲九二、九三所隔，則已改其常矣。初六當常之時，知常而不知變，求之過深，是以至於凶悔也。世之責望故素而至悔咎者，皆「浚恒」者也。素，舊也。

遯之九三曰：「係遯，有疾厲；畜臣妾，吉。」伊川易傳曰：係戀之私恩，懷小人女子之道也。故以畜養臣妾則「吉」。九三下乘六二，有係戀之心，則失宜遯之時矣，故有災危。然君子用是道以畜其臣妾，則可以固結其欲遯之心，是以吉也。然君子之待小人，亦不如是也。御下之道，苟所當去，亦不可以係戀而姑息也。

睽之象曰：「君子以同而異。」伊川易傳曰：聖賢之處世，在人理之常，莫不大同，於世俗所同者，則有時而獨異。聖賢之所爲，惟順乎理而已，豈顧夫世俗之同異哉！故循乎天理之常者〔五〕，聖賢安得不與人同？出於流俗之變者，聖賢安得不與人異？不能大同者，亂常拂理之人也；不能獨異者，隨俗習非之人也。要在同而能異耳。同而能異，則不拂於人理之常，而亦不狥乎習俗之化，惟理之從耳。然其所以爲異者，乃所以成其大同也。是亦一事而已。

睽之初九，當睽之時，雖同德者相與，然小人乖異者至衆，若棄絶之，不幾盡天下以仇君子乎？如此則失含弘之義，致凶咎之道也，又安能化不善而使之合乎？故必「見惡人」，則「无咎」也。初與四位相應，而爻皆陽，爲同德相與，不至睽孤。然當睽之時，乖異者衆，故必恢含弘之義，而無棄絶之意，則不善者可化，乖異者可合，乃「无咎」也。古之聖王，所以能化奸凶爲善良，革仇敵爲臣民者，由弗絶也。弗絶之，則開其自新之路，而啓其從善之機也。

睽之九二，當睽之時，君心未合，賢臣在下，竭力盡誠，期使之信合而已。二五相應。然時方睽違，上下乖戾，故二必外竭其力，内盡其誠，期使疑者信、睽者合耳。至誠以感動之，盡力以扶持之，明義理以致其知，杜蔽惑以誠其意，如是宛轉以求其合也。内竭其誠以感動君心，外盡其力以扶持國政，此盡其在我者也。推明義理，使君之知無不至；杜塞蔽惑，使君之意無不誠，此啓其君者也。如是宛轉求之，睽者庶其可合，所謂「遇主于巷」也。巷者，委曲之途也。「遇」非枉道逢迎也，「巷」非邪僻由徑也〔六〕，故象曰：「遇主于巷，未失道也。」上言「遇主于巷」，亦正理之當然。苟遇不以直，而至於枉道逢迎；巷不以正，而至於邪僻由徑；苟求其合，而陷於邪枉，則又非「遇主于巷」之道也。

損之九二曰：「弗損益之。」伊川易傳曰：不自損其剛貞，則能益其上，乃益之也。若失其剛貞而用柔説，適足以損之而已。剛正不撓，乃能有益於君。蓋柔邪之人，阿意順旨，惟務容説。善而遇柔悦，善亦不進；惡而遇柔悦，必長其惡矣。故國有險佞之臣，士有善柔之友，皆有損而無益。世之愚者，有雖無邪心，而惟知竭力順上爲忠者，蓋不知「弗損益之」之義也。九二剛中，非有邪心者，但當損下益上之時，惟知損己以奉上，而不知臣道之少貶，未有能致益其君者，故有「弗損益之」之戒。

益之初九曰：「利用爲大作，元吉，无咎。」象曰：「元吉，无咎，下不厚事也。」伊川易傳曰：在下者，本不當處厚事。厚事，重大之事也。以爲在上所任，所以當大事，必能濟大事，而致「元吉」，乃爲「无咎」。能致「元吉」，則在上者任之爲知人，己當之爲勝任。不然，則上下皆有咎也。「大作」，即厚事之謂也。卦當損上益下，初居最下，受上之益。是當大任者，必克濟其事，而大善上下，乃可「无咎」。

革而無甚益，猶可悔也，况反害乎？古人所以重改作也。革卦象傳。事之變更，則於大體不能無傷。苟非有大益、無後患，君子不輕於改作。

漸之九三曰：「利禦寇。」伊川易傳曰：君子之與小人比也，自守以正。豈惟君子自完其己而已乎？亦使小人得不陷於非義。是以順道相保，禦止其惡也。九三上下皆陰，是君子與小人同列相比也。君子以守正而不失其身，小人亦以近正而不敢爲惡。以順道而相保禦，是能止其惡也。

旅之初六曰：「旅瑣瑣，斯其所取災。」伊川易傳曰：志卑之人，既處旅困，鄙猥瑣細，無所不至，乃其所以致悔辱、取災咎也。初居旅之下，故爲志卑之人。此教人處旅困之道，當略細故、存大體，斯免悔咎也。

在旅而過剛自高，致困災之道也。旅卦九三象傳。過剛則暴戾而乏和順，自高則矯亢而人不親附。處旅如是，必致困災。

兑之上六曰：「引兑。」象曰：「未光也。」伊川易傳曰：説既極矣，又引而長之，雖説之之心不已，而事理已過，實無所説。事之盛則有光輝，既極而强引之長，其無意味甚矣，豈有光也？兑之上六，悦之極也。悦極而復引之，事既過而强爲悦，何輝光之有？

中孚之象曰：「君子以議獄緩死。」伊川易傳曰：君子之於議獄，盡其忠而已；於決死，極於惻而已。天下之事，無所不盡其忠，而議獄緩死，最其大者也。議獄而無不盡之心，致其審也；決死而存不忍之心〔七〕，致其愛也。君子雖無往不盡其中心之誠，而於議獄緩死，則尤其所謹重者也。

事有時而當過，所以從宜，然豈可甚過也？如過恭、過哀、過儉，大過則不可。所以小過爲順乎宜也。能順乎宜，所以大吉。小過卦象傳。「禮過乎恭〔八〕，喪過乎哀，用過乎儉」，皆小過之以順乎事之宜。若過之甚，則恭爲足恭，哀爲毀瘠，儉爲鄙悋，又失其宜矣。

防小人之道，正己爲先。小過卦九三傳。待小人之道，先當正己。己一於正，則彼雖姦詐，將無間之可乘矣。其他防患之道，皆當以正己爲先。

周公至公不私，進退以道，無利欲之蔽。周公之心在於天下國家，而不在其身。是以至公無私，而進退合道，蓋無一毫利欲之蔽。其處己也，夔夔然存恭畏之心；其存誠也，蕩蕩然無顧慮之意。所以雖在危疑之地，而不失其聖也。夔夔，戒謹卑順之貌。存誠者，自信之篤也。蕩蕩，明白坦平之義。聖人雖當危疑之地，既不忿戾而改常，亦不疑懼而失守，是爲不失其聖也。詩曰：「公孫碩膚，赤舄几几。」經說。下同。○詩狼跋篇。碩，大也。膚，美也。孫，避讓也〔九〕。謂有大美而謙遜不居也〔一〇〕。赤舄，冕服之舄也。几几，進退安重貌。蓋其恭順安舒之意如此。

採察求訪，使臣之大務。採察民隱、求訪賢材二事，使職之大者也。

明道先生與吳師禮談介甫之學錯處，謂師禮曰：爲我盡達諸介甫，我亦未敢自以爲是。如有說，願往復。此天下公理，無彼我。果能明辨，不有益於介甫，則必有益於我。〈遺書〉。下同。○先生忠誠懇至，詞氣和平如此，豈若悻悻好勝自是者之爲哉！

天祺在司竹，常愛用一卒長，及將代，自見其人盜筍皮，遂治之無少貸。罪已正，待之復如初，略不介意。其德量如此。德量大，則不爲喜怒所遷。

明道因論「口將言而囁嚅」云：若合開口時，要他頭也須開口，本註云：如荆軻於樊於期。須是「聽其言也厲」。囁嚅，欲言而不敢發之貌。厲，剛決之意。理明義直，内無不足，則出於口者，自然剛決，不可回撓，安有囁嚅之態？○朱子曰：合開口者，亦曰理之所當言。樊於期事，非理所得言，特取其事之難言而猶言之耳。

須是就事上學。蠱「振民育德」，然有所知後，方能如此。何必讀書，然後爲學？「振民育德」，脩己治人之事也。然必知之至而後行之至，無非學也。豈但讀書而謂之學哉？子路亦嘗有是言，而夫子斥之，何也？蓋爲學之道固不專於讀書，必以讀書爲窮理之本。子羔既未及爲學，而遽使之以仕，爲學則非特失知行之序，而且廢窮理之大端，臨事錯繆，安能各當其則哉？程子之教，固以讀書窮理爲先務，然不就事而學，則捨簡策之外，凡應事接物之際，不知所以用力，其學之間斷多矣。二者之言各有在也。

先生見一學者忙迫，問其故。曰：「欲了幾處人事。」曰：「某非不欲周旋人事者，曷嘗似賢急迫？」事雖多，爲之必有序；事雖急，應之必有節。未聞可以急遽苟且而處之者。

安定之門人，往往知稽古愛民矣，則於爲政也何有？胡安定教學者以通經術，治時務，明體適用，故其門人皆知以稽古愛民爲事。稽古則爲政之法，愛民則爲政之本。

門人有曰：吾與人居，視其有過而不告，則於心有所不安，告之而人不受，則奈何？明道曰：與之處而不告其過，非忠也。要使誠意之交通，在於未言之前，則言出而人信矣。誠意素孚，則信在言前。又曰：責善之道，要使誠有餘而言不足，則於人有益，而在我者無自辱矣。誠意多於言語，則在彼有感悟之益，在我無煩瀆之辱。

職事不可以巧免。職所當爲，而巧圖規避，是自私用智之人也。

「居是邦，不非其大夫」，此理最好。朱子曰：下訕上，則無忠敬之心。

「克勤小物」最難。不忽於小，謹之至也。

欲當大任，須是篤實。篤實則力量深厚而謀慮審固，斯可以任大事。

凡爲人言者，理勝則事明，氣忿則招怫〔一一〕。理勝而氣平，則人易曉而聽亦順。或者理雖明而挾忿氣以勝之〔一二〕，則反致扞格矣。

居今之時，不安今之法令，非義也。若論爲治，不爲則已，如復爲之，須於今之法度内處得其當，方爲合義。若須更改而後爲，則何義之有？中庸曰：「非天子，不議禮，不制度，不考文。」居下位而守上之法令，義也。由今之法而處得其宜，斯爲善矣。若率意改作，則已失爲下之義。

今之監司，多不與州縣一體。監司專欲伺察州縣，州縣專欲掩蔽。不若推誠心與之共治，有所不逮，可教者教之，可督者督之，至於不聽，擇其甚者去一二，使足以警衆可也。

伊川先生曰：人惡多事，或人憫之。世事雖多，盡是人事。人事不教人做，更責誰做？人事雖多，皆人所當爲者。苟有厭事之意，則應之必不盡其理矣。

感慨殺身者易，從容就義者難。一時感慨，至於殺身而不顧，此匹夫匹婦猶或能之。若夫從容就義，死得其所，自非義精仁熟者莫之能也。中庸曰「白刃可蹈，中庸不可能」是也。○張南軒曰：君子不避難，亦不入於難，惟當夫理而已。於所不當避而避，固私也。於所不當預而預，乃勇於就難，是亦私而已。如曾子、子思之避寇或不避，「三仁」之或死或不死，皆從容乎義之所當然而已。

人或勸先生以加禮近貴，先生曰：何不見責以盡禮，而責之以加禮？禮盡則已，豈有加也？此與「孟子不與右師言」同意。

或問：簿，佐令者也。簿所欲爲，令或不從，奈何？曰：當以誠意動之。今令與簿不和，只是爭私意。令是邑之長，若能以事父兄之道事之，過則歸己，善則惟恐不歸於令。積此誠意，豈有不動得人？過則歸之己，善則歸之令。非曰姑爲此以悅人，蓋事長之道當如是也。

問：人於議論，多欲直己，無含容之氣，是氣不平否？曰：固是氣不平，亦是量狹。量狹故常欲己勝，而無含容之氣。人量隨識長，亦有人識高而量不長者，是識實未至也。見識陋，則人己得失之間皆爲之動，是即量之狹也。故識之長則量亦長。大凡別事，人都强得，惟識量不可强。惟識與量，則隨人天資學力所至，而不可强也。今人有斗筲之量，有釜斛之量，有鍾鼎之量，十升爲斗。筲，竹器，容斗二升。釜，容六斗四升。十斗爲斛，十斛爲鍾〔一三〕。有江河之量。江河之量亦大矣，然有涯，有涯亦有時而滿，惟天地之量則無滿。故聖人者，天地之量也。聖人之量，道也；常人之有量者，天資也。聖人之心純乎道，道本無外，故其量亦無涯。天資者，氣禀也。氣禀則有涯，常人而能學以通乎道、極其至，則亦聖人之無涯也。天資有量須有限，大抵六尺之軀，力量只如此，雖欲不滿，不可得也。如鄧艾位三公，年七十，處得甚好，及因下蜀有功，便動了。謝安聞謝玄破苻堅，對客圍棋，報至不喜，及歸折屐齒，强終不得也。事見魏、晉史。更如人大醉後益恭謹者，只益恭謹，便是動了，雖與放肆者不同，其爲酒所動一也。又如貴公子位益高，益卑謙，只卑謙便是動了，雖與驕傲者不同，其爲位所動一也。居之如常而不爲異者，量足以勝之也。一有意於其間，雖驕肆謙恭之不同，要皆爲彼所動矣。然惟知道者，量自然宏大，不勉强而成。今人有所見卑下者，無他，亦是識量不足也〔一四〕。知道者，雖窮居陋巷而不加損，雖禄之以天下而不加益，舉世譽之而不加勸，舉世非之而不加愠〔一五〕，何者？道固不爲之而有增損也。

人纔有意於爲公，便是私心。公者，天理之自然。有意爲之，則計較安排，即是私意。昔有人典選，其子弟係磨勘，皆不爲理，此乃是私意。選舉，朝廷之選舉也。進退之權，實非己之所得而有，子弟該磨勘而不爲理，蓋避私嫌，而不知如此是以選舉爲己之私恩，乃是私意也。於此可以識大公之道矣。人多言古時用直，不避嫌得。後世用此不得，自是無人，豈是無時？本註云：因言少師典舉、明道薦才事。○苟能以至公之心行至公之道，何嫌之避？何時而不可行？

君實嘗問先生云：「欲除一人給事中，誰可爲者？」先生曰：「初若泛論人材却可，今既如此，頤雖有其人，何可言？」君實曰：「出於公口，入於光耳，又何害？」先生終不言。泛論人材〔一六〕，則無不可。若擇人任職，乃宰相之事，非在下位者所可與矣。此制義之方也。

先生云：韓持國服義最不可得。一日，頤與持國、范夷叟泛舟於潁昌西湖，須臾，客將去，有一官員上書謁見大資，頤將爲有甚急切公事，乃是求知己。頤云：「大資居位，却不求人，乃使人倒來求己，是甚道理？」韓維，字持國。范純禮，字夷叟。在上位者，當勤於求賢，豈當待人反求知？求知者失己，使之求知者失士。夷叟云：「只爲正叔太執。求薦章，常事也。」頤云：「不然。只爲曾有不求者不與，來求者與之，遂致人如此。」持國便服。

先生因言：今日供職，只第一件便做他底不得。吏人押申轉運司狀，頤不曾簽。國子監自係臺省，臺省係朝廷官。外司有事，合行申狀，豈有臺省倒申外司之理？只爲從前人只計較利害，不計較事體，直得恁地。春秋書法，王人雖微，序於諸侯之上，尊王也。須看聖人欲正名處，見得道名不正時，便至禮樂不興，是自然住不得。説見論語。名分不正，則施之於事者，顛倒而無序，乖戾而不和，禮樂何以興？此自然必至之勢。

學者不可不通世務。天下事譬如一家，非我爲則彼爲，非甲爲則乙爲。君子存心正大如此，其所以講明世道者，蓋亦非分外之事也。

「人無遠慮，必有近憂」，思慮當在事外。外書。下同。○蘇氏曰：「慮不在千里之外，則患在几席之下。」此以地之遠近言也。一説：「先事而圖之，則事至而無患。」此以時之遠近言也，然其理則一也。

聖人之責人也常緩，便見只欲事正，無顯人過惡之意。

伊川先生云：今之守令，惟「制民之産」一事不得爲，其他在法度中甚有可爲者，患人不爲耳。「制民之産」，謂井田貢助之法。

明道先生作縣，凡坐處皆書「視民如傷」四字，嘗曰：顥常愧此四字。

伊川先生每見人論前輩之短，則曰：汝輩且取他長處。揚人之短，本爲薄德，況前輩乎？

劉安禮云：王荆公執政，議法改令，言者攻之甚力。明道先生嘗被旨赴中堂議事，荆公方怒言者，厲色待之，先生徐曰：「天下之事非一家私議，願公平氣以聽。」荆公爲之媿屈。附録。下同。○劉立之，字安禮，程子門人也。熙寧初，王荆公安石參知政事，創制新法，中外皆言其不便，荆公獨憤然不顧。明道先生權監察御史裏行，被旨赴中堂議事，從容一言之間，荆公乃爲之媿屈。蓋有以破其私己之見，而消其忿厲之氣也。

劉安禮問臨民，明道曰：使民各得輸其情。民情皆得以上聞，則自無不得其所之患，然非平易聰達者能之乎？問御吏，曰：正己以格物。居上既正，則下有所感而正矣，非徒事乎刑罰之嚴也。

横渠先生曰：凡人爲上則易，爲下則難。然不能爲下，亦未能使下，不盡其情僞也。大抵使人，常在其前己嘗爲之，則能使人。文集。○樂於使人而憚於事人，此人常情也。然知事人之道，然後知使人之道。己未嘗事人，則使人之際必不能盡其情。

坎「維心亨」，故「行有尚」。外雖積險，苟處之心亨不疑，則雖難必濟，而「往有功也」。坎爲「重險」，故曰「積險」。二、五以剛居中，故外雖有積險，其中心自亨通而無所疑懼也。心亨而無疑，則可以出險矣。今水臨萬仞之山，要下即下，無復凝滯之在前。惟知有義理而已，則復何回避？所以心通。易説。下同。○此以坎象而言，人於義理，苟能信之篤、行之决，如水之就下，則沛然而莫禦，何往而不心亨哉？

人所以不能行己者，於其所難者則惰，其異俗者，雖易而羞縮。惟心弘則不顧人之非笑，所趨義理耳，視天下莫能移其道。志不立，氣不充，故有怠惰與羞縮。惟心弘則立志遠大，義理勝則氣充。然爲之，人亦未必怪。正以在己者義理不勝，惰與羞縮之病，消則有長，不消則病常在，意思齷齪，無由作事。滕文公行三年之喪，始也父兄百官皆不欲；文公以義理所當，爲發哀戚之誠心，人亦莫不悦服。所患在我義理不勝，則不能自强，故有惰與羞縮之患。在古氣節之士，冒死以有爲，於義未必中，然非有志概者莫能。況吾於義理已明，何爲不爲？志氣感慨，雖未必中於義，而死且不顧。況吾義理既明，尚何怠惰羞縮之爲？舉重明輕，所以激昂柔懦之士。

姤初六「羸豕孚蹢躅。」豕方羸時，力未能動，然至誠在於蹢躅，得伸則伸矣。羸，弱也。蹢躅，跳躍也。豕性陰躁，雖當羸弱之時，其誠心未嘗不在於動也，得肆則肆矣。猶小人雖困，志在求逞，君子所當察也。如李德裕處置閹宦，徒知其帖息威伏，而忽於志不忘逞，照察少不至，則失其幾也。唐武宗時，德裕爲相，君臣契合，莫能間之。宦寺之徒帖息畏伏，誠若無能爲者，而不知其志在求逞也。繼嗣重事，卒定於宦者之手，而德裕逐矣。蓋幾微之間，所當深察。

人教小童，亦可取益。絆己不出入，一益也；取益，謂有益於己。絆，牽繫也〔一七〕。授人數數，己亦了此文義，二益也；數數，猶頻數也。了，曉徹也。對之必正衣冠，尊瞻視，三益也；常以因己而壞人之才爲憂，則不敢墮，四益也。語録。○此段疑當在十一卷之末。

校勘記

〔一〕還有間斷否　「斷」，元刻明修本、明刊本作「此」。

〔二〕以財聚衆　「聚衆」，元刻明修本、明刊本作「養兵」。
〔三〕所謂將在外　「外」，元刻明修本、明刊本作「軍」。
〔四〕隨以得中爲善　「善」，元刻明修本作「喜」。
〔五〕故循乎天理之常者　「乎」，元刻明修本、明刊本作「於」。
〔六〕巷非邪僻由徑也　「由」，程氏易傳作「曲」。
〔七〕決死而存不忍之心　「存」，元刻明修本、明刊本作「有」。
〔八〕禮過乎恭　「禮」，元刻明修本、明刊本作「行」。
〔九〕孫避讓也　「孫」原作「遜」，據元刻明修本、明刊本改。
〔一〇〕謂有大美而謙遜不居也　「遜」，元刻明修本、明刊本作「避」。
〔一一〕氣忿則招咈　「咈」，元刻明修本、明刊本作「拂」。
〔一二〕或者理雖明而挾忿氣以勝之　「勝」，元刻明修本、明刊本作「臨」。
〔一三〕十斛爲鐘　「斛」，元刻明修本作「釜」。
〔一四〕自「今人有」至「不足也」　此段文字，元刻明修本、明刊本置於本條注「有增損也」下。
〔一五〕舉世非之而不加愠　「愠」，元刻明修本、明刊本作「沮」。
〔一六〕泛論人材　「材」，元刻明修本、明刊本作「物」。
〔一七〕率繫也　「率」，元刻明修本作「牽」。

近思録集解卷十一　凡二十一條

教學

此卷論教人之道。蓋君子進則推斯道以覺天下，退則明斯道以淑其徒。所謂得英才而教育之，即「新民」之事也。

濂溪先生曰：剛善，爲義，爲直，爲斷，爲嚴毅，爲幹固；惡，爲猛，爲隘，爲强梁。柔善，爲慈，爲順，爲巽；惡，爲懦弱，爲無斷，爲邪佞。朱子曰：氣禀剛柔，固陰陽之大分，而其中又各有善惡之分焉。惡者固爲非正，而善者亦未必皆得乎中也。惟中也者，和也，中節也，天下之達道也，聖人之事也。朱子曰：此以得性之正而言也。然其以和爲中，與中庸不合，蓋就已發無過不及者而言之，如書所謂「允執厥中」者也。故聖人立教，俾人自易其惡，自至其中而止矣。通書。○朱子曰：易其惡，則剛柔皆善，有嚴毅慈順之德，而無强梁懦弱之病矣。至其中，則其或爲嚴毅，或爲慈順也，又皆中節，而無太過不及之偏矣。

伊川先生曰：古人生子，能食能言而教之。古者子生，能食則教之以右手，能言則教之唯諾。大學之法，以豫爲先。人之幼也，知思未有所主，便當以格言至論日陳於前，雖未曉知，且當薰聒，使盈耳充腹，久自安習若固有之，雖以他言惑之，不能入也。學記曰：「禁於未發之謂豫。」此所謂「少成若天性，習慣如自然」者也。若爲之不豫，及乎稍長，私意偏好生於内，衆口辯言鑠於外，欲其純完，不可得也。文集。○教之不早，及其稍長，内爲物欲所陷溺，外爲流俗所銷靡，欲其心德之無偏駁，難矣。

觀之上九曰：「觀其生，君子无咎。」象曰：「觀其生，志未平也。」伊川易傳曰：君子雖不在位，然以人觀其德，用爲儀法，故當自慎省，觀其所生，常不失於君子，則人不失所望而化之矣。上爲無位之地，故曰「不在位」。然當觀之時，高而在上，固衆人所觀瞻而用爲法則者。要當謹畏，反觀内省己之所爲，常不違乎君子之道，而後人心慰滿，得所矜式也。不可以不在於位，故安然放意，無所事也。易傳。○釋「志未平」也。言高尚之士亦不可以輕意肆志也。

聖人之道如天然，與衆人之識甚殊邈也。門人弟子既親炙，而後益知其高遠。既若不可及，則趨望之心怠矣。故聖人之教，常俯而就之。聖人教人循循善誘，常俯而就之，蓋亦因其資以設教，不使之徒見高遠而自沮也。事上臨喪，不敢不勉，君子之常行。不困於酒，尤其近也。而以己處之者，不獨使夫資之下者勉思企及，而才之高者亦不敢易乎近矣。經說。說見論語。○道固不外乎日用常行之間〔一〕，在聖人無事乎思勉耳。夫子設教，固常人之所可勉，而賢者之所不可忽也。

明道先生曰：憂子弟之輕俊者，只教以經學念書，不得令作文字。志輕才俊者，憚於檢束而樂於馳逞。使之習經念書則心平氣定。使作文字則得以用其才而長其輕俊矣。子弟凡百玩好皆奪志。至於書札，於儒者事最近，然一向好著，亦自喪志。如王、虞、顔、柳輩，誠爲好人則有之，曾見有善書者知道否？平生精力一用於此，非惟徒廢時日，於道便有妨處，足知喪志也。遺書。下同。○王右軍羲之，虞永興世南，顔魯公真卿，柳河東公權，皆工書札，亦各有風節，表見當世，然終不足以知道。蓋專工一藝，豈特徒費時日，妨於學問，而志局於此，已失其操存之本矣。

胡安定在湖州，置治道齋，學者有欲明治道者，講之於中，如治民、治兵、水利、算數之類。嘗言劉彝善治水利，後累爲政，皆興水利有功。治民，如政教施設之方；治兵，如戰陣部伍之法；水利，如江河渠堰之利；算數，如律曆、九章之類〔二〕。

凡立言，欲涵蓄意思，不使知德者厭、無德者惑。知德者玩其意而不厭，無德者守其說而不惑。○朱子曰：近看尹先生論語説，句句有意味，不可以爲常談而忽之也。

教人未見意趣，必不樂學。欲且教之歌舞，如古詩三百篇，皆古人作之。如關雎之類，正家之始，故用之鄉人，用之邦國，日使人聞之。此等詩，其言簡奥，今人未易曉。欲別作詩〔三〕，略言教童子灑掃應對事長之節，令朝夕歌之，似當有助。

子厚以禮教學者最善，使學者先有所據守。禮以恭敬辭遜爲本，而有節文度數之詳。學者從事乎此，則日用言動之間，皆有依據持守之地。

語學者以所見未到之理，不惟所聞不深徹，反將理低看了。學者所見未到而驟以語之，則彼不惟無深造自得之功，而亦且輕視之矣。

舞射便見人誠。古之教人，莫非使之成己。舞者所以導其和，射者所以正其志。要必以誠心爲之，誠者所以成己也。自灑掃應對上，便可到聖人事。灑掃應對，即是教之以誠；誠之至，即是聖人事。

自「幼子常視毋誑」以上，便是教人以聖人事。説見曲禮。○「視」同「示」。誑，欺妄也。小未有知，常示以正事。此聖人無妄之道也。

「先傳」、「後倦」，君子教人有序。先傳以小者近者，而後教以大者遠者。非是先傳以近小，而後不教以遠大也。子游譏子夏之門人，於灑掃應對進退末事則可矣，於道之本原則無如之何。子夏聞而非之，曰：「君子之道，孰先傳焉？孰後倦焉？」蓋君子教人，先後有序，不容躐等而驟進。

非謂傳以近小者於先，而不教以遠大者於後也。○朱子曰：「『灑掃應對』，『精義入神』，事有大小，理無大小。事有大小，故其教有序而不可躐；理無大小，故隨其所處而皆不可不盡。」愚謂：子夏正謂教人小大有别。前段程子之説，却就灑掃應對上發明理無大小，自是一義。

伊川先生曰：説書必非古意，轉使人薄。學者須是潛心積慮，優游涵養，使之自得。今一日説盡，只是教得薄。至如漢時説下帷講誦，猶未必説書。理貴玩索，至於口耳之傳，末矣。下帷講誦，如董仲舒之徒，説見漢史。

古者八歲入小學，十五入大學，擇其才可教者聚之，不肖者復之農畝。蓋士農不易業，既入學則不治農，然後士農判。古者自國之貴游子弟，及士庶人之子，八歲則皆入小學，十五則入大學，然後擇其才之可教者聚之於學，其不可教者復歸之農畝。在學之養，若士大夫之子，則不慮無養，雖庶人之子，既入學則亦必有養。古之士者，自十五入學，至四十方仕，中間自有二十五年學，又無利可趨，則所志可知，須去趨善，便自此成德。後之人，自童稚間已有汲汲趨利之意，何由得向善？故古人必使四十而仕，然後志定。只營衣食却無害，惟利禄之誘最害人。本註云：人有養，便方定志於學。○先王設教，養之周而行之久〔四〕。士有定志，專於脩己而緩於干禄，故能一意趨善，卒於成德。後世反是。只營衣食者，求於力分之内，未足以奪志，故無害。若誘於利禄，則所學皆非爲己，而根本已撥矣，故害最甚。

天下有多少才？只爲道不明於天下，故不得有所成就。且古者「興於詩，立於禮，成於樂」，如今人怎生會得？古人於詩，如今人歌曲一般，雖閭巷童稚，皆習聞其説而曉其義，故能興起於詩。後世老師宿儒，尚不能曉其義，怎生責得學者？是不得「興於詩」也。古人歌詩，習熟其説而通達其義，故吟諷之間，足以感發其善心，而懲創其逸志。古禮既廢，人倫不明，以至治家皆無法度，是不得「立於禮」也。禮所以叙人倫而施之家國者，皆有法度以爲據依，故能有立也。古人有歌詠以養其性情，聲音以養其耳目，舞蹈以養其血脈。今皆無之，是不得「成於樂」也。歌詠聲詩，温柔篤厚，有以養其性情也。五聲成文，八音相比，鴻殺疏數，節奏和平，有以養其耳目也。至於手之舞、足之蹈，執其羽籥、干戚之器，習其「屈伸俯仰、綴兆舒疾」之文，是以容貌得莊，行列得正，進退得齊，心志條暢，而血氣和平，是有以養其血脉也。古之成材也易，今之成材也難。

孔子教人，「不憤不啓，不悱不發」。蓋不待憤悱而發，則知之不固；待憤悱而後發，則沛然矣。學者須是深思之，思而不得〔五〕，然後爲他説便好。朱子曰：「憤者，心求通而未得之意；悱者，口欲言而未能之貌。啓，謂開其意；發，謂達其辭。」愚謂：不待憤悱而遽啓發之，則未嘗深思，其受之也必淺，既無所得，其聽之也若亡。啓發於憤悱之餘，則思深力窮，而倏然有得，必沛然而通達矣。初學者須是且爲他説，不然，非獨他不曉，亦止人好問之心也。此又誘進初學之道。

横渠先生曰：「恭敬樽節退讓以明禮」，仁之至也，愛道之極也。曲禮曰：「君子恭敬樽節，退讓以明理〔六〕。」鄭氏曰：「樽，猶趨也，謂趨就乎。節，約也。恭敬者，禮之本。樽節退讓，禮之文。」君子從事乎此〔七〕，則視聽言動之間，天理流行，人欲消盡，而心德全矣。是仁之至也。恭敬則無慢忽〔八〕，樽節則無驕溢，退讓則無怨爭，是皆所以盡仁愛之道者也。己不勉明，則人無從倡，道無從弘，教無從成矣。正蒙。○明，謂明禮也。人必以禮而倡，率道必以禮而宏大，教必以禮而成就。

學記曰：「進而不顧其安，使人不由其誠，教人不盡其材。」其安、其誠、其材，皆謂受教者。人未安之，又進之，未喻之，又告之，徒使人生此節目。不盡材，不顧安，不由誠，皆是施之妄也。此言「進而不顧其安」，「徒使人生此節目」。蓋三患實相因而然，皆陵節躐等，不當其可而施之也。教人至難，必盡人之材，乃不誤人。觀可及處，然後告之。聖人之明〔九〕，直若庖丁之解牛，皆知其隙，刃投餘地，無全牛矣。此言教人必盡其材。聖人隨材施教，各當其可，如庖丁解牛，洞見間隙，無全牛矣。事見莊子。人之才足以有爲，但以其不由於誠，則不盡其材。若曰勉率而爲之，則豈有由誠哉！橫渠禮記説。下同。○此言「使人不由其誠」，勉强爲之，而無誠意，雖材所可爲者，亦不能盡之矣。○朱子曰：嘗見橫渠簡與人，謂其子日來誦書不熟，宜教他熟誦，盡其誠與材。

古之小兒，便能敬事。「長者與之提攜，則兩手奉長者之手」，問之，「掩口而對」。説見曲禮。捧手，習扶持尊者。「掩口而對」，「習其鄉尊者屏氣也」。蓋稍不敬事，便不忠信。故教小兒，且先安詳恭敬。安詳則不躁率，恭敬則不誕慢。此忠信之本也。

孟子曰：「人不足與適也，政不足與間也，唯大人爲能格君心之非。」非唯君心，至於朋游學者之際，彼雖議論異同，未欲深較。惟整理其心，使歸之正，豈小補哉！橫渠孟子說。

校勘記

〔一〕道固不外乎日用常行之間　「乎」字原無，據元刻明修本、明刊本補。

〔二〕如律曆九章之類　「類」，元刻明修本、明刊本作「數」。

〔三〕欲別作詩　「欲別」，宋刻本泳齋衍註作「別欲」。

〔四〕養之周而行之久　「行」，元刻明修本作「待」。

〔五〕思而不得　「而」，元刻明修本、明刊本作「之」。

〔六〕退讓以明理　「理」，元刻明修本、明刊本作「禮」。

〔七〕君子從事乎此　「君子」，元刻明修本、明刊本作「誠能」。

〔八〕恭敬則無慢忽　「慢忽」，元刻明修本、明刊本作「忽慢」。

〔九〕聖人之明　「明」，元刻明修本、明刊本作「教」。

近思録集解卷十二

凡三十三條

警戒

此卷論戒謹之道。脩己治人，常當存警省之意〔一〕，不然則私欲易萌，善日消而惡日積矣。

濂溪先生曰：仲由喜聞過，令名無窮焉。今人有過，不喜人規，如護疾而忌醫，寧滅其身而無悟也。噫！通書。○子路有改過遷善之實，故令名無窮焉。

伊川先生曰：德善日積，則福禄日臻。德踰於禄，則雖盛而非滿。自古隆盛，未有不失道而喪敗者也。易傳。下同。○泰卦九三傳。德勝於禄，則所享者雖厚而不爲過。禄過其德，則所享者雖薄且不能勝，況於隆盛乎？隆盛之敗喪，必自無德者致之也。

人之於豫樂，心説之，故遲遲，遂至於耽戀不能已也。豫之六二，以中正自守，其介如石，其去之速，不俟終日，故貞正而吉也。人處豫樂，易至耽戀。六二中正，上又無應，特立自守，其節之堅，介然如石，無所轉移也。其去之速，不俟終日，無所耽戀也。處豫不可安且久也，久則溺矣。如二可謂見幾而作者也。蓋中正，故其守堅，而能辯之早、去之速也。惟其自守之堅，故能見幾而作。

人君致危亡之道非一，而以豫爲多。豫卦六五傳。衰世之君，大率以逸豫致危亡，可不深戒哉！

聖人爲戒，必於方盛之時。方其盛而不知戒，故狃安富則驕侈生，樂舒肆則紀綱壞，忘禍亂則釁孽萌，是以浸淫不知亂之至也。臨卦彖傳。驕侈每生於安富之餘，綱紀每廢於舒肆之日，釁端禍孽每兆於無虞之中。故方盛之時，實將衰之漸。聖人爲戒於早，則可保其長盛矣。

復之六三，以陰躁處動之極，復之頻數而不能固者也。震下坤上爲復。三既陰躁，又處震動之終，其於復善也，躁動而不能固守者也。復貴安固，頻復頻失，不安於復也。復善而屢失，危之道也。有失而後有復，屢復而屢失，不當其德危之道也〔二〕。聖人開其遷善之道，與其復而危其屢失，故云「厲无咎」。不可以頻失而戒其復也，頻失則爲危，屢復何咎？過在失而不在復也。屢失故危厲，屢復故无咎。无咎者，補過之稱也。

劉質夫曰：「頻復」不已，遂至迷復。劉絢，字質夫，程子門人也。頻復頻失而不止，久則玩溺而不能復，必至上九之迷復矣。

伊川先生曰：睽極則咈戾而難合，剛極則躁暴而不詳，明極則過察而多疑。睽之上九，有六三之正應，實不孤，而其才性如此，自「睽孤」也。兑下離上爲睽〔三〕。上居睽之終，是睽之極也。以九居上，是剛之極也。居離之終，是明之極也。有是三者，何往而不「睽孤」哉！雖有正應，亦不合矣。如人雖有親黨，而多自疑猜，妄生乖離，雖處骨肉親黨之間，而常孤獨也。多自疑猜，過明之患也。妄生乖離，過剛好睽之致也。

解之六三曰：「負且乘，致寇至，貞吝。」伊川易傳曰：小人而竊盛位，雖勉爲正事，而氣質卑下，本非在上之物，終可吝也。負者，小人之事也。乘者，君子之器也。故爲小人竊盛位之象。勉爲正事者，貞也。然而陰柔卑下之質，謂居内卦之上〔四〕，非其所安，是以吝也。若能大正則如何？曰：大正，非陰柔所能也。若能之，則是化爲君子矣。

益之上九曰：「莫益之，或擊之。」伊川易傳曰：理者，天下之至公；利者，衆人所同欲。苟公其心，不失其正理，則與衆同利，無侵於人，人亦欲與之。若切於好利，蔽於自私，求自益以損於人，則人亦與之力爭。故莫肯益之，而有擊奪之者矣。在上者，推至公之理，而與衆同其利，則衆亦與之同其利。苟懷自私之心，而惟欲利己〔五〕，則人亦各欲利其己，而奪其所利矣。益之上九，人「莫益之」而「或擊之」者，以其求益之過也。

艮之九三曰：「艮其限，列其夤，厲薰心。」伊川易傳曰：夫止道貴乎得宜。行止不能以時，而定於一，其堅强如此，則處世乖戾，與物睽絶，其危甚矣。限，界分也。列，絶也。夤，膂肉也，亦一身上下之限也。三居内卦之上，實内外之分，故取象皆爲限止之義。所貴於止者，謂各得所宜止，而無過與不及也。苟不度時中〔六〕，而一於限止焉，堅執强忍如此，則違世絶物，危厲甚矣。人之固止一隅，而舉世莫與宜者，則艱蹇忿畏焚撓其中，豈有安裕之理？「厲薰心」，謂不安之勢薰爍其中也。

大率以説而動，安有不失正者。歸妹彖傳。兑下震上爲歸妹。兑，悦也。震，動也。「心有所好樂，則不得其正」，況從欲而忘返者耶！

男女有尊卑之序，夫婦有倡隨之理，此常理也。若狥情肆欲，惟説是動，男牽欲而失其剛，婦狃説而忘其順，則凶而無所利矣。同上。震長男，兑少女。以説而動，則狥情肆欲，必且失其常理而致凶矣。

雖舜之聖，且畏巧言令色，説之惑人，易入而可懼也如此。兑卦六五傳。巧言者工佞之言，令色者善柔之色，皆務以悦人也。人心喜順惡逆，故巧言令色，易以惑人。凡説之道皆然，不可不戒也。

治水，天下之大任也，非其至公之心，能捨己從人，盡天下之議，則不能成其功，豈方命圮族者所能乎？方，不順也。命，天理也。圮族，敗類也。夫任天下之大事者，非一人之私智所能集，要必合天下之謀而後可也。苟上不順乎天理，下不依乎群情，恃其才智，任己而行，烏能有濟？鯀雖九年而功弗成，然其所治，固非他人所及也。惟其功有叙，故其自任益强，咈戾圮類益甚，公議隔而人心離矣，是其惡益顯，而其功卒不可成也。經説。下同。○公議隔而得失莫聞，人心離而事業莫與共之者矣〔七〕。

君子「敬以直内」。微生高所枉雖小，而害直則大。子曰：「孰謂微生高直？或乞醯焉，乞諸其鄰而與之。」微生，姓；高，名。「君子敬以直内」，不容有一毫之邪枉，所謂「直」也。微生高以無爲有，曲意狥人，蓋邪枉之態不能掩者。事雖微，所以害於直者甚大，故聖人因以立教。

人有慾則無剛，剛則不屈於慾。謝上蔡曰：剛與慾正相反。能勝物之謂剛，故常伸於萬物之上；爲物掩之謂慾，故常屈於萬物之下。

人之過也，各於其類。君子常失於厚，小人常失於薄；君子過於愛，小人傷於忍。君子小人之分，在於仁與不仁而已。故仁者之過，常在於厚與愛；不仁者之過，常在於薄與忍。

明道先生曰：富貴驕人固不善，學問驕人害亦不細。遺書。下同。○君子之學，爲己而已。以學問驕人，非特其學爲務外，而傲惰敗德，學亦不進矣。

人以料事爲明，便駸駸入逆詐、億、不信去也。「子曰：『不逆詐，不億不信。』」朱子曰：「逆未至而迎之也。億未見而意之也。」愚謂：事而無情曰詐，言而無實曰不信。詐者巧，而不信者誕也。楊子雲謂「匿行曰詐，易言曰誕」是也。若事未顯，而逆料臆度之，則自流於巧而惑於疑，未必得事之情實矣。人以料事爲明者，必至於是。周子曰：「謂能疑爲明，何啻千里！」

人於外物奉身者，事事要好，只有自家一箇身與心却不要好。苟得外面物好時，却不知道自家身與心，却已先不好了也。所謂「以小害大、賤害貴」者也。

人於天理昏者，是只爲嗜欲亂著他。莊子言：「其嗜欲深者，其天機淺。」此言却最是。嗜欲多，則志亂氣昏，而天理微矣。二者常相爲消長。

伊川先生曰：閲機事之久，機心必生。蓋方其閲時，心必喜，既喜則如種下種子。莊子曰：有機械者必有機事，有機事者必有機心。

疑病者，未有事至時，先有疑端在心。周羅事者，先有周事之端在心。皆病也。周羅，俚語，猶兜攬也。事未至而有好疑喜事之端，則事至之時有不當疑而疑、不當攬而攬者矣，故治心者必去其端。

較事大小，其弊爲枉尺直尋之病。事無大小，惟理是視。或者有苟成急就之意，謂道雖少屈，而所伸者大；義雖微害，而所利者博，則有冒而爲之者。原其初心，止於權大小，遂至枉尺直尋，其末流之弊，乃有不可勝言矣。

小人、小丈夫，不合小了，他本不是惡。性無不善，而局於氣質，汩於利欲者，自小之耳。雖公天下事，若用私意爲之，便是私。事出於公而以私意爲之，即是私也。故學者以正心爲本，論人者必察其心，不徒考其事。

做官奪人志。仕而志於富貴者，固不必言。或馳騖乎是非予奪之境，而此志動於喜怒愛惡之私，或經營於建功立業之間，而此志陷於計度區畫之巧。德未成而從政者，未有不奪其志，學者所當深省也。

驕是氣盈，吝是氣歉。人若吝時，於財上亦不足，於事上亦不足，凡百事皆不足，必有歉歉之色。驕，矜誇。吝，鄙嗇也。驕氣盈者，常覺其有餘。吝氣歉者，常覺其不足。惟君子所志者道，故無時而盈，亦無所不足。

未知道者如醉人，方其醉時，無所不至；及其醒也，莫不愧恥。人之未知學者，自視以爲無缺，及既知學，反思前日所爲，則駭且懼矣。

邢恕云〔八〕：「一日三點檢。」明道曰：「可哀也哉！其餘時理會甚事？」蓋倣三省之説錯了，可見不曾用功。又多逐人面上説一般話，明道責之，邢曰：「無可説。」明道曰：「無可説，便不得不説？」曾子「三省」，謂日以三事自省。邢倣其言，乃云「一日三次點檢」。

横渠先生曰：學者捨禮義，則飽食終日，無所猷爲，與下民一致，所事不踰衣食之間、燕遊之樂爾。正蒙。

鄭、衛之音悲哀，令人意思留連，又生怠惰之意，從而致驕淫之心，雖珍玩奇貨，其始惑人也〔九〕，亦不如是切，從而生無限嗜好。故孔子曰「必放之」，亦是聖人經歷過，但聖人能不爲物所移耳。橫渠禮樂説。

孟子言「反經」，特於「鄉原」之後者，以鄉原大者不先立，心中初無作〔一〇〕，惟是左右看，順人情不欲違，一生如此。橫渠孟子説。○經，常也，古今不易之常道也。是是非非，必有定理，而好善惡惡，必有定見。今鄉原浮沉俯仰，無所可否。蓋其義理不立，中無所主，惟務悦人，以是終身，乃亂常之尤者。君子「反經」，復其常道，則是非昭然，而鄉原僞言僞行，不得以惑之矣。

校勘記

〔一〕常當存警省之意　「常」原作「當」，據元刻明修本改；「當」原本無，據元刻明修本、明刊本補。

〔二〕不當其德危之道也　「當」，元刻明修本、明刊本作「常」。

〔三〕兑下離上爲睽　「兑下離上」原本作「兑上離下」，據元刻明修本、明刊本改。

〔四〕謂居内卦之上　「謂」，元刻明修本、明刊本作「冒」。

〔五〕而惟欲利己　「欲」原本無，據元刻明修本、明刊本補。

〔六〕苟不度時中　「苟」原本無，據元刻明修本、明刊本補。

〔七〕人心離而事業莫與共之者矣　「業」，元刻明修本、明刊本作「功」。

〔八〕邢恕云　「恕」，元刻明修本作「七」。

〔九〕其始惑人也　「惑」，元刻明修本、明刊本作「感」。

〔一〇〕心中初無作　「作」，明刊本作「主」，宋刻本泳齋衍註作「怍」。

近思録集解卷十三　凡十四條

辨異端

此卷辨異端。蓋君子之學雖已至，然異端之辨尤不可以不明，苟於此有毫釐之末辨，則貽害於人心者甚矣。

明道先生曰：楊、墨之害，甚於申、韓。佛、老之害，甚於楊、墨。楊朱、墨翟，詳見孟子。申不害者，鄭人，以刑名干韓昭侯，昭侯用以爲相。韓非，韓之諸公子，善刑名法術之學。佛者，本西域之胡〔一〕，爲寂滅之學，自漢以來，其説始入中國。老者，周柱下史老聃也，其書論清淨無爲之道。楊氏「爲我」，疑於仁；墨氏「兼愛」，疑於義。申、韓則淺陋易見。故孟子只闢楊、墨，爲其惑世之甚也。楊氏爲我，可謂自私而不仁矣，然而猶疑似於無欲之仁。墨氏兼愛，可謂泛濫而無義矣，然猶疑似於無私之義，故足以惑人也。若申、韓之刑名功利，淺陋而易見，故孟子但闢楊、墨，恐其爲人心之害，而申、韓不足闢也。佛、老其言近理，又非楊、墨之比，此所以爲害尤甚。楊、墨之害，亦經孟子闢之，所以廓如也。遺書。下同。○佛氏言心性，老氏談道德，皆近於理，又非楊、墨之比，故其爲人心之害尤甚。楊子雲曰：「古者楊、墨塞路，孟子辭而闢之，廓如也。」○朱子曰：楊朱即老聃弟子。孟子闢楊、墨，則老、莊在其中矣。

伊川先生曰：儒者潛心正道，不容有差，其始甚微，其終則不可救。如「師也過，商也不及」，於聖人中道，師只是過於厚些，商只是不及些。然而厚則漸至於「兼愛」，不及則便至於「爲我」〔二〕，其過不及同出於儒者，其末遂至楊、墨。至於楊、墨〔三〕，亦未至於無父無君，孟子推之便至於此，蓋其差必至於是也。師，子張名。商，子夏名。子張才高意廣，泛愛兼容，故常過乎中。子夏篤信自守，規模謹密，故常不及乎中。二子於道亦未遠也。然師之過，其流必至於墨氏之兼愛。子夏之不及，其後傳田子方，子方之後爲莊周，是楊氏爲我之學也。孟氏推楊、墨之極致，則兼愛者至於無父，蓋愛其父亦同於路人，是無父也。爲我者至於無君，蓋自私其身而不知有上下，是無君也。

明道先生曰：道之外無物，物之外無道，是天地之間無適而非道也。即父子而父子在所親，即君臣而君臣在所嚴，以至爲夫婦、爲長幼、爲朋友，無所爲而非道，此道所以不可須臾離也。然則毁人倫、去「四大」者，其外於道也遠矣〔四〕。物由道而形，故道外無物；道以物而具，故物外無道。人於天地間不能違物而獨立，故無適而非道也。今釋氏乃毀棄人倫，滅絶四大〔五〕，其戾於道遠矣。釋氏以地、水、火、風爲四大，謂四大幻假而成人身。寂滅幻根，斷除一切。故「君子之於天下也，無適也，無莫也，義之與比」。若有適有莫，則於道爲有間，非天地之全也。適，可也。莫，不可也。比，從也。君子之於天下，無可無不可，惟義之從也。今釋氏可以寂滅無爲，而不可以察理應事，必欲斷除外相，始見法性，非天地本然全體之性矣。彼釋氏之學，於「敬以直內」則有之矣，「義以方外」則未之有也。釋氏習定，欲得此心收斂虚靜，亦若所謂「敬以直內」。然有體而無用，絶滅倫理，何有於義？故滯固者入於枯槁，疏通者歸於恣肆，此佛之教所以爲隘也。吾道則不然，「率性」而已。斯理也，聖人於易備言之。釋氏離器以爲道，故於日用事物之間，或拘或肆，皆爲之病。名爲「大自在」，而實則隘陋，而一毫不容也。若吾儒率性之道，動静各正，既不病於拘，亦不至於肆。聖人贊易，所謂「知至至之，可與幾也。知終終之，可與存義」也，「敬以直內，義以方外」，「時止則止，時行則行，動静不失其時」，體用本末，備言之矣。

又曰：佛有一箇「覺」之理，可以「敬以直內」矣，然無「義以方外」。其直內者，要之其本亦不是。佛學，禪者覺也。覺者，心無倚著，靈覺不昧，所謂「常惺惺法」，若可「敬以直內」矣。然而無制事之義，則其所謂「覺」者，猶無寸之尺、無星之兩，其直內之本亦非矣。

釋氏本怖死生爲利，豈是公道？釋氏謂「有生必有滅」，故有輪迴。今求不生不滅之理，可免輪迴之苦，此本出於利己之私意也。惟務上達而無下學，然則其上達處豈有是也？元不相連屬，但有間斷，非道也。絶學而求頓悟，故無下學工夫。道器本不相離，今捨物以明理，泯迹以求心〔六〕，豈知道者哉！孟子曰：「盡其心者，知其性也。」彼所謂「識心見性」是也，若存心養性一段事則無矣。朱子曰：釋氏恍惚之間略見得心性影子，都不見裏面許多道理。就使有存養之功，亦只存養得他所見影子，終不分明〔七〕。彼固曰出家獨善，便於道體自不足。道本人倫，今曰出家，則於道體虧欠大矣。或曰：釋氏地獄之類，皆是爲下根之人設此怖，令爲善。先生曰：至誠貫天地，人尚有不化，豈有立僞教而人可化乎？以上竝明道語。

學者於釋氏之説，直須如淫聲美色以遠之。不爾，則駸駸然入於其中矣。顔淵問爲邦，孔子既告之以二帝、三王之事，而復戒以「放鄭聲，遠佞人」，曰：「鄭聲淫，佞人殆。」彼佞人者，是他一邊佞耳，然而於己則危，只是能使人移，故危也。至於禹之言曰：「何畏乎巧言令色！」直消言畏，只是須著如此戒慎，猶恐不免。釋氏之學，更不消言常戒，到自家自信後便不能亂得。初學立心未定，必屏遠異端之説。信道既篤，乃可考辨其失。

所以謂萬物一體者，皆有此理，只爲從那裏來。「生生之謂易」，生則一時生，皆完此理。人則能推，物則氣昏推不得，不可道他物不與有也。天地之理，流行化生。人之與物，均有是生，則亦均具是理，所謂「萬物一體」也。然人所稟之氣通，故能推。物所稟之氣塞，故不能推。人只爲自私，將自家軀殼上頭起意，故看得道理小了他底。放這身來，都在萬物中一例看，大小大快活。人知萬物一體之理，不爲私己之見，自然與物各得其所。釋氏以不知此，去他身上起意思，奈何那身不得，故却厭惡，要得去盡根塵，爲心源不定，故要得如枯木死灰。然没此理，要有此理，除是死也。釋氏惟不知萬物一體，順理而行本無障礙。顧乃自生私見，爲吾身不能不交於物也，遂欲盡去根塵，空諸所有。佛書以耳、目、口、鼻、身、意爲六根，以色、聲、香、味、觸、法爲六塵。其説爲幻塵滅〔八〕，故幻根亦滅；幻根滅，故幻心亦滅。然心本生道，有體則有用，豈容絶滅哉？釋氏其實是愛身，放不得，故説許多。譬如負販之蟲，已載不起，猶自更取物在身。又如抱石投河，以其重愈沉，終不道放下石頭，惟嫌重也。原釋氏之初，本是愛己，妄生計較，欲世離生死〔九〕，而不知去私己之念，本無事也。

人有語導氣者〔一〇〕，問先生曰：君亦有術乎？明道曰：吾嘗「夏葛而冬裘，饑食而渴飲」，「節嗜慾，定心氣」，如斯而已矣。聖賢養生，順理窒慾而已。豈若偏曲之士，爲長生久視之術者哉！

佛氏不識陰陽、晝夜、死生、古今，安得謂形而上者與聖人同乎？形而上者，性命也。陰陽、晝夜、死生、古今，乃天命之流行，二氣之屈伸。釋氏指爲輪迴、爲幻妄，則其所談性命，亦異乎聖人矣。

釋氏之説，若欲窮其説而去取之，則其説未能窮，固已化而爲佛矣。只且於迹上考之，其設教如是，則其心果如何？固難爲取其心不取其迹，有是心則有是迹。王通言「心迹之判」，便是亂説。故不若且於迹上斷定不與聖人合。其言有合處，則吾道固已有；有不合者，固所不取。如是立定，却省易。此言雖爲初學立心未定者設，然孟子闢楊、墨，亦不過考其迹而推其心，極之於無父無君。此實辨異端之要領也。

問：神仙之説有諸？明道曰：若説白日飛昇之類，則無；若言居山林間，保形煉氣，以延年益壽，則有之。譬如一爐火，置之風中則易過，置之密室則難過，有此理也。又問：楊子言「聖人不師仙，厥術異也」，聖人能爲此等事否？曰：此是天地間一賊，若非竊造化之機，安能延年？使聖人肯爲，周、孔爲之矣。人之精氣，聚則生，散則死。彼有見於造化之機，竊而用之。使精氣固結而不散，故能獨壽，理之所有也。顧其自私小技，聖賢弗爲耳。

謝顯道歷舉佛説與吾儒同處，問伊川先生。先生曰：恁地同處雖多，只是本領不是，一齊差却。外書。○大本既差，則其説似同而實異。

横渠先生曰：釋氏妄意天性，而不知範圍之用〔一二〕，反以「六根」之微，因緣天地，明不能盡，則誣天地日月爲幻妄，範圍，猶裁成也。聖人盡性，故能裁成天地之道。釋氏欲識性，而不知範圍之用，則是未嘗知性也。謂六根悉本天地，六根起滅，無有實相，天地日月等爲幻妄。蔽其用於一身之小，溺其志於虛空之大。此所以語大語小，流遁失中。厭此身之小，則蔽其用而不能推。樂虛空之大，則溺其志而不能反。故其語大語小，展轉流遁，皆失其中。其過於大也，塵芥六合；其蔽於小也，夢幻人世。謂之窮理可乎？不知窮理而謂之盡性可乎？謂之無不知可乎？上下四方爲六合。謂六合在虛空中，特一微塵芥子耳，所以言虛空之大。一切有爲法，如夢幻泡影，所以言人世之微。此皆不能窮理盡性之過。塵芥六合，謂天地爲有窮也；夢幻人世，明不能究其所從也。正蒙。下同。○佛說謂虛空無窮，天地有窮，人世起滅，皆爲幻妄，莫知所從來也。

大易不言有無。言有無，諸子之陋也。易曰：「一陰一陽之謂道。」蓋陰陽之運，其所以然者，即道也。體用相因，精麤罔間，不可以有無分。後世異端見道不明，始則以道爲無，以器爲有。有者爲幻妄，爲土苴。無者爲玄妙，爲真空。析有無而二之，皆諸子之陋見也。

浮圖明鬼，謂有識之死，受生循環，遂厭苦求免，可謂知鬼乎？精氣聚則爲人，散則爲鬼。散則澌滅就盡而已。釋氏謂神識不散，復寓形而受生，是不明鬼之理也。以人生爲妄見，可謂知人乎？人生日用，無非天理之當然。釋氏指爲浮生幻化，豈爲知人乎？天人一物，輒生取舍，可謂知天乎？天人一理，今乃棄人事而求天性，豈爲知天乎？孔孟所謂天，彼所謂道，惑者指「遊魂爲變」爲輪迴，未之思也。大學當先知天德，知天德則知聖人、知鬼神。今浮圖劇論要歸〔一二〕，必謂死生流轉，非得道不免，謂之悟道，可乎？本註云：悟則有義有命，均死生，一天人，推知晝夜、通陰陽，體之無二。〇當生而生，當死而死，是則有義有命。生死均安，何所厭苦？天人一致，何所取舍？知晝夜，通陰陽，則知死生之説，何所謂輪迴？自其説熾，傳中國，儒者未容窺聖學門墻，已爲引取，淪胥其間，指爲大道。乃其俗達之天下，致善惡知愚、男女臧獲，人人著信。使英才間氣，生則溺耳目恬習之事，長則師世儒崇尚之言，遂冥然被驅，因謂聖人可不脩而至，大道可不學而知。故未識聖人心，已謂不必求其迹；未見君子志，已謂不必事其文。此人倫所以不察，庶物所以不明，治所以忽，德所以亂。世儒於聖門未有所見，而耳目習熟固已陷溺於異端，乃謂不假脩爲，立地成佛，不立文字，教外別傳。不脩而至，故謂「不必求其迹」。不學而知，故謂「不必事其文」。異言入耳〔一三〕，上無禮以防其僞，下無學以稽其弊。自古詖淫邪遁之辭，翕然竝興，一出於佛氏之門者千五百年〔一四〕。向非獨立不懼，精一自信，有大過人之才，何以正立其間，與之較是非、計得失哉！「詭服異行，非脩先王之禮，何以防其僞？邪説異教，非通聖人之學，何以稽其弊？」

校勘記

〔一〕本西域之胡　「胡」原作「人」，據元刻明修本、明刊本改。

〔二〕不及則便至於爲我　「便」，元刻明修本作「使」。

〔三〕至於楊墨　「於」，元刻明修本、明刊本作「如」。
〔四〕其外於道也遠矣　「外」，元刻明修本作「戾」，宋刻本泳齋衍註作「分」。「其外」，明刊本作「大戾」。
〔五〕滅絶四大　「絶」，元刻明修本、明刊本作「除」。
〔六〕泯迹以求心　「泯」，元刻明修本、明刊本作「因」。
〔七〕終不分明　「終」，元刻明修本、明刊本作「亦」。
〔八〕其説爲幻塵滅　「爲」，元刻明修本、明刊本作「謂」。
〔九〕欲世離生死　「世」，元刻明修本、明刊本作「出」。
〔一〇〕人有語導氣者　「人」，元刻明修本、明刊本作「又」。
〔一一〕而不知範圍之用　「之」，元刻明修本、明刊本作「天」。
〔一二〕今浮圖劇論要歸　「劇」，正蒙乾稱篇第十七作「極」。
〔一三〕異言入耳　「入」，明刊本、宋刻本泳齋衍註作「滿」。
〔一四〕一出於佛氏之門者千五百年　「千」，元刻明修本作「已」。

近思録集解卷十四

觀聖賢　凡二十六條

此卷論聖賢相傳之統，而諸子附焉。斷自唐虞堯、舜、禹、湯、文、武、周公，道統相傳，至於孔子。孔子傳之顔、曾，曾子傳之子思，子思傳之孟子，遂無傳焉。於是楚有荀卿，漢有毛萇、董仲舒、楊雄、諸葛亮，隋有王通，唐有韓愈，雖未能傳斯道之統，然其立言立事有補於世教，皆所當考也。逮於本朝〔一〕，人文再闢，則周子唱之，二程子、張子推廣之，而聖學復明，道統復續，故備著之。

明道先生曰：堯與舜更無優劣，及至湯武便別。孟子言「性之」、「反之」，自古無人如此説，只孟子分別出來，便知得堯舜是生而知之，湯武是學而能之。文王之德則似堯舜，禹之德則似湯武。要之皆是聖人。遺書。下同。○「性之」者，生而知之，安而行之，「天性渾全，不待修習」者也。「反之」者，學而知之，利而行之，「修身體道，以復其性」者也。文王「不識不知，順帝之則」，蓋亦生知之性也。禹「克勤克儉，不矜不伐」，蓋亦學能之事也。

仲尼，元氣也；顔子，春生也；孟子，并秋殺盡見。夫子大聖之資，猶元氣周流，混淪溥博〔二〕，無有涯涘，罔見間隙。顔子亞聖之才，如春陽盎然〔三〕，發生萬物，四時之首，衆善之長也。孟子亦亞聖之才，剛烈明辨，整齊嚴肅，故并秋殺盡見。仲尼無所不包。顔子示「不違如愚」之學於後世，有自然之和氣，不言而化者也。孟子則露其材，蓋亦時然而已。夫子道全德備，故無所不包。顔子「不違如愚」，與聖人合德，後世可想其自然和氣，「默而成之，不言而信」者也。孟子英才發越，蓋亦戰國之時，世道益衰，異端益熾，又無夫子主盟於其上，故其衛道之嚴，辯論之明，不得不然也。仲尼，天地也；顔子，和風慶雲也；孟子，泰山巖巖之氣象也。觀其言，皆可見之矣。天地者，高明而博厚也。和風慶雲者，協氣祥光也。泰山巖巖者，駿極不可踰越也。仲尼無迹，顔子微有迹，孟子其迹著。夫子渾然天成，故無迹。顔子「不違如愚」，本亦無迹，然爲仁之問，喟然之歎，猶可窺測其微。至於孟子，則發明底藴，故其迹彰彰。孔子儘是明快人，顔子儘豈弟，孟子儘雄辯。夫子「清明在躬」，猶青天白日，故極其明快。顔子「有若無、實若虛，犯而不較」，故極其豈弟。孟子「息邪説、距詖行、放淫辭」，故極其雄辯。○此段反覆形容大聖大賢氣象，各臻其妙。古今之言聖賢，未有若斯者也。學者其潛心焉。

曾子傳聖人學，其德後來不可測，安知其不至聖人？如言「吾得正而斃」，且休理會文字，只看他氣象極好，被他所見處大。後人雖有好言語，只被氣象卑，終不類道。曾子悟一貫之旨，已傳聖人之學矣。至其易簀之言：「吾何求哉？吾得正而斃焉，斯可矣。」自非樂善不倦，安行天理，一息尚存，必歸於正。夫豈一時之所能勉强哉！○遺書又曰：曾子疾病，只要以正，不慮死，與武王「殺一不辜，行一不義，得天下不爲」同心。

傳經爲難。如聖人之後纔百年，傳之已差。聖人之學，若非子思、孟子，則幾乎息矣。道何嘗息？只是人不由之。「道非亡也，幽厲不由也」。群經定於夫子之手，至孟子時纔百年間，微言絶而大義乖矣。猶賴曾子之門有傳，子思、孟子之徒相繼纘述，提綱挈領，闢邪輔正，以垂萬世，如論語、大學、中庸、孟子之書可見矣。

荀卿才高，其過多。楊雄才短，其過少。荀卿，名況，字卿，爲楚蘭陵令。楊雄，字子雲，爲漢光禄卿。荀卿才高，敢爲異論，如以人性爲惡，以子思、孟子爲非，其過多。楊雄才短，如作太玄以擬易，法言以擬論語，皆模倣前聖之遺言，其過少。

荀子極偏駁，只一句「性惡」，大本已失。楊子雖少過，然已自不識性，更説甚道？「率性之謂道」。荀子「性惡」，楊子「善惡混」，均之不識本然之性，何以語道？

董仲舒曰：「正其義，不謀其利；明其道，不計其功。」此董子所以度越諸子。自春秋以來，舉世皆趨功利。仲舒此言最爲純正。○朱子曰：仲舒所立甚高。後世所以不如古人者，以道義功利關不透耳。

漢儒如毛萇、董仲舒，最得聖賢之意，然見道不甚分明。下此即至楊雄，規模又窄狹矣。毛萇治詩，爲河間獻王博士。仲舒舉賢良對策，爲膠西相。二子言治皆以修身齊家爲本，先德教而後功利，最爲得聖賢意。楊雄以清淨寂寞爲道，無儒者規模。○或問：伊川謂仲舒見道不分明。朱子曰：如云「性者生之質，性非教化不成」，似不識本然之性。又問：何所主而取毛公？曰：考之詩傳，其緊要有數處，如關雎所謂「夫婦有别則父子親，父子親則君臣敬，君臣敬則朝廷正，朝廷正則王化成」。要之，亦不多見，只是其氣象大概好。

林希謂楊雄爲禄隱。楊雄，後人只爲見他著書，便須要做他是，怎生做得是？禄隱，謂浮沉下位，依禄而隱，即禄仕之意也。雄失身事莽，以是禄隱，何辭而可？

孔明有王佐之心，道則未盡。王者如天地之無私心焉，行一不義而得天下，不爲。孔明必求有成而取劉璋。聖人寧無成耳，此不可爲也。諸葛亮，字孔明。東漢末，曹操據漢將篡，孔明輔先主，志欲攘除姦兇，興復漢室，而其規模宏遠，操心公平，有王佐之心，然於王道，則有所未盡。蓋聖人之道，如天地發育，無有私意，行一不義雖可以得天下而不爲。先主以詐取劉璋，孔明不得以無責。蓋其志於有成，行不義而不暇顧。若聖人則寧漢無興，不忍爲此。若劉表子琮將爲曹公所并，取而興劉氏，可也。先主依劉表。曹操南侵，會表卒，子琮迎降。孔明説先主取荆州，先主不忍。琮降則地歸曹氏矣，取以興漢，何負於表？較之取劉璋，則曲直有間矣。或謂先主雖得荆州，未必能禦曹操。然此又特以利鈍言者也。

諸葛武侯有儒者氣象。孔明輔漢討賊，以信義爲主，以節制行師，以公誠待人。至於「親賢臣，遠小人，諮諏善道，察納雅言」，有大臣格君之業。○朱子曰：孔明雖嘗學申、韓，然資質好，却有正大氣象。

孔明庶幾禮樂。文中子曰：「使孔明而無死，禮樂其有興乎！」「亮之治國，政刑修舉〔四〕，而人心豫附，名正言順，禮樂其庶幾乎！」

文中子本是一隱君子，世人往往得其議論，附會成書。其間極有格言，荀、楊道不到處。文中子，王氏，名通。隋末不仕，教授於河汾。其弟王凝、子福、畤等，收其議論，增益爲書，名曰中説。○朱子曰：其書多爲人添入，真僞難見，然好處甚多。就中論世變因革處，説得極好。又曰：文中子論治體處，高似仲舒而本領不及，爽似仲舒而純不及。

韓愈亦近世豪傑之士，如原道中言語雖有病，然自孟子而後，能將許大見識尋求者，才見此人。至如斷曰：「孟氏醇乎醇。」又曰：「荀與楊擇焉而不精，語焉而不詳。」若不是他見得，豈千餘年後便能斷得如此分明？韓愈，字退之，仕唐爲吏部侍郎。嘗著原道，其間如「博愛之謂仁」，則明其用而未盡其體。如「道德爲虛位」，則辨其名而不究其實。如言「正心誠意」之學，而遺「格物致知」之功。凡此類皆有疵病，然其扶正學、闢異端，秦漢以來未有及之者。至於論孟氏之與荀、楊，尤其卓然之見也。

學本是脩德，有德然後有言。退之却倒學了，因學文日求所未至，遂有所得。古之學者務脩德而已〔五〕，德之既盛，則發於言辭，有自然之文。退之反因學文而有所見。如曰：「軻之死，不得其傳。」似此言語，非是蹈襲前人，又非鑿空撰得出，必有所見。若無所見，不知言所傳者何事。朱子曰：韓文公見得大意已分明，只是不曾向裏面省察，不能就身上細密做工夫〔六〕。

周茂叔胸中灑落，如光風霽月。見黃庭堅所作詩序。李延平每誦此言，以爲善形容有道者氣象。其爲政精密嚴恕，務盡道理。通書附録。○見潘延之所撰墓誌。又孔經父祭文云：「公年壯盛，玉色金聲，從容和毅，一府皆傾。」

伊川先生撰明道先生行狀曰：先生資禀既異，而充養有道。資禀得於天，充養存於己。純粹如精金，純粹而不雜。温潤如良玉。温良而潤澤。寬而有制，寬大而有規矩。和而不流。和易而有撙節。忠誠貫於金石，忠誠之至，可貫於金石。孝弟通於神明。孝弟之至，可通於鬼神。視其色，其接物也，如春陽之温；春陽發達，盎然其和。聽其言，其入人也，如時雨之潤。優游而不迫，沾治而有餘。胸懷洞然，徹視無間。測其藴，則浩乎若滄溟之無際；胸次洞達，無少隱匿。然測其學識所藴，則又深博而無涯。極其德，美言蓋不足以形容。以上一節，言資稟之粹、充養之厚也。先生行己，内主於敬，而行之以恕；敬主於身，而恕及於物。敬則其本正而一，恕則其用公而溥。見善若出諸己，與人爲善也。不欲勿施於人。視人猶己也。居廣居而行大道，居天下之廣居，不安於狹陋；行天下之大道，不由於邪僻。言有物而行有常。言必有實，故曰物；行必有度，故曰常。○以上一節，言行己之本末也。先生爲學，自十五六時，聞汝南周茂叔論道，遂厭科舉之業，慨然有求道之志。未知其要，泛濫於諸家，出入於老、釋者幾十年〔七〕，返求諸六經而後得之。按，濂溪先生爲南安軍司理參軍時，程公珦攝通守事。視其氣貌，非常人，與語，知其爲學知道也。因與爲友，且使其二子受學焉。而程氏遺書有言：「再見周茂叔後，吟風弄月以歸，有『吾與點也』之意。」明道學於濂溪者，雖得其大意，然其博求精察，益充所聞，以抵於成者，尤多自得之功。明於庶物，察於人倫，明則有以識理，察則加詳於明。知盡性至命，必本於孝弟，窮神知化，由通於禮樂。孝弟，説見第四卷。樂記曰：「天高地下，萬物散殊，而禮制行矣。流而不息，合同而化，而樂興焉〔八〕。通乎禮，則知萬化散殊之迹；通乎樂，則窮萬化同流之妙。」此言明乎天，實本乎人也。辨異端似是之非，開百代未明之惑，秦漢而下，未有臻斯理也。謂孟子没而聖學不傳，以興起斯文爲己任。其言曰：「道之不明，異端害之也。昔之害近而易知，今之害深而難辨。昔之惑人也，乘其迷暗；今之入人也，因其高明。昔之害，楊、墨、申、韓是也；今之害，佛、老是也。淺近故迷暗者爲所惑，深遠故高明者反陷其中。自謂「窮神知化」〔九〕，而不足以「開物成務」。自謂通達玄妙，實則不可以有爲於天下。言爲無不周偏，實則外於倫理。自謂性周法界，然實則外乎人倫物理。窮深極微，而不可以入堯舜之道。堯舜之道，大中至正。窮深極微，是過之也。天下之學，非淺陋固滯，則必入於此。自道之不明也，邪誕妖異之説競起，塗生民之耳目，溺天下於污濁。雖高才明智，膠於見聞，醉生夢死，不自覺也。是皆正路之蓁蕪、聖門之蔽塞，闢之而後可以入道。」淺陋固滯者，乃刑名功利之習，訓詁詞章之士是也。學者不入於淺陋固滯，則必入於佛、老之空無。先生進將覺斯人，退將明之書，不幸早世，皆未及也。其辨析精微，稍見於世者，學者之所傳耳。以上一節，言學道之本末，與其闢異端、正人心之大略也。先生之門，學者多矣。先生之言，平易易知，賢愚皆獲其益，如群飲於河，各充其量。先生教人，自致知至於知止，誠意至於平天下，灑掃應對至於窮理盡性，循循有序。病世之學者捨近而趨遠，處下而闚高，所以輕自大而卒無得也。此一節，言教人之道，本末備具，而循序漸進，惟恐學者厭卑近而務高遠，輕自肆而無實得也。先生接物，辨而不間，是非雖明，而亦不絶之。感而能通。感而必應。教人而人易從，教人各因其資，而平易明白，故易從。怒人而人不怨，怒所當怒，而心平氣和，故不怨。賢愚善惡，咸得其心。愛而公，故咸得其歡心。狡僞者獻其誠，待人盡其誠，而人不忍欺之。暴慢者致其恭，待人盡其禮，而人不忍以非禮加之。聞風者誠服，誠服者，真實而非勉强。聞風而服，則無遠不格矣。觀德者心醉。盛德所形見者，熏乎至和，如飲醇酎。雖小人以趨向之異，顧於利害，時見排斥，退而省其私，未有不以先生爲君子也。先生以議新法不合，遂遭排斥。然當時用事者亦曰伯淳忠信人也，則其言行之懿，有不可誣者。○以上一節，言接物之道。先生爲政，治惡以寬，開其自新之路，改而止。處煩而裕。得其要領，且順乎理。當法令繁密之際，未嘗從衆爲應文逃責之事。人皆病於拘礙，而先生處之綽然；衆人憂以爲甚難，而先生爲之沛然。法令峻密，而先生未嘗爲苟且應命之事。然而處之有道，故不見其礙；爲之有要，故不見其難。雖當倉卒，不動聲色。理素明而志素定。方監司競爲嚴急之時，其待先生率皆寬厚，設施之際，有所賴焉。忠信懇惻，足以感人。故能不徇時好，而得遂其所爲。先生所爲綱條法度，人可效而爲也。至其道之而從，動之而和，不求物而物應，未施信而民信，則人不可及也。文集。○政令設施，可倣而行。道化孚感，不可力而致。○以上一節，言爲政之道。

明道先生曰：周茂叔窗前草不除〔一〇〕，問之，云「與自家意思一般」。遺書。下同。○本註云：子厚觀驢鳴，亦謂如此。○天地生意流行發育，惟仁者生生之意，充滿胸中，故觀之有會於其心者。

張子厚聞生皇子，喜甚；見餓莩者，食便不美。此即西銘之意。亦其養德之厚，故隨所感遇，蹶然動於中而不可遏。初非擬議作意而爲之也。

伯淳嘗與子厚在興國寺講論終日，而曰：不知舊日曾有甚人於此處講此事？吕源明曰：此處氣象，自有合得如此等人，説此等話道理。

謝顯道云：明道先生坐如泥塑人，接人則渾是一團和氣。外書。下同。○所謂「望之儼然，即之也温」。

侯師聖云：朱公掞見明道於汝，歸謂人曰：「光庭在春風中坐了一箇月。」游、楊初見伊川，伊川瞑目而坐，二子侍立。既覺，顧謂曰：「賢輩尚在此乎？日既晚，且休矣。」及出門，門外之雪深一尺。侯仲良，字師聖。朱光庭，字公掞。皆程子門人也。明道接人和粹，伊川師道尊嚴，皆盛德所形，但其氣質成就有不同耳。明道似顔子，伊川似孟子。

劉安禮云：明道先生德性充完，粹和之氣，盎於面背，樂易多恕，終日怡悦。立之從先生三十年，未嘗見其忿厲之容。附録。○明道先生質之美、養之厚、德之全，故其粹然發見，從容豈弟如此。百世之下聞之者，鄙夫寬，薄夫敦，而况於親炙之者乎！

吕與叔撰明道先生哀詞云：先生負特立之才，知大學之要，博文强識，躬行力究，察倫明物，極其所止，涣然心釋，洞見道體。識，記也。博文强識，博學也。躬行力究，力行也。察倫明物以下，物格而知至也。其造於約也，雖事變之感不一，知應以是心而不窮；雖天下之理至衆，知反之吾身而自足。應感無窮，而實本乎吾心。物理散殊，而皆備乎吾身。言其學雖博而有要也。其致於一也，異端竝立而不能移，聖人復起而不與易。致一者，見之明而守之定。故邪説不能移，百世以俟聖人而不惑也。其養之成也，和氣充浹，見於聲容，然望之崇深，不可慢也；遇事優爲，從容不迫，然誠心懇惻，弗之措也。和易而有含蓄，寬裕而懇至也。其自任之重也，寧學聖人而未至，不欲以一善成名；寧以一物不被澤爲己病，不欲以一時之利爲己功。自任之重，所至者遠〔一一〕。不安於小成，不急於近功。其自信之篤也，吾志可行，不苟潔其去就；吾義所安，雖小官有所不屑。志若可行，不潔其去以爲高；義擇所安，亦不屑於就以自卑。

吕與叔撰横渠先生行狀云：康定用兵之時，先生年十八，慨然以功名自許，上書謁范文正公。公知其遠器，欲成就之，乃責之曰：「儒者自有名教，何事於兵？」因勸讀中庸。先生讀其書，雖愛之，猶以爲未足，於是又訪諸釋、老之書，累年盡究其説，知無所得，反而求之六經。嘉祐初，見程伯淳、正叔於京師，共語道學之要。先生涣然自信曰：「吾道自足，何事旁求！」於是盡棄異學，淳如也。本註：尹彦明云：横渠昔在京師，坐虎皮説周易，聽從甚衆。一夕，二程先生至，論易。次日，横渠撤去虎皮，曰：「吾平日爲諸公説者皆亂道。有二程近到，深明易道，吾所弗及，汝輩可師之。」○愚謂：此可以見横渠先生勇於從善，無一毫繫吝之意〔一二〕，非大公至明，孰能如是！晚自崇文移疾，西歸横渠，終日危坐一室，左右簡編，俯而讀，仰而思，有得則識之。或中夜起坐，取燭以書。其志道精思，未始須臾息，亦未嘗須臾忘也。學者有問，多告以知禮成性、變化氣質之道，學必如聖人而後已，聞者莫不動心有進。說竝見前。嘗謂門人曰：「吾學既得於心，則脩其辭；命辭無差，然後斷事；斷事無失，吾乃沛然。『精義入神』者，豫而已矣。」人於義理，其初得於心者，雖了然無疑，及宣之於口、筆之於牘，則或有差。故命辭無差，則所見已審，以是應酬事物，知明理精，妙用無方矣。是皆窮理致知之功素立，而非勉强擬議於應事之時也。先生氣質剛毅，德盛貌嚴，然與人居久而日親。其治家接物，大要正己以感人。人未之信，反躬自治，不以語人，雖有未諭，安行而無悔。故識與不識，聞風而畏。非其義也，不敢以一毫及之。德貌嚴毅，而中誠懇惻，故與人久而益親。躬自厚而薄責於人，故人心服，而不敢加以非義。

橫渠曰：二程從十四五時，便銳然欲學聖人〔一三〕。語録。

校勘記

〔一一〕逮於本朝　「逮」原作「迨」，「本」原作「宋」，據元刻明修本、明刊本改。

〔一二〕混淪溥博　「混」，元刻明修本、明刊本作「渾」。

〔一三〕如春陽盎然　「盎然」，元刻明修本、明刊本作「坱北」。

〔四〕政刑修舉　「舉」，元刻明修本、明刊本作「治」。

〔五〕古之學者務脩德而已　「德」，元刻明修本、明刊本作「己」。

〔六〕不能就身上細密做工夫　「能」，元刻明修本、明刊本作「曾」。

〔七〕出入於老釋者幾十年　「者」，元刻明修本作「亦」。

〔八〕而樂興焉　「興」，元刻明修本、明刊本作「生」。

〔九〕自謂窮神知化　「謂」下，元刻明修本、明刊本有「之」字。

〔一〇〕周茂叔窗前草不除　「除」下，明刊本、宋刻本泳齋衍註有「去」字。

〔一一〕所至者遠　「至」，元刻明修本、明刊本作「志」。

〔一二〕無一毫繫吝之意　「繫」，元刻明修本、明刊本作「私」。

〔一三〕便鋭然欲學聖人　「鋭」，明刊本、宋刻本泳齋衍註作「脱」。

附録　序跋

重刊近思録序

［明］劉仕賢

道一而已矣。孰爲近焉？孰爲遠焉？以言乎遠則不禦，以言乎邇則静而正，一以貫之爾矣。一者何也，心也。心之理謂之道，心之官謂之思，無思而無不通謂之聖。夫學所以希聖也，學而不思，何以作睿？思而不近，何以基遠？故思者聖功之本也，近者推行之則也。書曰「若陟遐必自邇」，其此之由乎？世之學者，馳神於外，役志於物，而反之身心之間，每扞格焉。吾不知其可與入聖也。晦庵朱子暨東萊吕氏，討論聖學，纂脩名言，而爲近思録以範後世。予嘗讀而思之：學莫先於知方，故首之以求端；方不可以徒知，故次之以用力；力必爲乎己，故次之以處己；成乎己即成乎物，故次之以治人；是數者皆所以黜邪而居正也，故次之以辯異端、觀聖賢終焉。夫學而達於聖賢，亦既遠且大矣，而其實不越乎心，其思不出乎位。何遠非近，何近非遠，斯道也，其一致矣乎。予嘉先儒之垂教，而病學者之遺近也，因重梓以示焉。嘉靖戊戌春三月之吉，賜進士出身欽差巡按浙江等處監察御史南昌仰峰劉仕賢書。（録自明嘉靖十七年劉仕賢刻本分類經進近思録集解）

近思録集解序

[明] 陸雲龍

嘗讀宣尼之約人思也，曰「再思」，子思子曰「慎思」，皆近之旨也。然則僅局之一身一室已乎？善乎易之言曰「思不出其位」，位在則窮千古、徹天下，非遠也。不然，「志伊尹之所志」者，非學顏子者所學，引爲切己事歟！所惜者秦漢以來，開治悉以馬上，矜拳勇而尚陰謀，其餘守文之主，或崇黄老，或祖申韓，即有一二修飾禮樂、表章理道者，又不獲真儒，獲真儒而不能用，遂令詮句字者浪云入室，踽步履者輒侈及門，甚則貪墨侈肆之夫，反仄不端之士，亦依托焉，口堯行蹠，而儒效大裂。即昌黎，予猶怪其進之亟亟，此則病在弗思，病在誤思。誠思則思。夫乾父坤母，生我不小；胞民與物，倚我正懸。形生知發，作何持循；知化窮神，從何證入。富貴福澤，厚我之生，不容役思以妄營；「貧賤憂戚」，「玉我于成」，不得勞思以規脱。處作真儒，出爲名世，維思之績，乃廢而不講者久。無學術遂無事功，拈道體示人，幾作爰居鐘鼓。經學不明，誰啓知行之路？心性未粹，烏覩齊治之規？存發皆衍，進退何據，其不得希聖希賢也，固其所也。迨周、程、張四先生出，首揭道體，源本六經，以學開知，以知策行，先存養以完未發，繼克治以清悔吝，自治治人，詘邪崇正，功固有序。而晦庵、東萊兩先生復循其叙，實以所言，名爲近思録。從此著思，吾固知高談天地而非渺，深言物理而非窔，昏可得惺，睿乃作聖，揖子淵，駕保衡，堯舜君民，於是在矣。第世不觀理而觀效，曰：「有宋理學大明而國日削，若是乎賢者無益於國，其緒言亦無勞吾思。」嗟乎！黨禁方開，僞學旋逐，何日是諸賢行志之日？是欲以宣尼之不能治春秋，孟氏之不能治戰國，横以課之諸賢也，不亦冤乎！試觀明典，太祖高皇帝觀心有銘，清教有録；成祖文皇帝則輯性理諸書，嗣後聖聖相承，遞爲表章。理學既明，真儒輩出。如我浙章文懿以恬退著，陳恭愍以直節著，至王文成早以諫言，晚以耆定，豈云儒迂無當哉！理學亦何負於國也！則夫崇正學，禮真儒，以收實效，聖天子之事；典教化，一士趨，以成人材，良有司之責。去嗟卑歎老之俗腸，浣鏤月琱冰之浮思，相與講學以明道，切問近思，止則思爲顔、孟，仕則思爲伊、周，固亦草野所宜自矢者，兹録豈非津梁歟！録初分十四卷、十四類，後有晰爲數十類者，道理自一，曷爲多岐？厭其剖碎，因訂正而復其故，且爲之序云。崇禎乙亥重

九，錢塘陸雲龍雨侯甫題於翠娛閣中。（録自明崇禎八年陸雲龍、丁允和刻本近思録集解）

近思録後跋

［清］邵仁泓

近思録坊本甚多，或有依明賢本增入紫陽者，或有分門别類體制乖錯者，或有遵原本而全删葉註者，或有存葉註而妄加去取者，凡此俱非善本。泓於汲古後人師鄭五兄架上得宋刻朱子原本，並葉氏原註，請歸讀之。因歎原本之美備，實足以該四子之精微，而葉註之詳明，又足以闡近思之實理。今世有志之士，於舉業一途，莫不遵守宋儒，而於是書，尤人所家弦而户誦者，奈何紛更原本，丹黄葉註爲也。泓因亟刊之，以公同志，讀是書者，以是書爲舉業之精粹可也，以是書爲聖道之淵源亦可也。吴郡後學邵仁泓滄來謹跋。（録自清康熙間邵仁泓刻本近思録集解）

近思録原本集解序

［清］朱之弼

昔文公嘗曰：「四子，五經之階梯；近思録，四子之階梯。」夫周、程、張四先生全書，非不釐然備也，然而閎博無涯。文公與吕成公慮後學不知所從入，因節取其全書爲近思録，擇其精粹切實有關於身心日用者六百二十二條，分爲十四卷，而全體大用無不備焉。暨淳祐間建安葉采本文公舊註、諸儒辯論，輯爲註解，而後四先生精藴昭然日星矣。迨周氏公恕就十四卷中分爲二百餘類，未免文義掛漏，前後割裂，海内所傳者皆此本，較之原本紛更多矣。故後人只知原本之善，不知葉註之精，又以爲分類始於葉氏，不知葉氏止就原本集解，分類之繁蓋始於周氏公恕也。近今間有原本，及求葉註原本，概未之見。甲寅春夏，予與同學庾子大也、劉子伯賢，取葉註依次分載於原本十四卷中。但割裂既久，遺忘頗多，諸所缺略，悉從四先生全書、朱子全集、性理大全諸書，逐一增入，庶幾此書復稱美備。蓋四先生之精藴萃於近思録，近思録之精藴詳於葉註。遵原本則條例該括，存葉註則義理詳明，後之學者其亦從事於此，而無事旁求矣。時康熙十三年歲在甲寅長至日，北平朱之弼識。（録自清康熙十三年刻本近思録原本集解）

重訂近思録集解朱子節要合刻序

[清] 孫濩孫

濂、洛、關、閩之學，至今日表章稱極盛矣。聖祖仁皇帝欽定性理精義、朱子全書頒示學宫，風勵天下，一時卿士大夫奉爲拱璧。顧其書卷帙浩繁，窮鄉晚進之士罕寓目焉。吾家合河先生督學江南，令生童誦朱子近思録，坊本寥寥，頗未易覯。及先生以國子祭酒督學京畿，爰取星溪汪子合編之五子近思録，擇其言尤精要者，名曰輯略，刊授鄉國學生，咸感發興起，思以聖賢自淬勵，則是書之爲功大矣哉！我皇上崇道右文，欲舉薄海内外而甄陶之，特詔直省拔鄉學士貢成均，復舉有積學篤行者，分列六堂課業。而合河先生既晉秩工部侍郎，仍掌祭酒事。於是天下之士，裹囊負笈喁喁然而來，輯略一書流傳日多，將弗給於用。去年冬，余見有鬻版於市者，拂塵綑視之，則近思録集解與朱子節要二書合刻。因急購歸，與友人山陽吴方嶽、徐州周汝峰細加考訂其缺略訛舛，付良梓人刓補完好，期以公之天下。考是版乃先進北平朱大司空所刻，未審何故不流布，似今日輯略之多，且浸淫剥落於風雨鼠蠹間，豈書有幸有不幸歟？抑所謂事與時會，必待表章極盛之日而始一出，以爲佽助功也。是二書者，爲五子近思録所自出，學者得而潛玩之，既窺原本之全，愈見合河先生決擇之精，由是以讀性理精義、朱子全書諸本，而身體力行，必有真儒輩出，以仰副兩朝崇實黜浮之至意。合河先生育材報國，不愧名臣。而余備員司經，校讎乃其職守，亦可借是以稍塞曠瘝之咎云。時雍正辛亥春日，高郵後學孫濩孫謹序。（録自清雍正九年天心閣刻本近思録原本集解）

近思録原本集解跋

［清］周毓崙

居嘗喜讀宋五子書，及來京師，闞合河先生五子近思録輯略，歎其擇焉而精，裨學道人大也。嗣於都市見近思録集解並朱子節要合刻版，蓋北平朱公家藏，歲久蠧殘，多亥豕訛矣。因趣執友孫沛村先生購獲之，相與校讎釐訂，复成完書。考朱公諱之弼，字右君，官大司空，嗜儒先著論，捐俸付梓者最夥，二帙其片羽也。今聖天子崇尚實學，合河先生視祭酒事，既修明五子書，又本白鹿洞之教以造士，海内翕然嚮風。沛村與合河同派，敦屬前修，而北平舊鋟適淪市肆間，藉沛村以流布於當世，爲合河贊助功，洵所稱事與時會，待表章極盛之日而始出歟。校訂畢，用志所緣起。至書之爲義洎編纂氏姓，讀者自能辨之，故不綴。雍正辛亥春，後學吴泰周毓崙謹識。（録自清雍正九年天心閣刻本近思録原本集解）

重刊近思録集解序

［清］陳弘謀

子朱子與東萊先生讀周子、程子、張子之書，擇其關於大體切於日用者，編爲近思録，凡格致誠正之方，修己治人之要，節目詳明，體用兼備。朱子曰：「四子者，六經之階梯；近思録者，四子之階梯。」又以窮鄉晚進有志於學無良師友之助者，得此亦足以得其門而入。朱子誘掖後學之苦心，尤在於此。平巖葉氏用力於此書最專且久，所著集解原本朱子舊註，參之諸儒辯論，而附以己說，明且備矣。弘謀服膺此編，攟之篋衍。近見滇中罕所流布，因出以重付梓人，將散之列郡，俾義塾家塾，人置一編也。夫滇士之有志於學者多矣，得此編而沉潛玩索，切己體認，依類貫通，由是以求濂、洛、關、閩之全書，以窮六經之奧旨，當必有深造自得而不能自已者，此余所切望於滇人士也。刊既竣，敬書於簡端以竢。乾隆元年正月既望，桂林陳弘謀謹序。（録自清乾隆元年陳氏培遠堂刻本近思録集解）

近思録集解跋

［清］王守恭

光緒甲申冬，津河廣仁堂重刊葉解近思録，守恭謬任校字之役。適友人送近思録本至，展視之，則同門友猗氏孫應文所刊吕本，經先師朝邑先生點定，即守恭二十年來所讀本也。喜甚，爰商之堂中諸同志，加先生句讀於葉本。會手民寫樣已訖，慮字上下無空，乃定字旁圈者爲句，點者爲讀，斯亦可矣。守恭昔從芮城、朝邑、三原三先生遊，授讀是書，惟朝邑先生於儒先書尤深入，爲二先生所推重。自應文本出，而秦、雍、豫、晉之讀是書者，往往據兹句讀以爲析疑地。今又移刊葉本以廣於世，其裨益後學，豈淺鮮哉！先生所輯綱領十七條，今亦冠於卷端。守恭録考異若干條，附於其末云。十月之望，華陰王守恭謹跋。（録自清光緒十年津河廣仁堂刻本近思録集解）